语言生活皮书

 YF05

中国语言服务发展报告
（2024）

屈哨兵　主编

顾　问　郭　熙

主　编　屈哨兵
副主编　禤健聪　王海兰

编　者　（按音序排列）
　　　　甘　露　郭　杰　侯仁魁　黄晓雪　马　喆
　　　　欧丽贤　屈哨兵　谭苏燕　王海兰　王晋军
　　　　王　苗　王文豪　王秀玲　魏　琳　谢国剑
　　　　禤健聪　张　艳　张迎宝　左乃文

编　写　国家语委国家语言服务与粤港澳大湾区语言研究中心
　　　　（广州大学）

中国语言服务发展的新格局

——序《中国语言服务发展报告（2024）》

2024年3月31日，在北京怀柔召开的国家"语言生活皮书"审定会上，《中国语言生活状况报告》名誉主编李宇明教授回顾中国语言生活皮书从诞生到发展的二十年历程，提到我国语言生活皮书到已经形成了"5+4"的报告格局，"5"是以《中国语言生活报告》（绿皮书）为底盘的国家"语言生活皮书"的五个类别，"4"则是指北上广三地研制发布的三种地方语言生活状况皮书和一种领域发展报告皮书。这领域发展报告皮书就是《中国语言服务发展报告》。

如果仅仅从语言生活领域角度看，要报告的领域远不止语言服务这个领域，为什么语言服务单独作为一个领域进入了国家语言生活皮书阵营？我想其中一个重要原因，就是语言服务是我国语言文字事业实践品格的重要体现。根据我们的初步观察，在近些年来我国党和政府关于语言文字工作的一系列意见及规划方案文本中，"服务"一词在不同的文本中反复出现，形成各种集成。这里面既有引领语言文字事业的服务集成，例如"服务国家发展大局""服务铸牢中华民族共同体意识"，也有表示国家关注的若干需求项目的服务集成，例如"应急语言服务""国际中文服务"等，还有表示国家为达成从宏观到微观的各种服务目的而形成的各种具有供给特征的服务集成，例如"服务平台""服务系统"等。所有这些都说明我们对语言服务给予特别的关注有其内在的逻辑必然。

这是第二本《中国语言服务发展报告》，上一次报告中国语言服务发展状况是2020年。根据国家语委科研机构规划的相关安排，由国家语言服务与粤港澳大湾区语言研究中心研制的皮书共三种，其他两种分别是《粤港澳大湾区语言服务发展报告》《粤港澳大湾区语言生活状况报告》。《中国语言服务发展报告》是大湾区语言研究中心的重要板块。

语言服务和语言生活的关系十分密切，彼此之间的关系样态比较复杂，对语言服务本身进行研究，进一步确立起更加清晰的学科框架，我们应该还有很多工作要做。要把研究工作做好，首先得有更加丰富的研究土壤，不断报告我国语言服务的发展状况，包括区域语言服务的发展状况，就是我们进行语言服务研究的必然选择。不观察，无报告；不报告，无研究。

如何报告新时代中国语言服务的新格局？这本《中国语言服务发展报告》的研制就如下几组问题进行了观察探究。

一 语言服务与区域发展

中国式现代化的特征中包括人口规模巨大和全体人民共同富裕这两大特征。要实现这两大特征基础上的现代化，我国的一个重要抓手就是推动区域协调发展和城乡融合发展。党的二十大以来，习近平总书记多次就推动区域协调发展做出一系列重要部署，希望粤港澳大湾区成为"新发展格局的战略支点、高质量发展的示范地、中国式现代化的引领地"，指出"雄安新区已进入大规模建设与承接北京非首都功能疏解并重阶段"，强调"努力使京津冀成为中国式现代化建设的先行区、示范区"，要求"进一步推动长江经济带高质量发展，更好支撑和服务中国式现代化"，勉励长三角区域"在中国式现代化中走在前列，更好发挥先行探路、引领示范、辐射带动作用"。总书记在新时代推动中部地区崛起座谈会上也强调，中部地区要加强与其他重大发展战略的衔接，更好融入和支撑新发展格局，要坚持城乡融合发展，扎实推进乡村全面振兴；推进以县城为重要载体的新型城镇化建设，推动城乡之间公共资源均衡配置和生产要素自由流动，推动城市基础设施和公共服务向农村延伸。

不管是引领示范的战略先行区示范地，还是融合发展城镇乡村，各种公共服务设施的建设和各种服务手段的提供都是现代化进程中不可缺少的有机组成部分。语言服务就是其中的重要组成单元。我们相信，随着中国式现代化的不断推进，语言服务在公共服务的阵营中的作用和地位将会更加凸显，共同富裕的内涵除开经济指标上的考量外，其幸福指数的评价体系当中应该不能缺少高品质的语言服务。本语言服务发展报告专门开辟"京津冀、长三角、粤港澳"和"城乡区域"两个板块，分别选取不同的角度报告这些国土空间中的部分语言服务的实施情况。点面结合，观察覆盖面有大有小；纵横互证，报告精细度有高有低。目的是及时报告国家在区域战略推进过程中语言服务的一些实然状态，推动中国式现代化进程中语言服务质量更好地发展。

二 语言服务与领域发展

语言的工具性特征表现为其在人类活动的几乎所有领域都存在，构成人们的语言生活。语言服务的直接动因是提高人们语言生活的效率和质量。从这个意义上讲，语言服务也肯定会在各种不同的领域里发挥作用。但如果只是在某一个时期来观察研究语言生活和语言服务，肯定首先要抓住特定时期具有代表性作用的领域来进行观察和研究。

在我们看来，当下需要进行观察报告的最重要的领域就是数字化领域。从数字经济到数字社会再到数字政府，这几乎构成了一个与物理空间完全平行并且融合发展的空间领域，观察这个领域的语言服务自然也就成为我们的题中应有之义。

数字世界是我们必须重点关注报告的领域。数字世界重要，我们可以通过已经连续举办了的十届的世界互联网大会乌镇峰会聚焦的主题看出来：互联互通共享共治（2014、2015）、创新驱动造福人类（2016）、发展数字经济促进开放共享（2017）、创造互信共治的数字世界（2018）、智能互联开放合作（2019）、数字赋能共创未来（2020）、迈向数字文明新时代（2021）、共建网络世界共创数字未来（2022）、建设包容普惠有韧性的数字世界（2023）。

数字世界离不开语言服务，所以我们应该有一个专门的板块来反映国家在这方面的作为和表现，这也是本报告专门设置"数字化"板块的直接动因。由于数字世界的范围无比广阔，我们也就只能根据可能选择了几个角度来进行报告，窥一斑以见全豹。这些角度涉及数字政府和数字社会的几个点，通过这些点，我们可以看出国家通过语言服务在推动达到共享共治、数字赋能、智能普惠等目标的一些代表。当然，领域划分可以有不同的角度，传统意义上的一些行业领域在我们这个报告所及的范围内语言服务有突出表现的，也应该成为本报告的内容。这些个领域实际上可以开出一个很长的清单，我们首先选取的是这一段时间最能向世界展现可信、可爱、可敬的中国形象的领域的语言服务来进行报告。这里面涉及文化旅游、医疗、体育、会展、企业等几个不同的方面。这种选取也可能是挂一漏万。随着新时代的来临，我国各行各业的语言服务都在进入新发展阶段，这个阶段的各类语言服务的一个显著特征就是迭代发展。或者我们可以这样估计，随着人工智能时代的到来，各个领域的语言服务即将迎来一个新的飞跃。我们在这方面的研究也大有可为。

三　语言服务与语言文字事业发展

在第七届语言服务高级论坛上（2022年，广州），有专家在谈到国家语委历年来先后设立的20多家科研机构时说，如果从大的概念出发，国家语委作为管理全国语言文字工作的专职部门，相对国家的语言文字事业而言，我们的这些科研机构都在服务于国家语言文字事业的建设发展，都具有语言服务的属性。这种分析和评价有一定的道理。其实不只是我们正在建设的科研机构是这样，从我国踏上现代化追求的那个时候算起，通过有效的语言服务手段来支持国家语言文字现代化，从而推进国家现代化，都具有服务特征。一百多年前，卢戆章在《中国第一快切音新字》原序中说："若以切音字与汉字并列，各依其土腔乡谈……不数月通国家家户户，男女老少，无不识字，成为自古以来一大文明之国矣。"这里面的所谓"切音字与汉字并列"，就是我们今之所谓语言服务；所谓"不数月通国家家户户，男女老少，无不识字"，就是今之所谓语言文字事业；所谓"成为自古以来一大文明之国"，就是今之所谓国家发展。只不过作为一种事业理想，在当时有些是想得到未必做得到。但即使如此，我们每每读到这样的言辞，心中对前辈的这种追求仍然充满敬意。从教育部国家语委的角度出发，我们当下的时代命题是：强国建设，教育何为？如果切入语言文字事业，我们一定会问：教育强国，语言何为？

语言服务于教育、服务于强国建设，理所当然。本报告有两个板块与我们这里讨论的问题有关，其中一个就是"特稿"中的三篇报告。三篇报告分别是《国家语言资源服务平台建设报告》《国家应急语言服务团建设报告》和《语言智能发展及其助力智能教育的应用》，这三篇报告分别是国家语委设在广州大学、北京语言大学和首都师范大学的三个科研机构团体提出的相关工作报告。从大的范围来看，它们都具有服务于国家语言文字事业的属性，具有了语言服务的特质。我们同样有理由相信，国家语委设立的其他各类研究机构也大都拥有这方面的属性，我们所从事的工作是一件与国家富强、民族复兴有着紧密联系的工作。

本报告中另一个与"教育强国，语言何为"命题相关的部分是附录《中国数字语言资源服务名录》。虽然是附录，但也是在调查了国内开设中国语言文学类或外国语言文学类专业的1000多所本科高校和开展语言文字工作的相关政府部门、科研机构的基础上形成的。附录收集到了300多种资源，根据可以查验的各个语言资源平台，将其分成中国特色话语资源服务、语言规范标准资源服务、语言教育资源服务、语言翻译资源服务、语料库资源服务、语言技术资源服务、语言文化资源服务、语言知识资源服务、语言学术资源服务、语言资源集合平台等十大类型。从某种意义上说，这些类型所涉的资源就是我们通过语言以服务强国建设的大本营。我们既要研究它、建设它，也要用好它。

四 语言服务与学科发展

语言生活和语言服务的范围十分广阔。从学科建设的意义上来说，基于问题导向的时代命题应该是我们进行观察和研究的重要立足点。国家语委"十四五"科研规划及相关工作指引里在语言服务研究方面有一些加以特别考虑的方面。这些考虑包括应急语言服务、语言服务产业、手语盲文服务、老年语言服务、特殊人群语言服务和中文支持服务等，我们相信这应该是国家语委在中国式现代化进程中的区域领域首先应该解决的语言服务问题的基础上提出来的，是我们事业发展的短板。一方面，这些问题都具有鲜明的实践品格；另一方面，这些问题如果要得到高质量的解决和推进，一定要有相应的学科研究的支撑。可喜的是，上述这些方面我们在近年来的相关实践和研究都有了一定的基础；可期的是，我们在今后一段时期内还应该对这一连串来自时代的命题给予更多的实践投入和研究投入，逐步建立起生发于强国建设土壤里的相应的话语体系。为了比较起见，本报告还专门提供了一篇台湾地区在上述六个方面的一些实践表现。此前我们对海峡两岸进行这方面的比较观察还不太多。进行比较，并不是要先分彼此，肯定也不全面，但有些问题是社会发展过程中都会面对的，需要我们共同面对。

2024年2月，国家语委在香港科技大学（广州）召开一个重大项目的开题会和一个语言文字信息化工作专家座谈会。这个重大项目的名称叫"基于国家语言服务大模型的国家语言资源服务一体化平台建设"，项目依托香港科技大学（广州）、广州大学、华中师范大学、华南师范大学相关专家团队进行，主要目的是建立一个基于国家语委，尤其是国家语委科研机构及其他相关科研机构和企业十数年乃至数十年的成果积累，初步建立起一个垂直领域的大语模。大语模的建设既是一种语言服务实践，背后也有相应的关涉语言服务的理论探究。在国家语委召开的专家座谈会上，与会专家就国家语言文字信息化建设如何助力高水平科技自立自强、支撑经济社会发展进步及服务中国式现代化的目标和任务进行了分析展望，提出了发展建议。其中一个问题就是，在人工智能时代我们应该如何看待语言的边界。微软原全球执行副总裁沈向洋在香港科技大学（广州）做的一次演讲中说，他经常说一句话，叫"懂语言者得天下"。沈向洋在这里的提到的语言，不仅仅指自然语言（他称为文字语言），还包括数学语言、编程语言、低代码语言、提示语言等。这就启发我们思考一个问题，不管是哪种语言，都是一种符号系统，都在传递信息，尤其是在当下的人工智能时代，人机共生，作为语言学工作者，我们应该及时拓展语言研究的边界，语言服务的研究边界同样也应该得到拓展。即使我们这一代人因为先天不足而不能跟上这个时代，也不应该在观念上自外于这个时代。推动国家语言生活更加和谐，推动国家语言服务更加高质量，推动语言生活和语言服务的研究更加深入，这些都需要从学科建设的角度进行全方位的研究思考。近年来学界倡导的大语言学建设观念，应该是我们研究思考的一个新基点。

构建和谐语言生活也好，提供高质量语言服务也好，从历史文明方位来看，都是我们建设语言文明的一种努力。语言文明当然属于人类文明。本研制成果还报告了"一带一路"沿线有关国家语言服务方面的状况，我国"一带一路"的倡议发展给我们提供了观察与报告的机会。希望这样的语言服务报告成为当下能呈现人类文明的一个侧面。写这篇序言，正值清明假期。今年是龙年，作为龙的传人，我们自然不会忘记我们的先人在历史长河中为我们语言文明所做出的伟大贡献，我们要做的，就是努力在前人创造的文明之上留下一些我们这个时代的一些印记。但愿这册报告能多少起到一点这方面的作用。

屈哨兵
2024 年 4 月 5 日

目　录

第一部分　特稿 …………………………………………………… 001

国家语言资源服务平台建设报告 ………………………………… 003
国家应急语言服务团建设报告 …………………………………… 010
语言智能发展及其助力智能教育的应用 ………………………… 016

第二部分　京津冀、长三角、粤港澳和台湾地区语言服务 …… 023

导语 ………………………………………………………………… 025
京津冀、长三角、粤港澳大湾区养老语言服务状况考察 ……… 026
京津冀、长三角、粤港澳大湾区红色旅游景点官网语言服务调查 … 034
长三角区域语言教育服务状况考察 ……………………………… 043
广州、北京、上海多语种公共服务平台服务状况 ……………… 050
台湾地区语言服务面面观 ………………………………………… 058

第三部分　教育交流语言服务 …………………………………… 065

导语 ………………………………………………………………… 067
珠三角地区非通用外语教育现状调查 …………………………… 068
西藏波密县藏族初中生语言状况及服务需求 …………………… 076
高校学生汉英互译服务状况调查 ………………………………… 084
"中文+职业技能"教学资源服务调查 …………………………… 093
国际中文教育图书年度出版服务 ………………………………… 103
国际中文教育微信公众号语言服务调查 ………………………… 112
粤方言学习APP服务现状调查 …………………………………… 121
儿童早期教育APP的命名策略与语言服务状况 ………………… 129

第四部分　数字化语言服务 …… 137

- 导语 …… 139
- 省级政务服务平台语言服务 …… 140
- 政府门户网适老化语言服务 …… 148
- 省级以上政务小程序适老语言服务调查 …… 156
- 银行智慧系统的语言服务 …… 165
- 中国客运航空公司互联网语言服务状况 …… 176
- 新媒体平台语言文字服务建设状况 …… 185

第五部分　城乡区域语言服务 …… 193

- 导语 …… 195
- 中国乡村语言服务状况考察 …… 196
- 凉山易地扶贫搬迁少数民族聚居城北感恩社区语言服务需求 …… 206
- 喀什易地扶贫搬迁多民族杂居提勒苏扎克村语言服务需求 …… 214
- 城市语言信息无障碍公共服务观察 …… 222
- 城市公共空间应急语言服务调研 …… 228
- 乡村电商直播的语言服务 …… 236
- 新疆自由贸易试验区喀什片区跨境电商语言服务调查 …… 243

第六部分　文体医企会展语言服务 …… 251

- 导语 …… 253
- 语言类志愿者服务现状调查 …… 255
- 国家一级博物馆小程序语言服务状况 …… 262
- 抖音中的书法教学 …… 273
- 无障碍阅读服务报告 …… 283
- 在穗外籍人士就医语言服务调查 …… 291
- 大型国际活动中的语言翻译服务（2013—2023） …… 299
- 杭州第19届亚运会语言服务调查 …… 306
- 第134届广交会语言服务调查 …… 316
- 汽车产业语言服务人才需求调查 …… 327

肇庆星湖旅游景区语言服务状况 ………………………………………… 335

第七部分 "一带一路"沿线国家语言服务 ……………………… 343

导语 ……………………………………………………………………… 345
泰国语言服务状况 ……………………………………………………… 346
越南语言服务状况 ……………………………………………………… 355
新加坡语言服务概况 …………………………………………………… 363
越南汉语学习产品状况及服务对策 …………………………………… 370

附　录 …………………………………………………………………… 379

中国数字语言资源服务名录 …………………………………………… 381

后　记 …………………………………………………………………… 393

第一部分

特　稿

国家语言资源服务平台建设报告

"国家语言资源服务平台"（以下简称"平台"）由教育部语言文字信息管理司指导，广州大学"国家语言服务与粤港澳大湾区语言研究中心"负责资源服务建设，华中师范大学"国家语言资源监测与研究网络媒体中心"提供技术支持，国家开放大学负责网站运维，旨在打造国内汇聚最多语言资源的权威网站、国家语言服务能力建设的示范平台。2022年12月27日，北京、广州、武汉三地联动，启动上线"国家语言资源服务平台"。

国家语言资源服务平台建设以服务教育数字化战略行动为目标，秉持"开放、共享、智能、服务"建设理念，深入分析教育教学、科学研究、文化传承、社会应用中急需的语言文字需求，建设满足国家、社会和人民需要的语言资源服务平台，为国家智慧教育公共服务平台打造优质语言服务的"孵化器"、高质量语言资源的"供给池"和资源服务接入前试运行的"缓冲区"，为语言文字事业高质量发展、加快建设教育强国做出更大贡献。

一　建设现状

语言资源服务持续扩容增质。优化资源结构，构建由公共语言资源、语言教育资源、语言文化资源、语言数据资源、语言技术工具、语言知识资源、语言翻译资源、语言书刊资源等8大类，语言法律法规、语言智能测评、智能翻译、预训练大模型、语料库等32小类构成语言资源分类体系。广泛汇聚各类优质语言资源300余种，实现资源扩容，促进语言资源共建共享。持续建设优质语言服务，建设语言教育系列服务、普通话测试、中华优秀语言文化课堂、中华思想文化术语、汉字简繁文本智能转换服务、冬奥系列语言服务、公共服务领域多语种译写服务、汉语助研、术语在线等16项语言服务，语言服务总量达到22项。

智能化水平不断提升。持续优化平台访问体验，确保平台时时可用、随需随用。建设面向移动端的平台访问适配机制，实现平台页面自适应调整功能。新增无障碍阅读功能，服务特殊人群。优化平台首页及子页面的布局、内容和功能，提高页面整体美观性和易用性。实现平台自动化监测。

制度保障逐步完善。召开平台建设年中推进会和中青年学者咨询会，为平台科学发展提供理论支持和智力支撑。制定平台运维管理办法，加强资源管理、服务管理和安全保障。聚焦高校企业，以"语言资源服务建设助力教育数字化"为主题开展深度调研。结合平台自身特点，组织实施面向高校师生的调查问卷，从"感官、内容、价值、情感、服务、功能"等6个维度了解用者需求和体验，探索平台发展方向。

平台用户范围覆盖广泛，首批语言规范服务、语言翻译服务、精品字库服务、应急语言服务、汉字信息服务累计访问量近8万次。自上线以来，平台受到媒体广泛关注，据不完全统计，《光明日报》、新华社、中国教育电视台、学习强国等媒体对平台的宣传报道累计超70次。

二　用户体验与需求调查

高校教师和学生是平台的重要使用群体，2023年7月，在平台上线半年后，我们以高校师生为主要对象，发放用户体验调查问卷，收回有效问卷977份。

（一）基本情况

调查受众以30岁及以下青年人为主，占比高达79.73%；女性多于男性，学生多于教师。超过一半的受众听说过平台，这说明平台上线后已在一定范围内得到推广，但访问过平台的占比较低，不到三成，说明大部分被调查者还不熟悉平台。被调查者主要通过网络平台推荐（如微信公众号推送、微信聊天分享）和教师推荐了解平台。自媒体、高校和教师是平台宣传推广的主力军。广大高校师生对于平台有强烈的使用意愿和较高的期待，约95%的被调查者表示未来会使用该平台。

（二）用户体验满意度

本调查设计的用户体验评价模型包含6个维度：(1) 感官体验，考察平台对用户的视觉吸引度；(2) 内容体验，考察平台语言资源服务的丰富度和全面性

等;(3)功能体验,评价平台在性能和效率上的表现;(4)服务体验,评价平台对自身服务功能的实现程度;(5)价值体验,测评用户使用平台产生的实际效益;(6)情感体验,评价平台对用户情感带来的影响。共设计了25道题,每道题用户可在0—10分区间内打分,分数越高,代表满意度越高。详见表1。

表1 平台用户体验量化指标

体验维度	测量题项	体验维度	测量题项
感官体验	平台整体界面布局美观	功能体验	平台搜索功能健全
	平台界面色彩搭配舒适		平台响应迅速
	平台导航栏目层级清晰		平台没有出现链接错误或网页无法打开的现象
	平台界面术语准确无歧义		用户能自行完成语言资源的查询、浏览等相关操作
内容体验	平台多媒体语言资源种类丰富(例如图片、音频、视频等)	价值体验	平台提供了多种与网站单位沟通的渠道(例如电话、邮件、留言等)
	平台语言服务和语言资源内容全面		平台提供了用户间交互分享信息的途径(例如发表评论、资源分享等)
	平台语言服务和语言资源更新及时		平台提供的语言资源对个人很有用
	平台的"无障碍浏览"效果良好		平台能激发我对教学/学习、学术研究和工作生活的积极性
	平台能快速检索我所需要的信息		平台有利于提升我的语言素养
	平台可依据个人喜好提供个性化页面和推送服务		平台安全、可靠,对保护个人隐私有保障
服务体验	平台提供的语言服务和语言资源满足我的使用需求	情感体验	使用过程总体感觉是满意的
	有问题可以方便地与管理人员进行沟通		我很乐意向其他人推荐使用
	平台设有用户调研项目,定期收集用户反馈信息		

对263名登录过平台的用户的调查结果显示,用户6个体验维度的整体均值达7.78分,其中情感、价值、感官评价均高于整体均值,说明平台总体建设具有较高价值,用户有推广使用平台的需求和意愿;内容、功能、服务评价低于整体均值,说明平台在内容丰富、交互功能等方面有待改善;某些单项之间评价存在较大分差,说明平台建设整体上不够平衡,服务资源需要进一步融合创新与发展,整体用户体验还存在提升空间。详见图1。

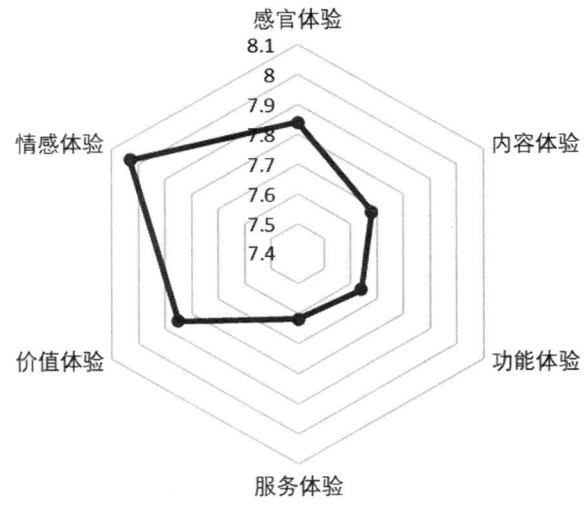

图 1　平台整体评估结果雷达图

调研发现，大多数用户认为平台界面友好，对平台内容服务评价良好，情感体验维度均值最高，表明用户对于平台的使用总体上是满意的。用户表示很乐意向其他人推荐使用平台，认为平台是积极、友好的，建议加大平台宣传推广力度，使平台获得应有的知名度与使用量。但目前平台语言资源服务内容丰富度应持续提升，进一步扩充资源，提升平台的交互性和个性化服务。

（三）用户需求

（1）扩充与提升语言资源服务。分别有 770 人（78.81%）和 683 人（69.91%）表示希望提升资源丰富度和服务质量。用微词云工具对调查者推荐的语言资源服务名称进行词频统计，显示用户对平台语言资源服务的需求较为多元化，其中最希望平台提供的有各大学语料库的链接及相关汉语方言和少数民族语言的语料资源，如图 2 所示。提升用户的价值体验，应以用户需求为导向，扩充语言资源，提高服务能力，提升平台的实用性、专业性、权威性和时代性。

（2）优化交互设计与个性化服务。618 人（63.25%）表示希望增强平台的交互性，639 人（65.40%）认为个性化服务较少是最影响体验感受和平台亟须改进的方面，希望提升平台交互水平和检索便利性。

（3）加强平台的宣传推广。有 431 人（44.11%）指出"不知道有此平台"。在关于被调查者对平台的期望的调查中，排在首位的宣传推广，有 655 人（67.04%）提出希望加强平台的宣传推广。如图 3 所示。所建议的宣传推广途径，排在前三位的分别是通过微信公众号推送（847人，占比86.69%）、通过平台建设单位推送（758人，占比77.58%）和通过国家语委科研机构推广（621人，占比63.56%）。

图2　平台推荐文本高频词词云图

图3　平台建设期望文本高频词词云图

三 建设展望

（一）推动语言资源服务扩容增质

持续建设优质语言服务。面向用户需求，对平台已有语言服务进行更新优化。持续扩大接入新的语言服务。

完善资源分类分级体系。进一步优化语言资源结构，完善涵盖公共语言资源、语言教育资源、语言文化资源、语言数据资源、语言技术工具、语言知识资源、语言翻译资源、语言书刊资源等8大类内容的分类体系。进一步完善现有300余种语言资源的标签化和功能简介。进一步汇聚优质资源，重点汇聚面向中小学教育和科学研究的资源。

（二）构筑平台多维度内容与应用体系

构建多主体协同供给格局。建立高校、企业、社会团体等多主体协同供给机制。推动国家语委科研机构、国家语委项目负责人（单位）成为平台资源服务建设的核心主体，国内各级各类科研机构、企事业单位成为提供语言资源服务的重要主体。

建立平台多层级内容体系。以用户需求为导向，根据资源服务特点，建立多维度多层次的内容体系。例如，面向中小学生，重点提供中华优秀传统文化传承类语言文化资源；面向高校师生，重点提供助学助教类语言资源和科研工具；面向特殊群体，助力特殊群体信息无障碍的语言服务；面向研究人员，重点提供用于科研和产品研发的语料库。

探索多样化的服务内容及形式。积极探索建立多样化的服务内容及服务形式。开设名家讲坛板块，邀请语言学界知名专家学者从学术角度或应用角度围绕语言资源建设、语言技术服务等方向开展专题探讨与对话。结合技术发展与社会需要，汇聚以大语言模型为载体的新型语言技术工具，发布面向大语言模型时代的语言评测任务。

打造平台多维度推广应用体系。打造平台宣传推广产品，建立平台推广宣传机制。结合语言服务特色，制作平台宣传推广视频、系列语言服务介绍视频、系列语言资源使用视频等，持续提高平台知名度和影响力。探索多渠道多形式的传

播路径，加快提升平台覆盖面和影响力。以高校和中小学校为核心，不断拓宽宣传推广范围。充分利用新媒体平台进行宣传推广。

（三）深度推进数字化语言资源服务模式发展

建设面向移动端的平台访问适配机制。开发平台小程序端版本，实现平台多方面自适应，确保用户能够便捷使用语言服务和查询语言资源，获得良好的使用体验。

开发平台垂直训练模型。依托香港科技大学（广州），以国家语言资源服务平台高质量数据和服务为基础，解决多源异构数据融合，促进平台一体化，提升平台智能化和交互性，促进语言知识生成生产，进一步构建与创新高水平的中国数字化语言资源服务模式。

四　结语

《教育部关于数字教育资源公共服务体系建设与应用的指导意见》提出：要把服务用户作为工作的出发点和落脚点，围绕学校和师生教育教学需求，根据教育教学模式改革创新需要，规划、建设和完善数字教育资源公共服务体系。国家语言资源服务平台是推进语言文字信息化和助力教育数字化战略行动的重要举措，要深刻把握加快发展新质生产力为语言文字工作提供的新赛道，深入了解用户需求，丰富语言资源服务，深化多方协同建设机制，提高平台智能化水平，推动语言文字事业高质量发展，为建设教育强国贡献力量。

（王海兰、卢曼玲、涂雨歆、罗惠方、何昊阳）

国家应急语言服务团建设报告

应急语言服务是与国家利益高度相关的语言文字工作。《国务院办公厅关于全面加强新时代语言文字工作的意见》明确提出了"加强国家应急语言服务"的要求。国务院印发的《"十四五"国家应急体系规划》更是明确部署，要"提升应急救援人员的多言多语能力，依托高校、科研院所、医疗机构、志愿服务组织等力量建设专业化应急语言服务队伍""加大应急管理标准外文版供给""拓展发布渠道和发布语种"。在教育部、国家语委和应急管理部、国家民委、共青团中央等国家相关部门的指导下，全国29家高校、社会团体和企业联合发起的国家应急语言服务团于2022年4月28日在北京正式成立。成立一年多来，服务团拟定发展规划并开展了大量工作，成为了支撑我国应急语言服务能力提升的突出力量。

一　组织概况

国家应急语言服务团是由志愿从事应急语言服务的相关机构和个人自愿组成的非营利性公益联盟组织。服务团的主要业务是针对各类突发公共事件应急处置及国家其他领域重要工作中急需克服的语言障碍，提供国家通用语言文字、少数民族语言文字、汉语方言、手语、盲文、外国语言文字等方面的语言服务。服务团的工作主要包括日常建设和应急处置。日常建设是指在非应急状态下为提升应急语言服务能力开展的基础建设工作，主要包括调查研究、预案制定与完善、队伍建设、资源建设、技术研发、产品建设、规范标准建设、学科建设、社会宣传教育等。应急处置是指在应急状态下针对具体事件和任务开展的语言服务工作。服务团设有理事会作为议事机构，设有专家委员会作为专业咨询机构。服务团秘书处设在北京语言大学。截至2023年年底，国家应急语言服务团共有会员单位32家，其中高校26家，社会团体1家，企业5家。

服务团在国家相关部门的指导下，编写了《国家应急语言服务团三年行动计划（2023—2025年）》。该行动计划已于2022年10月由服务团理事会表决通过后正式对外发布。该行动计划提出，到2025年，服务团团体会员基本覆盖31个省（自治区、直辖市），服务团工作的专业化程度和质量水平得到显著提高，服务团能够按照"平时备急，急时不急"的工作总思路，面向各类突发公共事件和国家其他重要领域的急需事项，有重点、有组织、有针对性地提供服务，大幅度提升我国的应急语言服务能力和水平。

二 开展的主要工作

（一）机制探索

应急语言服务工作贯穿突发公共事件事前、事中、事后各个环节，且需要多个部门、多种力量联动开展，因而明确工作机制对于应急语言服务而言具有十分重要的意义。《国家应急语言服务团三年行动计划（2023—2025年）》就此进行了部署，提出"实行纵向统筹管理和横向属地指导相结合的工作机制，探索以省份为单位的'网格化'管理机制，不断加强网格内部与网格之间的工作协同和资源共享""积极配合教育部、国家语委及有关部门共同推动应急语言服务'一案三制'建设，为国家应急语言服务工作提供制度保障"。

为探索应急语言服务"一案三制"建设，国家应急语言服务团会员单位防灾科技学院自2022年起承担服务团专项任务"突发事件应急语言服务应急预案研究及编制"，并扎实推进相关研究。课题组依据《中华人民共和国突发事件应对法》《中华人民共和国防灾减灾法》《国家突发公共事件总体应急预案》《突发事件应急预案管理办法》《志愿服务条例》等上位法律法规和预案，对应急语言服务的组织机构与职责、应急语言服务响应、应急语言服务保障措施等内容进行了充分探讨，形成了阶段性成果。在公共卫生事件应对方面，国家应急语言服务团会员单位南方科技大学自2023年起承担服务团专项任务"公共卫生事件应急语言服务需求和机制研究"。课题组将立足于历次公共卫生事件中的应急语言服务问题，探索公共卫生事件应急语言服务预案，构建以国家应急语言服务团为基本队伍的公共卫生事件应急语言服务机制。

（二）专项调研

服务团于2023年开展了大量专项调研工作。面向多语多灾欠发达地区，教育部语言文字信息管理司、国家应急语言服务团秘书处于2023年4月在四川省甘孜藏族自治州开展了应急语言服务需求和网格化管理机制专项调研。调研由教育部语言文字信息管理司牵头,应急管理部救援协调和预案管理局、国家民委教育司共同指导,四川省教育厅、语委具体协调,甘孜州教育局、语委牵头组织州内各部门和有关市县配合参与调研。调研主要采取座谈交流、实地走访和问卷调查等方式收集资料数据,调研组分别在州层面、市县层面(康定市、理塘县、新龙县、巴塘县、甘孜县、德格县、得荣县)开展了10多场座谈交流会,实地走访了当地部分中小学师生、村民群众和僧侣代表。调研大大加深了服务团对多语多灾欠发达地区应急语言服务需求的了解,为应急语言服务的精准供给和相关工作机制的精准设计打下了坚实基础。

此外,服务团秘书处就国际化大都市的应急语言服务需求,于2023年7月在上海调研了上海市应急管理局和普陀区应急管理局、复旦大学城市公共安全研究中心、上海大学社会学院社会治理与应急管理研究中心,在北京调研了北京市应急管理局、北京市地震局和朝阳区地震局。面向服务团会员单位,服务团秘书处于2023年8—10月先后调研了南方医科大学、广州大学、天津外国语大学、成都理工大学和武汉大学。秘书处通过上述调研,进一步明确了特定区域的应急语言服务需求,也进一步了解了会员单位服务所在区域的工作基础和特色方向。

(三)服务演练

为应对特大地震灾害时的语言沟通障碍,进一步提升多语多灾地区应急语言服务指挥通联、协同配合能力,在前期调研成果的基础上,国家应急语言服务团于2023年10月27日在四川省甘孜藏族自治州开展了特大地震灾害应急语言服务演练。演练由服务团主办,防灾科技学院承办,甘孜州应急管理局、甘孜州教体局、共青团甘孜州委及康定市、甘孜县等相关部门(单位)共同参与。

此次演练主要模拟甘孜州内发生特大地震灾害,省州抗震救灾联合指挥部按照地震应急预案规定启动Ⅰ级应急响应,派出现场工作组协助各级救援队赶赴灾区开展抢险救援,协调应急语言服务资源开展应急处置等工作。演练采取桌面推演与实战演练相结合的形式,设置了初期响应、处置实施、恢复重建3个阶段,通过快速响应指挥、救援与疏散、战地医院医疗救护、孤岛救援、多语宣传与心理抚慰5个科目,模拟了不同场景下藏族康方言、安多语、嘉绒语等不同语言方言的应急服务场景。

此次演练作为首创和试点，重点突出、组织有序、应对科学、意义重大，既检验了应急语言服务预案，锻炼了队伍，又提升了应急救援指挥多方协调、精细化救援的能力，达到了增强实战意识、检验协同能力、积累救援经验的预期效果。

（四）资源和产品建设

国家应急语言服务团秘书处是国家语言资源服务平台应急语言服务板块的建设单位。2022年12月，国家语言资源服务平台上线发布，应急语言服务作为平台首批推出的板块，即与平台整体一同上线运行。目前，平台应急语言服务板块已经上线"多语多言宣讲消防安全知识""疫情防控应急手语100句"等多种资源。

"多语多言宣讲消防安全知识"目前在平台上线的有手语版和外语版两种。其中，手语版由服务团会员单位中国聋人协会动员全国12个手语信息采集点共同参与研制，国家手语和盲文研究中心组织专家对其进行了评审；外语版涵盖了阿拉伯语、德语、俄语、法语、日语、西班牙语、英语等7个语种。在平台之外，国家应急语言服务团网站还推出了"多语多言宣讲消防安全知识"的少数民族语言版和汉语方言版，前者涵盖11种少数民族语言（方言），后者涵盖12种汉语方言。

"疫情防控应急手语100句"的牵头研制单位为中国聋人协会、国家手语和盲文研究中心、国家通用手语数字推广中心，三家单位均为服务团会员单位或会员单位所属机构。研制团队面向一线实际需求，对全国22个城市的不同年龄、身份、文化背景的手语使用者进行了大量访谈，遴选出听力残疾人在疫情防控过程中最急需的手语语句，以国家通用手语为基础，通过全国12个手语采集点征集手语打法，历经5次专家会审，最终顺利完成研制工作。该资源分为隔离诊疗篇、疫情防范篇、宣传教育篇3个部分，既可用于听力残疾人获取疫情防控相关信息，也可用于医护人员、社区防疫人员在疫情期间快速学习掌握应急手语。

在国家通用语言文字服务方面，北京语言大学出版社于2023年11月出版了由服务团秘书处组织力量编写的《国家通用语言学用口袋书·应急交际》。该书采取"语言交流＋应急知识"有机融合的学习形式，帮助广大人民群众、救援人员、基层干部等群体提升在应急场景下的国家通用语言文字应用能力。全书以《中华人民共和国突发事件应对法》界定的突发事件种类为总体框架，以《国家突发公共事件总体应急预案》界定的事件场景为划分单元的基本依据，共设计了洪水、干旱、暴雨、雷电、台风、寒潮、暴雪、冰雹、高温、地震、泥石流、滑坡、海啸、森林草原火灾、麦田火灾、家庭火灾、生产事故、交通事故、踩踏事故、食物中毒等 20 个单元。

（五）学术交流

国家应急语言服务团建设了常态化的学术传播平台。服务团秘书处与北京语言大学中国语言文字规范标准研究中心、中国民族语文应用研究中心共同承办了学术辑刊《语言规划学研究》，承担了刊物栏目"应急语言服务研究"的建设工作。目前，《语言规划学研究》为国内唯一常态化设置"应急语言服务"栏目的学术刊物，为我国应急语言服务研究成果的刊发提供了重要的平台。

服务团还通过举办学术会议推动应急语言服务的学术交流。2023 年 11 月 9 日，由国家应急语言服务团主办的"应急语言服务助力'韧性城乡'建设专题研讨会"在五邑大学举办。会议由防灾科技学院国际社区防灾减灾研究中心、五邑大学太平洋岛国研究院、五邑大学应急管理学院、广东瀚榕应急科技有限公司共同承办。来自北京语言大学、复旦大学、云南大学、南方医科大学、天津外国语大学、三亚学院、五邑大学、北京语言大学出版社、科大讯飞等高校和企业的 30 余位专家学者和四川省甘孜州、康定市应急管理部门的多名同志参加研讨。专家围绕应急行业术语规范化、应急语言服务实践与探索做主旨报告，会议代表就应急语言服务规划、应急语言服务实践、应急语言服务产品等主题展开讨论。与会者还就多语多灾区重大事件应急语言服务实战经验、人工智能助力应急语言服务等展开深入交流。

（六）人才培养

国家应急语言服务团秘书处十分重视应急语言服务人才的培养工作。在北京语言大学语言科学院的支持下，秘书处的应急语言服务人才培养工作依托语言资源学、语言政策与语言规划这两个北京语言大学自主设置二级学科开展。在"语言资源学导论""中国语言政策与语言规划概论"等面向全校语言文字相关专业研究生开设的课程中，应急语言服务的相关内容得到充分体现。在硕博士学位论文的选题方面，目前已经以应急语言服务资源研究为选题方向开展博士研究生培养，以特定地域、特定灾种的应急语言服务以及国外应急语言服务机制等为选题方向开展硕士研究生培养。

服务团各高校会员单位也十分重视人才培养与应急语言服务工作的结合。如广州大学，不但在研究生层面以应急语言服务及其能力评估系统为选题方向开展

硕士研究生培养，在本科生层面以粤港澳大湾区重大突发公共卫生事件应急语言服务调查为选题方向组织学生参与广东省"挑战杯"竞赛并荣获二等奖，还依托国家语委研究型基地国家语言服务与粤港澳大湾区语言研究中心的建设，结合《粤港澳大湾区语言生活状况报告》的编写，组织学生开展大湾区应急语言服务的多角度研究，在实践中大大提升了学生的应急语言服务研究能力。

（七）宣传推广

国家应急语言服务团建有官方网站（网址：http://chinayjyyfw.blcu.edu.cn）和官方微信公众号"国家应急语言服务团"。服务团官方网站除发布服务团概况和服务团相关新闻报道之外，还开设了"产品与资源服务"板块，用于推介服务团和其他相关社会力量建设的应急语言服务相关数字化资源。截至2023年年底，"产品与资源服务"板块已经收录卫生健康领域资源22种，自然灾害领域资源25种，事故领域资源13种，社会安全领域资源14种。服务团官方微信公众号除与网站同步发布服务团概况、新闻报道和相关资源外，还以秘书处建设的应急语言服务研究文献库为基础，常态化地推送优秀的应急语言服务研究成果，促进学界与社会之间的交流，促进优秀成果的转化应用。

三 结语

对照上级有关文件的要求和《国家应急语言服务团三年行动计划（2023—2025年）》的规划，下一步，国家应急语言服务团还将进一步推动会员单位发挥优势，凝练方向，在调研服务需求、扩充人才队伍、提升服务精准供给水平、加强学术支撑和资源产品建设、强化人才培养、推动机制落地等多个方面继续深入开展工作。国家应急语言服务团也将继续团结国内相关力量，吸纳更多具有良好工作基础和特色工作方向并有志于开展应急语言服务工作的单位成为会员，为促进国家应急体系的进一步完善和国家应急语言服务水平全面提升贡献力量。

（徐欣路）

语言智能发展及其助力智能教育的应用

随着科技的不断进步和人工智能的快速发展，语言智能技术正成为当今世界的焦点和热点。语言智能技术致力于使计算机能够理解、处理和生成自然语言，从而实现人机自然交互。语言智能服务可以辅助语言交流，破除语言障碍，增强信息处理能力，推动创新和竞争力，逐步成为语言服务的一种新兴形式，对未来语言战略发展具有重要意义。

一　语言智能发展历程

（一）国外发展轨迹

1956年，约翰·麦卡锡（John McCarthy）等人组织了一场名为"达特茅斯学院夏季人工智能科研项目"的会议，会议的目标是探索人工智能概念和方法，推动计算机科学与其他学科的交叉融合。会议首次正式提出"人工智能"这个术语[1]，并确定了人工智能研究的基本方向和目标。达特茅斯会议标志着人工智能领域的诞生，以及人工智能作为一门学科的正式启动[2]。

1956—1974年，人工智能进入符号主义阶段，研究主要关注符号逻辑推理和知识表示，以及如何使用符号和规则来模拟人类智能思维和推理过程。研究者们使用符号逻辑构建推理系统，以解决问题和推导出新的结论。同时，他们探索了不同的知识表示方法，如规则、框架、语义网络等，用于将领域知识转化为计算机可处理的形式。符号主义阶段的研究成果为后续人工智能研究提供了重要基础和启示，尽管后来发展方向有所转变，但推理、知识表示和专家系统的研究仍具有重要意义。

1974—1980年，人工智能进入知识工程阶段，聚焦于将专家知识转化为计算机程序，以构建能够解决复杂问题的专家系统。这一阶段的关键任务是通过知识

---

[1] 李德毅、马楠《人工智能看教育》，《高等工程教育研究》2023年第3期。
[2] 李德毅《人工智能导论》，中国科学技术出版社，2018年。

工程方法，将专家在特定领域的知识和经验进行形式化、编码和表达，以便计算机能够利用这些知识来进行推理和解决问题。研究者们采用规则、框架和语义网络等知识表示方法，将专家知识以逻辑形式进行表达，并建立推理引擎来执行推理过程，模拟人类专家在特定领域的推理和决策过程，并提供具有一定智能的问题解决能力。

1980年代，人工智能研究聚焦连接主义理论。该理论强调模拟人脑神经网络的工作原理，将大量简单的处理单元（神经元）相互连接形成网络，并通过调整连接权重来实现学习和信息处理。研究者们借鉴生物学中的神经网络结构和学习规律，构建了人工神经网络模型，如感知器、多层感知器、反向传播等。这些模型具备自主学习和自适应能力，能够通过学习样本中的模式和规律，对未知数据进行分类、识别和预测。连接主义思想为人工智能研究提供了新的范式，成为人工智能后续深度学习等技术发展的重要推动力。

1990—2016年，大数据时代人工智能进入统计学习阶段。该阶段的突破得益于数据的大规模收集和存储能力的提升，同时计算能力和算法的发展也为模型训练和优化提供了支持。机器学习是一种基于统计学理论的方法，通过训练算法来自动发现数据中的模式和规律，并使用这些模式进行预测和决策。在机器学习中，算法可以根据输入数据的特征自动调整模型的参数，从而提高其性能和计算准确性。统计学习阶段的突破主要得益于数据的大规模收集和存储能力的提升，同时计算能力和算法的发展也为模型训练和优化提供了支持，为实现自动化、智能化应用奠定了基础。

2016—2018年，人工智能研究逐步进入深度学习阶段。深度学习的核心是通过多层次的神经网络模型模拟人脑神经元的结构和功能，即通过多个层次的非线性变换来提取和表示数据中的高级特征，从而实现对复杂数据的理解和处理。深度学习模型可以在海量的数据中进行训练，使模型具备更强的泛化能力、表达能力、学习能力，能够自动从大量数据中学习到复杂的特征表示，并通过训练过程中的反向传播算法不断优化模型的参数。深度学习一时间引发了对各领域人工智能应用的广泛研究。

2018年至今，人工智能研究进入语言模型服务时代。自然语言处理取得重大突破，预训练语言模型如BERT、GPT等模型的出现，全面提升了自然语言处理效果，并由此延伸至图像领域。预训练语言模型工作流程包括两个阶段：预训练和微调。在预训练阶段，模型通过在大规模无标签数据中进行预训练，学习到丰富的语言表示，模型逐渐理解单词、短语和句子之间的语义和语法关系等知识。在微调阶段，将预训练的模型与特定任务的标注数据进行有监督学习，优化模型在具体任务上的性能。ChatGPT 的问世为用户提供了一个可用的对话接口，使人与计算机之间的交流更加自然和流畅，语言智能服务逐步走向多场景应用。

（二）国内发展轨迹

语言起源问题源于一场哲学论战，这场辩论主要集中在语言起源和语言能力的本质问题上，涉及语言是否是先天的、是否与人类特有的智力能力相关联等议题。这场论战引发了对语言起源和人类语言能力的深入思考，并激发了跨学科领域的研究。语言学、心理学、人类学、生物学等学科都对这一问题进行了探索，并提出各自的理论和证据。然而，尽管这场论战在理论和学术界引起了广泛的讨论和争论，众说纷纭，莫衷一是，但在现代语言学和认知科学的发展中，逐渐形成了一种综合的观点，即语言能力是人类天生具备的潜在能力，但需要通过学习和社会互动才得以实现和发展。这种综合的观点强调了语言起源和语言能力的双重因素，并认识到语言是人类思维和交流的重要工具。

在语言起源的哲学论战中，一些学派强调语言的本质和结构，提出了形式化的语法和逻辑模型来解释语言的特性和推理规则。这种观点对语言智能的发展起到了重要的引导作用。通过研究语言的规则和推理过程，研究者能够开发出基于逻辑和符号推理的语言智能模型，用于自然语言处理等任务。

语言智能是研究人类语言与机器语言之间同构关系的科学[①]，是以人类语言活动元素、活动机制、表现形式为模仿对象，生成、传递、理解、翻译、评测语言的信息处理科学。语言智能理论分两部分，脑语智能和计算智能。脑语智能理论，主要探索人类大脑如何处理语言信息，旨在深入理解人类语言能力的本质与机制，为语言智能技术和应用提供理论支持。它主要关注两个方面：一是语言与脑的关系，研究语言的神经认知机制，分析人类大脑如何处理语音、词汇、语法等语言信息，探究语言在人脑中的表征方式、加工过程以及相应的神经基础；二是语言与认知的关系，揭示人类语言处理的认知加工机制，语言能力的发展变化，如语言习得、语言失调、语言障碍等。计算智能理论，主要研究如何将自然语言转化为计算机能够处理的形式语言，利用计算机技术模拟人类语言的生成、传递和理

---

① 周建设、吕学强、史金生、张凯《语言智能研究渐成热点》,《中国社会科学报》2017 年 2 月 7 日第 3 版。《新华文摘》2017 年第 9 期全文转载。

解。最终，为破解各领域难题，语言智能服务以多种形式得以体现。

（三）发展对策与建议

增强创新意识，提升研究内容品质。资源库建设是语言智能研究与服务的基础。需要依据国家语言文字发展战略，围绕语言智能发展目标，确定资源建设任务，做好顶层设计，评估建设难度，协同多方力量，分步组织实施。只有经过科学加工的语言数据才能有效助力语言智能服务，提升语言智能研究的品质。

注重成果转化，增加语言服务意识。语言智能具有文化传承的服务优势。语言是文化载体，语言精神反映民族精神。从浩瀚的古典文献中精选优秀传统文化素材，从当下日新月异的语言信息洪流中淘洗文化精华，传递给当代国人，需要语言智能独特的算力。当前，语言智能服务仍处于细分领域的单点突破阶段。发展语言智能，不但要贡献当下，更要关注未来。应当在基础理论、关键技术、产品研发及场景应用上持续发力，不断开发用户体验良好、优质高效的语言智能产品，广泛服务社会，服务全人类。

二　语言智能技术助力智能教育

（一）"语言智能 + 教育"的人机共育

若把人工智能看作一种生命体，"语言智能 + 教育"的内涵是碳基生命和硅基生命的交互和培育问题。语言智能技术是对人脑计算、思考、判断等内在能力的延伸，是人的智能在机器形态上的规模化聚集、运作和反应。由此，部分基础性的专业工作被替代，人工智能在劳动贡献、价值创造中逐渐与人比肩甚至超越人类，人工智能和人类共同成为社会贡献主体。

在宏观层面上，语言智能技术在知识量、信息获取和处理方面的强势能力，使教育界进一步反思现有的教育框架，教师作为教学主体的功能性与人文价值如何取舍？"师-生-机"三位一体的教育形态意义几何？以知识传递和测评为核心的教育内容该如何升级？大规模的个性化教学是否真的有可能实现？人工智能与人类是否会在社会和教育资源上展开竞争？这些重大问题因 AIGC（Artificial Intelligence Generated Content）的到来，再一次冲击现有的教育体系。

在微观层面上，教育的各场景和环节，都因语言智能技术的应用而有所助益，如教师备课规划、作业生成和批改，学生的自主学习、辅助练习、测试评估等，新技术与教育场景的结合，总会产生令人欣喜的化学反应。然而，商业实践的落地是受到现实和周期限制的。从落地逻辑而言，当前产品基本上是原有教学场景和产品的替代，原有技术功能的优化迭代，而少有新场景的迸发；就落地速度而言，尚不成熟的教育大模型落地，仍需学生思考和辨别能力的加持，以及相对明确统一的评估标准支撑，各领域、场景、学段落地情况各有差异。

需要注意的是，语言智能技术具有显著的资源密集和依赖特点，而教育是一项社会公益事业，教育福祉应尽可能地保证公平和均衡。如何防止强势资源的相互吸引和马太效应的加剧，是教育界需要共同面对的问题。

（二）技术发展对教育形态的影响

语言智能技术引发了教育进化（见表1）。在教学主体方面，语言智能技术带来人机协同教学和师资强化的期待，也引发人工智能挑战教师主体地位的思考；在教学载体方面，语言智能技术有望赋能教师并实现规模化的因材施教，但也挑战传统学习模式和评价工具；在教学内容方面，高阶通识能力、跨学科复合能力的重要性被重提，并辅以技术素养要求；在学习主体方面，引发近乎科幻但并不遥远的哲学思辨：是教育人类还是训练大模型，二者可能存在着广义上教育资源的竞争。

表 1　技术发展对教育形态的影响

信息形态及其时代	工具发展				教育形态发展			现代教育理论
	信息符号	信息载体	复制方式	传播方式	教育资源	组织方式	教学方式	
口头信息（公元前4世纪中叶以前）	口头	人的声音	口传/记忆	口口相传	老师	面对面	老师口头讲课学生学习	19世纪开始现代教育学理论快速发展，先后出现了实用主义理论、认知/行为主义学习理论、构建主义等经典学习理论，成为各国教育部门开展教育工作的理论基础
手抄文字（15世纪中叶以前）	文字	纸张	手写	手抄书	手抄教材	古代私塾	能通过手抄材料讲解和学习	
印刷文字（15世纪中叶至今）	文字	纸张	印刷	图书、报纸等	先对标准教科书	现代学校班级授课	能通过教科书讲课和学习	
电子信息（1830年至今）	表意符号的存储和传输	磁带、唱片、电视等	音视频传输	广播、电视等	视频教材	远程教育	能远程讲课和学习	
数字信息（1990年至今）	表意符号的存储和传输	电脑、手机、云存储等	上传下载拷贝粘贴等	互联网	电脑、手机、云存储等	在线学习、混合教学	能在线讲课和学习	

语言智能技术带来了应用创新。语言智能技术在教师、学生、管理者多角色中，在学术科研、备课规划、作业生成和批改、自主学习、辅助练习、测试评估的多场景中，都发挥了一定效力。从落地速度来看，表现为 C 端 >B 端 >G 端，成人教育 > 高等教育 >K12> 幼教，教师 > 学生 > 管理者。具体到细分场景中，师生应用的全流程闭环服务、兼具高难度与高天花板的语言智能学术科研都是潜在的机会方向。从商业模式来看，当前软件增值服务、硬件整体售卖、MaaS（Model as a Service）服务、AIGC 技能培训是主要商业模式，各厂商根据自己在模型及算力、教育业务理解、教育数据等竞争要素的优势，在行业中各自占据一席之地。

展望未来竞争态势，语言智能技术具有显著的资源密集和依赖特点，大力出奇迹的暴力美学路径已被行业所验证，未来格局仍会以有着多类型资源积累的大厂占据主要份额，创新企业可以依据对特定场景的深入理解而切入，但若没有自主大模型，仍然会受制于人。同时，通用大模型与教育垂类大模型的关系，正朝着各司其职、融合发展的方向持续演化，未来可能呈现出通用大模型与 N 个专家模型多重组合的形态。

在内容层面，基于神经网络技术的语言智能研究与个体素养发展具有天然相似的基因，企业可以在 C 端小模型发力，从而引领行业发展；在技术层面，大模型分析 + 多模态交互 +Agent 规划 + 具身智能行动，AGI 完全体与教育场景深度适配；在落地层面，教育各界需通力合作，努力克服机会、技能、资源的三大鸿沟；在人机协作层面，人机关系进入新历程，人机共育，生命循环，互为滋养，人类将与人工智能一起永无止境地学习、构建。

（三）智能教育的模式探索

在语言智能底层技术创新驱动下，MaaS 服务常以技术大厂为主，提供通用的 API 接口并收取调用费用，也可向学校、教育局、教企等开放模型，支持客户定制化服务，帮助客户做特定场景或区域的模型，这对厂商的技术、算力、数据能力是多重考验。在应用驱动下，商业模式包含软件增值服务和硬件整体售卖服务。软件增值服务通常为原有软件功能的升级迭代，通过会员订阅等形式收取费用，是当前主流的收费模式。硬件整体售卖通常将已实现的智能教育软件功能嵌入硬件中，从而提高硬件单价，但这种模式需注意发挥多硬件数据生态的协同效应，发挥硬件的独特优势。在传统教培内容驱动下，教学资源是核心竞争力，语言智能带来的"被替代恐慌"与能力提升需求持续升级，课程资源层出不穷，是当前产业能力最强的应用模式。

语言智能技术在教育行业应用的竞争要素主要体现在三个方面：模型和算力资源、教育行业理解和经验、垂类教育数据。具体来看，模型和算力资源提供基础进入门槛，无论是API接口调用、调优还是自主开发大模型，有模型才能有入场券，但自主开发模型才能掌握主动权，需要研究单位对人工智能技术和教育相关数据都有长期积累。教育行业理解决定企业是否具有落地能力，如产品逻辑的设计、用户痛点的感知、语料库和工具的建设等，需要企业对教育业务和互联网产品都有深入理解。教育数据最终决定能力上限，大模型的竞争归根到底是数据的竞争，数据的好坏决定模型的好坏，进而决定用户的使用体验和学习效果，这需要在教育行业深耕多年才能形成自己的数据护城河。

随着大模型在教育场景的逐步落地，准确性、针对性不足等问题日益凸显，开发针对教育领域的垂类大模型逐渐成为教育行业共识，但它与通用大模型并非互相排斥，而是朝着各司其职、融合发展的方向演化。当前通用大模型综合实力最为强劲，且随着多模态的逐步落地，仍处于主导地位；教育垂类大模型整体成熟度较低，尚处于应用探索期。

随着教育大模型的成熟，不久的将来可能迎来通用大模型与教育垂类大模型各司其职的阶段，通用大模型凭借强大的基础能力和海量跨领域知识，可解决文本润色过渡、兴趣科普、基本问答和释义问题，教育垂类大模型根据场景的细化、区域及用户群体的划分，细分为不同垂类模型，各自解决特色问题。从更长远的视角来看，通用知识是专业知识的基础，通用大模型仍不可被替代。随着技术的累积发展与资源整合，通用模型与垂类模型的边界逐渐模糊，通用大模型可能与多个垂类模型存在交集，呈现出通用大模型与N个专家模型多重组合的形态，并不断走向融合。

（周建设、张凯）

第二部分

京津冀、长三角、粤港澳和台湾地区语言服务

导　语

推进区域协调发展，是党的十九大报告提出的国家重大战略。2018年11月发布的《中共中央　国务院关于建立更加有效的区域协调发展新机制的意见》指出，推动国家重大区域战略融合发展，要以"一带一路"建设、京津冀协同发展、长江经济带发展、粤港澳大湾区建设等重大战略为引领。党的二十大报告再次强调，要推进京津冀协同发展、长三角一体化发展、粤港澳大湾区建设。

京津冀、长三角、粤港澳大湾区等三大区域，无疑是区域协调发展的最重要引擎和重要示范。语言服务建设水平是区域经济社会发展质量的重要指标。本部分有4篇报告分别从老年语言服务、景点官网语言服务、语言教育服务和多语种公共服务平台等领域或角度，或同时观察三大区域，或观察三大区域的重要中心城市，或选择其中一个区域观察。从调查情况看，上述区域的相关语言服务水平普遍较高，大致与区域的经济社会文化发展水平相匹配，不同区域或城市的一些具体举措具有引领示范作用。报告同时也指出，要满足高质量发展需求和适应数字化新时代的趋势，语言服务建设的深度和广度均还需要进一步拓展。

本部分还有一篇报告，是台湾地区的语言服务状况报告。海峡两岸同属一个中国，大陆和台湾在社会发展、文化建设、语言服务等方面同中有异，异中有同，值得互相交流，共同促进。党的二十大报告也指出，要继续致力于促进两岸经济文化交流合作，深化两岸各领域融合发展。与本部分其他报告稍有不同的是，这篇《台湾地区语言服务面面观》是从应急服务、语言产业、信息无障碍、海外华文教育等多角度介绍台湾地区语言服务的基本概貌，可与本书其他部分的相应报告做对比。

选择重点区域分领域做语言服务状况的报告，是一次较新的尝试。希望能在语言服务观察和行动研究方面有所推进，更好为区域经济社会发展提供参考。

（禤健聪）

京津冀、长三角、粤港澳大湾区养老语言服务状况考察[*]

近年来，我国人口增长放缓，老龄化趋势渐显。国家卫健委数据显示，"十四五"期间，60岁及以上人口占总人口比例将超过20%，我国将进入中度老龄化社会。《"十四五"规划和2035年远景目标纲要》指出，要"实施积极应对人口老龄化国家战略"，倡导发展普惠型养老服务，健全基本养老服务体系。本报告调查京津冀、长三角、粤港澳大湾区三个区域养老服务中与语言服务相关的政策法规和具体实践，就存在的问题提出建议。

一 养老语言服务政策法规

（一）京津冀地区

京津冀地区作为我国主要城市群，人口比重大，老龄化问题较突出，一直面临着巨大的养老服务压力。为提升养老服务质量，该地区发布了一系列针对养老服务的政策文件，发挥了很好的引领示范作用。以北京市为例，该市民政局网站专门设置了"老年人""能力评估""养老助残卡""养老机构""养老驿站"等5个养老服务板块，在"政策文件"栏目下共检索到2000—2024年600条养老服务领域的政策、法规、公告和条例等，详见表1。

表1 北京市养老政策文件汇总

序号	板块	政策文件数量	时间跨度
1	老年人	204	2000—2024年
2	能力评估	204	2001—2024年
3	养老助残卡	12	2015—2023年
4	养老机构	132	2001—2024年
5	养老驿站	48	2016—2024年

---

[*] 2024年度大学生创新训练省级项目"基于改善语蚀和语障现象的大湾区老年语言服务体系"。

这些政策文件，不少关注到老年人语言问题和相应的养护服务。《北京市老年人能力评估实施办法（试行）》（京民养老发〔2022〕214号）指出，在评估老年人身体失能、认知失智、照护需求三方面状况的时候，"语言能力"均为重要考察因素之一。《北京市民政局关于开展养老机构服务质量专项检查整治行动的通知》（京民养老发〔2022〕199号）关注到语言暴力的危害，明确提出，要全面排查养老机构是否存在"通过语言或非语言形式歧视、孤立老年人等情形"。《关于加强养老服务人才队伍建设的意见》（京民福发〔2016〕527号）重视"体态语言"规范，指出体态语言是养老服务人才职业行为要求之一，应该予以规范。

（二）长三角地区

长三角地区养老政策、法规比较健全，语言服务凸显度高。以上海市为例，作为国家中心城市，该市位居城市养老综合实力榜首。通过上海市民政局建立的"上海市养老服务平台"查阅到养老政策、法规410余条，见表2。

表2 上海市养老政策法规汇总

序号	政策文件类型		数量
1	综合类	地方性法规	5
		发展规划	11
		市政府文件	123
		标准规范	27
		规划报告	23
2	服务类	机构养老	48
		社区养老服务	37
		家庭养老支持	17
		综合服务	28
3	专项类	老年综合津贴	8
		长期护理保险	19
		统一需求评估	11
		养老护理员队伍建设	18
		医养结合	9
		智慧养老	10
		其他	20

上述政策法规涉及语言康复服务、农村养老语言服务、养老从业人员语言规范服务等内容。《上海市社区卫生服务机构功能与建设指导标准》（沪卫规〔2020〕

011号）规定，社区卫生服务机构在康复治疗区应设置语言治疗室，并配备相应的设施设备，如各种识字卡片图片、写字板、吞咽治疗设备、复读机等，以便开展语言训练。《上海市"颐美乡村"养老服务提升计划（2024—2026年）》（沪民养老〔2024〕1号）指出，要加快培育农村本土养老服务队伍，各涉农区要着力挖掘农村本土资源，关注语言问题，充分发挥本地人力资源语言沟通顺畅、生活习惯熟悉、乡邻乡亲等优势；各类老年服务机构在招聘养老护理员、医生、护士等专业人员的时候，招聘要求通常都会涵盖"有亲和力及良好的沟通能力，语言能力强"等语言方面的专门要求。

（三）粤港澳大湾区

粤港澳大湾区作为世界四大湾区之一，因其开放程度高，经济活力强，吸引了大量年轻人前来发展，与京津冀和长三角地区相比，人口老龄化程度相对较低。但是，大湾区粤、港、澳三地区域差异较大，社会制度不同，老龄化速度和养老资源分布也不一致，其中港澳老龄化程度更快，珠三角各城市则相对缓慢。近年来，大湾区各相关部门积极协调湾区内养老资源配置，提高养老资源利用率，在异地养老、跨境养老、政策创新等方面做出了积极探索。

在2023年4月深圳举行的"湾区标准"公布仪式上，广东省市场监督管理局、香港特区政府工业贸易署、澳门特区政府经济及科技发展局三方共同签署了《关于共同促进粤港澳大湾区标准发展的合作备忘录》，共同发布了5项养老服务领域标准：《养老机构认知症老年人生活照顾指南》《老年居家护理服务规范》《旅居养老服务总则》《旅居养老服务基地设施建设和运营管理指南》《养老机构探访管理规范》。这5项标准为大湾区三地的养老服务实践提供了明确的政策指引、运营指南和服务规范。其中，《养老机构认知症老年人生活照顾指南》在"8.2.4社工服务"章节明确提出，服务人员应遵循"适时与认知症老人交流，多使用鼓励性语言"的语言服务行为规范。但总体来看，上述标准对语言服务方面的要求仍不够凸显。

比较突出养老语言服务的政策文件是珠海市出入境检验检疫服务行业协会、珠海正圆养老服务有限公司、香港安老咨询委员会、澳门街坊会联合总会广东办事处等单位联合起草的《粤港澳大湾区社区居家养老服务规范》，目前已完成征求意见稿，正在向社会公众征求意见。从征求意见稿来看，该规范在诸多方面涉及语言服务。比如，要求服务人员应具备良好的职业道德素养，掌握老年人心理

特点和基本沟通技巧，文明礼貌，语言清晰；将"语言善意"确立为影响老年人心理的因素之一，也是服务运行环境的要求之一；在安全援助方面要求服务人员通过线上沟通和线下援助等方式，为老年人提供24小时全天候电话沟通、紧急支援、定期探视、咨询转介等语言服务。

二 养老语言服务实践

（一）京津冀地区

1. 居家养老语言服务基本到位

京津冀地区针对失能老人、高龄老人急需的居家养老服务，为打通养老"最后一公里"出台了诸多政策予以扶持，部分社区对居家养老模式进行了积极探索，创新探索出"区域养老联合体"模式，让养老资源充分辐射到老人"床边"。杨思晓（2023）调查发现，该模式下的基础服务能基本满足老年人需求，老年人及其亲属评价较高，有效弥补了部分独居老人、孤寡老人无儿女在身边照料的遗憾。在健康监测、安全协助、基本照料、精神慰藉一类的"显性服务"中，精神慰藉类服务的满意度高达90%以上，心理疗愈的语言服务比较到位。疫情期间，该模式还加入了电话巡视的服务，以了解老人身体情况，同时通过陪聊缓解老人情绪，起到一定的语言服务效果。不过，部分老年人反馈，疫情期间养老院频繁的电话巡视服务未能提供太多实际帮助，反而增加了自身负担。[①] 可见，如何提供更为细致、有效的语言服务仍需进一步探索和实践。

2. 专业养老语言服务人才缺乏

以北京市为例，2023年12月15日北京市民政局等六部门印发《北京市加快推进养老服务人才队伍建设行动计划（2023年—2025年）》，显示在2025年前北京市将建成3个养老服务产教融合实训基地和一批养老护理见习基地，在养老服务机构、社区和家庭从事专业照护服务的养老护理人员总数将达到2.5万。目前，北京市养老护理人员距离2.5万人的培养目标仍有不小的缺口，培养任务较为艰巨。而且现有养老护理人员的文化程度不高，培训难度大，服务质量的提高存在一定困难。因此，提升现有养老语言服务人才的工作水平，建立高质量养老语言

---

① 杨思晓《嵌入型理论视角下居家养老服务供需问题研究——以北京市东城区C街道为例》，北京化工大学硕士学位论文，2023年。

服务人才培养机制，是当下亟待解决的突出问题。

（二）长三角地区

1. 学术研究与实践应用相结合

长三角区域养老服务的一大特色是高校科研机构参与其中，充分发挥学术优势，为地区养老实践提供了高水平的智库建议。比如，同济大学老龄语言与看护研究中心作为一家对老龄化及语言蚀失、脑神经疾病、老年心理等问题进行学术研究、人才培养及社会服务的专门机构，将老龄化服务实践与学术研究相结合，取得了一定的科研成果和社会效益。该机构于2021年成立了"同济大学拾忆老龄公益社"，目前已形成"百千万"① 发展态势，形成了"科普·筛查·干预"全周期服务链，服务惠及万余老人。② 该中心组织的老龄服务志愿团队连续7年组织开展青年志愿服务与社会实践，开发了以语言干预、多模态生命历程叙事疗法为特色的国际前沿干预课程，每年带领百余名学生了解人口老龄化国情，为多个社区提供语言服务。2023年6月，该团队走进上海市杨浦鞍山密云小区综合为老服务中心开展认知科普讲座，组织以体脑激活互动小游戏为主的认知干预课程，并通过日常话语评估老年人的认知状态，寻找反映认知退化的"语言标志物"。③

2. 注重养老语言服务智能化

长三角地区步入老龄化社会较早，在市场化养老方面进行了多方面探索，取得了一定的突破和进展，尤其在智能化养老服务建设和社区养老模式建设这两个方面成果显著。首先，搭建养老服务平台，提供多元化养老语言服务。例如上海市民政局建立的"上海市养老服务平台"，集结了"养老政策""机构查询""在线申请""人才服务""养老地图"等多个板块，实现了养老服务领域全方位信息检索和查阅。④ 该平台还充分照顾到特殊人群和老年群体的阅读习惯，设有无障碍、关怀版和长者版三种特殊查阅模式，提供语音读屏、大字幕、配色、放大、缩小等智能服务。其次，利用智能化养老平台，提供全方位的社区养老服务。比如南京市江宁区"小江家护"平台依托互联网技术，整合社会、社区、机构养老资源，

---

① "百千万"指的是培养了五百多名志愿者，面向千余名学生开展人口老龄化国情教育，志愿服务时长超一万小时。
② 同济大学老龄语言与看护研究中心：https://ageing.tongji.edu.cn/info/1048/1559.htm。
③ 周到上海：https://static.zhoudaosh.com/54BF0F736A75414A516648825F4CDF3ABC2DCFA9F253DA27CF893E2DEF8FC3DE。
④ 上海市养老服务平台：https://shyl.mzj.sh.gov.cn/homePage。

累计开展上门照护服务160万次，开展助餐服务150万人次，接听和拨打电话55万通。① 其中上门探望、精神关爱、接打电话等均涉及语言服务，从部分老年用户实际反馈来看，语言服务质量较高，普遍得到认可。上海市部分社区引入智慧养老服务，比如黄浦区半淞园路街道2020年启动了"云上养老合作社"，围绕"医""食""助""兴"四个领域，打造智慧化数字家园生活（见图1）。其中，通过平台进行的公益问诊、心理关爱、网络购物、应急响应、文娱生活等，均为语言服务的重要实践内容。②

图1 "云上养老合作社"手机界面③

（三）粤港澳大湾区

1. 养老机构语言服务基本满足老年人需求

目前，大湾区大部分养老机构都能提供比较贴合老年人需求的语言服务，较为全面地满足老年人健康咨询、养生科普和精神慰藉类语言服务的需求。丁美方

---

① 人民融媒体：https://baijiahao.baidu.com/s?id=1738914875352692712&wfr=spider&for=pc。
② 人民资讯：https://baijiahao.baidu.com/s?id=1722390193872004030&wfr=spider&for=pc。
③ 上观：https://sghexport.shobserver.com/html/baijiahao/2023/03/19/985286.html。

等（2022）调查统计了香港、深圳、广州、中山、江门等地养老服务情况，数据显示能够提供文体娱乐服务、健康教育服务以及心理疏导服务的机构分别占调查机构总数的85.20%、77.80%和74.10%，实现了一定程度的地区覆盖。[①] 特别在文娱服务方面，大湾区各地养老机构相对比较健全，会定期举办语言课程、文化讲座、手工艺活动等，充分满足了老年人在语言和文化方面的需求。

2. 湾区跨境养老促使方言服务需求加大

目前，在大湾区内地城市养老成为港澳老人新的选择趋势。截至2022年，珠三角9市养老机构共收住港澳地区老年人700多人，同时也吸引了部分港澳养老企业前来布局。广东省内当下有8家港澳服务提供者开设或运营的养老服务机构，其中香港7家，澳门1家。[②] 2023年香港工联会调查显示，80%的香港本地受访者愿意前往广东省长居或养老。[③] 与此同时，越来越多的澳门老人也开始就近选择在珠海生活及养老，珠澳社会养老服务合作的需求十分迫切。港澳老年人之所以选择北上养老，除区域距离较近外，处于同一种语言生态环境是更重要的缘由。粤港澳大湾区老年人多使用粤方言，部分高龄老人并未掌握普通话，所以在开展养老服务时，养老机构和社区都十分重视粤方言的应用，在招募员工、社会工作者和志愿者时会考查对方粤方言的掌握情况，以便将来更好地开展养老服务工作。特别是针对跨境养老的港澳长者，相关机构或社区更需要提供粤方言服务。

三　问题与建议

第一，将养老语言服务作为专项进行规划建设。目前三个区域在养老服务领域都进行了卓有成效的探索，但语言服务在其中的凸显度并不高，涉及语言的服务往往都是在其他服务项目中被捎带提及，无法满足老年人实际需求。语言服务是养老服务的重要组成部分之一，在整个养老服务体系中应将其作为专项进行规划建设，切实解决老年人遇到的语言问题。

第二，培养老年语言治疗专业人才。当下我国养老服务实践中对老年人语言能力衰退现象关注不足，专业的语言治疗人才更是十分缺乏。因此，政府相关部门和高校学术机构应重点培养一批老年语言治疗服务人才，使其能够精准识别老

---

① 丁美方、蔡榆、曾楠等《粤港澳大湾区养老服务体系构建研究》，《社会福利（理论版）》2022年第5期。
② 中国新闻网：https://baijiahao.baidu.com/s?id=1745660817750368640&wfr=spider&for=pc。
③ 王滢淇《粤港澳大湾区跨境养老保障合作刍议》，《中国社会保障》2023年第11期。

年人语言能力退化的生理性或病理性表现以及诱发原因，并能通过语言标志物来进行某些疾病的早期筛查与评估，开展言语治疗等非药物干预和语言认知康复，延缓老年人的语言能力退化。

第三，优化养老语言服务资源的区域配置和共享覆盖。目前我国养老语言资源分配在不同区域之间、同一区域的不同城市之间、城乡之间并不均衡，农村养老资源相较于城市明显落后，城市之间也因发展差异有所不同。因此，应优化养老语言资源的区域配置，缩小地区、城市和城乡间差距，积极推行区域一体化协同养老，以实现养老语言资源最大范围的共享覆盖。

（郭杰、林绮欣、田碧铃）

京津冀、长三角、粤港澳大湾区红色旅游景点官网语言服务调查

红色旅游景点主要以革命和战争时期留下的纪念地、标志物为载体，其内涵主要是其承载的革命历史、革命事迹和革命精神。红色旅游景点作为中国独特的文化遗产和重要的旅游资源，其官方网站的建设状况直接影响到国内外游客的参观体验。

2023年11月1日，国家文化和旅游部印发《国内旅游提升计划（2023—2025）》，指出要加强国内旅游宣传推广，并将"优化线上、线下旅游公共信息服务布局，加快旅游公共信息服务资源整合""大力推动博物馆等文博场馆数字化发展，加快线上线下融合"作为重要任务。

本报告抽样选取京津冀地区、长三角地区以及粤港澳大湾区具有一定知名度和代表性的29个红色旅游景点的独立官网，调查其语言服务现状，包括网站的语种设置、中文和外语信息服务以及无障碍信息浏览设置等情况。这些景点共分为4类，分别是博物馆、纪念馆、旧址和烈士陵园。具体分布见表1。

表1 本报告调查的红色旅游景点

地区	景点分类			
	博物馆	纪念馆	旧址	烈士陵园
京津冀地区（10个）	中国人民革命军事博物馆、中国国家博物馆、北京鲁迅博物馆（北京新文化运动纪念馆）	中国人民抗日战争纪念馆、平津战役纪念馆、焦庄户地道战遗址纪念馆、李大钊纪念馆、西柏坡纪念馆	野狐岭要塞旅游区	天津市盘山烈士陵园
长三角地区（10个）	苏州革命博物馆	新四军纪念馆、侵华日军南京大屠杀遇难同胞纪念馆、浙江革命烈士纪念馆、渡江战役纪念馆、新四军黄桥战役纪念馆、南湖革命纪念馆、上海宋庆龄故居纪念馆	—	上海市龙华烈士陵园、南京市雨花台烈士陵园
粤港澳大湾区（9个）	鸦片战争博物馆、深圳市博物馆、香港海防博物馆	中山市孙中山故居纪念馆、广州市黄埔军校旧址纪念馆、广州市中山纪念堂、广州农民运动讲习所旧址纪念馆、广东东江纵队纪念馆	江门市开平碉楼群	—

一 语种设置

表2显示，18个官网只使用中文，占62.07%，其中17个仅用简体字，只有1个可以转换简繁体字，为广州市中山纪念堂，较多地考虑了台港澳等地游客的需求。使用两种或以上语言的有11个，占37.93%。7个官网有两种语言版本，都是中文+英文，其中3个只用简体字，为鸦片战争博物馆、侵华日军南京大屠杀遇难同胞纪念馆、中国国家博物馆；4个可以简繁转换，为黄埔军校旧址纪念馆、深圳市博物馆、香港海防博物馆和中国人民革命军事博物馆。2个官网有三语版本，一个是中山市孙中山故居纪念馆，中文（简体）+英文+日文；一个是南京雨花台烈士陵园，中文（简体）+英文+西班牙文。拥有4种语言和5种语言版本的官网各有1个，分别为江门市开平碉楼群和中国人民抗日纪念馆。

有繁体字版的5个官网，4个位于粤港澳大湾区，应该是较多考虑毗邻港澳及面向海外华人游客需求。粤港澳大湾区有7个官网使用了多种语言版本。相对于中文版，外文版所提供的内容信息普遍要简单很多。

表2 红色景点官网的语种情况

语种数	语言文字	官网数	百分比/%
1	中文（简体）	17	58.62
	中文（简体、繁体）	1	3.45
2	中文（简体）、英文	3	10.34
	中文（简体、繁体）、英文	4	13.79
3	中文（简体）、英文、日文	1	3.45
	中文（简体）、英文、西班牙文	1	3.45
4	中文（简体）、英文、日文、韩文	1	3.45
5	中文（简体）、英文、日文、韩文、俄文	1	3.45

二 导览解说

红色景点官网设置的目的主要是宣传和推广红色旅游、提供便捷的旅游服务以及传承和弘扬红色文化。因此，景点介绍、游览信息以及红色教育是官网必不可少的内容。

（一）景点介绍

收集红色景点的介绍文本，博物馆、纪念馆、旧址和烈士陵园四类景点的介绍文本分别共包含5897、6195、2554和2044个词语。通过词频统计可以看到，博物馆与纪念馆更注重景点介绍，出现次数较高的实词，如表3所示（又见图1）。

表3　红色景点中文介绍文本的高频实词

排序	博物馆		纪念馆		旧址		烈士陵园	
	实词	频次	实词	频次	实词	频次	实词	频次
1	博物馆	93	教育	73	孙中山	37	革命	26
2	文物	73	纪念馆	73	文物	24	烈士	23
3	深圳	65	全国	63	西柏坡	23	教育	18
4	展览	63	基地	51	文化	22	烈士陵园	18
5	陈列	44	馆	51	中国	19	纪念馆	15
6	历史	37	文物	47	教育	19	盘山	14
7	保护	36	中国	45	中央	18	抗日	13
8	中国	34	革命	44	全国	18	冀东	11
9	军事	29	国家	40	国家	18	纪念	11
10	馆	29	历史	38	宋庆龄	18	蓟县	11
11	人民	28	孙中山	34	展示	17	中国共产党	8
12	开放	28	展示	31	故居	17	平方米	8
13	教育	28	建筑	31	研究	16	书记	7
14	观众	28	陈列	29	保护	14	全国	7
15	研究	26	展览	27	是	14	加入	7
16	全国	24	爱国主义	27	村	14	包森	7
17	展示	24	平方米	26	民俗	14	牺牲	7
18	改革	23	文化	26	历史	11	英烈	7
19	文化	23	抗战	24	基地	11	陈列	7
20	党	22	新四军	24	建筑	11	领导	7

图 1　中文介绍文本词语云图

整体来看，中文介绍文本中标志各景点类型的词语出现频率较高，如"博物馆""纪念馆"等，都与景点性质相呼应。四类高频词表中，"教育""中国""历史""人民"等词多次出现，凸显浓厚的爱国精神和家国意识，较为注重景点的红色教育作用。而从"建筑""展览""文物"等词来看，场馆的建筑特色、重要景观以及珍藏展品也是景点官网着重介绍的对象。

这29个调查对象都对景点相关的历史事件、历史人物、场馆的历史沿革等方面做了较为详细的介绍，且不同类型的红色景点侧重各有不同，例如人物纪念馆类景点侧重于人物生平，革命历史纪念馆侧重于重要战役以及重要历史事件。

另有不少官网采用图文结合、视频讲解等方式对景点特色进行介绍。部分官网介绍了一系列与景点历史溯源联系紧密的特色活动，如延安革命纪念馆的"弘扬延安精神，重温革命历史""关爱退役军人职工"等主题活动。但仍有部分官网介绍内容相对简单，不能满足游客获取信息的需求。

（二）路线导览

29个红色景点官网中，大部分说明了景点的地理位置、交通路线与周边信息，对于景点的内部情况大多以地图的形式呈现（见图2），但缺少对参观路线的推荐和介绍。

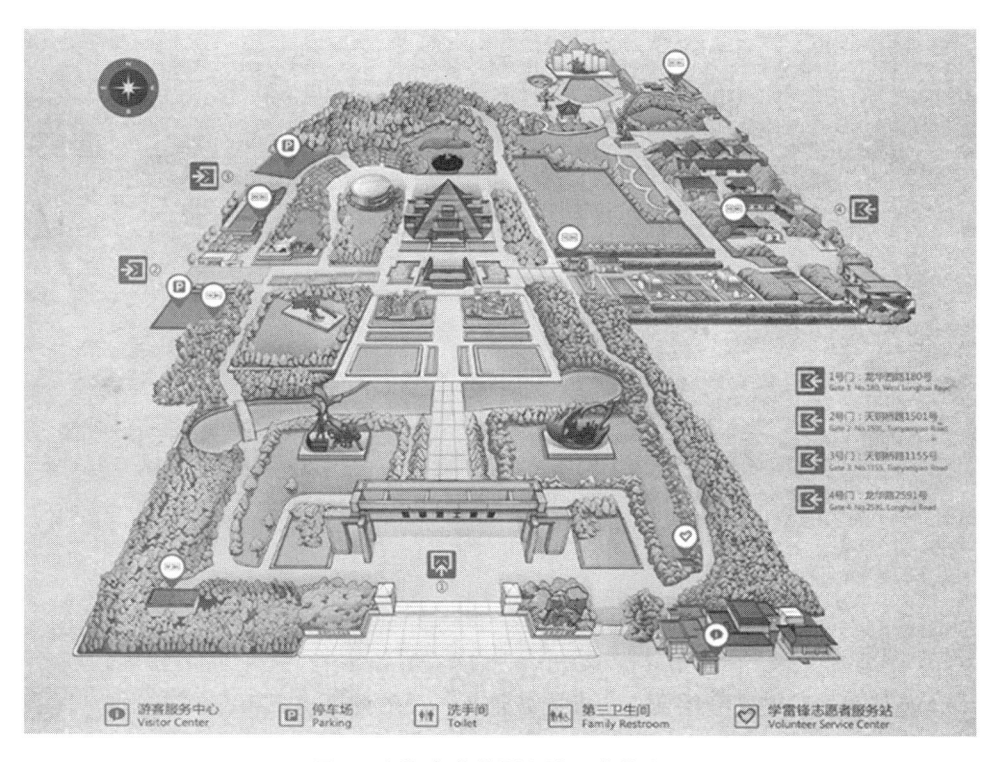

图 2　上海市龙华烈士陵园游览地图

随着科技的发展，不少官网引入了虚拟互动技术，如虚拟导览、虚拟现实（VR）体验，此类线上数字展览馆通过网络平台，让观众可以在任何时间、任何地点参观景点，如图 3。游客可以在任何时间进入 VR 展馆，不受实际场馆开放时间的限制。虚拟现实技术，让游客获得身临其境的沉浸式体验，使得红色科普教育不再枯燥无聊，为红色景点游览提供了新的可能。

图 3　广州市中山纪念堂官网 VR 全景展示

另外，针对游览中出现的问题，很多景点官网设有在线留言功能，增强了与游客的互动沟通。更有景点官网的互动板块设有如摄影比赛、征文比赛等线上活动，激发游客参与热情的同时，也加强了游客与景点之间的联系。

（三）红色教育

抽样的官网中，红色教育板块通常由导航栏集中放置与穿插多板块分散放置相结合，推动红色景点的教育效果最大化。

许多官网将红色教育与历史材料相结合，包括但不限于革命史实、抗战诗词、英烈故事、历史文物等材料，以历史的真实性与深刻性调动游客的情感共鸣。如中国人民抗日战争纪念馆官网"教育活动"栏目下的"教育园地"，依次陈列了抗战诗词、抗战警句和抗战英烈，使得红色教育和历史材料紧密联系。

部分红色景点官网会以活动介绍的形式达到红色教育的效果，如中国人民抗日战争纪念馆官网中的主题教育大讲堂、中小学纪念馆宣教、网友晒抗战等活动，以交流互通的形式推动红色精神深入人心。

除此之外，互动小游戏和网络祭扫烈士等互动栏目也是红色教育的形式之一。孙中山故居纪念馆官网开设互动体验栏目，下设景点虚拟实景展示；黄埔军校旧址纪念馆官网设有与革命历史相结合的互动小游戏；许多烈士陵园的官网均有开设"网上祭奠"栏目，增强互动感和体验感的同时更推动了游客对红色文化的深刻感悟。

三　外语服务

（一）英文译名

有11个官网未显示景点英文名称，占比为37.93%。18个英文名称中，大部分采用音译与意译相结合的方式翻译，占近67%。具体翻译类型见表4。

表4　景点英文名称翻译方式

翻译方式	示例	数量
音译+意译	黄埔军校旧址纪念馆 WHAMPOA MILITARY ACADEMY MEMORIAL HALL	12
意译	鸦片战争博物馆 THE OPIUM WAR MUSEUM	5
音译	开平碉楼 KAIPING DIAOLOU	1

采用"音译＋意译"方式翻译的景点名称中，多数红色景点中文名称为"地点专名/人物专名＋通名"的结构，以"专名音译，通名意译"的方式确保翻译的准确性。

值得注意的是，部分景点的英文名称完全依靠音译进行翻译，如"开平碉楼"翻译为KAIPING DIAOLOU，其中"碉楼"一词并非没有对应的英文词语，这种不明其意的音译是否合适，还有待商榷。除此之外，部分景点存在译名冗长的问题，如北京鲁迅博物馆（北京新文化运动纪念馆），其英文名称为BEIJING LU XUN MUSEUM & BEIJING NEW CULTURE MOVEMENT MEMORIAL，将两个名称合并为一个名称进行翻译，对语言使用者捕捉重点信息造成了一定的困难。

（二）外语介绍

调查结果显示，有10个官网具有景点外语介绍，占比34.5%。10个景点均包含英文介绍；其中，中山市孙中山故居纪念馆还有日文介绍，江门市开平碉楼群还有日文和韩文介绍，南京市雨花台烈士陵园还有西班牙文介绍，中国人民抗日战争纪念馆有日文、韩文、俄文三种语言介绍，不同语种间的转译到位，内容大体相同，均清晰表达景点概况与红色历史文化的重点内容。如中国人民抗日战争纪念馆，日、韩、俄文介绍内容一致，且区别于中文页面。

将收集的英文介绍文本按四类景点分类考察，分析发现，由于中外文本面向的游客群体不同，原文与译文虽然同样需要发挥文本的"信息功能"和"呼唤功能"[1]，但外文译文更偏向于"信息功能"，即更注重介绍文本的实用性，强调对基础信息的传递而非对景点形象的提升和对景点本身的推广。

官网基本都合理协调了原文与译文的关系，相较中文景点介绍，英文景点介绍的信息普遍更加简短，对于原文中包含文化内涵的内容也进行了大量的删减，如中国人民抗日战争纪念馆的官网，英文介绍仅包含博物馆地点和立馆目的的简要概括，而没有涉及中文介绍中的展览陈列和文物藏品等。

另外，也有个别景点官网的介绍文本中存在英文介绍内容比中文介绍内容更加全面的情况，如"雨花台"景点，中文介绍仅包含雨花台烈士纪念馆，而英文介绍则更为全面。

---

[1] 陆国飞《旅游景点汉语介绍英译的功能观》，《外语教学》2006年第5期。

四 无障碍信息设置

红色景点官网的建设同样需要为特殊人群提供便捷高效的服务,但本次调研的官网中,仅有4个设有无障碍信息浏览模式,占比约为13.80%。

目前我国红色旅游景点官网提供的无障碍浏览服务与标准无障碍浏览服务相比,网站无障碍建设发展还很不完善,忽略了有特殊需求的用户,导致这部分用户无法正常使用网站。同时,网站无障碍浏览建设还存在不规范、服务效能低下等问题。

部分官网的无障碍浏览服务以框架嵌套方式呈现,例如中国人民抗日战争纪念馆官网中的手语服务并未单独放置在显眼位置,而是嵌套在参观服务栏目中(图4),这使不善于使用互联网的老年人、视障人士等群体无法高效使用无障碍浏览服务。

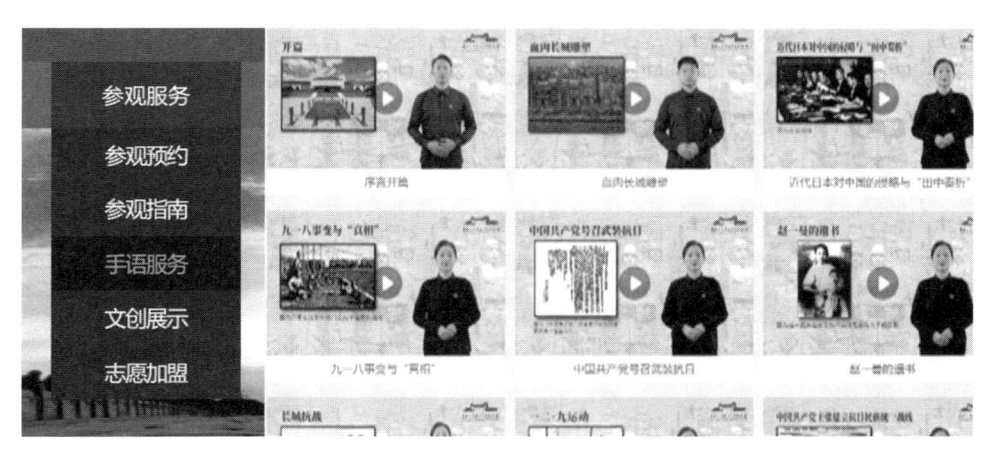

图4 中国人民抗日战争纪念馆官网

五 建议

(一)增加多语配置

大部分红色景点官网可选择的浏览语言较为单一,多为中文简体。为了更好地促进文化交流、提升旅游品质,红色景点官网需要提供多语服务。除中英双语外,可将联合国其他常用语言(包括阿拉伯文、法文、俄文和西班牙文)以及周边国家官方语言（日文、韩文等）纳入浏览语言选择中，推动红色景点国际化，充分发挥官网的窗口作用，吸引更多的外国游客"走进来"，助力中国红色文化与红色精神"走出去"。

（二）优化景点介绍

景点官网中的介绍语言是塑造景点形象的重要手段，有部分景点官网中没有与景点相关的介绍，或景点的特色在介绍中不够突出；部分网站将景点概况、与该景点相关的历史背景介绍分开放置在导航栏的不同位置，这导致介绍内容割裂感较强。因此，要让红色景点的形象真正在官网的介绍中立起来、活起来，就需要在景点介绍中融入重要的红色精神与红色文化，结合景点特色，突出展示关键信息，同时，将介绍内容集中在一起，便于游客快速了解景点。

（三）提升外语译写水平

部分红色景点英文名称翻译存在一定程度上的语义模糊、用词生硬、特色淡化。设立英文名称时，首先要保证翻译的准确性和专业性，同时尽可能简洁明了，并与中文名称保持一定的关联性。除准确传达核心信息之外，促进文化理解也十分重要。

建议加强外文介绍语言的翻译和校对，注重外文介绍的语言美感，通过适当的修辞手法和表达方式，使介绍语言更具吸引力和感染力，激发游客兴趣，促进红色精神深入人心。外文介绍内容方面，考虑根据受众不同特点，可适当补充一些背景信息，有利于外国游客对中国文化和景点红色精神的理解与接受。

（四）完善无障碍设置

仅有少数红色景点官网提供了无障碍浏览服务，而提供无障碍浏览服务的官网仍存在服务标识不明显、服务内容不全面、模式切换不顺畅等情况。官网应充分考虑到残障人士、老年人等特殊游客的需求，设置并改进无障碍浏览服务设施。提高无障碍浏览标志的辨识度，以感知服务、基础服务、信息推送和读屏服务四大类内容为框架，将特殊群体纳入官网的语言服务范围，在对特殊群体的关注和关爱中营造更加平等包容的社会环境。

（侯仁魁、黄嫣婷、钱晓欣、钟爱欣）

长三角区域语言教育服务状况考察

长三角是我国经济发展活跃、开放程度高、创新能力强的区域之一，在国家现代化建设大局和全方位开放格局中具有举足轻重的战略地位。教育是经济发展的重要支撑，长三角教育现代化高质量协同发展对于该区域的战略定位意义重大，而语言教育作为教育的一个重要分支，对长三角区域协调发展新格局、协同创新产业体系建设、更高水平协同开放具有重要推动作用。本报告立足长三角语言教育领域，首先考察其政策情况，分析实际服务需求，接着描写各地区语言教育服务实践亮点，最后总结问题并提出建议。

一 语言教育服务政策与需求分析

为促进长三角区域一体化发展，中共中央、国务院2019年12月印发了《长江三角洲区域一体化发展规划纲要》[①]（以下简称《纲要》）。为全面加强新时代语言文字工作，2021年11月国务院办公厅发布《国务院办公厅关于全面加强新时代语言文字工作的意见》（以下简称《意见》）。两份文件充分肯定了教育在长三角一体化发展和语言文字工作治理中的重要支撑与引领作用，并提出了针对教育领域的多方面要求，对当下长三角区域语言文字工作具有积极的引导作用。

（一）国际语言服务人才培育

长三角区域对外开放程度较高，是国际性大都市集中地，各行各业都必须积极面对国际化带来的各种挑战。《纲要》指出，长三角地区高校要加强与国际知名高校合作办学，打造一批国际合作教育样板区；打造虹桥国际开放枢纽，提高对国际人才和企业的综合服务水平；深化国际人文合作，开展特色海外经济文化交流活动。上述文件内容对国际服务人才的教育和培养提出了要求，而语言能力是

---

① 中国人民共和国中央人民政府：https://www.gov.cn/zhengce/2019-12/01/content_5457442.htm?eqid=f9006385000006d600000003645efddf。

国际化人才的核心素养,因此长三角区域各高校的外语、翻译和国际贸易等专业的学生培养需要得到进一步加强和完善。目前,该区域在国际语言服务人才的教育与培养方面面临较大压力,不论人才数量还是质量都未能满足实际需求,各高校在语言教育的种类、实操能力、行业范围等方面还需要进一步重视和强化。《意见》指出,要大力提升中文国际地位和影响力,拓展语言文字国际交流合作,推动中华经典诵读海外传播,建立与重点国家语言文字工作机构的政策、规划交流机制等。这些目标在长三角区域的实现,意味着必须打造一支具有多语种能力的国际语言服务人才队伍,而语言教育是实现这一目标的基本保障。

(二)高技能人才语言能力培养

长三角区域产业高度密集,产业链清晰完整,为产教融合、协同育人提供了十分有利的条件。《纲要》指出,长三角区域要共同发展职业教育,搭建职业教育一体化协同发展平台,做大做强联合职业教育集团,培养高技能人才。高技能人才队伍建设除了高质量专业技能的培训之外,语言能力和心理素质等方面的人文教育也越来越迫切。语言能力是人力资本的重要组成部分,特别是在信息化社会,语言已经成为承载行业信息的核心要素,语言能力一定程度上与就业机会和工作收入呈正相关。[①]特别是在长三角这种经济高度发达的区域,语言的经济属性格外凸显,因此在高技能人才队伍建设的协调发展中,良好的自我表达能力、与人沟通能力、多语种交流能力等方面的语言技能需要在职业教育中得到进一步重视,并大力开展相关内容的教育培训。

(三)"普通话+"区域特色课程

长三角区域的语言生态较为丰富,普通话之外,方言多姿多彩,方言承载的戏曲也多种多样,且极具生命力。因此,长三角区域的语言教育和推普活动,不宜只着眼于单一的普通话,更应该在普通话的基础上加以拓展,鼓励开展适合当地实际情况的"普通话+"模式。《纲要》指出,要大力发展文化旅游,提高文化教育,因此在戏曲繁盛的城市,可以因地制宜开展"普通话+戏曲"的系列活动,充分展示地方戏曲文化特色,彰显地域方言的生命力。《纲要》还指出,要全面繁荣乡村文化,保护独具自然生态与地域文化风貌特色的古镇名村、居住群落和历史建筑等,因此在乡村可以尝试开展"普通话+乡村语言景观"模式,在语言景

---

① 李宇明《试论个人语言能力和国家语言能力》,《语言文字应用》2021年第3期。

观方面挖掘乡村的文化价值，实现当地名村、名迹既保护又宣传的双重效用，助力乡村振兴。

二 语言教育服务实践

长三角区域各省市语言教育服务工作因地制宜，成效显著，各具特色。下面就语言教育服务工作实践中个别地区或城市的亮点和特色进行介绍。

（一）上海市中小学非通用语人才教育全国领先

随着我国"一带一路"倡议的全面实施，国家对非通用语人才的需求不断增长。上海市教育委员会早在2014年便启动了"上海市中小学非通用语种学习计划"，并成立"上海市中小学国际理解与非通用语种教育研究中心"，委托上海外国语大学具体实施。该计划致力于"在基础教育阶段加强国际理解教育，促进青少年对不同文化的认识和理解，培养一批国际视野开阔、人文素养高、国际理解能力强的储备人才"[①]。2017年国内首个外语非通用语种卓越人才培养基地——上海外国语大学非通用语种教育基地挂牌，全市7个区15所中小学先后开设了希腊语、葡萄牙语、意大利语、瑞典语、土耳其语、希伯来语、泰语、波斯语、阿拉伯语等9个语种的课程。

"上海市中小学非通用语种学习计划"特色鲜明，效果显著，值得推广和借鉴。首先，上海市将义务教育阶段的语言教学提升到为国家战略服务的高度，打破了传统语言教学只注重语言工具性的缺陷，充分认识到非通用语在国际事务中的资源属性和战略价值；其次，上海市中小学非通用语种教育能够为高校输送对口学生，使外语教育在中小学和大学有序衔接，更好地产出非通用语优质本科毕业生；最后，"上海市中小学非通用语种学习计划"将"国际理解教育"[②]与外语教育关联起来并引入课堂，可以较好地帮助学生树立人类命运共同体意识。[③]

（二）安徽省"童语同音"教育计划特色显著

2022年3月，安徽省教育厅根据《教育部办公厅关于实施学前儿童普通话教

---

① 沈赟璐《外教社非通用语系列教材：快乐瑞典语》，上海外语教育出版社，2019。
② "国际理解教育"是联合国教科文组织为了促进世界和平与发展提出的一种教育理念，以扩展学生全球视野，提高其国际沟通能力、外语能力、信息处理能力为教育目标。
③ 搜狐网：https://www.sohu.com/a/747677241_385655。

育"童语同音"计划的通知》(教语用厅函〔2021〕3号),结合本省实际,制定《安徽省推进"童语同音"计划实施方案》(皖教语〔2022〕1号)。该方案"着力加强学前儿童普通话教育,为夯实终身发展基础、帮助个人成长成才、助力乡村振兴、服务铸牢中华民族共同体意识发挥基础性作用"①。安徽省教育厅教材与语言文字管理处门户网站专门设置了"童音同语"板块,自2022年5月起,持续发布49条动态,细致展示了该省各地在童音同语方面的教育实践。

首先,爱国主义教育融入普通话教学。安徽省各幼儿园在爱国主义教育方面做过很多尝试,比如诵读经典、讲红色故事、唱红色歌曲、演绎英雄事迹等等,既锻炼了孩子的普通话表达能力,又进行了传统文化和爱国主义教育。2022年5月,宿州市灵璧县幼儿园举办了"童语同音"红色经典诵读比赛,百余名精神饱满的学前儿童声情并茂地用普通话朗诵了多部红色经典作品,在说好普通话的同时也获得了爱国主义的洗礼。②

其次,优质幼儿园以多种方式结对帮扶周边农村地区幼儿园、幼教点。安徽省童音同语帮扶活动的特色在于帮扶形式多样,工作扎实到位,帮扶效果显著。结对幼儿园可根据自身实际情况灵活选择跟岗实习、轮岗培训、学术会议、资源共享、活动观摩等多种方式。2023年3月,合肥市瑶海区教体局在铜陵新村幼儿园举行"瑶海区幼儿园'童语同音'结对帮扶推进会暨师幼语言特色观摩活动",24所结对帮扶幼儿园园长学习观摩了铜陵新村幼儿园师幼共同参与的语言特色活动展示课,并积极开展了幼儿普通话教育经验交流和分享。③

最后,幼儿园积极发动家长参与童音同语计划。安徽省各地教育局和语委都十分注重家长在儿童普通话学习中所起的作用,并积极开展相关培训或讲座,给幼儿家长树立健康的语言观。2022年11月,芜湖市弋江区举办幼儿教师及家长普通话水平提升专项培训,指出学前儿童普通话教育需要教师和家长携手努力,共同提升语言文字水平素养,共同为幼儿创设良好和规范的语言环境。④

(三)浙江省国际学生语言国情教育成果丰硕

2022年教育部、国家语委印发《关于加强高等学校服务国家通用语言文字高质量推广普及的若干意见》(教语用〔2022〕2号),文件指出要深化语言文化国

---

① 安徽省教育厅:http://jyt.ah.gov.cn/tsdw/ahsyywzgzwyhbgs/tzgg/40531312.html。
② 安徽省教育厅:http://jyt.ah.gov.cn/tsdw/ahsyywzgzwyhbgs/tyty/40561470.html。
③ 安徽省教育厅:http://jyt.ah.gov.cn/tsdw/ahsyywzgzwyhbgs/tyty/40639472.html。
④ 安徽省教育厅:http://jyt.ah.gov.cn/tsdw/ahsyywzgzwyhbgs/tyty/40617060.html。

际交流合作，加强语言政策和语言国情教育，强化语言文明教育。浙江省在语言国情教育方面多方探索，特别是在国际学生教育方面成果丰硕。2022年浙江省教育厅公布"浙江省国际学生国情教育名师工作室"，浙江大学等29家单位入选，他们将国情教育与留学生培养密切结合起来，通过语言文字引导留学生深入了解中国文化、加深中国情感，理解中国社会主流价值观。

首先，国情教育重在通过语言培养留学生的国情理解力。温州大学国情教育名师工作室结合国际学生实际，将学科专业能力、语言与传播能力、跨文化与全球胜任力、中国国情理解力等四个维度的能力设置为培养目标[①]。浙江科技大学国情教育名师工作室构筑了"中国故事"网络空间"第三课堂"，在潜移默化中通过国际学生更易于接受的全新媒介开展国情教育教学活动。[②]

其次，国情教育联合多方力量，多学科共同推进。浙江大学国际学生国情教育名师工作室以培养知华、友华人才为宗旨，组建了一支跨学科导师团队，策划了"多学科视角下国情教育"系列讲座，构架了"课程思政""智库建设"和"国际传播"等课程矩阵，开创了多单位协同建设高质量多维度国情教育的先河。[③]该工作室的国情教育实践凝聚全校范围的国情教育优质资源，克服了以往高校国情教育内容枯燥单一、课程设置受限、学生缺乏动力和积极性等一系列问题，教育效果显著。

最后，国情教育大力开展研学活动。浙江理工大学国情教育名师工作室打造出了国际学生国情教育"浙理工范式"，形成由校内教师作为"思育导师"和校外专家作为"成长导师"的导师体系，设立主题更为多元的国情教育实践基地，开创融合理论分享和实践感悟的国情教育新形式。[④]2023年11月浙江理工大学国际教育学院组织100余名来华留学生赴绍兴开展"从浙理，看浙江"主题研学活动，通过普通话交流和聆听中国故事，实地感悟那个时代中国进步青年忧国忧民、无私无畏的精神和中国漕运的传统文化。[⑤]

---

① 温州大学国际教育学院：https://mp.weixin.qq.com/s?__biz=MzA5NTY2ODIxMA==&mid=2653333311&idx=1&sn=a1fccc080c61595790343264ff5e71a6&chksm=8b69d5a2bc1e5cb4644ab80aa4ec6b5ecfad136164782885dfff9df43aab52d87c48c68af979&scene=27。
② 浙江科技大学国际教育学院：https://ies.zust.edu.cn/ch/zkxs/gjxygqjymsgzs/gzsjj.htm。
③ 留学浙大：https://mp.weixin.qq.com/s?__biz=MzAxNjI2MjY2OA==&mid=2650348566&idx=1&sn=e99884f77ead09d19ef15c8eb7103625&chksm=83facf75b48d466336f641d68839fbdddce69276d7dcb90a0bc838a2eafe2ee3f0dde1b7cb33&scene=27。
④ 浙江教育报：http://www.zjjyb.cn/html/2023-04/21/content_41741.htm。
⑤ 浙江理工大学新闻网：https://news.zstu.edu.cn/info/1003/47446.htm。

（四）江苏省推普助力脱贫攻坚获得一致认可

江苏省高度重视"推普助力乡村振兴"社会实践活动，充分发挥高校的资源优势，走在脱贫攻坚第一线。特别是江苏师范大学语言科学与艺术学院，充分发挥语言智库的特色优势，在杨亦鸣教授的带领下，早在2018年便积极响应《推普脱贫攻坚行动计划（2018—2020年）》，申报"贵州喀斯特山区苗族村寨推普脱贫实践团"并获批立项，多次组成大学生志愿团深入贫困地区，访农户、开课堂、赠教材、送培训，助力脱贫攻坚。该单位实践团构建了"建档—教学—验收"三位一体的工作方案，自编《普通话基本用语100句》等"推普脱贫"系列专用教材，独创快速教法，收效显著。"推普助力乡村振兴"全国大学生暑期社会实践志愿服务活动出征仪式连续三年（2021—2023年）在江苏师范大学举行。同时，江苏师范大学还积极开展"推普脱贫攻坚"理论和对策研究，多次与教育部语言文字应用管理司、语言文字应用研究所共同举办"推普脱贫攻坚研讨会"，就推普脱贫攻坚的理论问题进行了深入探讨和交流。

三　建议

（一）传统语言教学中融入国情教育

浙江省在国际学生国情教育方面做出了很好的示范，值得推广和借鉴。但总体而言，我国语言国情教育仍处在初步探索阶段，特别是针对本国学生的汉语母语教学和外语教学，国情教育的融入方式、程度和效果都还不能令人满意。因此，一方面要加大汉语母语教学国情内容的融入，并探索更有效的路径和方法；另一方面学校在进行外语教育的过程中，在追求国际化人才培养的同时，也不能忽视中国国情和传统文化的培育，只有先自我认同，才能更有力量走向世界。

（二）加大义务教育阶段非通用语人才的培育

非通用语人才是一种语言资源，更是一种战略储备，但我国当下非通用语人才的培育，不论数量还是质量都远未满足实际需求。因此，上海市义务教育阶段非通用语人才培养模式值得其他城市借鉴。应大力推广上海模式，努力将中小学非通用语学习与大学外语教育有机贯通，探索课程标准和评价体系的设置，并广泛宣传，提高家长和社会的认同度，同时着手解决高素质非通用语师资不足的问题。

（三）加强语言能力教育，进一步挖掘语言的经济价值

长三角作为我国经济高度发达的区域，语言的资源属性和经济属性体现得格外显著，但总体而言，该区域对语言能力作为人力资本的重视程度还不够，相关能力培育实践也未全面开展。因此，长三角区域在语言能力的经济属性方面需要进一步深入挖掘，提升个人、职场和社会的语言经济意识，联合高校科研机构开展职场语言沟通能力和语言信息化能力的专业培训。

（郭杰、徐红、徐珍珍）

广州、北京、上海多语种公共服务平台服务状况*

随着我国对外开放不断扩大，来华外国人数量持续稳步提升。2023年，全国移民管理机构共为在华常住外国人签发各类居留证件71.1万人次。①2023年12月1日，我国对法国、德国、意大利、荷兰、西班牙、马来西亚等6国试行单方面免签政策。外国人在华工作、学习、生活，对语言服务有迫切需求。本报告对广州、北京、上海等3个城市的外语服务网页或热线，以及故宫博物院多语种平台、上海外国语大学多语种门户网站群等2个专题性多语种服务平台的服务状况，进行调查。

一 平台概貌

（一）平台基本情况

广州多语种公共服务平台960169热线（以下简称"广州热线"）2019年7月31日正式上线，初期设有7个固定坐席，包括英语3个、韩语和日语各2个。英语坐席服务时间为24小时，日语、韩语坐席服务时间为上午9点至晚上9点。广州热线是全国第一条提供24小时服务的外语服务热线，目前可提供9种语言翻译服务。热线与全市108条政务、公共服务热线，71个街道所辖的170个社区基层单位、69个派出所建立三方通话联动机制。截至2023年9月，累计为来自124个国家的在粤外籍人士服务近2万人次，用户满意度高达99.86%。

北京国际版门户网站（以下简称"北京网页"）及其微信公众号"Beijing Service"2020年10月上线。北京网页围绕北京国际交往中心功能定位，以服务型

---

* 广州市宣传思想文化优秀创新团队"语言服务与汉语传承"项目。
① 《国家移民管理局：在华常住外国人已恢复至2019年底的85%》，中国新闻网，https://www.chinanews.com.cn/shipin/cns-d/2024/01-18/news980349.shtml。

网站为主切入点，旨在打造集信息发布、公共服务、咨询交流等功能于一体的一站式互联网国际化服务平台，至今点击量超过了 7000 万。

上海国际服务门户网站（以下简称"上海网页"）2024 年 1 月 1 日新版上线试运行，门户的 3 个海内外社交媒体平台（脸书、X、微信英文版）同时对外启用。上海网页采用"1+3+N"总体架构，即 1 个门户网站，突出"一门式、场景化、友好型"的特点，通过 5 个分众场景、3 个阶段场景，实现对用户的精准导航和场景服务；3 个海内外社交平台，聚焦发布和互动功能，为受众提供新鲜及时的资讯分享和亲切友好的互动体验；"N"代表一系列线上线下活动。目前上线试用英文版，后续将陆续推出其他 8 个语种。

上海 12345 市民服务热线（以下简称"上海热线"）2020 年 1 月开通外语服务，至 2023 年，热线既有阿拉伯语、哈萨克语等"一带一路"共建国家的语言，也有如印地语、斯瓦希里语等"小众"语种，共提供 18 种外语服务。

故宫博物院多语种平台（以下简称"故宫平台"）2023 年 7 月在原英文网站基础上升级为多语种网站。依托中国外文局翻译院的专业翻译能力，涵盖英语、法语、俄语、日语、西班牙语等 5 个语种，满足不同语种游客的使用需求。

上海外国语大学多语种门户网站群（以下简称"上外网页"）于 2014 年年底正式上线发布，现有 21 个外语语种，涵盖联合国所有工作语言和主要非通用语种。

（二）外语语种数量

三大城市的外语服务热线或网站均提供 9 种语言服务，且语种排列次序基本一致，分别为英语、韩语、日语、德语、法语、俄语、西班牙语、阿拉伯语、葡萄牙语，仅广州热线韩语和日语的排位对调。上海热线则提供 18 种语言服务，除前述 9 个语种外，还包括哈萨克语、印地语、斯瓦希里语、泰语、印度尼西亚语、瑞典语、荷兰语、乌克兰语、土耳其语。

故宫平台提供英语、西班牙语、俄语、日语、法语等 5 种语言服务。上外网页则提供 21 种语言的服务，数量最多（见表 1）。

总体而言，三大城市提供的外语服务语种，除英语外，主要是欧洲的几种主要语言和东亚的日语、韩语，没有涉及东南亚及"一带一路"共建国家的其他语种。把日语、韩语排在紧跟英语之后，则与由地缘因素形成的日、韩人员在华数量较多相关。如根据上海市文化和旅游局的数据显示，2023 年前三个季度，上海接待入境游客 229.9 万人次，其中排在前列的为日本、韩国游客。

表1 各平台的外语服务语种状况

平台	语种数	外语语种
北京国际版门户网站	9	英语、韩语、日语、德语、法语、俄语、西班牙语、阿拉伯语、葡萄牙语
上海国际服务门户网站	9	英语、韩语、日语、德语、法语、俄语、西班牙语、阿拉伯语、葡萄牙语
广州多语种公共服务平台960169热线	9	英语、日语、韩语、德语、法语、俄语、西班牙语、阿拉伯语、葡萄牙语
上海12345市民服务热线	18	英语、韩语、日语、德语、法语、俄语、西班牙语、阿拉伯语、葡萄牙语、哈萨克语、印地语、斯瓦希里语、泰语、印度尼西亚语、瑞典语、荷兰语、乌克兰语、土耳其语
故宫博物院多语种平台	5	英语、西班牙语、俄语、日语、法语
上海外国语大学多语种门户网站群	21	英语、俄语、法语、德语、西班牙语、阿拉伯语、日语、希腊语、意大利语、葡萄牙语、韩语、波斯语、泰语、越南语、印度尼西亚语、瑞典语、荷兰语、希伯来语、乌克兰语、土耳其语、印地语

二 服务设置

（一）城市国际版门户网站

1.版面设置

外文版与中文版多有不同。北京网页各外文版几乎每个栏目板块都配有专属海报，除了新闻热点板块偏重文字信息，其他资讯板块均注重图文搭配，页面看起来丰富多彩；使用粗体字母，增强视觉效果。葡萄牙语版的界面与其他外语版又有所不同，版面设置更精细化，空间布局更为集中。

图1 北京网页英语版首页设置

上海网页外语版目前为试用英文版，页面多采用纵横并排的布局，图片加少量文字搭配，还配有上海的标志性建筑海报，布局整齐有规律，突出英语版本网站"一门式、场景化、友好型"的特点。

2. 栏目内容

因不同面向而"内外有别"。北京网页外文版网页的栏目设置着重面向外籍人士在华投资、学习、工作、生活、旅行、消费等内容，如"投资在北京"汇聚全市涉外服务资源，为外国投资者来京投资、为境外主体来京开展商务活动提供咨询；"工作在北京"为外籍人士提供从签证、找工作到保险、纳税、公积金、假期、劳动争议解决等业务指引；"留学在北京""生活在北京""旅游在北京"对北京高校留学资源、奖学金、学费、课程、实习，北京的住房、交通、医疗、金融、安全、餐饮、购物等，提供全方位场景化导引服务。同时设置了中华文化栏目、北京旅游宣传，为外籍人士了解中国文化、在京旅游提供便利。

上海网页英文版聚焦外籍人士在沪工作生活需求，主要设置经商、工作、旅游、留学、消费等5个分众场景，既提供政策信息、资讯服务，也提供生活指南。如"经商"板块的"投资日历"条目列出当年已知的上海展会信息、介绍营商环境；"融入上海"板块的"宠物"条目，列出携带宠物入境指南，及上海宠物医院、宠物友好餐厅等信息。

（二）城市多语种服务热线

1. 热线设置

广州热线和上海热线均设有人工客服和人工智能客服。广州热线电话接通后人工智能客服首先用英语提示，并使用普通话复述，英语、日语、韩语为服务语言，随即转入相应语种的人工客服。如需使用其他几个语种，则由话务员进行人工转接，外呼第三方开启三方通话翻译服务。上海热线接通后由人工智能客服先后用普通话和英语提示，外籍人士可通过按键选择相应语种的人工客服。

2. 服务内容

广州热线提供酒店入住、政府政务办理、签证办理、通信、交通、水电燃气、银行、求医问诊等公共服务的咨询以及公共事务翻译服务。据广州市委外办统计，广州960169热线的话务服务以政策问题（新政解答）占多数，其他主要还包括社区联动（街道及居委）、酒店类问题、派出所和签证延期等。

上海热线主要受理各类政策和公共信息咨询、生产生活中遇到的非紧急类求助、涉及政府公共管理和公共服务的投诉等。外籍人士常致电咨询或求助的，主要包括办理延长签证、申请银行卡进行换汇服务、申请驾照、新生儿手续办理、外企事务办理、快递投诉等事项。

（三）专题性多语种服务平台

1. 版面设置

故宫平台的外文版面同样与中文网页设置有别，页面以海报、图片为主。此外，不同的外文版面，相关展览界面均仍使用中文介绍，未对应翻译为外文（见图2）。上外网页中文版与外文版设置也略有不同，如访客身份（学生、教师、校友、考生）的选择项，中文版置于网页右上方，仅文字显示；外文版则设在网页底部中间，以图片加文字的方式呈现。通过对外籍访客的大数据跟踪，根据浏览习惯和文化习性等优化页面设计，进行分众导航。

图 2　故宫平台英语版相关展览栏目页面

2. 栏目内容

故宫平台中文版的栏目设置丰富，包括导览、展览、教育、探索、学术、文创等，而外语版只设置了参观、探索、藏品、时讯等4个主要栏目，包含参观服务、信息查询、全景游览、云逛展览、藏品欣赏、文化专题、故宫资讯等内容。外文版有"定制路线"功能，外籍游客可通过故宫平台提前做好参观点位选择，一键生成参观路线。

上外网页中文版与外文版栏目设置大体一致，但外文版的下拉菜单则突出新闻、特色、大事件、项目与课程、上外慕课、奖学金等板块，并有专门栏目发布

央视专题片《转型中的中国》（英文版）、"10 Min to Know Shanghai"（"10分钟看上海"，上海城市形象展示片）等外宣视频。基于外籍学生的关注点，有选择地发布相应语种对应国家的时事热点、国际交流政策、中国特色文化内容。网站主要采用本地化译写，优点是语言表达更加地道，发布的内容也更有针对性，更符合不同国籍受众对象的读写习惯。

三　互动方式

（一）网页：多模态供给

1. 全景式、场合化服务

北京网页和上海网页均提供全景式、场合化服务，通过体验不同的场景，外籍人士能如临其境，提高办事效率。北京网页外文版的"Why Beijing"（为什么来北京投资）板块，模拟设置外籍商务人士考察北京营商环境的场景，便于外籍人士了解促进北京经济高质量发展"1+5"等最新政策措施。上海网页外文版的"生活在上海"栏目，通过模拟"迁往上海""熟悉上海""融入上海"3个阶段场景，配以相应办事指南，为外籍人士从快速入境到办居住证、办银行卡再到衣食住行等不同阶段提供清晰指引。

2. 可视化信息服务

北京网页和上海网页均以增加视频和图片为外文版网页设置的重要手段，表现形式更灵活多样化。点击北京网页外文版"Start Your Business"（开启你的商业）板块，可以得到外资企业在京投资运营提供全过程办事指引。点击上海网页英文版"Living in Shanghai"（生活在上海）中的"Useful Apps"（实用应用程序）栏目，不同APP（应用程序）有指引图片可下载使用分解步骤。

3. 特色服务

故宫平台根据不同语种需求进行有针对性的栏目设置和内容策划。海外游客可以通过该平台线上游览欣赏中国古代建筑，欣赏故宫院藏精美文物的高清图片、三维文物海报。

（二）热线：多向联动

1. 实时通话

广州热线和上海热线，均可通过人工客服实时通话，及时快速了解来电者需求,并根据实际情况给予解答。一名刚到广州的塔吉克斯坦留学生拨打960169问路,人工转接俄语话务员与之进行沟通,实时查询地图,指出行走路线,最终协助留学生顺利到达目的地。

2. 视频客服

广州热线试点开通了在线视频客服功能,通过应用VoLTE实时音视频通信技术为来电者提供双向的实时视频交互服务。面对面视频能够缩短人们之间的情感距离,沟通过程也更加顺畅。一名说英语的外籍人士到医院问诊,拨打了960169请求英语视频翻译客服服务,外籍人士用英语说明情况和需求,翻译客服将病人的需求用中文准确传递给主治医生,协助医生完成了诊疗。

3. 三方通话

广州热线目前已与全市100多条政务、公共服务热线和300多个基层部门建立三方通话联动、全天候服务的涉外沟通及反馈平台,助力解决外籍人士公共事务方面的难题。上海热线对于高频事项,可三方通话直转业务部门专业人员接听;据统计,截至2023年6月31日,共收到2399个转接请求,转接成功率为90.61%。

四　对策建议

(一)增加服务语种数量

目前多个平台提供的服务语种已较为丰富,但与我国对外开放的力度、对外交往的广度相比,还有不足。特别是随着"一带一路"倡议的深度推进,来华外籍人士的构成呈现多样化趋势,"一带一路"沿线众多国家相应语言的服务提供,需求日增。扩大语种服务的覆盖面,可先增加部分小语种的基本服务,再逐步实现全部服务的覆盖,根据先急后缓逐步增加语种,不断满足外籍人士的语言服务需求。

(二)增加语言服务时长

目前无论是广州热线还是上海热线,只有个别语种提供24小时全时段服务,未来有必要逐步延长多语种的服务时长。一是延长人工服务时长并做好小语种服务的应急预案,从而更高效地解决外籍人士所遇到的问题;二是通过开发人工智

能服务实现全时段服务，同时节约人力资源成本。

（三）拥抱人工智能技术

积极运用云计算、大数据、人工智能等技术，通过创建视频交互应用，方便用户与工作人员进行实时信息交流，提升外籍人士在线办理服务的沟通效率。如聚焦高频需求推出一系列集成场景服务，推动涉外政务服务事项"全程网办"，探索应用人工智能大模型提升外语咨询服务能力，建设网上国际沟通对话平台，不断提升多语种公共服务平台的国际化服务水平。

（禤健聪、王凤丽）

台湾地区语言服务面面观

在国家语委"十四五"科研规划中，应急语言服务、语言服务产业、手语盲文服务、老年语言服务、特殊人群语言服务和中文支持服务是六个比较重要的角度。这六个角度，既是语言服务在全球化、信息化、城镇化、老龄化背景下的研究重点，也是在区域协调发展推进现代化强国建设中的发展方向。我们在规划和观察研究上述语言服务内容的时候，一时还没有将港澳台地区纳入其中，但从长远来看，对港澳台地区进行这些方面的考察是有必要的，港澳台地区在某些领域的相关建设发展也值得我们借鉴。本报告从上述六个角度介绍台湾地区语言服务的现状，以资比较。

一　应急语言服务

（一）防灾减灾为主的语言宣传、语言预警服务

台湾地区比较重视通过灾前灾后的宣传来增强和提高民众的防灾意识和灾害发生时的应对能力。由台湾地区卫生福利主管部门编制的宣传产品，包括影片、海报、传单、手册、广播等多种形式，除了客家话等方言，还包括英语、马来语、越南语、印度尼西亚语、菲律宾语、泰语、缅甸语等多个语种，满足不同语言背景群体的需要。重视传播的可接受性，例如关于清除登革热滋生源的传单印有"巡、倒、清、刷"四字标语，并集中收录在官方网站的资源库中，方便公众查询和使用。

对突发事件的发生发展进行预测，并及时向社会发布警报信息，力求把损失降到最低。台湾地区的有关规定要求"灾防告警细胞广播讯息系统"须应用在获得认证的手机上，发布的预警信息包括发布机关、灾害类别、警示事项、应采取的措施等，使用中文或中英双语。从监测、搜集、评估、分析潜在风险的有关信息，到发出预警信息，其语言预警服务已形成了较为规范的工作流程和服务标准。

（二）抢灾救灾为重的语言救援、语言抚慰服务

消除语言障碍、保证信息畅通，是救援行动的关键环节。据台湾地区灾害防救科技中心2021年成果发表会上的相关报道，该中心通过规划应急数据交换语言标准和完善紧急医疗资源数据库，制定了消防与医疗流程的资源交换模式，实现了伤患人员到院前救护信息与到院后医疗处置的衔接，为他们争取了按需提前备好抢救用物的时间。

发挥语言的安抚、激励和引导作用，是有序推进救灾工作的重要保障。台湾地区的语言抚慰服务由多方参与构成。政府是供给主体，统筹全局并给予权威的救灾指导。例如台中市在2020年2月推行"地方政府居家检疫及居家隔离关怀服务计划"，通过开通电话专线，安抚市民对复工复产、就医协助、学习帮扶等方面出现的不安情绪。民间团体是重要的辅助力量，以多种形式丰富灾后民众生活。例如台湾地区艺人的歌曲创作、社区义工的陪聊、自媒体的视频分享，都具有良好的心理抚慰效果。

二 语言服务产业

（一）语言培训、语言测试、语言出版行业受政策影响较大

台湾地区推行所谓"2030双语政策"后，英语成为当地语言培训的重点课程。台湾地区发布的《2021年台湾中大型企业及求职者外语职能管理调查报告》显示，近六成企业表示其重视英语的程度比过去三年有所增加。台湾大学副校长丁诗在"2023台湾高教双语教育论坛"中指出，台湾大学有约三成半的学生需要修读进阶英语才能上全英课堂，还有约两成英语能力较差的学生需要上辅导班。在政策推动和潜在客户需求量大的双重作用下，台湾地区语言培训行业下一步或有较多的发展空间。

台湾地区分别在2017、2018年将客家话和少数民族语言列为所谓"国家语言"，并制定相关政策带动语言测试行业的发展。"客语能力认证考试"通过免除报名费、发放奖学金、颁发荣誉称号等措施吸引民众参加。据其发布的数据，2023年举办的3次考试共计18 508人次报名。"'原住民族'语言能力认证测验"还有强制性规定，要求报名相关考试的考生须取得中级以上的合格证书。2023年

第一次测验数据显示，中级有 3362 人到考，通过率为 62.70%。

台湾地区图书出版数量的增长受税收政策影响，同时也与新冠疫情期间的市场需求有关。根据台湾图书馆发布的《2022 年台湾图书出版现状及趋势报告》，过去三年台湾地区出版业申请出版的纸质书总量在 2021 年达到最高点，而电子书总量呈现出先骤升、后趋于稳定增长的态势。这可能与 2021 年 3 月 1 日起台湾地区启动的图书出版物销售收入免征营业税政策，以及新冠疫情期间人们为减少接触而对在线阅读的需求增大有关。

（二）语言翻译、语言康复行业的市场竞争激烈

语言翻译行业在台湾地区有较长的发展历史，行业整体质量较好。例如"统一数位翻译"，是台湾知名翻译公司，既注重从客户满意度调查中改进服务质量，也善于利用先进技术发展在线服务模式，在巩固现有业务和寻求发展机遇方面较好地应对了市场挑战。在人口老龄化的背景下，台湾地区听障人群得到较多关注，助听器市场较大，但由于自主研发品牌较少，相关市场主要被国际品牌垄断。一个新的动向是台湾本土品牌"元健集团"助听器从代工向研发转型，凭借价格优势，在 2022 年售出 1.3 万台，占有本地 16% 的市场，给台湾地区助听器行业服务带来新的发展空间。

（三）语言技术、语言艺术行业逐渐发展

语言技术行业在台湾地区比大部分语言产业起步晚，但发展速度较快，逐渐成为语言翻译、语言测试、语言出版等传统语言产业现代化转型的支撑。语言技术广泛应用于各个领域，例如 2022 年，台湾地区教育主管部门与台湾师范大学合作开发全球首例主题情景式英语聊天机器人，帮助学习者提升英语口语能力；网际智慧股份有限公司推出的"自然输入法 V13"，支持 8 种常用输入法和 3 种语言切换模式；"客家委员会"和政治大学合力建成"台湾客语语料库"，共收录客家话 600 万字书面语料和 40 万字口语语料。据国际级艺术中心"两厅院"统计，漫才、脱口秀节目的演出场次从 2019 年的 79 场增加至 2022 年的 155 场，售出票数由 1.4 万张增加至 10.1 万张，语言艺术行业在台湾地区展现出蓬勃发展的态势。

三 手语盲文服务

（一）手语服务

2018年台湾地区所谓"语言发展法"的颁布正式确立了台湾手语的"法律"地位，2021年首次"语言发展会议"提出的十项政策推动建议包含"强化台湾手语资源"，2022年《语言整体发展方案（2022年—2026年）》提出完备台湾手语等语言语料库及资源库整合平台的目标。

手语学习服务方面，相关课程和资源的供给较为充足。台湾地区各市县一般设有"手语翻译培训班"或"手语班"，从2023年开班信息来看，亲子视讯手语班、手语师资培训班、初中高三级教学班等课程内容丰富且有学习针对性。政府、学校及民间协会利用网络优势，整合在线手语资源，建有"常用手语词典""台湾手语线上词典""台湾手语新词数位学习网"等资源平台，无偿提供手语查询、会话、测验等服务。

手语生活服务方面，根据专业程度高低，台湾地区提供手语翻译员和非专业人士两种资源，但其丰富程度还没有达到理想水平。手语翻译员通过台湾地区劳动主管部门的技能检定，就可以认定丙、乙两级并从事相关翻译工作。截至2023年3月的数据显示，全台认定的丙级、乙级手语翻译员分别仅有529人、62人，平均通过率分别仅为17.99%、14.03%[①]，这在一定程度上反映出手语翻译人才的培养还有较多工作要做。当听力障碍者无法通过"手语翻译派案中心"申请到翻译服务时，一般会寻求身边家人朋友或者社区志愿者的帮助，但是这类帮助的手语翻译质量往往难以保证。

（二）盲文服务

海峡两岸的盲文都采用国际统一的布莱叶点字系统，但是在声母、韵母、声调、标点符号等书写规则上有所差别。台湾地区重视无障碍环境建设，在斑马线旁、电梯间外、博物馆里的点字应用较为普遍，相关建设相对持久专业。例如，"财团法人爱盲基金会"在提供盲文服务方面，不仅承包了博物馆等场合的点字翻译转译项目和政府点字课本的制作，还运营"有声点字图书馆"十多年，为用户

---

① 数据见"台湾手语翻译协会"网站：https://taslifamily.org/?page_id=1471。

提供点字图书的订阅服务，取得较好效果。

四 老年语言服务

（一）面向老年人再就业的语言服务

台湾地区发布《人口推估（2022年至2027年）》，预计2025年65岁以上人口的比例将达到20%。为应对劳动力短缺的问题，相关部门鼓励老年人再就业，2020年12月4日实施所谓"中高龄者及高龄者就业促进法"，明确"为协助中高龄者及高龄者就业，主管机关得提供职场指引手册"；《中高龄者及高龄者就业促进计划（2023—2025年）》提出了"办理禁止年龄歧视权益保障的社会宣导""提供就业咨询""办理雇主座谈会、人力再运用讲座、就业准备研习课程等活动"的任务。这些内容都与语言的宣传、咨询、教育服务有关。例如，台湾地区行政主管部门分别推出劳工版和企业版《中高龄及高龄者职场指引手册》，在"台湾就业通"网站为老年求职者开设电话咨询专线。

（二）面向养老生活的语言服务

台湾地区政府层面的老年教育机构比较重视语言学习，开设的课程内容比较丰富。例如在2023年，台中市政府长青学苑举办"实用旅游美语会话""书法""手机与文书"等课程，台北市文山社区大学安排"书法轻松学""学'台语'盖趣味""从古文字看《诗经》"等课程，老年语言教育服务的娱乐性和实用性十分突出。台湾地区也较为重视养老服务工作。例如台湾交通主管部门在2022年推出"凤金"老年旅游品牌、台北市建有全台最多的公办民营式老人公寓。这当中不乏为老年人提供的相应语言服务内容，包括语言治疗、言语抚慰、信息咨询等。适老化配置不断增强，也进一步带动与语言相关的语言治疗、导游等职业的发展。

五 特殊人群语言服务

（一）外籍劳工群体

自20世纪90年代以来，台湾地区陆续引入印度尼西亚、越南、菲律宾、泰

国、马来西亚、蒙古等 6 国劳工。截至 2023 上半年的数据显示，在台外籍劳工近 74 万人，主要受雇于社会福利和经济产业两大领域。与当地人的语言文化差异给外籍劳工在台语言交际造成了困难，甚至影响社会稳定，因此多语服务在台湾地区得到一定程度的重视。例如 2021 年，台湾地区行政主管部门通过委托广播公司制作节目、增设语音防疫宣传专线、在社交平台发布防疫资讯等措施，多领域、多渠道为外籍劳工群体提供应急多语服务。

（二）语言障碍群体

语言障碍群体情况各异，需要从听、说、读、写、算等方面为其提供评估、治疗、训练等语言服务。台湾地区卫生福利主管部门数据显示，截至 2022 年年底，全台有超过 56 万人存在语言障碍，而登记在册的语言治疗师仅有 1700 多名。中山医学大学、高雄师范大学、台北教育大学等高校研究所每年大约培养 200 名语言治疗专业学生，2023 年有 218 人通过语言治疗师资格考试。整体而言，语言障碍群体对语言服务的需求与高校对专业人才的培养供给之间还存在较大缺口。

六 中文支持服务

（一）政策布局和机构拓展

近三年来，台湾地区主要发布了两项重大计划：一是 2021 年 2 月推出"台湾优华语计划"，致力于加强本地大学与国外大学的交流合作，2022 年共选送 78 位华语教师赴美教学，资助 172 位美国青年到台学习；二是 2022 年伊始启动"华语教育 2025 计划"，旨在加大华语教育整体发展的财政投入，至 2025 年实现完善组织机制、建立教学系统、开拓地区教育、培育华语教师、发展数字教学、成立教学中心等 6 个目标。

据统计，2022 年有 1.7 万余名外籍学生在各教学中心学习。以台湾师范大学 1956 年成立的第一所华语文教学中心为例，该机构开设学季班、短期班、学期班等，使用文字与音像、通识与应试等类别教材，满足华语学习多样化需求。至于民间教育机构，最早创立于 1956 年的"中华语文研习所"，目前已设立纽约分校、东京分校，在开发海外市场方面发挥了积极作用；而分别在 1972 年、2002 年成立的"世界华语文教育学会"和"台湾华语文教学学会"则以学术研究为主，长期专注于举办研讨会、出版学术期刊、培训华语教师等工作，是推动台湾地区华语文教学发展的重要力量。

（二）师资培训和资源建设

台湾地区华语教育的服务内容包括师资培训、教材编写、学术研究等方面，整体发展体现出适应全球化、信息化背景下的需求变化趋势。一是重视师资培养。台湾地区在华语教师学位认定、机构培训、在职进修等方面，制定和修订了多项规章制度，例如从事华语教学须通过"对外华语教学能力认证考试"，其中的外语能力认定标准在2022年已降低分数要求，以鼓励更多人报考。二是注重分级教学。为满足学习者的多样需求，台湾地区充分考虑其国别、能力等因素，推行分级教学，例如世界华语文教育学会近几届研讨会都包括世界各地华文教学比较研究的议题，教育研究院2023年推出的《华语文能力基准应用参考指引》收录了华语文能力指标、字表词表语法点分级标准、基础词汇等成果。三是推动数字化建设。随着互联网的推广普及，台湾地区致力于将数字科技融入华语教育。例如台湾地区侨务主管部门建设全球华文网，提供教材、课程等在线资源；台湾师范大学成立华语文线上教学与教材资源库，开发适用于各种网络教学模式的数字化教材。

（江静仪、屈哨兵）

第三部分

教育交流语言服务

导　语

　　教育交流领域需要语言服务，我们在不同区域针对不同群体进行了多种多样的语言服务探索。本板块重点关注外语教育、国际中文教育、方言教育、民族语教育、儿童语言教育等领域的语言服务状况，共有8篇调查报告。

　　《珠三角地区非通用外语教育现状调查》以广东省珠三角区为例，采用问卷调查、电话/微信访谈的方法展开调查，多角度分析中学非通用外语教育的现状以及中学与高校非通用外语教育的衔接问题。《西藏波密县藏族初中生语言状况及服务需求》调查了波密县中学藏族学生的家庭语言背景、语言学习、语言能力、语言使用、语言态度等内容。《高校学生汉英互译服务状况调查》调查了国内高校专科生、本科生和研究生关于汉英互译服务的使用情况、体验、需求等问题，重点了解了学生对AI翻译的需求问题。《"中文+职业技能"教学资源服务调查》调查了2019年以来的"中文+职业技能"系列教材、在线课程与平台的语言服务状况，为"中文+职业技能"教学资源建设发展提供了建议。《国际中文教育图书年度出版服务》以"对外汉语教学""国际中文教育"和"汉语国际教育"为关键词，在全国新书目平台检索到相关图书373种，统计分析了国际中文教育图书出版的特点。《国际中文教育微信公众号语言服务调查》以目前关注度较高、影响力较大的200个国际中文教育微信公众号作为观察对象，通过文本分析、问卷调查、深度访谈等方法，调查分析了国际中文教育微信公众号语言服务的基本状况、服务资源与需求，提出了改进建议。《粤方言学习APP服务现状调查》调查了市面上通行的粤方言学习移动应用程序（APP），归纳总结了其优缺点，为粤方言学习者更清晰地了解粤方言学习APP，更好地选择适合自己的学习APP，提供了建议和帮助。《儿童早期教育APP的命名策略与语言服务状况》搜集了1053个儿童早教APP，从内容分类、命名策略、提供的教学功能等方面分析了这些APP的语言服务状况、存在的问题，并提出了相关建议。

（王文豪）

珠三角地区非通用外语教育现状调查*

随着高考改革的不断推进，非通用外语考生的数量有所提升。部分非通用外语考生进入高校后，由于各种原因在外语学习方面出现不适应，这给外语教育的科学发展提出了新的问题。本报告以广东省珠三角地区为例，采用问卷调查、电话/微信访谈的方法展开调查，多角度分析中学非通用外语教育的现状以及中学与高校非通用外语教育的衔接问题，为外语教育的进一步优化提供思路。

一 中学非通用外语教育发展的背景

教育部《关于1978年高等学校和中等专业学校招生工作的意见》规定：分文理两科考试，文科考政治、语文、数学、历史、地理、外语；理工科考政治、语文、数学、物理、化学、外语。外语考试的语种分别为英、俄、法、德、日、西班牙和阿拉伯语。1980年高考复习大纲取消了阿拉伯语。1979年以后相当长的一段时间，高考外语成绩是按比例计入高考总成绩的[①]，至20世纪80年代"3+X"探索时期，外语才和语文、数学并列为必考的三大科目。2013年"一带一路"倡议提出后，外语教育也根据国家需求进行调整。2015年9月，教育部出台《关于加强外语非通用人才培养工作的实施意见》（教高〔2015〕10号）[②]，对俄语和其他非通用外语专业招生给予了重点支持和政策倾斜。2017年教育部印发《普通高中课程方案和语文等学科课程标准（2017年版）》，规定高中外语包括英、日、俄、德、法、西班牙语，学校自主选择第一外语语种，鼓励学校创造条件开设第二外语课程，努力满足学生差异化外语学习需要。

---

* 国家语委"十四五"科研规划2022年度一般项目"粤港澳大湾区中小学教师语言国情教育的理论探索与实践"（ZDI145-15）。
① 王后雄、何家军《恢复高考三十年科目设置改革历程述评》，《中国考试》2007年第8期。
② 《教育部对十三届全国人大一次会议第2437号建议的答复》，中华人民共和国教育部政府门户网站 http://www.moe.gov.cn/jyb_xxgk/xxgk_jyta/jyta_jijiaosi/201812/t20181229_365488.html。

非通用外语教育中，日语和俄语教育的发展更为突出。教育部1982年公布《中学日语教学纲要》，1986年公布《全日制中学英/俄/日语教学大纲》，1992年颁布《九年义务教育全日制初级中学英/俄/日语教学大纲（试用）》；人民教育出版社先后出版了日语和俄语教材。2017年年底，教育部颁布普通高中德语、法语、西班牙语的首个课程标准①。教育部《关于政协十三届全国委员会第一次会议第0013号（教育类006号）提案答复的函》（教提案〔2018〕第190号）中提到："充分照顾小语种的实际情况，高考命题时小语种试卷的难度要比英语容易5至10个百分点。"回复函中也指出，"和英语同步，积极研究推进小语种的考试内容改革"。近年来，非通用外语考试改革不断推进，教育和考核正逐步完善。

二 珠三角九市普通高中非通用外语教育设置现状

本次调查包括学习者调查和学校调查。调查的学习者须同时符合以下三个条件：（1）高考外语语种为非通用外语②；（2）现为高校非外语专业本科生；（3）高中就读于珠三角九市。调查采取问卷回答和对话/微信访谈两种方式，共收集263份有效答卷，访谈其中30人（详见表1）。调查的学校是从珠三角九市各市高考录取分数排名前50的普通高中里随机抽样10所，采用电话咨询的方式，共记录了90所普通高中非通用外语教育情况。

表1 学习者调查样本简况

调查方式	日语	法语	德语	俄语	西班牙语	合计人数
问卷	96	42	42	43	40	263
访谈	18	3	3	3	3	30

（一）开课语种的差异

接受调查的90所高中，开设非通用外语课程的有42所，占比为46.67%。其中，开设日语课程的最多，俄语次之，排序为：日语（42，100.00%）＞俄语（14，33.33%）＞西班牙语（8，19.05%）/德语（8，19.05%）/法语（8，19.05%）。

---

① 2018年由人民教育出版社出版。
② 本报告中的非通用外语指日、法、德、俄、西班牙等5门进入高考的非通用外语。

（二）开课语种数的差异

42所高中里，开设一门非通用外语课程的共26所，均为日语；开设两门的共6所，均为"日语+俄语"；开设三门的共2所，均为"日语+俄语+西班牙语"；开设四门和五门的均为4所。排序为：一门（26，61.9%）>两门（6，14.29%）>四门/五门（4，9.52%）>三门（2，4.76%）。从语种看，日语覆盖率为100.00%（42所），俄语为33.33%（14所），西班牙语、德语、法语各占19.05%（各8所）。开设五门语种教学的，只有外国语学校。

表2 各高中非通用外语开课语种数一览

语种数	开课学校数量					合计
	日语	俄语	西班牙语	法语	德语	
1	26	0	0	0	0	26（61.90%）
2	6	6	0	0	0	6（14.29%）
3	2	2	2	0	0	2（4.76%）
4	2	0	2	2	2	4（9.52%）
	2	2	0	2	2	
5	4	4	4	4	4	4（9.52%）
合计	42（100.00%）	14（33.33%）	8（19.05%）	8（19.05%）	8（19.05%）	42（100.00%）

（三）开课语种的城市差异

珠三角九市非通用外语开课语种数也呈现出城市间的不均衡。调查显示，广州、深圳、中山等市开设非通用外语课程的高中较其他城市更多，且分布相对均衡。部分城市开设非通用外语课程的语种单一，如江门和惠州仅开设日语课程。同一城市也存在明显的不均衡，如肇庆开设日语课程的学校共有8所，而俄语为2所，其他语种为0所。

表3 开设非通用外语课程中学的城市分布

	广州	深圳	佛山	东莞	中山	珠海	江门	肇庆	惠州	合计
日语	5	7	3	2	5	4	3	8	5	42
俄语	3	3	1	0	2	3	0	2	0	14
西班牙语	3	3	0	1	1	0	0	0	0	8
德语	3	2	0	1	2	0	0	0	0	8
法语	3	2	0	1	2	0	0	0	0	8

(四)开课模式的差异

珠三角九市普通高中非通用外语班级开设一般有三种模式：本校教师授课，占66.66%；外包授课，指外包给校外培训机构，任课教师由外包机构委派，占28.57%；两者结合，占4.77%。大部分学校比较重视校内师资培养。调查人员以家长身份向学校咨询，多数情况下校方会强调教师的学历和资历。但在对学习者的个别访谈中，学生反馈，部分学校虽已开设非通用外语课程，但并没有提供足够的师资："许多学校的日语配套设施和资源并不完善，比如我的学校到现在就只有两个日语老师教两个年级，而我这一届更是只能自学，学习压力和难度并不比英语小。"（受访者1）"学校是上网课，没有老师，后来自己到外面的机构报名自学。"（受访者14）然而外包机构的授课教师流动性较大，学校外包后极少管理教学，只是提供教学场地，学生的学习较为被动。受访者反馈："老师上课的时候突然说准备辞职，但会有新的老师来教。"（受访者7）"学生夹在学校和机构之间，基本没渠道反映问题。"（受访者10）另外，机构一般会收费，经济成本远高于英语学习。

三 珠三角地区普通高中与高校外语教育衔接情况

高校普遍比较重视非通用外语教育，部分学校开设了非通用外语的通识课和选修课，部分学校英语课程采用分级教学，高中选修非通用外语的学生可在适合自己的班级中继续学习。但普通高中与高校外语教育的衔接还有一些问题需要引起重视。

(一)非通用外语教育的衔接

部分高校设置了非通用外语课程，可以满足相关学生的需求；部分高校根据学生需求可以灵活调整公共外语课程。如某学生反馈，可以在英语班，也可申请转入日语班。再如，某高校日语课是面向零基础学生开设的，但任课教师充分考虑到学生的程度差异，会进行相应的教学调整。但也有不少高校未开设足够课程，尤其是面向非外语专业学生的非通用外语课程。部分受访者反馈："我大学的外国语学院只有英语和日语，甚至还没有我高中开设的语种多。大学不选择学日语的话只能选择学英语。"（受访者17）无法继续接受非通用外语教育的学生只能学习英语，个别受访者反馈难度较大。

（二）英语教育的衔接

部分非通用外语生进入高校后，需要接受统一的英语通识教育，有学生表示有明显的不适应。调查发现，受影响人群主要为非外语专业的高考日语生。高校统一开设英语课程，大部分教师会以班级整体英语水平作为参考，日语生跟不上英语课程进度。此外，高中时期大部分学校采取非英语生和英语生分开排名的方式，排名相对公平，而在高校非外语专业的非通用外语学生常被分散在各个班级，和英语生一同参与测试，测试结果差异较大，导致学生产生消极情绪。

四 非通用外语学生的学习状况及需求

（一）学习动机

部分学生学习动机较强，他们或是对外语学习有浓厚的兴趣，或是对个人发展有较为明确的规划，如出国留学、在外企就业等。首先，在高中到大学的过渡阶段，主动加学英语。如"因为将来不考虑和俄语有关的职业，继续学习难度也挺大的。英语高中落下挺多的，不过我个人还算自律，大学入学前也有在补英语"（受访者27）。其次，大学期间面临学校非通用外语教育资源不足时，主动自学，成效显著。如受访者反馈"在自学小语种，高中德语考了134，因此自学起来没什么难度"（受访者21）"我本身对德语的兴趣也比较大，以后想出国留学，所以还在学习"（受访者24）。

也有学生学习动机不足，部分学习者选择非通用外语只是为了应付高考，继续学习的意愿并不强，未来发展对非通用外语需求量也不大，学习动机较弱。15.93%的学生"高中时期并没有了解清楚选择非通用外语高考之后可能面临的问题"，70.88%的学生认同"多数情况下，所选外语不能替代英语参加考研"。部分学生英语学习动机也不足。部分日语生选择日语是为了代替英语成绩，在"选择原因"这一调查中，60.42%的日语生选择了"比英语简单，想作为高考分数的跳板"。这些学生进入大学被学校安排学习英语，只能被动学习。有学生反馈："高中的时候没有想到大学还要学英语，真的很痛苦。"（受访者15）

（二）适应能力

个别访谈中，93.33%的受访者高中开设的非通用外语课程实行走班制，但在高校非外语专业学生身边的同学基本都是英语生。原来高中阶段集体学习的环境被打破，这一转变要求学生必须适应新的语言学习环境。

学习德语、俄语、西班牙语、法语的学生普遍可以适应，如多名德语生、法语生反馈自己英语学得比较扎实，因此进入大学后没有不适。日语生的适应能力相对偏弱，访谈中53.33%的受访者表示不能适应从非通用外语到英语环境的转变，其中日语生占90%以上。多数日语生表示，长时间的日语学习导致他们对英语环境感到格外生疏。

（三）学习能力

大部分受访者学习能力较强，仍在继续学习非通用外语，且已通过了大学英语等级考试。"法语还在学，英语大一时过了四级。"（受访者22）"还在继续学西班牙语。英语大一过了四级，现在感觉在中等水平吧。"（受访者29）问卷调查中有21.43%的学生跟不上英语课程进度（日语生最多，占48.72%），56.59%的受访者需要克服"英语四级考试比别人难通过"困境（日语生最多，占37.86%），35.16%的受访者面临"淡忘高中时期所学的非通用外语，学习英语又跟不上"的双重困境（日语生最多，占40.63%）。部分学生自身学习能力不足以支撑同时学习两门外语，被迫搁置非通用外语。

部分日语生学习英语能力不足，主要是因为：（1）语言谱系差异。除日语[①]外其他几门语言均属于印欧语言，跨语种学习难度相对较小。（2）文字差异。日语使用平假名、片假名和日文汉字，俄语使用斯拉夫字母，其他几种语言均使用拉丁字母。（3）选修日语的学生高中时期英语成绩可能已经落后于英语生，但选读其他几个语种的学生差异并不明显。

（四）学习需求

1. 对外语教师的需求。50%的受调查者希望高校专门开设面对非通用外语生的英语课程，39.77%的受调查者希望高校注重师资力量的培养。非通用外语生进入高校后，部分选择重新学习英语，但其英语水平与高校提供的通识英语课程不

---

① 关于日语的谱系所属有不同的观点，具体包括阿尔泰语系说、达罗毗荼语系汉藏语系说、南岛语系说。

匹配，引发了许多学习困扰。"目前的英语课程对普通学生来说应该不难，但对于小语种的学生来说还是偏难了。"（受访者7）也有部分受调查者选择继续学习非通用外语，但可能面临高校课程开设不足的情况。"没有小语种代替英语的选择，甚至选修课都没有几个小语种相关的可以选，没有小语种相关的活动。"（受访者10）"不开设日语公共课，没有机会选择。"（受访者14）以上两种情况，都是师资储备与学生需求不平衡所致。

2. 了解职业规划信息的需求。非通用外语生对考研深造和就业前景关注度高。69.32%的受调查者希望高校提供与非通用外语考研、职业规划相关的咨询或讲座。"感觉对小语种的认可度不高，学生对于小语种就业方面也不明晰。"（受访者14）"目前政策还不够完善，高考小语种生未来就业、深造等情况不够明确。"（受访者18）主要原因是目前研究生招生外语科目仍以英语为主，还未符合当下外语学习和外语需求多样性的现状，社会对非通用外语人才培养的认知度还不够高，学生了解非通用外语人才就业信息的渠道较少。

3. 了解非通用外语考级信息的需求。相较于英语四、六级考试，高校对于非通用外语考级需求关注度不够高。部分非通用外语生希望继续提高外语水平，因此对非通用外语等级考试的相关信息具有较高的需求，58.71%的调查者希望高校提供相关咨询。

五　建议

（一）科学规划非通用外语学生规模

各学校应提高对外语教学的认识，包含非通用外语在内的外语人才的培养面向的是国家安全和国际政治、经贸、文化领域交流的需求，非通用外语教学的发展显示了我们尊重世界文明的多样性，深化文明交流互鉴、推动构建人类命运共同体的决心。教育部门和各学校应充分考虑非通用外语的应用场景和就业需求，以出口导向科学规划非通用外语学生规模，避免盲目跟风。

（二）适度加强高校公共外语资源建设

根据目前高中阶段非通用外语教育的现状，高校应加强公共外语资源建设：（1）及时调整公共外语教师队伍，以自建或共享的方式配备师资，实现生源和师

资的合理匹配,建立中学—高校非通用外语的连贯式教学。(2)加大外语课程的建设力度,争取建成更多的优质课程,鼓励以线上线下相结合的教学形式补充师资力量。(3)增强英语教育的科学性。高校非通用外语学生的英语课程应按第二外语安排,根据学生英语实际水平分班教学、分班测试,避免非通用外语生和英语生混合教学。

(三)高校和中学应有外语教育的联动机制

目前,高校并未完全掌握中学非通用外语教育的基本情况,包括开课语种、学生数量等重要数据。教育部门可加强统筹,建立高校和中学的联动机制,促进高校根据中学非通用外语教育的情况,统筹规划师资培养、师资配备、课程开设等问题。

(马喆、周子清、刘诗韵、谭欣怡、潘志林)

西藏波密县藏族初中生语言状况及服务需求*

2017年下半年开始，广州大学每学期派出大学生赴波密县的中小学支教实习。本报告在2018—2022年支教实习的观察调研及2019年4—6月和2022年12月的两次问卷调查的基础上完成，旨在反映波密县藏族初中生的语言状况及语言教育服务需求。

一 初中语言教育概况

波密县位于西藏自治区东南部，隶属林芝市，全县辖3镇7乡，县政府驻地扎木镇是318国道川藏线上的交通枢纽和商贸重镇。人口构成以藏族为主，2021年第七次全国人口普查，全县常住人口34 858人，其中藏族28 976人，汉族5160人，其他少数民族722人。[①] 波密县中学（初中）是全县唯一一所中学，学生由县城的波密县完全小学及各镇乡小学升读，2022年秋季在校学生1200余人。

西藏自治区中小学实行国家通用语言文字、民族语文、外语三语教育，全面落实国家通用语言文字（下称语文）教学，加授民族语文（藏语文），英语为必修课。2018年秋季学期起，义务教育学校起始年级全部使用思想政治（道德与法治）、语文、历史三科国家统编教材，初中学段目前已实现各年级全覆盖。藏语文分为必修（每周6课时）和选修（每周2课时）两种类型，由学生自主选择。

波密县中学每个年级设9—10个班，各年级均有一个教学班选修藏语，俗称

---

* 广东省高等教育教学改革项目"对标师范认证的汉语言文学专业第二课堂育人体系构建"（粤高教函〔2021〕29号）。

① 据波密县人民政府网页，http://www.bomi.gov.cn/bmx/c106140/202205/90e6386cb49045ca8ffee35c1eb4c642.shtml。

"汉文班"。必修藏语的学生绝大多数为藏族，少数为门巴族、回族或仫佬族。三个年级的"汉文班"分别有 14、19 和 13 名学生，规模远少于一般 40 余人的普通班。普通班以汉族学生为主，也有个别回族或藏族学生。普通班中的藏族学生，多是父母有一方为汉族，汉语能力较好，家长希望其学得更好。

每个教学班分别有 8—9 位任课教师，除了藏语文课由藏族教师专任外，其他科目藏、汉教师均有，全校授课总人次以汉族教师略多。

两次问卷调查均面向波密县中学的藏族学生，涉及家庭语言背景、语言学习、语言能力、语言使用、语言态度等内容，分别回收有效问卷 97 份和 44 份。

二 语言生活的基本观察

（一）藏语是日常使用首选语言

表 1 显示，藏族学生之间课下交流较多使用藏语；在与老师交流中，对藏族教师习惯说藏语，对汉族教师则会说普通话。日常交流倾向使用藏语，既是民族聚居的语言氛围使然，也因为藏语更能满足表达需要。

与此同时，藏族学生普通话与藏语混用的情况也有所减少，说普通话时夹杂藏语的比例由 91.75% 降为 75.00%，说藏语时夹杂普通话的比例由 85.57% 降为 61.36%。杂用的原因主要是找不到合适的词转换，有时则是为了表达更清楚或因为受表达习惯影响。

校园内的标语、指示牌、横幅，学生的作业本和教师的备课、听课本封面，均为汉藏双文。校园广播定期轮换的歌曲，同时包括普通话和藏语。

表 1 藏语和普通话在不同场域的使用情况

年份	场域	家庭内部		课堂（与老师）		课下（与同学）		公共场所	
	语种	藏语	普通话	藏语	普通话	藏语	普通话	藏语	普通话
2019 年（97 人）	人数	95	11	50	96	89	69	76	77
	百分比	97.94	11.34	51.55	98.97	91.75	71.13	78.35	79.38
2022 年（44 人）	人数	43	15	14	44	30	32	32	32
	百分比	97.73	34.09	31.82	100.00	68.18	72.73	72.73	72.73

（二）普通话使用比例显著增长

两次调查，分别有96.91%和79.55%的学生日常交流使用藏语，使用普通话的比例为91.75%和95.45%，普通话在日常交流的使用占比有所增长。在家庭内部，学生使用普通话的比例也有较明显提升。

随着国家通用语言文字的推广普及，普通话作为课堂教学用语在学校得到落实，规范使用普通话能更好执行统编教材开展教学。会说藏语的教师也会在课堂上少量使用藏语来辅助教学。藏语文课则全程使用藏语教学，学生也要求全程使用藏语交流。

（三）媒介促进各种语言使用

由表2可见，学生日常阅读汉文图书远多于藏文图书；网页浏览则更是基本上以汉文网页为主。收听收看的广播电视和歌曲、电影以普通话最多，藏语也有相当比例。另有一定比例的学生接触英文歌或英语电影，两次调查分别有39.18%、43.18%的学生看过英语电影，48.45%、47.73%的学生听过英语歌曲。

表2 媒介语言接触情况

年份	媒介	图书		网页		广播电视		歌曲		电影	
	语种	藏文	汉文	藏文	汉文	藏语	普通话	藏语	普通话	藏语	普通话
2019年（97人）	人数	56	89	8	92	52	91	54	90	48	92
	百分比	57.73	91.75	8.25	94.85	53.61	93.81	55.67	92.78	49.48	94.85
2022年（44人）	人数	24	41	7	43	11	41	23	39	16	39
	百分比	54.55	93.18	15.91	97.73	25.00	93.18	52.27	88.64	36.36	88.64

学生通过抖音、快手等短视频平台学会网络流行语、流行歌曲。不少学生和家长会将抖音短视频转发到微信朋友圈。藏族人聚集的藏餐馆不时可看到中年群体外放短视频，其中既有藏语视频，也有普通话视频。学生在微信朋友圈发信息时，兼用藏语或普通话。

三 语言能力与语言学习

波密县中学绝大多数藏族学生选择必修藏语，语文、藏语文和英语三门课程的课时设置均等，均为每周6课时。

（一）藏语

藏语是绝大多数藏族学生的母语。由表3可见，学生对自身藏语能力的评价较高，听说能力高于读写能力。

藏语内部有卫藏方言（拉萨话）、康巴方言（德格话、昌都话）和安多方言（青海藏区）三大方言。藏语文课本的藏语与拉萨话较接近，与波密藏语差别较大，因此藏族学生认为藏语作文写作比较难。学生的藏语作文存在较多的错别字和语法错误，语句不通顺，表达不清晰。

表3 对自身藏语能力的评价

年份	语言能力层次	听		说		读		写	
		完全能听懂	基本能听懂	能熟练交谈	基本能交谈	能读书看报	能看懂简单文章	能较轻松完成作文	能基本完成作文
2019年 （97人）	人数	47	48	35	58	35	54	23	65
	百分比	48.45	49.48	36.08	59.79	36.08	55.67	23.71	67.01
		97.93		95.87		91.75		90.72	
2022年 （44人）	人数	34	8	30	11	29	10	28	13
	百分比	77.27	18.18	68.18	25.00	65.91	22.73	63.64	29.55
		95.45		93.18		88.64		93.19	

（二）国家通用语言文字

由表4可见，学生对自身国家通用语言文字能力的评价较高。听说能力总体上高于读写能力，"写"的能力最弱。但自评达到"读"的最高档"能读书看报"的比例，两次调查均明显高于"听"和"说"的最高档。一位在波密县中学任教超过10年的语文教师表示，能真切感觉到入学新生的普通话能力在逐年提升。据实际观察，2019年七年级新生入学时，不少学生语文水平较差，个别学生识字量约在小学三年级水平，只能进行简单的普通话口语表达；2021年入学新生的情况明显改善，2022年入学新生已基本不存在无法进行普通话听、说基础交流的情况。

表 4　对自身国家通用语言文字能力的评价

年份	语言能力层次	听		说		读		写	
		完全能听懂	基本能听懂	能熟练交谈	基本能交谈	能读书看报	能看懂简单文章	能较轻松完成作文	能基本完成作文
2019年（97人）	人数	49	44	40	52	56	36	28	61
	百分比	50.52	45.36	41.24	53.61	57.73	37.12	28.87	62.89
		95.88		94.85		94.85		91.76	
2022年（44人）	人数	32	12	32	10	38	4	26	15
	百分比	72.73	27.27	72.73	22.73	86.37	9.09	59.09	34.09
		100.00		95.46		95.46		93.18	

但根据调研观察，学生的自我评价相对偏高，实际语言能力还较为薄弱。部分学生听不懂语速较快的普通话，一些不常用的词语或搭配组合往往需要借助板书才听明白。部分学生说话语速较快时，容易出现吐字不清、音节含混的现象。

拼音是学习难点。不少学生写拼音时会出现各种错误，如涉及前后鼻音的"g"多写或漏写等，有学生对基础的拼写如"jie""wen"等有识读困难。

学生的汉语字词认读能力较好，篇幅较长的《从百草园到三味书屋》、文言文《诫子书》等，多数学生能较流畅读出来。但部分学生的阅读理解能力较弱，如出现断读错误，把"山朗润起来了"读为"山朗/润起来了"。与此相关，不少学生存在较多标点符号使用错误，如有的在句中误加逗号，有的整段话不加点断、只在段末加句号，有的段中一律只用逗号。

汉字书写也是学习难点。相当部分学生分不清汉字的笔顺，如写"我"字，有从撇起，有从横始，只求最后囫囵成字。错别字现象也较严重，一些常用字也会写错，如"孝顺"写成"孝训"、"辛丑条约"错作"幸丑条约"。

（三）英语

作为西藏地区基础教育的"第三语言"，学生对英语学习感到最困难。有教师举例，第三人称代词"he""she""it"，实际讲解已不下十次，仍有近半学生未能区分清楚。刚入学的七年级一个班的英语单词抄写作业，出现相当多的单词拼写错误和格式抄写错误，仅有少数几名学生抄写完全无误。部分七年级新生英语近乎零起点。

据了解，波密县较为偏远的镇乡，小学师资力量相对薄弱，英语教学质量受影响。此外，学生除了母语藏语，日常也能通过各种媒介较多接触和使用普通话，具备相应的语言学习和使用氛围；唯独英语甚少在日常生活中出现，对于偏远农牧区的学生而言，更是如此。

四 语言习得情况

（一）语言习得的途径

大部分藏族学生最先习得藏语，比例达96.91%（2019年）和95.45%（2022年）。也有部分学生表示首先习得国家通用语言或双语兼习，2019年的比例为12.37%，2022年至22.73%。除藏语口语主要通过家庭内部习得外，藏文和普通话及汉语书面语均主要通过学校学习掌握。另外，通过与他人交流学习普通话的比例也较高（约60%）。广播电影电视等媒介对语言习得的影响在增强，在普通话、汉语书面语学习方面发挥了积极作用。见表5。

表5 语言习得途径

语（文）种	调查时间	家庭		学校		媒体		他人	
		人数	百分比	人数	百分比	人数	百分比	人数	百分比
藏语	2019（97人）	90	92.78	63	64.95	16	16.49	53	54.64
	2022（44人）	39	88.64	18	40.91	10	22.73	21	47.73
藏文	2019（97人）	45	46.39	91	93.81	13	13.40	23	23.71
	2022（44人）	20	45.45	38	86.36	8	18.18	13	29.55
普通话	2019（97人）	17	17.53	86	88.66	64	65.98	57	58.76
	2022（44人）	11	25.00	38	86.36	35	79.55	27	61.36
汉语书面语	2019（97人）	12	12.37	94	96.91	38	39.18	31	31.96
	2022（44人）	4	9.09	39	88.64	26	59.09	17	38.64

（二）语言能力的城乡差异

学生的语言能力尤其是国家通用语言能力，存在较明显的城乡差异。由偏远镇乡小学升学上来的学生，语言能力总体上弱于波密县完全小学毕业的学生。波密县中学有教师认为，在普通话口语表达和作文书写两方面差异最为明显。由波密县完全小学升学或从四川等地转学来的学生，普通话能力大多较好，能用词恰当，表达流畅；作文的词汇较为丰富，能运用多种修辞手法，错别字也较少。相比之下，多数偏远镇乡小学升学上来的学生词汇量、识字量均有限，普通话能力偏弱，书写错别字较多。

造成城乡差异的原因，一方面是教学资源、师资力量的差异，另一方面则与语言环境和氛围有关。波密县城较为繁华，不少外地人来此经商，商贸往来多使用普通话。家长能更真切理解普通话作为国家通用语言的重要性，更重视子女的国家通用语言文字学习。县城的学生家庭经济条件相对较好，不少学生有自己的手机，接触各种电子媒介、接收各种语言信息的机会多，也促进了他们的语言能力提升。

来自边远农牧区的学生，日常接触普通话的机会较少，家庭的教育意识也相对较为薄弱。家长多从事农牧业，大部分家长的普通话仅限于简单交流，有的老年人甚至听不懂普通话。波密县中学学生周末放假离校，需要家长登记确认，不少来自农牧区的家长因为识字、写字水平较低，以按指印代替签名。

五　语言教育资源建设及服务建议

波密县藏族初中生学好国家通用语言文字的意识在不断增强，语言能力也在持续提升。受语言环境和教育资源的限制，三语学习任务又较重，藏族学生的语言学习还有很大改善空间。对少数民族地区语言教育的资源建设和服务提升，我们有以下建议。

（一）加大对少数民族地区的语言教育支援。对口帮扶支教、大学生支教实习等行之有效的做法要不断完善，更要着重加大对当地师范人才的培养力度，加大当地师资的职后培训，提升教师的国家通用语言文字能力。

（二）搭建少数民族地区的"信息无障碍"通道。发挥广播电视、网络媒介跨越时空的独特优势，破解偏远地区的地理距离局限，解决信息传递的"最后一公里"问题，将更多包括国家通用语言、少数民族语言、外语等各种语言信息资源，传递到每一个农牧民家庭和青少年学生手里。

（三）面对不同学生学习的薄弱环节，积极开展有针对性的教学，争取做到"在学习的路上，不让一个学生掉队"。

（四）加速语言教育资源的数字化建设。现代信息技术、虚拟网络空间已成为人们日常生活的重要部分，生产更多优质、丰富多彩的语言学习产品，让少数民族学生以喜闻乐见的方式提升语言能力。

（魏琳、刘婧妤、曾丽芬、林妍伶）

高校学生汉英互译服务状况调查*

伴随着高等教育人才培养国际化的不断发展，汉英互译已成为辅助我国高校学生群体撰写英文材料、进行日常学习、参与国际项目、开展学术研究等不可或缺的要素之一。本报告以市场上的翻译公司与平台、高校学生为观察对象，重点调查高校学生汉英互译服务的供给、使用与需求现状，并提出相应建议。

一　调查设计

（一）调查对象

翻译公司与平台。翻译公司67家，筛选条件为"成立时间5年以上""企业处于营运状态"；翻译平台10家，皆为可提供高校学生汉英互译服务者。

高校在读的专科生、本科生与研究生。调查时间为2024年1—2月，调查对象来自10所不同层次的高校[①]。共发放问卷391份，回收有效问卷323份，深度访谈其中的20人。有效样本情况见表1。

表1　调查样本的基本情况

样本信息	类型	人数	占比/%
性别	男性	98	30.34
	女性	225	69.66
学业阶段	专/本科生	268	82.97
	研究生	55	17.03
专业属性	人文类	171	52.94
	社科类	98	30.34
	理工类	49	15.17
	其他类	5	1.55

---

* 广州市高等教育教学改革项目"立德树人背景下语言学类专业本科生科研素质培养模式的探索与实践"，广州市教育科学规划课题"粤港澳大湾区中小学生书面语能力发展研究与数据库建设"（202113640）。

① 10所高校分别为广州番禺职业技术学院、广东科学技术职业学院、广东白云学院、广州应用科技学院、湖南科技大学、广州大学、湖南师范大学、华南师范大学、华南理工大学、中山大学。

（续表）

样本信息	类型	人数	占比/%
科研经历	参加过	95	29.41
	未参加过	228	70.59

有效样本中，男性占 30.34%，女性占 69.66%，前者少于后者；专/本科生占 82.97%，研究生占 17.03%，前者是主导；专业方面，人文类占比最高，社科类次之，理工类处于第三位；科研方面，具有科研经历的占 29.41%，无科研经历的占 70.59%，后者高于前者。整体来看，有效样本中，女性多于男性，学业阶段以专/本科生为主，专业涉及面广，但多数被调查者缺少科研经历。

（二）调查内容

本报告的调查内容包括两部分：一是汉英互译服务的供给状况，包括供给主体、类型、模式、内容、价格等；二是汉英互译服务的使用与需求状况，包括服务来源、使用的翻译类型与方式、使用的目的与效果、使用需求等。

二 调查结果

（一）供给状况[①]

1. 供给主体

可为高校学生提供汉英互译服务的主体主要包括三类。第一类是市场上的各类专业翻译公司。构成上，多数公司会拥有一支行业经验、专业知识丰富的翻译团队；模式上，多以有偿方式，通过市场端向高校学生提供服务。根据《2023中国翻译及语言服务行业发展报告》提供的数据，目前以翻译及语言服务为主营业务的企业共有10 592家。这些公司，绝大多数可为市场上不同类型的消费者如高校学生等提供服务。第二类是专业翻译平台，主要依托互联网翻译平台或翻译软件向用户提供无偿或有偿的翻译服务。市场上常见的"有道翻译""文心一言"等均属此类。第三类是自由职业翻译者，这类供给群体主要以自由职业者的身份通过淘宝、58同城等线上平台或私人介绍招揽业务。

---

① 各类翻译公司、网站的服务内容、对象庞杂，本报告只关注与高校学生相关的汉英互译业务、供给主体。

2. 供给类型

无偿供给。主要有两种形式：一种形式是各类专业翻译平台、软件提供的免费传统机器翻译服务，这类服务的不足在于只能提供较为低端的普通日常翻译，翻译质量多数不高，"百度翻译""360翻译""有道翻译"等均有此类服务；另一种形式是专业翻译公司、平台推出的试用服务，质量好，准确率高，但往往会限制使用次数或翻译字数。

有偿服务。对77家翻译公司与平台的调查显示，目前市场上翻译服务企业的业务均以有偿服务为主，尤其是与大学生、研究生相关的专业文献、学术资料汉英翻译，出国留学资料翻译等高级翻译，无一家公司、平台提供免费服务；人工翻译也是如此。这也从侧面说明一点：目前的汉英翻译服务，市场化服务是主流。

3. 供给模式

单向模式。该模式表现为翻译公司或平台根据自身业务特点以及对市场的判断分析，决定汉英翻译服务供给的类型、方式、内容，消费者只能在公司、平台提供的业务选项中进行选择，无法通过协商定制个性化服务。比如，"洲际翻译"将其服务分成了九个不同的类别，每类服务明码标价，消费者进入平台后，可自行选择，付费使用。

双向模式。该方式是指供给主体通过与消费者双向协商共同确定汉英翻译服务内容、方式、价格的一种服务模式。比如"北京译传思翻译中心""欧德宝翻译"均可提供此类服务，高校学生可通过电话或网上客服系统与销售人员联系，表达需求，定制个性化翻译服务。另外，市场上的自由翻译职业者，其服务模式也多是双向式的。

4. 供给内容

针对高校学生，各类供给主体提供的服务内容共有四类：日常生活翻译，主要涉及与高校学生日常生活密切相关的各类汉英翻译，比如英文文学作品阅读翻译、英文电影字幕翻译等；学习辅助翻译，包括不同专业学生在专业学习过程中的词汇、句子、短文汉英互译，学习资料的翻译等；个人资料翻译，比如求职简历汉译英、留学材料的翻译等；学术翻译，以研究生为主要供给对象，比如前沿文献英译汉、学术论文撰写、国外投稿汉译英服务等。见表2。

表2　汉英互译服务的供给内容

类别	内容示例
日常生活翻译	日常交流翻译
	电影字幕、英文新闻、文学作品翻译等

（续表）

类别	内容示例
学习辅助翻译	专业词汇翻译
	学习资料翻译
个人资料翻译	个人简历翻译
	留学材料翻译
	推荐信翻译
科研学术翻译	论文摘要翻译
	学术文献汉英互译等

5. 供给价格

目前的翻译方式可分为机器翻译与人工翻译两大类，前者包括传统机翻和AI翻译，后者涉及普通翻译与高级翻译。汉英互译服务的价格与翻译内容、方式存在着密切关系。传统机翻因为技术相对滞后，翻译质量不高，多采用免费的供给方式。AI翻译，以大语言模型为基础，准确性较高，可规模化处理，会员价格区间为40—70元/月。人工翻译中的普通翻译，主要翻译通用型资料，专业程度低，价格区间为100—200元/千字；高级翻译，专业化程度较高，一般需要精通专业知识的翻译专家参与，收费相对较高，价格区间为300—500元/千字。见表3。

表3 汉英互译服务的供给价格

服务类型		收费区间
机器翻译	传统机翻	免费使用
	AI翻译	40—70元/月
人工翻译[①]	普通翻译	100—200元/千字
	高级翻译	300—500元/千字

（二）使用状况

1. 服务来源

268名专/本科生中，使用过翻译平台的人最多，占总数的95.15%；其次是

---

① 人工翻译通常根据"翻译专业程度"来设置不同的收费等级。一般来说，普通翻译的专业程度较低，主要用于日常交流、普通资料阅读等；而高级翻译的专业程度较高，主要用于学术资料翻译、涉外函件撰写等。

找自由译员翻译的，占 2.61%；找翻译公司的最少，仅 1 人。55 名研究生中，也是使用翻译平台的最多，占 92.73%；其次是找自由译员的，占 21.82%；找翻译公司的最少。总体来看，高校学生受限于经济条件，倾向于选择价格相对便宜的翻译平台作为主要服务来源。见表 4。

表 4　汉英互译服务的使用来源

服务来源	学段				合计
	专/本科生		研究生		
	人数	百分比	人数	百分比	
翻译公司	1	0.37	1	1.82	2
翻译平台	255	95.15	51	92.73	306
自由译员	7	2.61	12	21.82	19

2. 服务类型

专/本科生、研究生两类群体使用率最高的均为无偿翻译，分别为 95.15% 和 92.73%；有偿翻译使用率分别为 68.59% 和 78.18%。无偿翻译是优选服务类型。这一点在访谈中得到了印证：受访者表示他们平时翻译资料时，首选各类免费的软件；只有准确度要求较高，免费软件无法达到要求的情况下，才会使用付费翻译。见表 5。

表 5　使用的汉英互译服务类型

服务来源	学段				合计
	专/本科生		研究生		
	人数	百分比	人数	百分比	
无偿翻译	255	95.15	51	92.73	306
有偿翻译	183	68.59	43	78.18	226

3. 翻译方式

专/本科生、研究生两类群体使用率最高的翻译方式均为"传统机翻"，分别为 95.15% 和 92.73；居于次位的均为"AI 翻译"；居于第三、四位皆为"自由译员翻译""翻译公司人工翻译"。不同在于"AI 翻译""自由译员翻译"两类翻译方式的使用率，研究生为 78.18% 和 21.82%，均大大高于专/本科生的 65.30% 和 2.61%。可以看出，相较于专/本科生，研究生的翻译内容更为精深专业，对质量也有着更高的要求。见表 6。

表6 使用的汉英互译翻译方式

使用方式		学段				合计
		专/本科生		研究生		
		人数	百分比	人数	百分比	
机器翻译	传统机翻	255	95.15	51	92.73	306
	AI翻译	175	65.30	43	78.18	218
人工翻译	翻译公司人工翻译	1	0.37	1	1.82	2
	自由译员翻译	7	2.61	12	21.82	19

4. 使用目的

专/本科生"辅助日常学习"是主要的使用目的,"阅读/撰写外文普通资料"次之,其后依次为"阅读/撰写外文学术论文""撰写专业文件"和"辅助日常交流"。与专/本科生相同,"辅助日常学习"也是研究生的主要目的;有所不同的是,处于第二位的是"阅读/撰写外文学术论文",其后依次为"阅读/撰写外文普通资料""撰写专业文件"和"辅助日常交流"。可见,在汉英互译服务的使用目的上,两个群体差异较大,专/本科生以辅助学习为主,研究生除了辅助学习之外,具有更多学术、科研上的需求。见表7。

表7 汉英互译服务的使用目的

使用目的	学段				合计
	专/本科生		研究生		
	人数	百分比	人数	百分比	
阅读/撰写外文学术论文	100	37.31	50	90.91	150
阅读/撰写外文普通资料	122	45.52	31	53.36	153
撰写专业文件[①]	46	17.16	24	43.64	70
辅助日常学习	241	89.92	51	92.73	292
辅助日常交流	17	6.34	3	5.45	20

5. 使用效果

调查小组对20名专/本科生、研究生进行了深度访谈,访谈内容涉及受访者对自己使用过的不同类型汉英互译服务在质量、价格、效率、方便性、个人体验

---

① 主要包括留学材料、涉外函件、推荐信、个人简历等。

等方面的评价。传统机翻，被访者的一致认识是经济实惠、使用方便、效率高，但是翻译技术较为滞后，适合处理简单的翻译场景，对复杂、专业的内容翻译质量较低。AI翻译，总体体验为翻译效率高，价格适中，质量高于传统机翻，可以应对绝大多数常见的翻译场景，但在处理网络流行语、语境化表达时，仍会出现歧解，与高专业程度的人工翻译存在一定差距。这一点可从表8的AI翻译质量评价调查中得到印证[①]。人工翻译，受访者对其评价为"翻译质量好，准确性高""价格有点高，用不起""可以向客服提要求，很灵活"，也即质量高、可定制、价格高、难普及是其主要使用特点。此外，部分受访者在访谈中也指出了各类翻译公司和平台在存在的一些问题，比如"缺少诚信，以机器翻译冒充人工翻译""售后服务渠道不够通畅""操作界面太复杂""网页响应慢""一些平台不支持语音输入和文档批量输入"等。总体来看，翻译市场为高校学生提供了较为丰富的翻译服务资源，但受到传统机翻质量难以保证、人工翻译价格高昂、AI翻译发展尚未完全成熟、学生经济能力薄弱等因素的影响，目前高校学生汉英互译服务的使用效果与体验有进一步提升的空间。见表8。

表8 AI翻译质量评价得分

评价项目	选择该选项的人数占比 /%					平均得分
	很不同意	不同意	一般	同意	很同意	
翻译结果中，专业术语的翻译准确无误，学术性强	0.62	15.48	47.99	32.2	3.72	3.23
翻译结果中，网络流行语的翻译意义准确	3.1	28.48	48.92	16.72	2.79	2.88
翻译结果结合语境的能力强	3.1	22.91	44.27	25.7	4.02	3.05
翻译后的句子语法通顺、阅读流畅	0.93	14.55	44.89	33.44	6.19	3.29

（三）需求状况

调查样本中，"提供更优质的翻译效果"选择率最高；其次为"使用更加便捷"；其后依次为"提供个性化服务"和"制定更低廉的收费价格"。综合来看，高校学生的需求可概括为三点。首先是高翻译质量。对高校学生群体而言，其使用汉英互译服务的目的往往与学业、科研相关，低质量的翻译结果很可能会产生

---

① 该部分为量表题，用户对具体问题进行打分，选择"很不同意"记为1分，选择"不同意"记为2分，以此类推。

较大的负面影响，因而对翻译结果的准确性、严谨性有较高的要求。其次是低使用成本。高校学生的经济能力普遍较弱，倾向于通过低价或免费的途径获取汉英互译服务。再次是人性化的服务细节。高校学生对交互界面的简洁性、系统的即时响应、翻译服务的个性化等有着较高的要求。见表9。

表9 汉英互译服务需求

需求项目	人数	百分比
提供更优质的翻译效果	276	85.45
制定更低廉的服务价格	169	52.32
使用更加便捷	250	77.40
提供个性化服务	222	68.73
无额外需求	1	0.31

三 建议

第一，针对高校学生的需求特征，创新翻译服务模式。高校学生这一用户群的基本特征是：人数众多，市场庞大，但消费能力相对薄弱；对翻译质量有一定要求，但经济状况无法支持专业性翻译。供给主体可针对以上特征创新现有的服务模式与路径。尤其是高级专业翻译，可综合不同翻译方式的优势，开发针对高校学生的服务项目。比如，可尝试通过"机翻+人工"的方法创新翻译方式，保证质量的同时降低成本。此外，翻译公司也可尝试与高校学生组织、人才培养单位、翻译研究机构、经营高校业务的商业机构建立联盟，通过扩展收益路径降低翻译成本，通过资源整合满足学生需求，形成长线回报。

第二，针对高校学生的群体差异，探索个性化服务方案。未来，如果翻译公司、平台要想在培育高校市场方面有所发展，在开发高校学生用户方面有所建树，就要充分考虑高校学生在学业阶段、专业特征、使用目的上的差异，要充分考虑不同类别群体在汉英互译服务需求上的不同，并针对这种内部细分，探索更为个性化、精准化的服务方案。比如，对专/本科生要关注其在日常学习方面的汉英互译服务需求，对研究生则除以上服务项目之外，还要重视其在专业前沿学术文献翻译、学术论文阅读、撰写等方面的需要。

第三，针对高校学生的常用翻译平台，优化其服务元素。各类翻译平台、网站是高校学生汉英互译服务的主要来源，使用率也最高。相关公司可在平台使用细节上多下功夫。操作系统层面，一方面要进一步优化交互页面的布局、简化操作系统、加快网页响应速度，另一方面要增设语音输入翻译、文件批量翻译等功能，使各类服务元素更为人性化、更具实用性。内容翻译方面，在技术能力许可的情况下，提升翻译服务平台、软件对网络流行语、语境化表达、专业术语等的翻译准确性，尽可能提升翻译质量。

（张迎宝、何昊阳、刘美茵）

"中文+职业技能"教学资源服务调查*

"中文+"的概念于2018年由时任国务院副总理孙春兰首次提出。2019年，国际中文教育大会首次设置"中文+职业技能"论坛。2021年发布的《"中文+职业技能"教学资源建设行动计划（2021—2025年）》（以下简称《计划》）明确提出，争取利用3—5年时间，出版300本"中文+职业技能"（以下简称"中文+"）系列教材，开发50个紧缺专业的500门网络课程资源和2000个微课程等教学资源。

本报告调查2019年以来的"中文+"系列教材、在线课程与平台的语言服务状况，为"中文+"教学资源建设发展提供借鉴。

一 资源概况

（一）纸质资源

据不完全统计，截至2024年1月，海内外被报告的"中文+"教材有30个系列73套约113种，来自包括中国、泰国等16个国家和地区，涉及中英、中俄、中泰、中斯[①]等多语种，涵盖交通运输、农林牧渔、能源动力与材料、土木建筑等19大类专业。由于有专门用途汉语与职业汉语的前期基础，所以"财经商贸大类"与"旅游大类"在数量上仍位居榜首，设备制造、医药卫生和电子信息大类发展的势头也异常迅猛。

---

* 2023年度广东省本科高校教学质量工程与教学改革工程项目（2023J003-2），2022年度广东省哲学社会科学规划青年项目（GD22YZY02）。

① 斯：斯瓦希里语。

教育交流语言服务

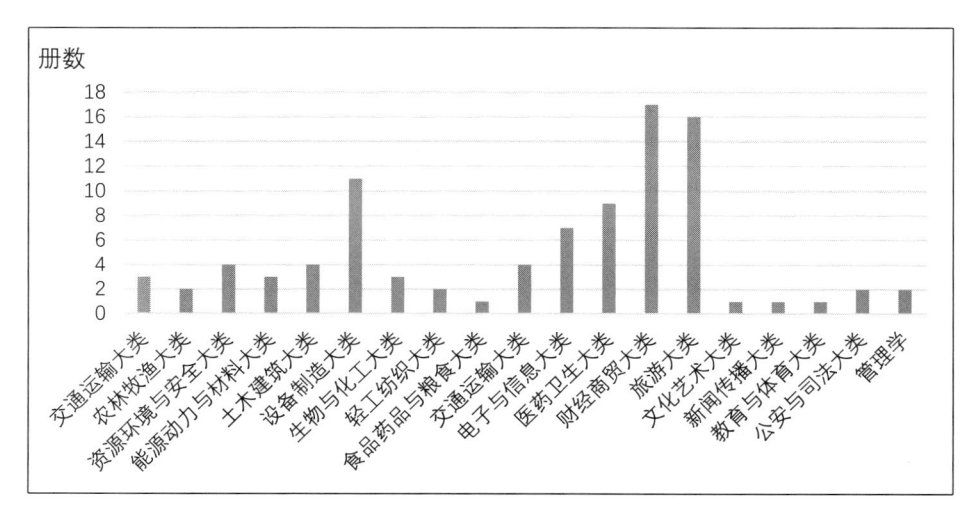

图1 "中文+"教材专业分布图

纸质资源中最典型、体量最大、涉及面最广的是国家开放大学出版社的"中国职业教育工业汉语系列"教材（以下简称"工业汉语"），截至2024年1月已出版33种，涵盖24个专业。立体化程度最高的是北京语言大学出版社的"新丝路'中文+'系列"教材（以下简称"新丝路"），计划出版18种（已出版8种），虽然只涵盖6个专业，但每一专业都包含初、中、高三级教材，配套音频、视频材料获取方便，除此之外还配有视频脚本、参考答案、课件、教学示范课视频和虚拟仿真实验实训室等数字化教学资源。

表1 国内"中文+"教材列表

丛书名	出版社	套数	领域举例	种数
工业汉语	国家开放大学	28	网络信息技术、焊接技术与自动化、机电一体化技术、铝冶金工艺与安全等	39
新丝路	北京语言大学	6	汽车服务工程技术、物流管理、电子商务、计算机网络技术等	18
新起点	北京语言大学	2	工程中文、商务中文（主客本+预习册）	3
无	北京语言大学	1	"中文+景点导游"活页式教材	1
丝路华语	语文	7	基础汉语、制冷汉语、食品大类汉语、农业大类汉语等	11
我是医学生	北京语言大学	1	我是医学生课本（4册）+练习册（4册）	8
公安部北外国际执法联络员项目专用教材	外语教学与研究	1	警务汉语·生活篇	1

（续表）

丛书名	出版社	套数	领域举例	种数
对外汉语教学丛书	武汉大学	1	科技汉语	1
新编科技汉语阅读教程	上海外语教学	1	新编科技汉语中级阅读教程、新编科技汉语高级阅读教程	2
丝路汉语	暨南大学	1	旅游汉语	1
"一带一路"沿线国职业含有系列培训	暨南大学	5	导游汉语、海关汉语、警务汉语、酒店汉语、旅游局官员汉语	5
无	新学林	1	空服汉语（简体字版）	1
合计		55		91

表2 国外"中文+"教材列表

国家	出版社	书名	套数	种数
泰国	泰国教育教师福利委员会	电子商务导论与运营基础 电子商务运营实务 电商数据化运营①	1	3
英国	Routledge	学以致用：中高级职场汉语	1	1
纳米比亚	未出版	导游教材	1	1
塞舌尔	未出版	航空汉语800句 塞舌尔旅游汉语	1	2
塞拉利昂	未出版	护士汉语②	1	1
赞比亚	不详	旅游教程	1	1
乌干达	不详	商务汉语	1	1
坦桑尼亚	不详	坦桑尼亚农业技术指南	1	1
坦桑尼亚	TUKI	坦桑尼亚旅游汉语实用教程③	1	1
南非	不详	机场商务班培训教材、酒庄商务班培训教材	1	2
肯尼亚	不详	海关汉语	1	1
肯尼亚	不详	酒店汉语	1	1
肯尼亚	不详	简明商务汉语手册（东非用）	1	1
几内亚	不详	工程工地常用汉语	1	1

① 以上3册为中泰版本，信息来源：中泰合作"中文+职业技能"电子商务系列教材在泰国出版——中新网广西新闻（chinanews.com.cn）

② 以上5种见周小兵、王喜《国际中文教育教材建设发展报告》，北京语言大学出版社，2023年。

③ 中斯版。

(续表)

国家	出版社	书名	套数	种数
贝宁	不详	工程汉语听说速成教材	1	1
埃塞俄比亚	不详	职业技术词汇（汽车分册）	1	1
埃及	不详	旅游汉语	1	1
泰国	不详	高铁汉语[①]	1	1
合计			18	22

教材已覆盖国民经济的三大产业。涉及第三产业种数比例最高，达到67.16%；第二产业占29.85%；农业方面的教材仅有2本，占教材总种数的2.99%。

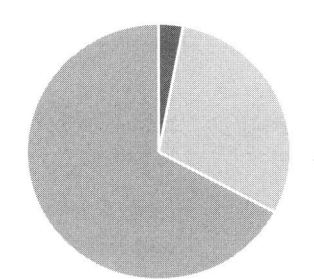

图2 "中文+"教材服务产业分布图

（二）数字资源

依托中文联盟、汉语桥、清云电商和电动汽车"中文+"检测与诊断等平台，数字资源日益丰富。中文联盟慕课平台设置了"中文+"板块，下设"职业中文学习"和"职业教育"。属于"职业中文学习"的有"到中国，学技术"系列的3组慕课（物流中文、电子信息技术中文、铁路运输中文），"商务汉语"（韩语版和英语版，其中，韩语版分初级和中级），"餐饮汉语"和"农业专业汉语"（仅上线基础篇）。属于"职业教育"板块的有"工业机器人技术基础及应用""风力发电机组安装与调试""审计基础与事务"等11门慕课。截至2024年1月中旬，总计19门慕课正在运营，涵盖物流、电力、机器人、铁路、信息技术等职业领域。

"汉语桥"线上团组2020年首次实施，该网站下设"汉语桥团组在线体验平台"和"团组在线体验平台资源库"，前者可以查询每年立项的项目。后者的视

---

① 以上14种见教育部中外语言合作交流中心组编《国际中文教育教学资源发展报告2021》，北京语言大学出版社，2021。

频资源非常丰富，也不乏"中文+"的内容，如北京语言大学的"光伏发电与技术应用""空中乘务"、潍坊职业学院的"蔬菜生产技术"、北京工业大学的"区块链改变你我他"等。语种比较丰富，以江西中医药大学的"中医推拿案例操作"为例，汉语母本被翻译成俄、法、西、德、韩5个语种。

二 服务现状

（一）展现形式

展现形式分为单媒介与多模态两种。《科技汉语》属单媒介，无图片、音频和视频等辅助。"汉语桥团组在线体验平台"的"中文+现代农业"项目亦然，整个项目仅有视频。大部分资源都是多模态的，如"新丝路"以"文字+图片+音频+视频"形式呈现，"工业汉语"是"文字+图片+音频"，《学以致用：中高级职场汉语》是"文字+图片+视频"，《新编科技汉语高级阅读教程》则是"文字+图片"。

（二）语言设置

有单语服务和多语服务两种语言设置。仅提供单语服务的资源如图3所示，整个网站只见中文。从资源内部来看，部分课程视频仅通过单语呈现，譬如中文联盟的"疫后中国出境游新趋势"，教师讲解、课件和文字均为英语。又如汉语桥平台中的资源库课程"航空中文"和清云电商实训中心的"网店装修·高级"。以中文联盟为例，该平台有20个"中文+"慕课，单语码的只有4个，占20%；其余的80%均提供多语码服务。

图3 汉雅职业中文云平台页面

第三部分 教育交流语言服务

纸质资源方面，在已掌握的113种教材中，中俄版有3种，占2.65%；中泰版3种，占2.65%；中斯版1种，占0.88%；其余都是中英版，占93.81%。初级阶段教材中外文比例接近1∶1；随着级别的上升，外文越来越少。电子资源的语种较为丰富，图4是中文联盟界面，提供了中文、英文、西班牙文、法文和俄文5种语言的服务。

图4 中文联盟课程中心页面

（三）服务面向

绝大多数的资源面向初级学习者，"新丝路"在《前言》中明确表示，该系列教材适合中文和职业技能双零基础学习者。适合中级的只有"工业汉语"的"启航篇"，"新丝路"的"中级"分册（共6册，截至2024年1月仅有2册问世），"新起点"系列，"我是医学生"系列。适合高级学习者的有"新丝路"的"高级"系列，上海外国语大学出版社和武汉大学出版社的科技汉语教材。从教育层次来分，其服务对象分为专科、本科、研究生和社会人士（中资企业在地员工）四大层次，其中，科技汉语教材明确说明适合本科或研一留学生，"新丝路"和"工业汉语"均适合中资企业的海外员工，同时也可以在专科层次使用。

目前无专门性的"中文+"数字资源平台（汉雅平台未向公众开放），图5是"汉语桥团组在线体验平台资源库"，如图所示，学习者按年龄分为儿童与成人，按汉语水平分为初、中、高级。

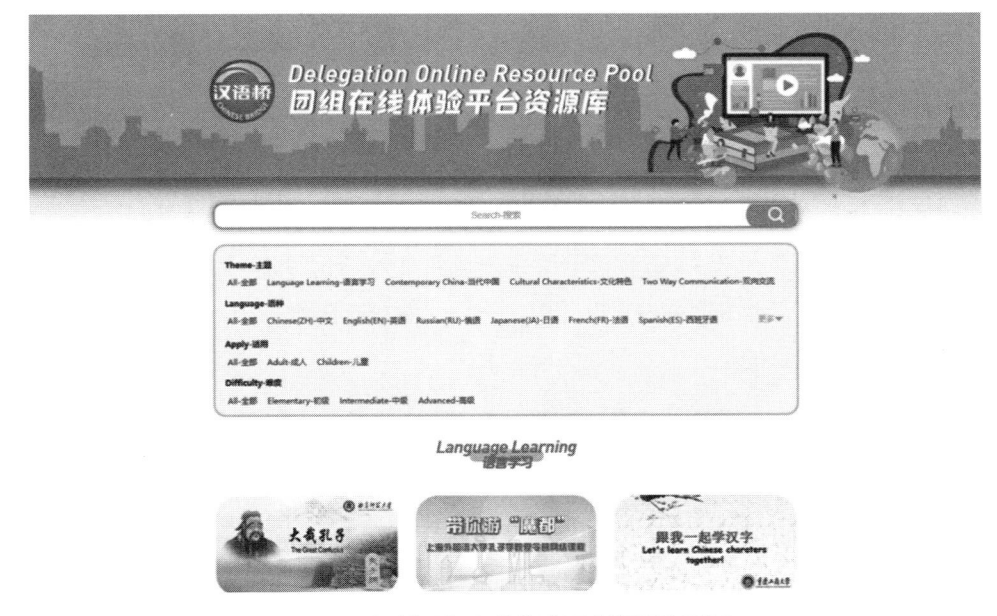

图 5　汉语桥团组在线体验平台资源库页面

（四）教学内容

1. 语言要素

语言要素分为语音、词汇、语法、汉字、语篇资源。纸质资源最典型的"工业汉语"与"新丝路"采用了截然不同的呈现方式。"工业汉语"基础篇以词汇、短语、对话、句子、篇章为线串起每一章的知识点，语音则与语法合并至附录中简略介绍。"新丝路"初级每单元以语音、课文（先篇章后词汇）、课堂用语（句）、实训、单元小结（先词后句）为线索串联。语法术语表位于课程之前。附录中有词语总表和补充专业词语。未见专门用于"中文+"教与学的语言要素学习电子资源，虽然有"术语在线"等词汇平台，但无法直接用于"中文+"的教学。

2. 职业知识

有融合式、加合式和整合式三种呈现方式。专业知识与语言知识深度融合的融合式教材有"工业汉语"，教学单元以语言要素串联，例词例句涉及专业知识，语言能力与职业技能得以齐头并进。加合式指先中文后职业，例如"丝路华语"系列，先出版基础汉语教材，再出版职业汉语教材。再如中文联盟"农业专业汉语"，目前只上线了"基础汉语篇"。整合式指的是专门用途中文，属于语言教材，不涉及职业技能的训练，例如表1的3种科技汉语教材；电子资源中中文联盟平台中的商务汉语资源，也属于此类。

3. 技能训练

分为语言技能和职业技能两方面，语言技能分为听、说、读、写，职业技能指实训。语言技能分科教材仅有3种，即《新编科技汉语初级阅读教程》《新编科技汉语中级阅读教程》《工程汉语听说速成教材》。把语言技能与专业实训融合得比较好的是"新丝路"，表3以《中文＋酒店管理·中级》中的一个单元为例，展现该教材技能点的呈现方式：

表3 《中文＋酒店管理·中级》技能点排布

章节	项目	技能点
无	思维导图	读
第一部分	热身	听、读、写
第一部分	课文	听、读
第一部分	视听说	听、说、读
第一部分	学以致用	听、读、写
第二部分	汉字	读、写
第三部分	日常用语	读
第四部分	单元实训	听、说、读、写、职业技能
第五部分	单元小结	读

职业技能训练的专门平台是"清云电商国际在线培训和技能实训平台"和"电动汽车'中文＋'检测与诊断平台"。前者汇聚技能实训项目80余个，通过"网点运营实战平台""客户服务实训平台""网点营销推广实训平台"等六大实训平台，供学习者实操；后者把虚拟仿真技术应用于汽车检测与诊断，可以模拟汽车电气系统的各种故障及故障诊断与排除操作过程，具备实车检测与诊断的所有功能[①]。

4. 文化项目

现有教材中的文化项目采用的是"附加"的方式展现，未做到深度融合。"工业汉语"的"基础篇"每章节的首页设有中国风貌图和名言警句，"启航篇"每章的第二页设有文化点介绍。汉语桥的"中文＋"项目以文化体验为主，如四川师

---

① 梁宇、刘根芹《"中文＋职业技能"教学资源建设的现状与展望》，《沈阳师范大学学报（社会科学版）》2024年第1期。

范大学的"品味中文魅力体验中医文化",山东水利职业学院的"水利智能装备与水文化体验之旅"等。

三 发展趋势

(一)有序建设

"中文+"提出之前已有不少职业中文、专门用途中文资源,但比较零散,质量良莠不齐,职业分布不均,教材主要集中在第三产业。2019年以来,国家给予了资源建设大力支持,《计划》明确表示,资源建设由教育部中外语言交流合作中心统筹,由有色金属工业人才中心牵头,组织职校、走出去企业和国际中文教育专家联合开发。至此,"中文+"资源进入了有序发展阶段。

(二)分布均衡

"中文+"资源服务的专业与语种由少到多,涉及的产业由第三产业遍及三大产业,用户层次从学历生发展至社会人士,专业实训资源从无到有。适用人群从扎实基础者(专门用途汉语一般在高年级开设)创新至双零基础者,适合中级的资源也在增加。资源结构发生了质变。

(三)融合创新

现阶段资源主要以融合式和加合式这两种形式存在。融合式资源践行"语技同升"原则,是教学资源建设的一项创新。融合式的教材以"工业汉语"和"新丝路"为代表,语言知识和职业技能知识得到了深度的融合,非常适合语言和技能的双零基础者。融合式的电子资源有北京语言大学的"光伏发电""航海技术""中医针灸"等课程。加合式指的是语言和技能分离,学习者有语言基础后再进入职业汉语学习。典型的加合式资源是"丝路华语"系列,目前出版了4种纯语言的《基础汉语》教材,后续还将出版制冷汉语、食品大类汉语、农业大类汉语等等。电子资源中如中文联盟的"到中国,学技术"系列,分为基础汉语和专业汉语板块,也是加合式的。

四　相关建议

（一）继续丰富语言服务资源的种类

增加紧缺专业的教学资源，推进国别化，尽快填补当前市面上缺乏"中文+"双向互动式资源、有偿无偿结合的复合型资源、读物、工具书、实训册、资源库的现状。开拓专门用于"中文+"的语言要素资源，或可以术语为切入点，根据工作场景、使用频率等对术语进行分级，开发术语手册、术语库。

（二）促进语言和职业技能的深度融合

"中文+"的一大亮点在于语言学习和职业技能训练的融合，当务之急是促进二者的深度融合。特别是加大对融合式电子资源的开发与投入，应组织团队推出更多高质量的、名副其实的"中文+"慕课、微课，而绝非简单地翻译已有的职业教育资源。

（三）推动"中文+"的理论构建

廓清"中文+"教育的范畴是探讨其教学资源建设的前提。理论构建与资源建设同样重要。"中文+"应走一条类似专门用途英语的发展之路，有自己具体的研究对象、研究人群，成熟的研究方法，专门的学术阵地，积极创建能更好指导"中文+"学习教育实践发展的学术体系。

（郑秋晨）

国际中文教育图书年度出版服务*

国际中文教育图书是向全球传播中国语言文化的重要载体，其出版服务对国际中文教育和中华文化国际传播具有重要意义。本报告通过全国新书目平台对2023年国内出版的国际中文教育图书情况进行统计分析，以掌握国际中文教育图书提供主体、主题、服务对象等方面的基本情况。剔除重复数据后，共检索到2023年全国出版的国际中文教育图书373种。

一 图书服务提供主体多元

373种国际中文教育图书由全国85家出版社出版。其中，北京语言大学出版社出版数量最多，共78种，占总数的20.91%。其次是外语教学与研究出版社，56种，占15.01%。排在第三、四、五位的依次是华语教学出版社、北京出版社和商务印书馆，分别出版40种、24种和21种。其余80家出版社共出版154种，占41.29%。见表1。

表1 国际中文教育图书出版社分布及占比（前五位）

出版社	数量/种	占比/%
北京语言大学出版社	78	20.91
外语教学与研究出版社	56	15.01
华语教学出版社	40	10.72
北京出版社	24	6.43
商务印书馆	21	5.63
其他出版社	154	41.29

作者单位分布广泛，涉及105家机构，包括95所国内学校、5所国外学校和5家企事业单位。其中，北京语言大学教师编写出版的最多，共39种，占总数的

---

* 国家社科基金后期资助项目"语言的经济力量：理论与实践"（23FYYB019），国家语委"十四五"科研规划2023年度科研项目"公共语言服务评估体系构建研究"（ZDI145-73），广东省哲学社会科学规划2023年度项目"粤港澳大湾区重大突发公共卫生事件应急语言服务体系构建研究"（GD23SQZY01）。

10.46%；其次是复旦大学，26 种；教育部中外语言交流合作中心、上海师范大学和加拿大的女王大学紧跟其后。需要说明的是，女王大学排名靠前，全部归功于马亚敏编著的《轻松学中文》等三个系列共计 10 种图书。见表 2。

表 2　国际中文教育图书作者单位分布及占比（前五位）

作者单位	数量/种	占比/%
北京语言大学	39	10.46
复旦大学	26	6.97
教育部中外语言交流合作中心	15	4.02
上海师范大学	13	3.49
女王大学	10	2.68

从作者国别来看，以中国作者为主，368 种图书由中国作者编著，占比 98.66%；其余 5 种中，《铁路汉语》《对外汉语教学内容教学法浅谈》由中外作者合著，另外 3 本分别由美国与法国作者编著。

二　图书功能类型和主题多样

（一）图书类型多样

根据图书功能的不同，373 种图书可分为教材、教研和读物 3 类，每类根据用途、性质的不同，又可以分出不同的小类。数量最多的是教材类，共有 165 种，占总数的 44.24%；其次是教研类，122 种，占 32.71%；读物类最少，共 86 种。分类结果见表 3。

表 3　373 部国际中文教育图书的功能性质分类

类型	性质	举例	数量/种	总计/种	占比/%
教材	专用汉语	《中文+物流管理》《商务中文》	47	165	44.24
	通用汉语	《新实用汉语课本》《轻松学中文》（少儿版）	46		
	专项技能	《中华文化教学手册》《汉字入门》	42		
	教师发展	《实用对外汉语教学法》《语言学概论》	25		
	大纲标准	《职业中文教学大纲》《国际中文教师专业能力标准》	5		

（续表）

类型	性质	举例	数量/种	总计/种	占比/%
教研	学术专著	《韩国学生汉语语法习得研究》《国际中文教育研究》	82	122	32.71
	期刊论丛	《汉语教学学刊》《对外汉语教学参考语法研究论文集》	31		
	研究报告	《国际中文教育发展报告》《国际中文教育教学资源发展报告》	4		
	教学心得	《文化屐痕》《我们的文学伊甸园》	5		
读物	汉字读物	《七色龙汉语分级阅读系列》	50	86	23.06
	汉语读物	《汉字美立方》《汉字里的节日》	26		
	中华文化	《国际中文教师中华文化通识》《湖南：惟楚有材 于斯为盛》（英文版）	10		

参考周小兵等（2018）关于国际汉语教材的分类框架[①]，165 种教材可分为大纲标准、教师发展、专用汉语、通用汉语和专项技能 5 类。专用汉语教材最多，有 47 种，包括《中文＋物流管理》等。通用汉语教材与专项技能汉语教材分别有 46 种与 42 种。教师发展类图书有 25 种，主要为国际中文教育教师发展和学生考试用书。大纲标准类有 5 种，可指导教学和教材编写，如《职业中文教学大纲》等。

教研类图书共有 122 种，主要分为学术专著、期刊论丛、研究报告和教学心得等 4 类，其中占比最大的是学术专著，有 82 种。读物类图书根据内容和功能的不同，分为汉字读物、汉语读物和中华文化读物，其中汉字类读物最多，有 50 种，仅《汉字美立方》系列就有 24 种。读物类图书主要是面向幼儿的绘本。

（二）图书主题聚焦，但各有侧重

图书主题聚焦国际中文教育，但又各有侧重。用微词云词频分析软件对 373 种图书的书名和内容摘要进行词频统计，得到的高频词如表 4 和图 1、图 2 所示。

两组高频词的前 10 位都出现"汉语""国际""中文"等词语，反映了该类图书面向"国际中文教育"或曰"对外汉语"领域，"教育"和"研究"则体现了图书的受众。"汉字""文化""口语"等词语明确了图书的内容，"实用"和"轻松"两个词语突出了汉语学习的体验感。

[①] 参见周小兵、张哲、孙荣、伍占凤《国际汉语教材四十年发展概述》，《国际汉语教育（中英文）》2018 年第 4 期。

表4　国际中文教育图书的书名、内容摘要前10位高频词

图书名称		内容摘要	
高频词	频次	高频词	频次
中文	98	汉语	853
汉语	88	教学	593
国际	62	国际	497
研究	62	教育	487
教育	45	中文	483
汉字	31	研究	426
当代	28	教材	363
对外	26	对外	306
教学	25	语言	279
美立方	24	汉字	277

图1　书名中的前100位高频词词云图

图2　内容摘要中的前100位高频词词云图

三 图书出版系列化和系统化呈现

（一）系列化出版

通过全国新书目平台、当当网与京东网进一步对 373 种图书相关信息进行搜集与整理，发现共有 203 种图书属于系列丛书，共计 41 个系列。见表 5。

表 5 系列化丛书信息表

出版社	丛书名称	2023年出版量/种	累计出版量/种	类型
北京语言大学出版社	轻松学中文（英文版）	1	13	教材
	对外汉语教学语法丛书	11	11	
	新丝路"中文＋职业技能"系列教材	11	11	
	国际中文教育中文水平等级标准词汇速记速练手册	6	8	
	轻松学中文（少儿版）	7	7	
	轻松学中文（阿拉伯文版）	2	6	
	知行·经济汉语系列教材	4	5	
	实用交际汉语	4	4	
	新实用汉语课本（第3版俄文注释）	2	4	
	"数理化精讲精练"系列	3	3	
	新丝路"中文＋"系列教材	2	2	
	MCT 标准教程	2	2	
	中文乐园（英文版）	2	2	
高等教育出版社	体验汉语小学教程系列	2	12	教材
	"中文＋职业技能"教程（职通中文）	1	3	
	中国文化概况系列	1	2	读物
华语教学出版社	新当代中文系列	25	25	教材
	我能自己阅读 IB-PYP 探究分级读物系列	6	24	读物
	泰国旅游行业中文口袋丛书	5	5	
外语教学与研究出版社	七色龙汉语分级阅读	40	225	读物
	走遍中国系列	2	8	
	"故事里的中国"系列读物	4	6	

(续表)

出版社	丛书名称	2023年出版量/种	累计出版量/种	类型
	跨越丝路系列教材	3	10	教材
	"你真棒"系列	3	9	
	新时代汉语口语	1	6	
	"手拉手"系列	4	6	
	前进中文	1	1	
暨南大学出版社	语言服务书系	2	11	教材
	丝路汉语系列教材	1	5	
商务印书馆	汉语十日通	3	24	教材
	华文水平测试丛书	1	6	
	汉语近义词学习手册	2	3	
	语言学及应用语言学研究生系列教材	1	3	
	国际汉语教育文献丛刊	2	2	教研
北京出版社	汉字美立方丛书	24	24	读物
社会科学文献出版社	汉语口语语法研究丛书	1	7	教研
上海大学出版社	研究生学术论文写作	1	7	教材
北京师范大学出版社	京师国学大讲堂	1	6	读物
科学出版社	汉语教育国际化理论与实践研究丛书	1	3	教研
上海外语教育出版社	阅读中国·外教社中文分级系列读物	1	1	读物
科学出版社	国际中文教育研究丛书	1	1	教研

经过精心组织策划的系列化图书，具有主题聚焦、内容丰富等特征，可以更好满足学生和教师的需求。41个丛书系列中，有28个属于教材类，占68.29%。北京语言大学出版社出版的"新丝路'中文+职业技能'系列教材"，除导游专业外，每个专业均包括初、中、高级三册，每册10个单元，每单元由不同模块组成，满足从初级到高级学习者的基本交际与职业需求，有效提高了教学的针对性和整体性，广受好评。

读物类丛书有9个系列，占总数的21.95%，多为汉字读书丛书和汉语读物丛书。如北京出版社的"汉字美立方丛书"，共24种图书，以绘本为主，生动弘扬了优秀中国传统文化。教研类丛书相对较少，只有5个系列，包括"国际中文教育研究丛书""汉语教育国际化理论与实践研究丛书"等。

（二）图书系统化

国际中文教育图书出版的另外一个重要特征是系统化。所谓系统化，是指除了图书外，还有配有音频、视频、电子书等辅助资料。373 种图书中，共有 45 种为系统化呈现，这些图书以教材类居多，如北京语言大学出版社的"知行·经济汉语系列教材"，配套了音频、课件、参考答案、情景任务教学辅助资源，更好地助力留学生商务及金融类汉语学习，突出社会性与实用性。详见表 6。

表 6　图书配套产品配置情况统计表

出版社	图书/丛书名称（种数）	配套产品
北京语言大学出版社	新丝路"中文＋职业技能"系列教材（11）	音频、课件、动画/视频、示范课、电子书
	新丝路"中文＋"系列教材（2）	教材包含主课本、预习册及配套电子资源包
	知行·经济汉语系列教材（4）	课件、参考答案、音频、电子书
	MCT 标准教程（2）	课件教案、参考答案、音频和听力文本
	实用交际汉语（4）	音频、动画、参考答案、交际项目清单
	中国政府奖学金本科来华留学生预科教育"数理化精讲精练"系列（3）	参考答案、电子书
	中文乐园（英文版）（2）	课件、音频、视频、互动游戏、电子书
	轻松学中文（少儿版）（第二版）（7）	汉字书写本、课件、词卡、图卡、音频
	轻松学中文（英文版）（第二版）（1）	课件、词卡、图卡、音频
	轻松学中文（第二版）（阿拉伯文版）（2）	
	这是我的书	录音文件、卡片、家长指南
外语教学与研究出版社	"手拉手"系列（4）	音频
	"你真棒"系列（1）	音频
	跨越丝路系列教材（3）	音频、录音文本、参考答案
	走遍中国系列	音频
	新时代汉语口语	音频、视频、电子书
	前进中文	录音文本、音频参考答案、电子书
	"故事里的中国"系列读物（4）	音频
清华大学出版社	汉字入门	电子书
	高级汉语话题阅读与表达	
商务印书馆	汉语近义词学习手册	电子书
	汉语十日通（2）	

（续表）

出版社	图书/丛书名称（种数）	配套产品
中国电力出版社	电力汉语	同步练习册、教师手册（纸质/电子）、视频、音频、课件等
中国政法大学出版社	汉语国际教育硕士名校真题正解	电子版真题
重庆大学出版社	语言学概论	配套资源
大连理工大学出版社	中国文化概况	"U校园智慧教学云平台"含录音等助教课件
华语教学出版社	汉语分级阅读·1000词　当代微型小说选	电子书、MP3音频

四　图书受众针对性和多元化结合

每一部图书都有自己的目标用户。国际中文教育图书的受众具有针对性和多元化相结合的特点。调查图书中有97种明确表明适合少儿学习，有20种明确用于成人学习中文，还有的明确了适合的学生的汉语水平和国别。

根据不同语言背景受众的需求，国际中文教育图书除中文外，部分还配有英语、阿拉伯语、日语、西班牙语等不同语言的翻译或注释。据统计，373种图书中，中文单语有313种，占83.91%；中外双语的有53种，占14.21%。值得一提的是，外语教学与研究出版社出版的"故事里的中国"系列读物中，有三本书同时出版了中文版和英文版。图书语种分布情况见表7。

表7　图书语种分布情况

语言类型		数量/种	比例/%
单语	中文	313	83.91
	英语	3	0.80
双语	中文+英语	42	11.26
	中文+泰语	5	1.34
	中文+俄语	4	1.07
	中文+法语	1	0.27
	中文+西班牙语	1	0.27
合计		373	100.00

五　图书数字化趋势加强

近年来，受当代人阅读习惯改变与新冠疫情的影响，数字化成为图书出版的重要趋势。调查发现，国际中文教育图书的电子载体较为多样，有电子图书、音频、电子课件、互动游戏等多种类型。2023 年出版的国际中文教育图书中，55 种提供可供读者下载的音频，如"新丝路'中文+'系列教材"等；31 种提供电子课件等教学资源，如《金融汉语综合教程》等；30 种有相对应的电子书或提供电子练习册，如《汉语十日通》等；18 种提供视频课程或互动游戏等学习资源。见表 8。

表 8　373 种图书数字化类型统计

数字化类型	数量/种	占比/%	示例
配备音频	55	14.75	"故事里的中国"系列读物、走遍中国学生用书 2（西班牙语版）
配备电子课件	31	8.31	MCT 标准教程、知行·经济汉语系列教材
配备电子书/电子练习册	30	8.04	汉语十日通系列、汉字入门
配备视频/互动游戏	18	4.83	新丝路"中文+职业技能"系列教材、实用交际汉语

六　思考与启示

通过统计分析 2023 年度国际中文教育图书出版情况发现，当前国际中文教育图书出版服务日趋成熟，图书出版的数量、类型和主题都体现了多元化和丰富性特征。同时具有较强的市场敏感度，适应市场和时代发展需求，呈现系列化、系统化和数字化发展趋势。在面向不同受众需求方面，2023 年出版的图书有 97 种是面向少儿的，有 60 种为中外双语，有 134 种进行了数字化建设，以需求为导向、以用户为中心的出版理念得到彰显。图书出版是助力国际中文教育高质量发展的重要支撑，适应新时代发展需求，国际中文教育图书出版在加强中外联合编写、进一步明确图书用户群体和提升数字化发展水平等方面还可以优化和改进。

（王海兰、杨贝玫、江静仪）

国际中文教育微信公众号语言服务调查*

伴随着国际中文教育与数字技术的蓬勃发展，微信公众号已经成为各类国际中文教育组织、国际中文教师、汉语学习者等发布资讯、交流信息、分享教学技巧、获取学习资源的重要线上平台。鉴于此，本报告拟以目前影响力较大的200个国际中文教育微信公众号作为观察对象，通过文本分析、问卷调查、深度访谈等方法，调查其服务状况、资源与需求，并在此基础提出相应的改进建议。

一 基本状况

（一）服务主体

国际中文教育微信公众号的运营主体总体可分为个人与机构两大类，其中前者占41.50%，后者占58.50%。机构作为主体的公众号中，营利性商业机构占总样本的44.50%，主要是各类培训公司、出版机构等；非营利性机构占14.00%，涉及各类社会团体、高等院校、文教机构等（见表1）。可以看出，目前国际中文教育微信公众号的运营主要以营利性机构和个人为主，非营利性机构为辅，市场化特征显著。

表1 运营主体类型及其分布

主体类型		数量	占比/%
个人		83	41.50
机构	营利性	89	44.50
	非营利性	28	14.00

---

* 广州市高等教育教学改革项目"立德树人背景下语言学类专业本科生科研素质培养模式的探索与实践"，广州市教育科学规划课题"粤港澳大湾区中小学生书面语能力发展研究与数据库建设"（202113640）。

（二）服务对象

国际中文教育微信公众号的服务对象涵盖了中文学习者、国际中文教师、国际中文教育专业的本硕博学生、国际中文海外志愿者四类群体。比如，公众号"DigMandarin"主要为中文学习者提供 HSK 词汇、语法等方面的服务；"对外汉语公开课"主要为国际中文教师、赴外志愿者提供服务；"国际中文教育硕博"公众号的主要服务对象则是高校国际中文教育专业的本硕博学生。

从比例来看，为上述四个群体提供服务的公众号依次为：中文学习者，占总数的 56.50%；国际中文教师，占 42.50%；国际中文专业学生，占 32.50%；海外志愿者，仅占 1.00%（见表 2）。可见，中文学习者是服务的主体对象，其次是国际中文教师、高校国际中文教育专业的学生，面向海外志愿者的服务最少。

表 2　公众号的语言服务对象

服务对象	公众号数量	占比 /%
中文学习者	113	56.50
国际中文教师	85	42.50
国际中文专业学生	65	32.50
海外志愿者	2	1.00

（三）服务类型

1. 公益性服务

公益性服务是公众号无偿为使用对象提供各类资源的一类服务类型。此类服务不以售卖语言服务为目的，创建初衷是为了分享资讯、推广知识、传播汉语等。比如"CTCSOL"，该公众号是汉考国际教育科技（北京）有限公司设立的公益性公众号，主要为广大中文学习者提供免费的 HSK 考试信息、资源等。

2. 商业性服务

商业性服务是公众号通过有偿的市场化方式向服务对象提供资源的一类服务类型。此类服务主要通过市场化操作为用户供给各类国际中文教育资源。比如"越南语汉语微校"公众号，其资讯多为听、说、读、写技能类以及语言要素学习类服务产品的推介。

调查样本中，公益性的占 29.00%，商业性的占 71.00%，后者占比远超前者，说明有偿的商业性服务是主要类型（见表 3）。公益性公众号的内容全面丰富，从各类资讯、考证考级，到文化传播、汉语知识，均有涉及；商业性服务则聚焦于语言课程学习、中文师资培训两个方面。

表 3　公众号的语言服务类型

服务类型	公众号数量	占比 /%
公益性	58	29.00
商业性	142	71.00

（四）服务方式

1. 单向推送服务

该服务方式的特点为公众号是语言服务资源供给的主导者，运营方根据自身的市场定位、主营业务与服务对象决定语言服务供给的类型与内容，消费者只能在公众号提供的资源"列表"内进行选择，无法定制个性化服务。比如，"对外汉语俱乐部"，该公众号主要提供国际中文教师资格证书的"笔试""面试"服务，课程明码标价，用户可以根据需求下单购买，属于较为典型的单向推送服务。

2. 双向互动服务

双向互动服务是指公众号运营方通过与消费者双向互动、彼此协商，共同确定语言服务内容、制定资源供给方案的一种服务方式。比如"唯壹对外汉语"，用户通过公众号首页可获取工作人员的电话号码、微信号，之后可向其表达需求，协商课程价格，最终完成整个双向互动服务流程。见表4。

表 4　公众号的语言服务方式

服务方式	公众号数量	占比 /%
单向推送	97	48.50
双向互动	103	51.50

二　服务资源

（一）资源类型

1. 中文学习资源

该类服务资源主要包括公众号为中文学习者提供的语言要素类、语言技能类、

社会文化类、HSK 辅导类、学习工具类等资源。比如"Hello Mandarin"主要为用户提供语音、词汇、语法等中文学习资源以及 HSK 课程辅导资源;"全球中文学习平台"除了为学习者供给各类学习资源之外,还为用户提供了诸多的学习工具与产品。

2. 课程教学资源

课程教学资源主要指公众号为中文教师提供的教学案例、教学经验、教学素材、教学课件、教学工具等与国际中文教学内容、过程密切相关的各类资源。以"对外汉语女生部落"和"外研社国际汉语"为例,前者共享的主要资源是国际中文课堂教学经验、教学案例、备课资源等,后者涉及的资源类别更为丰富,不仅有教学素材、授课技巧,还有各类国际中文教学、研究工具等。

3. 师资培养资源

师资培养资源主要涉及国际中文教师证书考试信息与辅导、国际中文学术研讨与交流、国际中文专业在校学生升学深造、国际中文教师职业发展与规划等。比如公众号"对外汉语",主要提供的是证书考试、招聘就业服务;"汉府中文"除了提供考证与志愿者面试培训之外,还为在校的国际中文教育本科生、研究生等提供职业规划、学术指导服务。

表 5 显示,可提供中文学习资源的公众号数量最多,其次是师资培养类,数量最少的是课程教学类。具体到下位小类,可提供社会文化类学习资源的居首,占 28.00%;其次是职业规划类,占 22.50%;再次是语言要素类和 HSK 辅导类,占比均为 21.00%。资源供给偏少的主要是学习工具、教学案例、教学课件与工具、硕博考试五个类别。尤其是学习工具和教学案例,缺口较大,尚无法完全满足中文学习者以及国际中文教师的需求。

表 5 服务资源的类型

资源类型		可提供资源的公众号数量	占比 /%
中文学习资源	语言要素类	42	21.00
	语言技能类	33	16.50
	社会文化类	56	28.00
	HSK 辅导类	42	21.00
	学习工具类	1	0.50
课程教学资源	教学案例类	7	3.50
	教学经验类	16	8.00
	教学素材类	24	12.00
	教学课件类	9	4.50
	教学工具类	10	5.00

（续表）

资源类型		可提供资源的公众号数量	占比 /%
师资培养资源	考证辅导类	39	19.50
	学术信息类	34	17.00
	硕博深造类	13	6.50
	职业规划类	45	22.50

（二）展现形式

展现形式指的是公众号资源在用户交互界面上展示、传播时采用的媒介形式。总体来看，公众号资源的展现形式可分为单媒介和多模态两大类型。

1. 单媒介形式

单媒介形式是指公众号运营方采用单一媒介方式来展示、传播资源的一种方式。单媒介在形式上可以是纯文字，也可以是单纯的图片、音频或视频。比如，公众号"我们一起学汉语"，其资源页的文本展示、词语解释均采用了纯文字的展现形式；"Dubai Sara 教你学中文"则采用纯视频的方式来展示其文化资源。

2. 多模态形式

多模态形式是指采用两种或两种以上媒介来展示、传播公众号资源的方式。多模态常见的组合形式有"文字＋图片""文字＋音频""文字＋视频""图片＋音频""图片＋视频""文字＋图片＋音频""文字＋图片＋视频"等形式。比如，"国际汉语资源中心"采用了"图片＋文字"的方式来展示公众号中的课件资源；"MandarinPlus"采用的则是"文字＋视频"的方式，来展示日常用语的语用功能与使用环境。

表 6　服务资源的展现形式

展现形式			公众号数量	占比 /%
单媒介			9	4.50
多模态	双媒介	文字＋图片	154	77.00
		文字＋音频	1	0.50
		文字＋视频	2	1.00
		图片＋音频	1	0.50
		图片＋视频	1	0.50
	三媒介	文字＋图片＋音频	3	1.50
		文字＋图片＋视频	29	14.50

根据表6，所有公众号中，采用单媒介的占4.50%，使用多模态的占95.50%，后者占比远超前者。多模态的两个小类中，双媒介是主导，占79.50%；三媒介是辅助，占16%。双媒介的五种主要形式中，"文字＋图片"的使用率最高。三媒介中，"文字＋图片＋视频"是主要形式，占14.50%。总的来看，虽然多数公众号选用了多模态形式，但主要为"文字＋图片"形式，其余的多模态形式使用率并不高。语言要素与技能、教学经验与案例等资源的操作性较强，对文字、图片之外的动态媒介形式依赖度较高，这种展现形式以静态要素为主的状态，会在一定程度上影响此类资源的使用效果。

（三）语言配置

所谓语言配置指的是国际中文教育微信公众号资源采用的语言展现方式。

1. 单语形式

单语形式是指公众号内的各类资源仅仅配置了一种展示语言。比如，"西西里国际中文"和"MandarinSpring"公众号，前者各类文化与培训资讯，均选用中文进行展示；后者主要针对中文学习者提供各类社会、文化、语言知识，其资源配置的均为英文。

2. 多语形式

多语形式是指运营方配置了两种或两种以上语言来展示公众号内的各类资源。比如，"EasyMandarin"选用了中、英、日三种语言向用户展示汉语词汇。从资源类型上看，配置多语的多为针对中文学习者的各类语言要素、技能、文化以及HSK考试资源。

表7中，采用单语展示的占57.00%，显著高于多语。单语以中、英文为主；多语公众号中，以双语为主。尤其值得注意的是，85个双语样本中，选择"中＋英"的占了双语总样本的95.29%。综上，公众号的语言配置以"单语"和"中文＋英文"两种类型为主，这种配置状况对中文教师、志愿者影响不大，但对来自不同母语背景中文学习者来说，资源的语言配置多样性尚显不足，多语展示覆盖面也有待拓展。

表7 服务资源的语言配置

语言配置			公众号数量	占比/%
单语			114	57.00
多语	双语	中文＋英文	81	40.50
		中文＋藏文	1	0.50
		中文＋韩文	1	0.50
		中文＋蒙文	1	0.50
		中文＋越南文	1	0.50
	三语	中文＋日文＋英文	1	0.50

（四）服务效果

为了分析频率、内容与服务效果之间的联系，调查小组采取以点带面的方式，统计了2023年10—12月所有公众号的推送频次、各类服务资源的阅读量与点赞量等。

1. 频率与效果

表8显示，所有公众号的平均推送间隔时间约为3.65天，平均每篇阅读数为5991.36次，平均每篇点赞数为37次。"日更"和"隔周更"的公众号占比最高，均为17.50%；其次为"月更"，再次为"周更"，"半周更"的公众号占比最低。阅读次数方面，居于前三位的分别是"周更""日更"和"隔日更"。点赞数方面，居于首位的是"周更"，其次"日更"。综合来看，各项指标均能保持较高数值的是"周更"和"日更"两种推送类型。

表8 公众号的推送频次、阅读次数与点赞数

推送频次	公众号数量	占比/%	平均每篇阅读次数	平均每篇点赞数
日更	35	17.50	6019.42	37.31
隔日更	11	5.50	5063.57	32.50
半周更	4	2.00	3475.72	17.47
周更	23	11.50	6130.03	38.27
隔周更	35	17.50	4916.25	32.35
月更	30	15.00	5144.78	32.90
停更	62	30.00	—	—

2. 内容与效果

表9中，平均阅读次数最多的是"课程教学资源"，最少的是"中文学习资源"；平均点赞数最高的为"师资培训资源"，最低的为"中文学习资源"。综合来看，"师资培训资源"的总体质量最好、服务效果最优；"课程教学资源"次之；"中文学习资源"相对较差。访谈中，受访的中文学习者反馈，"学习资料质量差别比较大，一些页面的广告太多，内容很乱"；部分国际中文教师也认为"资源质量层次不齐、系统性与连续性差是目前公众号普通存在的问题"。这些使用感受在一定程度上反映了公众号内容对服务效果的潜在影响。

表9　公众号三大类型资源的阅读次数与点赞数

资源类型	资源数量	平均每篇阅读次数	平均每篇点赞数
中文学习资源	82	643.62	4.10
课程教学资源	34	9502.64	162.89
师资培训资源	96	2257.00	1108.07

三　建议

提升服务资源质量。针对公众号的功能定位，汇聚市场内外部力量生产品质优、特点强、价值高的国际中文教育资源，最大程度减少低质量、重复性、低价值内容的输出。针对公众号的用户群体，打造关联度大、接续性高、系统化强的国际中文教育资源，尽量减少低关联、碎片化、弱接续资源的输出。针对使用者的真实需求，推送可有效满足中文教师、学习者、在校学生需要的国际中文教育资源，减少脱离实际、低实用性资源的输出。

增强精准服务能力。一方面要重视国际中文教师内部的需求分化。着力调查国际中文教师这个大群体内部的海外本土教师、海外中国教师、国内对外汉语教师、志愿者等不同类型小群体的特殊需求，逐步推进服务资源的分类供给。另一方面要重视中文学习者的国别化与个体化差异。根据语言背景、习俗文化差异，提供更具针对性的国别化资源；根据学习者的实际情况，通过双向协商，为其提供更为精准的定制化语言服务。

优化各类服务细节。资源的展现形式方面，实操性较强的中文学习资源、课程教学资源，要综合使用文字、图片、游戏、音视频等形式，通过多样化的展示手段，提高资源使用效果。资源的语言配置方面，尤其是面向不同母语背景学习者的各类资源，条件许可的情况下，尽可能配置其熟悉的语言或本族语作为提取媒介，提高资源使用效率。推送频率方面，资源更新以日更、周更为宜，定时、规律性推送，兼顾效率、数量、质量，提升用户使用体验。

（张迎宝、李睿偲、曾韵芝、江诺可、吴玉）

粤方言学习APP服务现状调查

目前有不少人有学习粤方言的需求，粤方言学习移动应用程序（APP）因不受时地局限，受到学习者的青睐。本报告调查常见的粤方言学习APP，归纳总结其优缺点，以使学习者更便捷地选择适合自己的学习APP。

一 粤方言学习APP概况

通过对iOS系统的App Store、安卓系统的应用宝、华为应用市场能下载安装的粤方言学习APP进行梳理分析，发现主要有以下6种粤方言学习APP。

表1 粤方言学习APP对比分析表

名称	开发者	主要内容	优势	不足	会员价/元	下载次数/万[①] 安卓 应用宝	应用市场	iOS 苹果
粤语U学院	杭州简言信息科技有限公司	拼音；60必备词汇及基本词汇；日常生活场景；歌曲、港剧台词；课后答疑	功能全面，界面设计优美，部分功能支持离线操作	免费课程较少，课文重点词汇较少	16	166	377	1.2
粤语学习	广州富富科技有限公司	拼音学习；1000个日常词汇；歌曲、港剧台词；翻译、字典；港澳旅游场景	课程主题、情境多，趣味性高	免费学习内容极少	29.9	153	437	0.1
粤语说	梅州小白科技有限责任公司	对话；场景整句翻译；歌曲、港剧；方言词典	分类明确，操作简易，部分功能支持离线操作	互动性较差，只能通过App内的有限内容学习	免费	30	55	无

① 下载次数的统计截至2024年3月26日。iOS系统的App Store中无下载次数，只有评分数量，因此不计入下载总量。

（续表）

名称	开发者	主要内容	优势	不足	会员价/元	下载次数/万 安卓 应用宝	下载次数/万 安卓 应用市场	下载次数/万 iOS 苹果
港剧粤语学习	深圳上翼技术有限公司	发音；日常会话；港剧经典对白	情境融合性、趣味性高	学习板块不明确，分类较模糊	19.8	0.1	15	无评分
粤语翻译	深圳忆游科技有限公司	视频课程；翻译工具	资料全面，内容丰富，发音标准	日常会话内容中无美食内容	免费	22	25	无
雷猴粤语学习	深圳忆游科技有限公司	拼音；歌曲、港剧台词；粤方言翻译、字典	内容丰富，界面美观，实用性强	免费学习内容较少	19	11	9	0.0019

从应用宝和华为应用商场下载量来看，排名第一的是"粤语学习"，590万次；其次是"粤语U学院"，543万次；以下依次为"粤语说"85万次，"粤语翻译"45万次，"雷猴粤语学习"20万次，"港剧粤语学习"15.1万次。

二 粤方言学习APP比较

一款APP是否能为大众所接受，与其内容、功能、界面设计密不可分，下面将从这三方面进行比较。

（一）界面设计

用户对一款新的APP的第一印象来源于首页，如果首页足够吸引用户的注意力，那么才能使用户愿意继续使用该款APP，因此，首页的界面制作非常重要。

表2 六款APP首页界面比较表

粤语U学院	粤语学习	粤语说

（续表）

港剧粤语学习	粤语翻译	雷猴粤语学习

上面六款APP的首页界面有的是纯文字方式，如"粤语说"；有的用简洁的卡通图像加文字，如"粤语U学院""粤语翻译""港剧粤语学习"；有的用色彩鲜的照片加文字，如"粤语学习""雷猴粤语学习"。

六款APP首页界面中，有五个采用白色背景，与文字内容形成反差，刺激用户的视觉，吸引用户注意。尤其是"粤语U学院"和"粤语翻译"，运用蓝色这种饱和度较高的色块，使内容更加突出。"粤语学习"和"雷猴粤语学习"的首页界面太花哨，易分散用户注意力。"港剧粤语学习"的背景使用了黑色背景，显得沉闷压抑。

（二）功能设计比较

作为语言类学习APP，对声音效果的设计应特别考究，丰富的音效可以增强用户的体验感。声音的设计基本包括两大方面：教学中的发音音效和APP中的功能音效。

一般来说，在教学发音中，产品会使用机器人或者真人声音。六款APP都使用真人发音，下面以入门级别中的词语或短语学习为例对这六款APP进行比较。

表3 六款APP教学音效比较表

内容	APP名称					
	粤语U学院	粤语学习	粤语说	港剧粤语学习	粤语翻译	雷猴粤语学习
发音详情	女声，可选倍速	女声，有真人示范口型	女声，有慢读和影视原声	女声，正常语速	男声，慢速	男声，慢速

（续表）

内容	APP 名称					
	粤语 U 学院	粤语学习	粤语说	港剧粤语学习	粤语翻译	雷猴粤语学习
图片示例						

APP 的功能音效，指用户在学习过程中得到的反馈音效。如学习者答题正确时，反馈的音效能给出积极影响作用，而回答错误时便会反馈出警示作用。这让学习者能明确自己的学习情况，增强沉浸式体验，也提升了学习者的感官丰富度，产生继续使用该 APP 进行学习的想法。

（三）内容设计比较

六款粤语学习 APP 的内容侧重点不同。有的功能全面，大部分可免费使用；有的内容相对单一，免费学习内容有限。下面从语音、词汇、会话、影视歌曲等方面进行比较。

表 4　六款 APP 内容设计比较表

APP 名称	内容			
	语音	词汇	会话	影视歌曲
粤语U学院	有拼音教学，由真人发音。发音部位、发音方法有详解，可模仿练习、录音、回放	精选 60 词组成 9 个话题，有生词标记、口语评测、课文测试、单元测试	有 81 个不同场景的对话，可测试	粤语歌曲有难点分析，TVB 港剧台词的对白有重点字词详解，有运用示例
粤语学习	无	有 15 个主题的入门词汇学习，可角色扮演、可测试	有 71 个不同场景的对话，可测试	有歌曲学习、影视金句
粤语说	无	可查询词汇，可跟读，有该词的影视原声例句发音	有 22 个不同场景的对话，可跟读	有影视歌曲原声
港剧粤语学习	有拼音教学，可对口型矫正	有常用词朗读	有不同场景的短语会话	有影视片段

（续表）

APP 名称	内容			
	语音	词汇	会话	影视歌曲
粤语翻译	无	可查询任意词汇，有朗读	有11类种17种场景的短语会话	有粤语歌曲
雷猴粤语学习①	有真人拼音教学，可测试	同上	同上	有粤语歌曲

以上六款粤语学习APP中，"粤语学习""粤语U学院""粤语翻译"内容全面，功能人性化，界面的色彩设计具有层次感与统一性，在内容设计、功能设计、界面设计上都有着独特之处，因此成为应用商城中下载量高、受用户欢迎的粤方言学习APP。

三 粤方言学习APP的使用调查

通过访谈及网络调查，粤方言学习APP的用户比较分散，主要有七类：到珠三角地区工作者、恋爱或结婚对象为粤方言者、追星族、粤语歌曲和电影爱好者、到香港求学者及部分出生在广东但不会讲粤方言者以及来华工作的外籍员工。本报告对6位使用过粤方言APP的学习者进行访谈，了解用户对各APP的具体感受。这6位受访者均为女性，具体情况见表5。

表5 粤方言学习APP的使用调查表

	A	B	C	D	E	F
年龄	38岁	40岁	41岁	45岁	20岁	28岁
母语方言	北方方言	闽方言	粤方言	北方方言	北方方言	北方方言
工作性质	销售	销售	自由职业	自由职业	学生	教师
基本情况及使用原因	在广州工作两年，与本地顾客交流时会遇到障碍，于是萌生学习粤方言的想法；学习粤语歌曲	在广州生活近20年，夫家说粤方言，为了与公婆交流，以前零星学过粤方言，后改用APP学习	广州人，对外汉语教师。曾教韩籍员工学习一年粤方言，试用过市面所有粤方言学习APP	家住老城区，为便于交流，利用手机学习粤方言	外省生源，为了多学一种方言，更好地融入当地生活	在乡镇中学工作，本地老师和学生多使用方言。为了与同事和学生交流，利用碎片时间学习粤方言

① "雷猴粤语学习"与"粤语翻译"为同一家公司开发，二者在视频和翻译部分的界面、内容相同，"雷猴粤语学习"多了发音和学习两部分内容。

（续表）

			A	B	C	D	E	F
使用体验	粤语U学院	优点	方便快捷；功能全面；内容丰富	方便；操作简便，易入手；涉及面广	内容全面，实用性强，趣味性高	课程安排合适，难易适中；使用方便	趣味性强；实用性强	跟读后可对比；有声调标示，方便学习
		缺点	个性化服务不足；权威性不确定；大多内容要付费	会闪退；客服无回应	女发音人发音不自然；测试题不能连续做	配音的进度条太短，录不完；缺经典的粤语歌曲	歌曲电影的互动性不好；有些发音不标准	内容少，视频老；视频课程语速过快
	粤语学习	优点	听读方便；界面舒服；免费内容多	界面简洁高级；发音标准，适合初学者	趣味配音适合初学者；词汇丰富，较实用	功能全面；有录音功能，可检验学习效果	学习模式丰富；音标讲解细致；测试打分精确	课程内容丰富；发音标准；功能好用
		缺点	拼音不全；手机上用着不错，iPad登陆后易闪退	课程内容需更丰富；话题内容应与现实更贴切	缺少测试环节；有的语句太长，很难模仿	免费课程少；课程内容欠丰富	收费高；多一些任务奖励；曲库有限	免费学习内容不多；放大时易闪退
	粤语说	优点	查词方便、释义详细、例句多	内容丰富、便于了解本地人的生活；有语音检测和反馈	界面简洁、清爽；翻译查询方便	资源丰富，受众广泛	语法讲解详细	歌曲学习有倍速功能
		缺点	口语练习的句子太长，跟不上	返回菜单不方便；发音练习偏少	内容多而杂，有的视频与粤语学习无关；退出不方便	无关视频太多；有时会闪退	歌曲资源太少；口语练习的女声有点尖	学科部分的视频与粤语无关，退出不方便
	港剧粤语学习	优点	有分层教学	日常用语内容丰富；有常用词学习	发音标准；内容涉及面宽	语音基础讲解细致	视频中有重点词学习	板块分类清晰
		缺点	界面底色为全黑，显得沉闷；内容不丰富；易闪退	视频不够清晰；没有跟读测试	广告太多；有的标题与内容不一致	日常会话的内容太少；常用词例子太少	免费内容太少；配色不鲜明	内容不够丰富；试用资源少
	粤语翻译	优点	使用方便；资料全	翻译比较快；资料全面	翻译准确；发音标准	界面简洁；使用方便	翻译准确；粤语歌曲多，教唱歌的很好	有限时免费课程；界面舒服
		缺点	内容偏少；无免费资源	免费翻译次数太少	歌曲资源不丰富	视频涉及范围广	免费资源少	除了几个翻译外，其他无试用

（续表）

		A	B	C	D	E	F
雷猴粤语学习	优点	资源丰富；实用；界面配色协调	发音轻松易学；有收藏夹和已学内容的记录	发音标准、清晰；有跟读、测试、评判功能	发音教学很详细；内容丰富；日常会话方便	示范声音好听；角色扮演有趣；有歌词教学	简单方便，容易上手；词汇量大
	缺点	缺少广东美食	缺少翻译	能试用的内容太少	视频要会员才能试看	免费资源少	有时会卡顿
最终下载的APP		粤语学习	粤语U学院	粤语U学院	粤语U学院	雷猴粤语学习	粤语U学院
下载时长		6个月	9个月	12个月	12个月	3个月	3个月
使用频率		每周5次，每次20—30分钟	不确定，每次10分钟不等	不确定	不确定	每周3—4次，每次20分钟	不确定，每次10—20分钟
使用成效		基本能听懂粤方言，口语表达比听力差一些，语音还不太标准	能进行日常交流，但一些俚语俗语还不能明白	—	能听懂日常会话，口语略差	能够使用一些简单粤方言进行日常交流	能听基本的日常会话
建议		更好互动体验；更多免费项目	增加更多俗语、日常会话；优化付费课程	测试方式更便捷；增加歌曲和电影	增加影视范围；增加练习时长	增加影视剧配音的评论区；增加流行歌曲	更新视频；提高后续服务

六款粤方言学习APP各有所长，综合考虑，主要优点如下。

1. 内容丰富

粤方言学习者来自各行各业，年龄差距大，喜好不同，因此，设置课程内容时，需要满足不同人群，如"粤语U学院"设有"口语课程""精品课堂""视频课程""歌曲学习""评书小说"等板块。每个板块下分为若干细目，口语课程下有"粤语入门60词""港产片经典对白""游澳门学粤语""游香港学粤语""有趣的粤语谚语"等15个栏目。

2. 功能全面

这些APP功能设置周全，包括语速、测试、互动等方面。如"粤语U学院"在播放课文时有0.75、1.0、1.25三种倍速，方便学习者根据具体情况及学习进度灵活掌握；"粤语说"的歌曲学习也有从0.3至2之间的12种倍速可选。在课文学习时，"粤语U学院"有课文测试、单元测试，并有相应的评分，方便用户在学习完成后检验学习成效。学习词汇时，可以跟读，系统同时判定正误。口语配音完成后，可以上传配音作品，使学习者有成就感。

3. 趣味性强

这些 APP 的学习内容多与社会日常生活相关，学习模式较为有趣。除了传统的视频课程学习外，还能通过歌曲、影视、动漫、评书、小说等进行学习，可以扮演不同角色给电影配音，在主题学习中能选择自己感兴趣的话题学习词汇。相较于传统的学习方法，更有趣新颖，让人对粤方言能保持兴趣。

六款 APP 的主要缺点如下。

1. 视频歌曲内容偏少且陈旧

人们学习方言的主要目的是能进行口语交流，而利用电影歌曲学习语言是一种重要的方式。各 APP 均收有一定数量的影视歌曲，但总体说来，数量偏少，时代较为久远，不易吸引年青人的兴趣。

2. 功能设计待改善

在使用过程中，发现这些 APP 存在一些缺陷，如：只能在线使用；大多为付费课程；客服要么无回应，要么回复同一句话；配音进度条太短，跟读时常常录不完；测试题不能连续做等。

四 优化建议

（一）增加多种口语练习，增强用户兴趣

口语的练习方式取决于学习者的水平。初级学习者水平较低，对词汇和语法的掌握程度较低，短句跟读和情景对话模仿训练是一种可行的训练方法。在中级阶段，学习者的词汇、句子和语法都得到质的提高，问答、复述和句子填充更适合这个阶段。高级阶段更注重语言的流畅性和语言组织能力。此时，口语练习需要互动。因此，APP 可以提供电影配音、唱歌等方式进行口语培训，内容也根据难度进行设置。

（二）进行功能设计优化

离线学习功能对用户来说需求巨大，但目前粤方言学习 APP 还没有太多的开发。如果拥有离线学习功能，学习者就可以在无线环境下进行学习和评估。且最好采用封闭式的提问方式，如朗读、复述、造句等测试类目，这样就能通过语音识别反馈被测者的回答，在一定程度上反映学习者的学习情况；还能从评分结果知道自己的薄弱之处，然后针对性训练。

（甘露、伍乐仪）

儿童早期教育APP的命名策略与语言服务状况

儿童早期教育移动应用程序（APP）（以下简称"早教APP"）作为数字化教育的一种形式，可以满足家长对于便捷、高效教育方式的需求。这些APP通过设置互动游戏、故事、歌曲等，帮助儿童在家庭环境中学习语言、提高认知。本报告通过对目前市场上热门的早教APP进行调研，从内容分类、命名策略、提供的教学功能等方面分析其语言服务状况和存在的问题。

一 基本情况

通过教育类目查看、关键词检索等方式，发现当下检索活跃度高、用户下载量多，含有"宝宝/儿童/婴儿/幼儿早教"等相关词语的早教APP共1053个，其中只见于安卓系统的80个，只见于iOS系统的428个，两大系统均有的545个。本报告以545个相同软件为基础进行分析。

早教APP的使用群体固定，教育目的明确，其具体内容可分为专项类（364个，占66%）和综合类（181个，占34%）。

（一）专项类

专项类是指针对婴幼儿提高某一方面技能而专门设计的APP。根据不同的教育专项，大体可分为五类（见表1，按各类别的软件数量由高到低排列）。

表1 专项类APP的类型、数量及占比

类型	数量	占总APP比值
语言识字类	142	26%
故事绘本类	89	16%
游戏益智类	76	14%

（续表）

类型	数量	占总APP比值
生活技能类	33	6%
音乐绘画类	24	4%
总计	364	66%

首先，语言识字类和故事绘本类APP的软件数量众多，反映了家长对儿童语言教育的重视。幼儿期是语言发展的关键时期，需求量大，推动了此类APP的开发和上线。

其次，游戏益智类APP通过有趣的游戏方式激发儿童的学习兴趣。这类APP数量较多，也体现了家长对于寓教于乐教育方式的认可。相比之下，生活技能类和音乐绘画类APP的数量较少。这可能是因为这些领域的教育内容相对专业，且家长对于这类教育的需求不如语言识字和故事绘本那么普遍，反映了在特定阶段，家长对早教内容的选择有所侧重。

（二）综合类

综合类是指教育内容全面，涵盖语言、阅读、游戏、音乐、生活技能多个方面，专注儿童的综合发展，如"蒙特梭利启蒙乐园""毛毛虫幼儿园"等。综合类早教APP无论是参照某种教育理论还是借鉴某些教育成果，在语言启蒙、逻辑启蒙、艺术、儿歌动画等方面都具有共性，并在设计时会加入多种语言，扩大软件适用范围。

二 命名策略

早教APP以语言文字为资源手段，为特定年龄（0—8岁）的群体提供服务，其命名是产品推广和市场定位的重要一环，需要符合用户的需求和记忆特点。

（一）定位目标群体

早教APP通过名称中出现的称谓语定位目标群体，主要包括三类。第一类与婴幼儿年龄特点相匹配，占63%，包括"宝宝"（出现151次，占28%）、"儿童"（67次，12%）、"幼（儿）"（49次，9%）、"小X"（41次，7%）、"迷你"（38次，

7%）。第二类是自创品牌形象（贝乐虎、成长兔等），出现 103 次，占 19%。第三类是选择儿童喜爱的动物加以指称（恐龙、熊猫等），出现 33 次，占 6%。以上三类称谓语占总数的 88%。详见表 2。

表 2　定位婴幼儿目标群体的高频称谓次数占比

称谓	数量	占比 /%
宝宝	151	28
儿童	67	12
幼（儿）	49	9
小 X	41	7
迷你	38	7
自创形象	103	19
喜爱的动物	33	6
其他	63	12
总计	545	100

我们以"宝宝识字"（下载量 197 次）、"兔小贝识字"（下载量 2316 次）和"滑板车识字"（下载量 64 次）三款 APP 为例，说明目标对象的精准定位和创意性设计将影响对 APP 的选择度和下载量。"宝宝识字"选择"宝宝"作为目标对象，明确简单，可方便用户快速记住名称；但从命名策略来看较为普通，创新性欠缺。"兔小贝识字"是以自创的卡通人物"兔小贝"为对象，通过婴幼儿喜爱的动物"兔子"和表示年龄特点的"小"组成，可吸引用户注意力，形成独特的品牌形象。"滑板车识字"中"滑板车"与"识字"语义关联弱，整个结构识解有困难，不能直观展示 APP 的目标群体。

（二）展现教育特色与方式

命名应突出 APP 的核心功能，展示教育特色，显示用途与优势。

早教 APP 高频出现的名词性成分，反映了设计者基于目标群体的了解，多是以婴幼儿喜爱的事物为主。大体分为三类：第一类是想象类（"奇妙梦幻城堡""魔术精灵可可"等）；第二类是饮食类（"雪糕工厂""宝宝果汁商店"等）；第三类是学习内容类（"三字经""弟子规"等）。

通过动词展示教育方式，以"学、识、教、启蒙、认知、探索、挑战"为主，如"乐虎英语启蒙""宝宝行为认知"。另外，有的APP在命名时直接使用"早教"一词，如"幼芽早教""幼儿早教识字"。

从命名策略看，名称应简短易记，避免使用过于复杂或冗长的词语，突出"早教"的主体"宝宝"，"早教"的目的"教"，以及"早教"的具体内容，可提高搜索的识别度。通过不断优化和创新APP的命名策略，可进一步推动语言服务行业的发展，提升其服务质量。

三 语言服务情况与存在的问题

我们以语言识字类早教APP为例，调查其语言服务状况，具体包括汉语识字启蒙和英语启蒙。以五款下载评分量较高的汉语识字APP、英文启蒙APP为代表，从年龄设置、提供语言资源的数量和种类、教学方法、互动设计、收费与否等方面进行比较（见表3、表4）。

表3 五款下载评分量较高的汉语识字APP

名称	洪恩识字	悟空识字	宝宝巴士汉字	讯飞熊小球	贝乐虎识字
年龄	3—8岁儿童	4+岁	4+岁	4+岁	4+岁
语言资源	简体中文	简体中文	简体中文	简体中文	简体中文
汉字量	1300常用字	1000多个汉字	1440高频汉字	1200基础汉字	1500常用字
方式方法	（1）阅读+汉字（2）成语+汉字	（1）游戏+汉字（2）词汇+汉字	认—记—写—读—练	进阶式汉字启蒙、学前常用、快乐阅读	字词句练为核心
互动设计	800+根据字源字形字义的趣味互动内容	15大系游戏故事关卡	建立家长管理的识字档案	120场趣味旅行识字打卡	配套写字练习本
下载及评分	111万次	11万次	1.6万次	6013次	3682次
是否收费	收费	收费	收费	免费	收费
收费方式	订阅制/一次性/单项购买	订阅制	订阅制/一次性购买	无	订阅制/一次性

表4　五款下载评分量较高的英语启蒙APP

名称	叽里呱啦	洪恩ABC	ABC Reading	英语启蒙	贝乐虎英语启蒙
年龄	2—8岁	4+岁	3—8岁儿童	6—8岁	3—8岁
语言资源种类	简体中文和英文	简体中文、繁体中文和英文	丹麦语等26种	简体中文和英文	简体中文和英文
语言资源数量	未提及	未提及	2000本美国原版RAZ绘本	800个单词	26个字母 16+高频词组 200+英文单词 44首英文儿歌
方式方法	英语+思维双提升	互动视频、趣味绘本、原创儿歌和趣味拓展	阅读理解进阶法	单词点读 录音跟读 分类小测试	认说写练为核心
互动设计	游戏互动 AI测评	游戏闯关	家庭游戏	点读互动	练习类游戏
下载及评分	40万次	6.4万次	4.5万次	3.8万次	3056次
是否收费	收费	收费	收费	收费	收费
收费方式	一次性购买	订阅制/一次性/单项购买	订阅制	一次性购买	订阅制/一次性/单项购买

（一）年龄群体与语言支持情况

1. 年龄群体

早教APP用户的年龄跨度为0—8岁区间，针对不同年龄阶段，内容设定也会有所不同。汉语识字APP设定的最低学习年龄一般在三岁以上，这与婴幼儿的成长规律相吻合。英语启蒙APP最低学习年龄设置相对偏低，这与英语的二语性质相关。

2. 语言支持情况

中文支持。汉语识字APP以学习中文简体汉字为目标，通常会提供简体字的支持。

多国语言支持。英语启蒙APP一般提供中文简体字和英文。除此之外，还会有软件在介绍时，加入中文繁体字或丹麦语等26种语言，提供多语选择。

区域性语言支持。此类APP较少，主要针对港澳地区，提供中文繁体字，以满足当地用户的需求。

从语言支持看，语言种类还不够丰富，目前以中文简体字为主，在涉及英语学习时会提供英文。有的 APP 简介和具体语言服务提供的内容并不相符，在实际操作页面未体现多语特点。区域性语言支持较少，未考虑如何在方言地区开展早教活动。

（二）内容质量情况

早教 APP 的内容质量是评估其语言服务状况的关键指标之一。调研发现，从汉字量看，汉语识字 APP 以 1000—1500 字区间为主，高频常用字为首选，以满足儿童最基本的书面交流需求。英语启蒙 APP 的年龄定位不同，内容设置有所差别，但词汇学习都是重中之重。

从内容质量看，早教 APP 的内容质量还有待提高。某些专业性内容没有经过专业人士的审核或推荐，缺乏权威性和可信度。语言表达不够准确、规范，甚至存在语法错误和拼写错误。一些早教 APP 仅依靠简单的重复和模仿来进行教育，缺乏科学系统性，甚至还存在抄袭、盗版等问题。

（三）语言教育方法

早教 APP 的语言教育方法也影响着其语言服务状况。优秀的语言类早教 APP 多采用启发式的教学方法，通过游戏、互动和故事等为儿童提供实践和应用的机会，促进其语言能力的发展。除单独认字外，现有软件在设计时都会配套提供词汇（常用词、成语）、阅读（绘本）来辅助语言文字的学习。

从教育方法看，不同 APP 的方法不一，难以进行量化评价。某些 APP 以加强感官刺激及增加互动环节为主要手段，无论是专门针对阅读的进阶训练，还是从基础的字母学习到高级的阅读理解，在设计时未完全遵循儿童"由浅入深、由易到难"的学习特点。

（四）交互性体验

目前多数早教 APP 都注意到了互动的重要作用。将汉字与游戏或动画结合成为大多 APP 的首选，这是吸引婴幼儿的重要因素。其次还会考虑家长与儿童之间的互动关系。从总体上看，年龄越小，提供的内容越简单，互动性越强。相反，伴随年龄增长，语言学习能力得到提升，内容的丰富度和难度也会提高，互动性与趣味性则相对减弱。

从交互性体验看，虽然多数软件都体现出互动性，但儿童在学习过程中不止需要互动，更需要的是带有趣味性的互动。有些早教APP的互动形式单一，仅仅是让孩子们进行简单的点击操作。

（五）收费情况

早教APP的收费情况是多样化的，因平台和内容而异，一般分为订阅制、单项购买、一次性购买、免费使用等模式。有些APP会选择多种收费方式并存，用户可根据自己的需求和预算选择合适的付费模式。

从收费方式看，目前免费使用的APP较少，早教APP的使用成本较高，对于一些家庭来说可能存在负担。此外，部分APP还存在广告植入、强制升级、诱导性购买、价格欺诈、虚假宣传等问题，影响用户体验。少数APP还可能收集和滥用儿童的个人信息，对他们的隐私造成威胁。

四　对策与建议

早教APP为儿童的教育活动提供了更多、更好、更全面的帮助与支持。为实现高质量的语言服务，这些APP还需从语言资源开发、加强服务专业性以及优化相关机制等方面提高和完善。

（一）开发不同资源，规范语言文字，提高语言文字编校质量

一是增加丰富多样的语言资源，支持多语言切换，以便儿童根据自己的语言偏好和家庭语言环境进行选择。关注文化多样性，尊重不同地区以及不同家庭的文化传统和价值观，特别是提供区域性语言支持的早教APP较少，应增加对方言类语言资源的投入力度，提供具有区域文化特色的故事、儿歌、对话等，促进儿童的语言发展和交际能力。

二是保证语言使用的规范性。《信息技术产品国家通用语言文字使用管理规定》于2023年3月1日起施行。规定指出，数字和网络出版物使用国家通用语言文字，应当符合汉语拼音、普通话语音、规范汉字、现代汉语词形、标点符号和数字用法等语言文字规范标准。开发团队要加强语言文字编校力量的投入，对早教APP中使用的语言（中文简体字/英文等）进行审查和修正，避免出现错别字、表意模糊、语法搭配错误等问题。

（二）注重内容，遵循早教规律，提升语言服务学理水平

一是加强内容审核，确保早教 APP 中的内容健康，符合儿童发展规律。加强内容策划和设计，提供丰富、有趣和具有挑战性的学习内容。对于可能存在争议或不合适的内容，进行反复审查和修改，避免提供有害或不适宜的信息。

二是提升研发团队专业性。招聘具有丰富早教经验、儿童发展心理学背景的教研人员，确保早教 APP 内容与儿童发展阶段相匹配。同时，可与专业机构或专家进行合作，共同研发更加专业的早教内容。

（三）强化机制，立足社会效应，完善语言服务责任体系

一是完善监管机制，避免语言服务内容过度商业化。规范早教 APP 的开发和运营，制定专门针对早教 APP 的相关法律法规，明确 APP 开发者、运营者以及家长等各方的责任和义务。对于不符合标准的语言产品进行整改或下架处理。特别是对于广告植入的比例、广告内容、付费方式及其手段进行监管。定期对 APP 具体内容进行抽检，对涉及虚假宣传的软件及时关停。

二是建立健全隐私保护机制，只获取必要的用户数据，避免过度收集。保护用户隐私，既是企业责任，也是法律底线。政府作为监管机构，应要求早教 APP 开发者建立完善的隐私保护机制，包括制定隐私政策、明确个人信息收集和使用的目的、保证个人信息安全等。同时，要求早教 APP 开发者建立个人信息保护负责人制度，并定期开展安全评估和审计。建立便捷的投诉举报机制，鼓励公众对早教 APP 的隐私保护问题进行监督和举报。

（左乃文）

第四部分

数字化语言服务

导　语

《中华人民共和国国民经济和社会发展第十四个五年规划和2035年远景目标纲要》第五篇"加快数字化发展　建设数字中国"提出："迎接数字时代，激活数据要素潜能，推进网络强国建设，加快建设数字经济、数字社会、数字政府，以数字化转型整体驱动生产方式、生活方式和治理方式变革。"

响应国家数字中国建设号召，2022年12月28日举办的第七届语言服务高级论坛上，与会代表向教育界、学术界及全社会发出"语言服务助力数字中国"的六点倡议，提出：以高质量的语言服务助推教育数字化战略行动，以高质量的语言服务助推数字技术创新，以高质量的语言服务助推数字经济发展，以高质量的语言服务助推数字社会建设，以高质量的语言服务助推数字政府建设，以高质量的语言服务助推国家区域发展和全球的数字合作。倡议发出后，得到学界积极响应。本报告专门设立"数字化语言服务"板块，关注政务领域、银行系统、民航系统和新媒体平台的数字化语言服务。

《省级政务服务平台语言服务》《政府门户网适老化语言服务》《省级以上政务小程序适老语言服务调查》聚焦数字政务建设中的语言服务，调查了3207个人民政府网站、31个政务服务网站、31个省级政务服务移动应用程序（APP）和30个省级以上政务服务小程序等不同形式政务平台的语言服务建设状况，特别是适老化语言服务。研究发现，政府已将语言服务纳为数字政务建设的重要组成部分，在语言文字使用、无障碍、适老化和智能问答等方面都提供了覆盖面广的基本语言服务，但在服务的多元化、精准化和智能化等方面有待进一步提升。《银行智慧系统的语言服务》调查了全国不同区域、不同类型的107家银行，描写了银行智慧系统在语言文字配置和无障碍语言服务状况，并通过问卷调查考察语言服务效能；《中国客运航空公司互联网语言服务状况》调查了52家民用航空公司网站和APP的语言服务状况；《新媒体平台语言文字服务建设状况》调查了微信、抖音等当下流行的自媒体平台的语言资源服务状况，提出发展建议。

（王海兰）

省级政务服务平台语言服务*

数字政府是数字中国的重要组成部分和核心枢纽，在建设网络强国、数字中国中发挥基础性、先导性作用。为加强数字政府建设，党的十八大以来，国家出台了一系列政策文件，如2018年的《国务院关于加快推进全国一体化在线政务服务平台建设的指导意见》，2022年的《国务院关于加强数字政府建设的指导意见》；党中央、国务院2023年印发的《数字中国建设整体布局规划》，将"政务数字化智能化水平明显提升"作为到2025年数字中国建设的目标之一。加快数字政府建设，需要数量充足、质量优良、类型多样的语言服务支撑。本报告以31个[①]省（自治区、直辖市）的省级政务服务网和移动应用程序（APP）为对象，就语言文字服务、信息无障碍及适老化语言服务、智能问答语言服务等方面进行考察，以期为提升数字政务服务效能提供参考。

一　语言文字服务

政务服务网的语言文字服务分为单语、双语、多语三种类型，其中单语指仅提供中文服务。单语网站共24家，占77.41%；其余7家为双语或多语。其中，广西、福建、上海和浙江提供中英双语版，吉林提供中、英、俄、日、韩五种语言，湖南提供中、英、法、日、韩五种语言。政务APP只有单语和双语两种类型，27家只提供中文版，占87.10%；北京、天津和海南提供中英双语版本。西藏自治区政务网和APP都提供中文和藏文。详见表1。

提供外语的平台中，基本上都提供独立的英语页面，但页面设计和信息内容与中文页面不同，中文页面具有信息服务与业务办理功能，外语页面侧重信息宣传与服务功能，且同一省级不同外语页面展现的内容大体相同，信息内容一般包

---

* 国家社科基金后期资助项目"语言的经济力量：理论与实践"（23FYYB019），国家语委"十四五"科研规划2023年度科研项目"公共语言服务评估体系构建研究"（ZDI145-73），广东省哲学社会科学规划2023年度项目"粤港澳大湾区重大突发公共卫生事件应急语言服务体系构建研究"（GD23SQZY01）。

① 香港特别行政区、澳门特别行政区和台湾省三个省级区划未纳入调查。

括各省的基本情况、政策法规、新闻资讯等，服务对象以外商、外籍游客为主，个别如浙江省政务平台的服务对象还包括来华留学生、求职者、常驻民等。与中文版相比，外语版不能直接办理业务，至多提供相关办理步骤、办理地址及联系方式，无法实现"一网通办"。西藏政务平台的藏语直接标注在中文下方或右侧，无法切换，一般只出现在首页和控件，正文内容无。

表1 语言文字服务状况

版本	语种	组合形式	网站数	占比/%	示例
网站版	单语	中文（简）	22	70.96	重庆、内蒙古、广东等
		中文（简、繁）	2	6.45	山东、云南
	双语	中文（简）、藏语	1	3.23	西藏
		中文（简、繁）、英语	4	12.90	广西、福建、上海、浙江
	多语	中文（简）、英语、俄语、日语、韩语	1	3.23	吉林
		中文（简、繁）、英语、法语、日语、韩语	1	3.23	湖南
APP版	单语	中文（简）	27	87.10	宁夏、江苏、四川等
	双语	中文（简）、英语	3	9.67	北京、天津、海南
		中文（简）、藏语	1	3.23	西藏

二 信息无障碍及适老化语言服务

信息无障碍是指通过信息化手段弥补身体机能、所处环境等存在的差异，使任何人（无论是健全人还是残疾人，无论是年轻人还是老年人）都能平等、方便地获取、交换、使用信息。受到身体条件、所处环境等因素的限制，相较于健全人来说，老年人、残疾人等特殊群体的信息障碍问题更加突出，需要特别关注。按照《国务院办公厅印发关于切实解决老年人运用智能技术困难实施方案的通知》《工业和信息化部 中国残疾人联合会关于推进信息无障碍的指导意见》部署，为着力解决老年人、残疾人等特殊群体在使用互联网等智能技术时遇到的困难，推动充分兼顾老年人、残疾人需求的信息化社会建设，工业和信息化部决定自2021年1月起，在全国范围内组织开展为期一年的互联网应用适老化及无障碍改造专项行动，其中政务服务平台是本轮改造的重点之一。语言服务是互联网应用进行无障碍和适老化建设的核心内容，提升政务服务的信息无障碍和适老化水平需要语言服务助力。

（一）信息无障碍语言服务

31个省级政务服务网中，除吉林省政务网没有设置无障碍版页面外，其他30个省均有设置，不同网站在无障碍版的命名上略有差异，有无障碍、无障碍阅读、无障碍浏览、网站无障碍、无障碍服务等。无障碍服务分为感知服务、基础服务、信息推送服务和读屏服务四大类。感知服务主要是服务视觉感知的相关服务，如辅助屏、辅助线、配色选择等；基础服务则包括页面缩放、前进后退、说明帮助等；信息推送服务主要包括音量、语速、字号大小调节的相关服务；读屏服务除了语音读屏外，还包括屏幕显示内容的繁简字体和注音服务。信息推送服务和读屏服务都属于语言服务；感知服务和基础服务虽然不属于语言服务，但也是提升语言服务水平的重要辅助。[①]总体来看，感知服务和基础服务模块建设较为完善；信息推送服务相对薄弱，音量调节和字体大小调节等基本语言服务配置率偏低，都不足30%；读屏服务中繁简体切换和注音显示配置率都超过93%。详见表2。政务服务APP版均未配备专门的无障碍服务，仅有少部分设有整合涉残信息的残疾人专区，无障碍服务主要依托智能手机自带的辅助功能。

表2 省级政务服务网站无障碍功能建设状况

类别		网站数	占比/%
感知服务	辅助屏	30	100.00
	辅助线	30	100.00
	配色选择	30	100.00
	大鼠标	24	80.00
	全屏模式	10	33.33
基础服务	页面缩小/放大	30	100.00
	页面前进/后退	13	43.33
	说明/帮助	28	93.33
信息推送服务	音量调节	7	23.33
	语速调节	28	93.33
	声音开关	25	83.33
	字号大小调节	8	26.67
	纯文本模式	17	56.67
读屏服务	语音读屏	30	100.00
	指读连读切换	28	93.33
	繁简体切换	28	93.33
	注音显示	29	96.67

[①] 王海兰、钟敏、谭韵华《珠三角九市政府门户网站语言服务的优化升级》，载屈哨兵主编《粤港澳大湾区语言服务发展报告（2022）》，商务印书馆，2022年。

（二）适老化语言服务

共有 24 个省级政务服务网和 APP 配备了适老化服务，占总数的 77.42%。[①] 不同平台在命名上略有差异，有"关怀版""长辈版""适老版""老年版""长者版""长者专版""长者中心""长者助手""长者模式""长辈模式""老龄模式""老年模式""关怀模式""敬老模式""长者服务""老年人服务""老年人服务专区"等多种不同命名。适老化语言服务主要提供大字号、语音读屏、语音搜索、涉老信息合集、涉老服务专区、简明语言表达等。在具体功能配置上，网站和 APP 各有强弱，总体来看，大字体大页面服务配置完善，24 个具有适老化服务的网站和 APP 都有此功能；大部分网站都提供语音读屏和涉老服务专区；绝大多数 APP 版都提供语音搜索和语言表达简明服务。如图 1 所示。

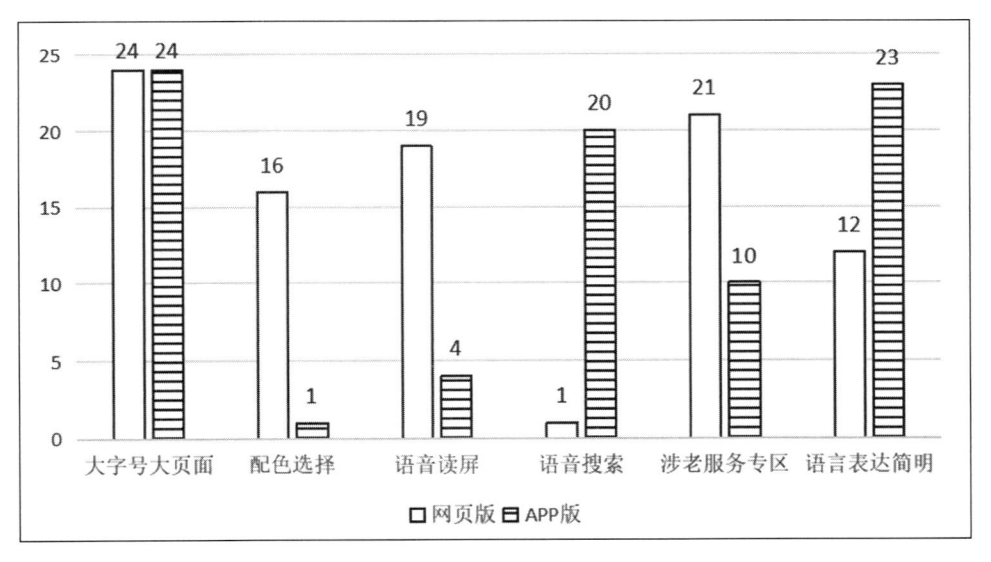

图 1　政务服务网和 APP 适老化语言服务状况

三　智能问答语言服务[②]

智能问答是政务服务平台配备的在线智能客服提供的自动问答服务，可 24 小时为用户提供政务咨询服务。智能问答服务以语言服务为核心，是数字政府建设

---

① 一些网页将适老化模式合并到无障碍模式中，也统计在内。
② 政务服务移动应用程序（APP）的智能问答语言服务与政务服务网的大体一致，本部分主要考察了政务服务网的智能问题语言服务。

的重要部分。调查发现，31个省级政务网中有29个配备了智能问答服务，配备率高达93.55%，部分省级智能客服都配有体现地域特色的昵称，如广东的"叻仔"、吉林的"小吉"、天津的"津小卫"等。

（一）互动用语

互动用语包括智能客服的招呼语和回复语。智能客服在用户初次打开时均有招呼语，招呼语一般有礼貌问候、自我介绍，主动询问用户是否需要帮助或想要咨询的问题，以及推荐常用事项供选择。在面对无法解答的问题时，智能客服中有超过半数能推荐解决途径，如更换提问方式、尝试简短提问、减少或更换关键词提问、切换地区提问、换个说法提问、详细描述提问等，以及提供拨打政务服务热线12345转人工咨询的建议。

与政务人工服务用语正式性和严肃性不同，智能客服用语往往比较亲民和接地气，通过标点符号、语气词等方式亲切回复，甚至适当幽默应对，拉近与用户的关系，提高用户办理业务的愉快感。例如辽宁智能客服的招呼语为"您好，我是辽宁省智能问答机器人小思，很高兴能为您排忧解惑，有什么问题都可以问我呦～努力奋斗的一天开始咯～"，用上了多种日常的互动形式，情感色彩较强，自然流畅不生硬。再如上海智能客服，输入文字"谢谢"，能够得到"太客气了，跟我还客气什么啊！"的地道回复语，同时聊天框还配备了24个定制表情包，用户输入不同的表情包，将会得到各种幽默有趣的回复语，如输入"真棒"表情包能够得到"那是，我可是最聪明的小笼包～～～"的俏皮可爱回复。面对回答不了的问题，智能客服机器人会使用"诶呀，这题考住小龙了""您的问题有点深奥哦～""故不积跬步，无以至千里。话说要学习要积累，我就是这样""勤勤恳恳搜索了几遍，确实没有这个问题的答案呢"等语句幽默回复。

（二）操作指引

操作指引包括文本框输入提示语、服务推荐和使用帮助等，可为用户提供搜索便利。配备智能客服的省级政务平台均设置了文本框输入提示语，但不同平台的提示语有所差别。20个只配置了提示语，占比最大，如内蒙古"请在此输入您的问题"；6个配备"提示语+示例"，如河北的"请输入您想咨询的问题，例如：如何补办身份证"；此外还有3个分别为"招呼语+提示语""招呼语+提示语+示例"和"招呼语"。具体如表3所示。

表3 文本框输入提示语状况

	平台数	占比/%	示例
提示语	20	68.96	"请在此输入您的问题""输入任何您想咨询的问题"
提示语+示例	6	20.69	"请输入您想咨询的内容,如:积分落户""请输入您想咨询的问题,例如:如何补办身份证"
招呼语+提示语	1	3.45	"很高兴为您服务,请输入文字"
招呼语+提示语+示例	1	3.45	"欢迎您使用智能咨询机器人,您可在输入框,输入关键词,查询相关事项,如:如何提取公积金?"
招呼语	1	3.45	"我已就位,放马问我吧!"
合计	29	100.00	

服务推荐是指智能客服页面出现的常用、热门、推荐的服务事项,用户可一键直达办理,提高办事效率。除陕西和山西的智能客服没有服务推荐外,其他各省级政务平台均设置了该功能。使用帮助,有的称为使用指引,是指帮助新手用户快速了解并使用智能客服的简单操作说明,目前重庆、黑龙江、浙江、河北和福建等的智能客服配备了使用帮助。图2为河北省政务网站智能客服提供的使用帮助。

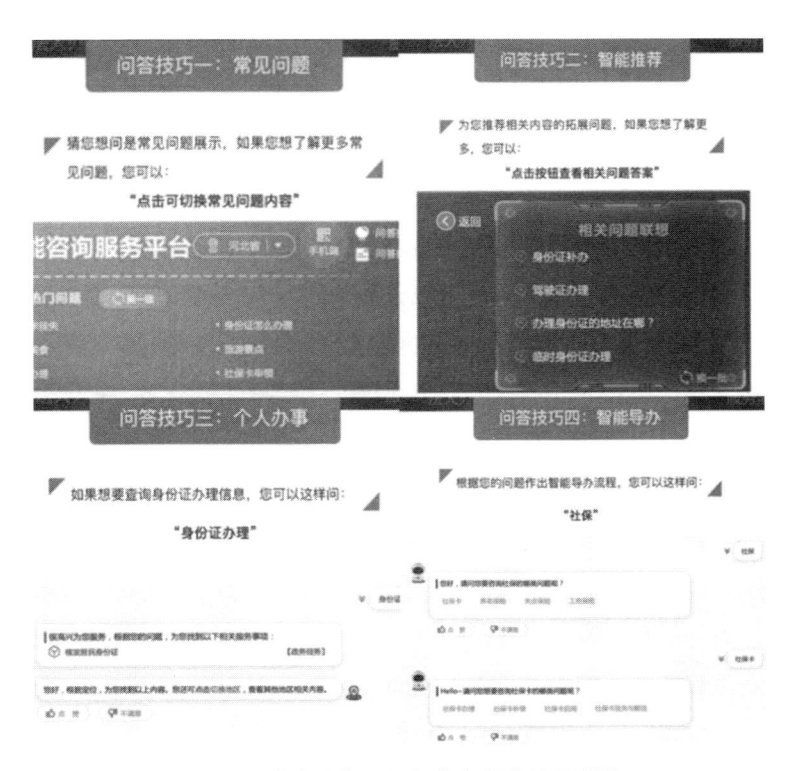

图2 河北省政务网站智能客服的使用帮助

（三）语音服务

语音服务主要包括语音输入和语音播报服务，随着语音识别技术的发展，语音服务已经成为一种重要的语言服务形式。调查数据显示，目前语音服务在政务服务中普及率还较低，29个设有智能客服的省级政务平台中，提供语音服务的只有14个，不到一半；其中8个同时具有语音输入和语音播报功能，6个只提供语音输入服务，且基本都只能识别普通话或只提供普通话播报。上海的智能客服虽然能够同时识别普通话和英语语音，但输入英语文字得到的却是无法解答的回复语。

四　思考与建议

我国政务服务推行的"一网通办"，正在不断提升政务服务的标准化、规范化和便利化水平，目前已基本完成政务服务平台"一网通办"，提高了企业和群众的办事效率，在页面优化、内容朗读、操作提示、语音辅助等方面已搭建无障碍框架，增强了老年人、残疾人等特殊群体的获得感。智能客服的使用改变了传统的政务服务模式，成为提升服务质量和效率的重要辅助工具。但总体上还需进一步加强内容建设，提升政务服务的精细化、精准化水平。

第一，增强语言文字服务能力。目前我国大多数政务服务平台以中文单一语种为主。为满足不同语言背景用户的需求，各省级政务服务平台可因地制宜，在提供中文服务的同时，增加其他语言服务。例如，少数民族自治区政务服务网可增加少数民族语言服务。目前只有西藏自治区的政务服务网提供了藏语服务，但无法切换使用。一些对外开放程度大、外籍人士或涉外事务多的省份，政务服务平台可增加多种外语服务。对于已经提供外语页面的政务服务平台，应加强内容建设，除提供政务信息和新闻宣传外，可增加直接办理业务服务，推动线上线下服务对象、服务内容等方面的无差别、同标准办理，真正达到"一网通办"服务效果。

第二，提升信息无障碍服务的精准性。目前我国政务服务平台设置的信息无障碍和适老化服务基本能够满足老年人和残疾人的需求，绝大部分符合工信部的改造标准，但在精准性方面还有进一步提升空间。无障碍模式面向的对象是残疾人，应设置残疾人专区，整合涉残信息和业务，并根据类型区分视力、听力残疾等，根据具体的语言需求提供相应的语言服务。如针对听力残疾人，可配备手语机器人、接入助听设备等，并开发相应适配系统；针对视力残疾人，可提供语音验证、语音助手、语音读屏等替代视觉文字。适老化模式面向的对象是老年人，目前已实现大字号大页面、语音智能、一键呼叫、老年人专区等适老服务，但方言和少数民族语言的语音识别服务有待加强。

第三，提高智能问答服务水平。智能问答是数字政府建设的重要部分，通过借助人工智能技术，模拟真人客服的互动方式，提供全天候的政务服务。目前我国大多数政务服务平台都设置了智能客服，能够识别关键词，回复用户需要的政务信息和服务，能够回复大部分政务咨询。但服务质量上还需再升级，例如聊天框增设语音功能，提供语音输入和语音播报方式，并增加除中文外的可识别语种；提高智能客服的拟人化程度，不能仅仅成为用关键词定位回复的高级检索工具，而需要充分发挥基于大语言模型的自然语言处理技术，应对各种复杂的对话场景，打破"人工智障"式服务体验；增强智能客服和人工客服的配合度，智能客服除提供高质量回复外，对无法解答的问题要能随时触发人工客服，改变智能客服和人工客服各自为营的局面，为用户提供复合客服服务，提升办事服务体验。

（王海兰、巫丽君）

政府门户网适老化语言服务*

为应对人口老龄化，党和政府正积极建设养老服务体系，国家相关部门陆续出台了互联网适老化以及无障碍改造方案。国务院办公厅印发了《关于切实解决老年人运用智能技术困难的实施方案》（2020），工业和信息化部印发了《互联网应用适老化及无障碍改造专项行动方案》（2020）。在此背景下，各级人民政府积极落实国家方针政策，纷纷在其门户网站设置了相应的老年模式。我们调查了全国3207个人民政府门户网站的适老化语言服务状况，发现了很多值得推广的成功经验，但也存在诸多需要进一步改进完善的地方。

一 适老化建设基本情况

（一）关于网站适老化服务

网站适老化服务，是近年来各级政府为贯彻落实国家提出的互联网适老化以及无障碍改造方案而特设的一种政府门户网站浏览模式，便于老年人及某些残障人群使用。网站适老化服务模式一般可以通过网站界面顶部的入口进入，如图1、图2为两个政府网站一级界面的截图，其适老化服务模式入口都在顶部用特殊颜色标识，较为凸显。

图1 呼和浩特市人民政府网站一级界面　　图2 杭州市人民政府网站一级界面

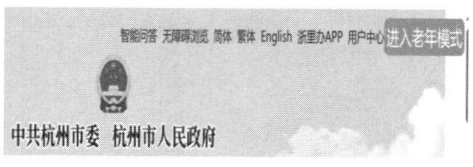

---

* 2021年度国家社会科学基金重大项目"'两个一百年'背景下的语言国情调查与语言规划研究"（21&ZD289）。

（二）适老化服务整体设置情况

我们于 2023 年 5—12 月调查了全国县级以上人民政府门户网站的适老化服务情况。调查对象包括 31 个省级政府（不包括香港、澳门、台湾），333 个地级政府，2843 个县级政府，共 3207 个政府门户网站。其中大约 1200 个有适老化服务，占 37.42%。31 个省级政府网站中，27 个有适老化服务并能正常运行。333 个地级政府网站中，238 个有适老化服务，占 71.47%。具体数量见表 1。

表 1 设置老年模式的地级人民政府门户网站

省、自治区	设置老年模式的地级人民政府	
	网站数	占比 /%
河北省	2	18.18
山西省	8	72.73
辽宁省	1	7.14
吉林省	2	22.22
黑龙江省	9	69.23
江苏省	12	92.31
浙江省	11	100.00
安徽省	16	100.00
福建省	8	88.89
江西省	11	100.00
山东省	15	93.75
河南省	15	88.24
湖北省	13	100.00
湖南省	13	92.86
广东省	14	66.67
海南省	3	75.00
四川省	14	66.67
贵州省	5	55.56
云南省	15	93.75
陕西省	8	80.00
甘肃省	6	42.86
青海省	1	12.50
广西壮族自治区	13	92.86
西藏自治区	0	0.00
内蒙古自治区	11	91.67
宁夏回族自治区	5	100.00
新疆维吾尔自治区	7	50.00

整体看来，各省下辖地级政府网站的适老化服务差异较大。情况最好的是浙江、安徽、江西、湖北、宁夏，其所辖地级政府网站100%有适老化服务；80%以上地级政府网站有适老化服务的省份有江苏、福建、山东、河南、湖南、云南、陕西、广西、内蒙古。

4个直辖市下辖86个县级人民政府中，70个网站有适老化服务，占81.40%。北京市75%的县级人民政府网有适老化服务，天津市为81.25%，上海市为87.5%，重庆市为81.58%。

（三）适老化服务内容板块

各级政府门户网站适老化服务的内容板块主要包括老年事务办理、生活服务、学习、相关信息查询等与老年人日常生活密切相关的问题。

第一，老年事务办理板块。汇聚了老年人日常生活中需要办理的某些常见业务，主要包括福利补贴、养老保险、养老退休、户籍服务以及其他事务。

第二，老年生活服务板块。主要包括医疗服务、旅游服务、养老服务、健康知识服务、法律援助服务等。

第三，老年学习板块。包含老年人可以学习的一些线上课程、活动等。

第四，相关信息查询板块。包括天气查询、养老机构查询、医院查询等。

不同内容板块在政府网站的设置情况并不一致，335个政府门户网的适老化服务，不同内容所占比例差异非常大，比例最高的是老年事务办理，然后是养老、医疗、旅游等带有一定商业性的服务内容。具体情况见表2。

表2 政府网站老年模式的内容板块

内容板块	老年事务办理	老年生活服务					老年学习	相关信息查询
		医疗	旅游	养老	健康知识	法律援助		
网站数	131	32	20	54	9	4	5	23
占比/%	39.10	9.55	5.97	16.12	2.69	1.19	1.49	6.87

二 适老化语言服务的特点

语言服务有狭义和广义两种理解：狭义的语言服务仅指以语言（文字）为工具而进行的各种服务活动；广义的语言服务则包括以语言（文字）的各种衍生物

为工具辅助语言传递信息的各种服务活动。图像、颜色等多种模态介质和语言密切相关，也算得上是语言的衍生物，也能发挥和语言一样的信息传递功能。图像和语言一样，对社会现实和心理现实既具有复制作用，又具有重新建构的作用。[①]政府门户网站适老化服务，也顺应了时代发展的要求，从网页的背景图片、图标、声音、颜色等多方面入手，进行适老化改造，为老年人提供更加便利、适宜、舒适的语言服务。

（一）多彩图像营造温馨尚老氛围

语言文字搭配个性多样的图像，相比于纯文字来说，表意更加直观温馨，更易于传播，也更易于被老年人所接受。政府网站适老化服务的图像表现形式主要有两种：一是背景图片；一是板块指示图标。

1. 通过背景图片构建某种隐喻意义或传递美好祝愿

许多政府门户网站的适老化服务都设计了以老年人物形象为构图焦点的背景图片，区别特征非常明显。如图4中有一对老年伴侣携手漫步，具有鲜明的适老化服务特征，与图3非适老化服务模式迥然不同。

图3　南宁市人民政府网常规浏览模式　　图4　南宁市人民政府网适老化服务模式

此类背景图片多以老年人的幸福生活为构图主体，构建舒适正面的情绪，让老年人感觉亲切温馨。有些背景图片为老年人与智能技术和谐共处的画面，此类图片既是对老年人熟练使用智能技术获取数字信息的美好期望，也能向老年人传达主动迎接智能生活的观念。

2. 通过形象易懂而意趣盎然的图标展现出网站的内容板块

一些政府网站充分考虑到老年人的生理变化特点，在一级界面上做了适老化改造。如西安市人民政府网站，适老化服务的网页一级界面（图6），其内容分别用八个不同的图标形式标识，整个界面清晰明了，字号也比较大；而常规浏览模式的网页一级界面（图5），其内容标题出现于界面上端的工具栏，字号比较小。

---

① 朱永生《多模态话语分析的理论基础与研究方法》，《外语学刊》2007年第5期。

图 5　西安市人民政府网常规浏览模式　　图 6　西安市人民政府网适老化服务模式

图标是一种特殊的图形符号，能够快速清楚地传达某些重要信息。为了方便老年朋友上网，政府网站适老化服务模式的图标设计上也颇费心思，使用各式图片、漫画，因此图标表现出丰富多样、生动有趣的特征。如贵州省六盘水市人民政府网站的适老化服务模式，"退休养老"图标为一个老人喜笑颜开地坐在凳子上，一只手举着养老金，一只手拿着红包。此类图标的最大优势是可视性和趣味性强，照顾到老年人视力衰退的生理特征和清心寡欲的心理特征，适合视力较弱的老年群体，而且能激发老年人的童趣。

（二）放大字号增强文本的可视性

政府网站为了增强文本的可视性，往往会把适老化服务模式中文本的字号放大。有的点击进入适老化服务模式后，字体就自动放大；也有的并没有直接设置大字体，但是加入了调节字号大小的按钮。

有些政府网站还设置了显示屏形式，这也是一种浏览辅助功能。适老化服务模式页面的下端增加了一块显示文字的区域，当鼠标接触到页面中的内容时，该显示屏就会相应地显示该内容的放大版，而且用黑色框围住，非常凸显；还可以自由选择简体或者繁体字，并且可以选择拼音显示，多样化的设置可适配不同老年人的不同需求。

（三）语音播报方便老年人多途径获取信息

1. 语音朗读文章

许多适老化服务专区设置了语音朗读功能，点击朗读按钮即会播报整个文章的朗读语音。个别政府网站还能选择用当地方言语音朗读，既考虑到了适用于所有人的普通话语音，又考虑到了本地人对本地方言的亲切感或者部分老年人对普通话不太熟练，真正做到了人性化服务。

2. 指读、连读语音功能

指读功能，是指鼠标接触到文字或图片时，会有相应的语音朗读。连读功能，是指将鼠标放置在需要朗读的文字上方，辅助工具会自动朗读指定文字以及后续的文字内容。同时浏览者还可使用"语速"按钮，控制语音播报的语速，一般有"语速加快""语速正常""语速放缓"三种模式，多种听觉服务方式适配不同老年人的需求。

（四）其他辅助浏览模式

第一，调节鼠标箭头加强可视性。一些网站的鼠标图标使用了较大的鼠标箭头，有的网站还会使用巨型手指符号，能让使用者看得更清楚，适合视力不好的老年人。

第二，设置光标辅助阅读。光标是指横竖两条相交的红色基准线，点击按钮可开启光标，可为视力障碍使用者确定更加精准的阅读位置。

第三，设置背景配色功能适应不同需求。有的政府网页可以选择不同的背景配色，使用者可以通过选择高对比配色提高网页内容的辨识性。如青岛市政府网站的适老化服务模式就包括原始配色、白底黑字、蓝底黄字、黄底黑字、黑底黄字这五种背景配色。

第四，设置界面缩放功能满足不同需求。有的政府网设置了网页界面的放大和缩小功能，最大界面一般可至最小界面两倍。大界面的优势是文字和图标都更大，可视性强；小界面也有优势，就是界面包含的内容多。老年人可根据自己的情况各取所需。

三　适老化语言服务的问题与建议

（一）存在问题

1. 适老化改造不够彻底

大部分政府网站的适老化改造只停留在一级界面，进入二级界面就会发现，适老化专区的内容设置与原网页基本没有区别。语音播报功能也存在这样的问题，一级界面出现语音播报，但二级界面就没有语音播报功能了。

2. 机器自动识读的语音播报生硬机械

网站的语音播报是机器自动识读的，致使停顿、语速都不自然，听起来让人感觉生硬、机械化，没有感情，并且一些无关的、不必要的内容也会不加选择地全部读出来。

3. 只有适老化辅助浏览工具但无适老化内容

部分政府网站的适老化改造，仅仅是字号变大或者加入网页辅助浏览工具，但并没有设置专门针对老年人生活特征的板块，比如，没有老年办事服务专区，没有体现出为老年人服务、便利老年人的根本目标，所以不能算是真正意义上的适老化服务。

（二）相关建议

《中国残疾人联合会关于推进信息无障碍的指导意见》（工信部联信管〔2020〕146号）提出，要推进互联网网站无障碍建设。政府门户网站的适老化改造是互联网无障碍、适老化建设的重要成果，应进一步加强内涵建设，真正实现老年友好。

1. 优化常规板块，实现信息传递内容的老年友好

多数网站适老化服务模式的常规板块内容，与非适老化服务模式并没有差别，可以从两方面进行优化：一是对内容进行取舍。可以只选择部分特别重要的内容以及老年人较为关心的内容。二是对内容进行加工优化。不直接照搬原网页的文章，而是对选取的文章内容进行删减，保留最核心的信息，删除一些可有可无的内容。另外，对一些专业性、领域性较强的词汇进行转换，换成较为简单、通俗、常用的词语；把一些不容易理解的长句、复杂句转换成容易理解的短句、简单句。通过多种途径的优化，使适老化服务模式中呈现出来的文本符合老年人接受特征，真正实现信息传递内容的老年友好。

2. 丰富特色板块，助力幸福晚年生活

政府网站适老化服务的特色板块内容覆盖面还比较狭窄，主要是以老年事务办理为主，其次就是养老、医疗、旅游等带有商业性的内容。需要以助力幸福晚年生活为出发点进行适老化改造，丰富相关内容，可以设置家政服务、寻医问药、科普宣传、交友交流、反诈宣传、申诉求助、老年游戏、山水人文等特色板块。

3. 完善信息传播模式，实现信息传递方式的老年友好

多数政府网站适老化服务模式的信息传播方式基本以文字为主，辅之以一定的图像和语音播报功能。还可以进一步改进。第一，除了通过文字的形式，还可以通过动画、视频、漫画、图解等形式进行传播，这些多模态形式更加生动、形象、易懂，更能够吸引老年人的关注。第二，语音播报功能需要进一步完善。目

前多数网站的语音播报功能大多为浏览辅助功能当中的指读、连读功能，需要进一步扩展全文语音朗读功能，同时可以加入当地方言的语音服务；还可以设置语音搜索功能、语音控制功能、语音导航功能等。另外，语音播报可以选用更加生活化、情感化的语音系统，就像高德导航中的"小团团""王鹤棣"语音一样，更加生活化。

4. 做好外部链接，搭建全方位适老服务平台

为了最大限度地服务好老年群体，在政府网站的适老化服务模式中插入外部链接是一个非常便利而高效的选择，政府网站只需要扮演好"中介"的角色，选择合适的、正规的外部网址即可。比如，在"学习板块"中链接国家老年大学、本省口碑较好的老年大学等，如果某些老年人想自己学习获取一些知识、技能，就可以通过政府网站找到学习的途径。

总之，在国家积极推行数字中国建设和实施积极应对人口老龄化双重背景之下，各级人民政府门户网站都在积极进行适老化改造，也已取得明显的成效，搭建了老年浏览模式的基本框架，为以后进一步优化升级打下了良好的基础。

（刘楚群、喻荣鑫）

省级以上政务小程序适老语言服务调查

2021年,《国民经济和社会发展第十四个五年规划和2035年远景目标纲要》提出,要"深化'互联网+政务服务',提升全流程一体化在线服务平台功能"。同年,国务院办公厅印发《全国一体化政务服务平台移动端建设指南》,要求进一步优化政务服务平台移动端功能,开展适老化改造。2022年,《"十四五"国家老龄事业发展和养老服务体系规划》明确提出,要推进智能化服务适应老年群体需求,依托全国一体化政务服务平台,优化线上线下政务服务,让老年人办事少跑腿。开设政务小程序适老语言服务板块,为老年群体提供适老语言关怀服务,有助于全面提高政务小程序使用的普适性,使老年人充分享受移动政务服务便利。本报告主要考察省级以上政务小程序在适老语言服务方面取得的成绩和不足,希望能就相关问题提出合理化建议,推动适老语言服务发展。

一 概况

本报告调查了全国省级以上政务小程序的服务现状,其中,上线并投入使用的共31个[①],提供适老语言服务的20个。

老年群体使用政务小程序的障碍主要体现在文字和语音方面。从二者出发,语言服务大体分为可视化、可听化和智能客服三种类型。本调查重点考察20个省级以上政务小程序的适老语言服务状况,见表1。

---

① 苏服办(江苏)、辽事通(辽宁)、皖事通(安徽)、鄂汇办(湖北)、赣服办(江西)、豫事办(河南)、青海青松办(青海)、我的宁夏(宁夏)、新服办(新疆)、渝快办(重庆)、湾事通(粤港澳大湾区)等11个小程序未提供适老语言服务。数据截至2024年2月24日。

表1 适老语言服务类型及数量

序号	政务服务小程序名称	服务类型			服务数量
		可视化语言服务	可听化语言服务	智能客服	
1	津心办（天津）	√	×	×	1
2	西藏政务（西藏）	√	×	×	1
3	秦务员（陕西）	√	×	×	1
4	云南政务一部手机办事通（云南）	√	×	×	1
5	贵人服务（贵州）	√	×	×	1
6	海易办（海南）	√	×	×	1
7	湘易办（湖南）	√	×	×	1
8	爱山东（山东）	√	×	×	1
9	吉事办（吉林）	√	×	×	1
10	山西政务（山西）	√	×	×	1
11	黑龙江全省事（黑龙江）	√	×	×	1
12	冀时办（河北）	√	×	×	1
13	甘快办（甘肃）	√	×	×	1
14	壮掌桂（广西）	√	√	×	2
15	蒙速办（内蒙古）	√	√	×	2
16	京通（北京）	√	√	×	2
17	粤省事（广东）	√	√	×	2
18	浙里办（浙江）	√	√	√	3
19	随申办（上海）	√	√	√	3
20	国家政务服务平台（全国一体化）	√	×	×	1
	总计	20	6	2	

表1显示，20个政务小程序均提供可视化服务，提供可听化服务的有6个，提供智能客服的仅有2个。其中，仅提供一种服务类型的小程序占绝大多数，共14个；提供两种服务的4个；提供三种服务的只有2个。

综上，目前省级以上政务小程序所提供的适老语言服务类型较为单一，以可视化语言服务为主。未来需要加强多样化发展，给予可听化语言服务和智能客服更多关注。

二 可视化语言服务调查

可视化语言服务是政务小程序提供适老语言关怀服务的主要途径，表现为对文字字号大小、表达方式的适老化改进。

（一）字号调整服务

字号调整以页面文字加粗、放大为主要形式，注重老年群体视力障碍问题。由于字号调整技术门槛低，且有效解决老年群体阅读的共性问题，因此应用广泛。

尽管政务小程序普遍提供字号调整服务，但服务往往不到位，主要表现在初始页面字号放大加粗，但具体办理页面未能统一调整。部分小程序完善了此类问题，如黑龙江全省事保持所有界面字号统一调整，爱山东（图1）与京通（图2）提供字号自主选择，满足老年群体阅读时的不同字号需求，更具人性化。

图1 爱山东字号设置页面　　图2 京通字号选择页面

（二）文字简化服务

文字简化服务是针对政务信息语义表达所做出的适老化调整，主要是删除专业词语，保留政务办理相关材料等关键信息，在不影响语义的情况下，最大程度简化语言表达。如黑龙江全省事推出了文字详细版与简化版两种版本，简化版删减与养老保险供养亲属待遇资格认证的政务办理流程的弱关联信息，仅罗列关键词或短语于标题之下，重要信息一目了然。此外，通过"是否""有无"等字眼，

帮助老年群体直接快速获取信息。

(三) 专题整合与文字指引服务

1. 专题整合服务

专题整合服务将涉及老年政务办理服务与信息整合在同一页面，细分为整合服务与整合信息两种类型。专题整合服务意识全面体现在老年服务专区，往往集中体现涉老信息和政务办理的政策流程。如黑龙江全省事注重涉老信息筛选与整合，集中展示涉老政策信息，老年群体无须搜索便能快速查看相关信息；粤省事侧重涉老政务服务整合，服务围绕老年群体的日常生活、看病就诊、养老金领取等方面，强化与老年群体生活关联性强的政务服务，简化办事步骤。目前，专题整合服务仍需进一步完善，大多数小程序整合了养老金、退休证、养老保险等内容，但对于养老机构、医疗卫生等服务与信息整合关注度较低，有待进一步细化完善，实现专题整合内容全覆盖。

2. 文字指引服务

文字指引服务是以文字作为政务专题特定服务与信息获取途径的指引，运用人性化语言引导老年群体点击文字所在区域，快速跳转至相关页面，简化获取服务途径或信息步骤。

目前仅有5个政务小程序提供文字指引服务，它们除利用文字的标识功能外，还增加了点击后跳转到政务服务或信息详情页面的附加功能；语言表述层面上，文字指引服务多采用"去看看""去出示""去看剧"等短语，表述通俗易懂，具有鲜明的导向性，口语化表达也可拉近与用户的心理距离。而多数小程序虽有明显的文字或图标来标明某专题提供的政务服务或信息，但这类标识仅起分类说明作用，无法实现页面跳转，服务功能单一。

政务小程序从文字的视觉与语义理解层面提供适老语言服务，减少了老年群体的使用障碍。目前存在的普遍问题包括：(1) 页面字号调整服务未能覆盖所有界面；(2) 专题信息整合覆盖不全，仅关注部分搜索频率较高的政务信息与服务，整合内容有待进一步细化；(3) 文字指引服务供给率低，仅少数政务小程序提供该服务。

三 可听化语言服务调查

可听化语言服务主要有语音搜索和语音读屏两种服务类型。目前，可听化语言服务供给率较低，20个省级以上政务小程序中，仅有6个提供了可听化语言服务。这6个小程序提供的服务项目侧重不同，浙里办仅提供语音搜索服务[①]，京通、壮掌桂、蒙速办仅提供语音读屏服务，粤省事、随申办则两项服务都提供。

（一）语音搜索服务

语音搜索运用语音转换文字技术，使用语音即能搜索相关内容与服务，便捷而智能。浙里办、粤省事、随申办提供了该项服务。

1. 语音识别服务

语音识别是将人类的声音信号转化为文字或者指令的过程。政务小程序的语音识别语言均默认为普通话。它们在语音识别质量方面差别较大，其中，粤省事最佳。一方面，粤省事具有多方言识别功能，其语音输入界面提供了方言输入选项，能够切换成粤方言、四川话、西安话等24种方言，并能实现语音与文字的转换。另一方面，粤省事采用"点击说话"的输入方式，点击语音图标开始说话，并同步识别语音；语音输入结束后，点击"结束说话"，可自行选择"再说一遍"或"确认搜索"。而浙里办和随申办则采用"按住说话"的输入方式，"按住"语音键可输入语音，"松开"即停止输入，开始识别。但语音输入过程中若出现停顿，则系统判定输入结束，并自行开始搜索，不利于语速慢且多有停顿的老年群体使用。

2. 语音关键词搜索服务

浙里办、随申办、粤省事均提供识别关键词搜索服务。以浙里办为例，当语音输入"我想查一下公积金"后，小程序会自动识别关键词"公积金"进行搜索，搜索结果呈现与"公积金"相关的服务、办事、政策三大板块。但当多个词组同时输入时，浙里办、随申办无法识别所有关键词。相比之下，粤省事关键词搜索更为精准，即使输入大段口语，系统也能提取出所有的关键词，并进行分类、精准化搜索，高效解决政务服务问题。

（二）语音读屏服务

语音读屏服务将文字信息转换成语音形式进行播报，视障者可以通过收听语音的方式获取相关信息，京通、壮掌桂、蒙速办、粤省事、随申办共5个小程序提供了该项服务。

---

① 蒙速办有语音搜索栏目，但实际无法使用，不计。

1. 语音点读播报服务

用户只需点击屏幕，选定需朗读的文字信息，即可收听对应文字音频。大部分语音读屏系统设有"朗读""全文朗读"或声音符号标识的点读提示，指引老年群体使用语音读屏播报。

各小程序提供的语音点读播报质量不同，主要体现在服务覆盖面的差异。京通、壮掌桂、蒙速办，不论是主页面还是具体政务办理页面，均覆盖点读播报功能，而粤省事、随申办则只在具体业务办理页面才有此功能。

2. 语速调节服务

语速调节服务指语音读屏时提供的语速自主调节功能。实际上，政务小程序读屏的语速各不相同。各小程序语音读屏速度见表2。

表2　政务小程序语音读屏语速对比[①]　　　　单位：字/分钟

政务服务小程序	粤省事	壮掌桂	蒙速办	随申办	京通
读屏速度	252	208	226	260	162

正常情况下，读屏语速为210—240个字/分钟较为适宜，[②] 过快不便于老年群体捕捉信息，过慢听觉体验不佳。总体而言，粤省事与随申办的语音读屏速度稍快，蒙速办的语音读屏语速较为适宜，壮掌桂、京通的语速较慢。目前，只有京通能够自主调节播报速度，速度分为缓慢、适度、快速三个等级，能够满足老年群体语音播报速度的个人需求。

综上所述，可听化语言服务整体比较薄弱，不足之处主要在于：（1）较少提供方言识别与读屏服务，语音识别效果不一，部分小程序语音输入因停顿、口音等造成识别失误。（2）关键词语音识别仍需优化，部分小程序难以进行多个关键词的精确识别与搜索。（3）语音读屏服务未覆盖所有界面，且大多无法自主调节语速。

四　智能客服调查

智能客服服务指以自动化问答程序替代人工客服为用户提供咨询的语言服务。

---

① 通过记录5个政务小程序一分钟内的读屏字数，计算出单字读屏平均用时，进而得出语音读屏语速。

② 杨舒雨《面向老年人的语音交互研究与应用》，西南科技大学硕士学位论文，2021年。

智能客服通过关键词或常见问题推送、语音答复、拟人态对话等方式提供视听结合的适老语言服务。

20个设有老年群体服务专区的小程序中，只有浙里办和随申办在老年服务关怀版中提供了智能客服服务。如果扩展到常规版，则另有9个政务小程序提供该项服务，但并不针对老年群体。因此，我们重点关注浙里办和随申办智能客服的配置情况，见表3。

表3 "小浙"和"小申"智能客服的服务功能

语言功能	智能客服名称	
	小浙（浙里办）	小申（随申办）
关键词或常见问题推送	√	√
信息整合与快速检索	√	√
文字输入	普通话（不超过100字）	普通话
语音输入	×	普通话/英语
文字答复	普通话	普通话
语音答复	×	×
字号放大	√	×
表情符号	×	24种表情

（一）信息整合与快速检索服务

智能客服主要提供信息整合和以问答形式快速检索各种事项的服务，查询搜索一体化。当输入包含核心关键词的内容时，"小浙"和"小申"能根据关键词进行搜索推送并快速跳转到办理该业务的页面。若输入具体的业务，如"我想领取社保卡"，则会自动跳转到"社保卡发放"的办理指南详情页。

（二）关键词或常见问题推送服务

"小浙"能提供关键词或常见问题的推送和字号放大的适老化服务，其长者版的页面更为简洁，去除年轻化的图片与图标，字号放大，突出重点内容。在咨询服务的问答过程中，"小申"也会推荐相关的关键词或常见问题进行点击选择。不过，二者推送的信息并未集中在老年群体的社保、医保等常见问题上，内容多而杂，与常规版的智能客服无太大差异。

(三)人性化对话服务

"小浙"为机器人形象（ ），顶部标有"有事找小浙"的字样，设置于小程序页面右侧。"小申"外形采用可爱的小笼包形态，且带有丰富的表情（ ），提供有24种定制表情包，并根据用户输入的不同表情给予相应回复。相较于"小浙"的模式化回复，"小申"的回复内容更具口语化且富有情感，如"小申"开场语为："辛苦的一天结束啦，我是智能客服小申，请问您有什么需要帮助？"

目前政务小程序的智能客服在功能配置、内容、技术等方面仍处于起步阶段，主要存在以下问题：（1）智能客服服务配置率极低，多数小程序并不提供或不专为老年群体提供该服务。（2）服务内容设计不合理，整合与推送的信息缺乏精准化筛选，适老性不足。（3）智能客服的语音与文字功能配置有待优化。语音方面，"小浙"未提供语音输入转文字服务，"小申"则需要较为标准的普通话才能准确转换出文字；"小申"设有识别英语的语音转文字输入，但实际并不能识别。"小浙""小申"均不提供语音答复、点读、方言输入等服务。文字方面，"小申"没有字号放大功能，"小浙"字号放大但未覆盖所有页面，二者均无字号调整功能。

五 发展建议

整体而言，省级以上政务小程序通过开设老年群体服务专区，提供可视化、可听化以及智能客服服务，一定程度上解决了老年群体文字、语音、语义理解等方面的问题，满足了老年群体的使用需求，但就目前而言，相关服务仍需进一步完善。

（一）加大适老版的推广力度，均衡发展各服务板块

提高对政务小程序适老语言关怀的重视程度，加强政务小程序适老板块的推广普及力度，负责小程序推广宣传、政务服务、语言文字与技术创新的相关工作部门应积极配合，相互协调，提高服务意识，积极推进适老板块的开发应用，争取做到政务小程序中适老板块全覆盖。针对可视化、可听化、智能客服服务配置率逐层递减的现状，省级以上政务小程序应注重各服务板块的均衡发展。

（二）完备可视化服务

从字号调整、内容精简、文字指引、整合服务等方面全方位完备可视化服务。

全面落实政务小程序字号调整功能，尽可能提供自主调节字号服务，并附上相关功能说明；精简文字表达，尝试图文结合的形式，做到政务办理政策流程清晰易懂；推广文字指引服务，增强文字指引导向性；服务主页面开设涉老信息整合专题，主页面滚动播放最新涉老信息，方便老年群体了解政务服务信息。

（三）优化可听化服务

提供语音精准化搜索服务，提高关键词识别精确度，实现多个关键词无障碍识别；扩充多种语料库，提升方言识别率，提供多方言混合识别功能；提高读屏服务配置率，增设读屏服务使用提示，通过图片文字引导老年群体使用；根据老年群体听觉特点，增加语速自主调节功能。

（四）提高智能客服智能化服务水平

提高智能客服服务水平，通过数据挖掘和智能算法实现公共服务需求的个性化预测，提供适老信息整合与精准推送服务；不断精进自然语言处理技术，提高智能客服的情感识别、意图识别以及生成式对话能力，开发更适合老年群体的对话系统；增强人机互动性，优化交互反馈的及时性和指导化，开拓多样适老服务，打造专属于老年群体的智能客服。

（王秀玲、李睿偲、朱燕铃）

银行智慧系统的语言服务[*]

随着互联网金融与数字化技术的飞速发展，智慧系统已经成为银行服务业的重要组成部分，而多语服务与无障碍服务作为金融智慧服务体系建设不可或缺的要素之一，在优化银行线上服务水平、提高用户体验等方面，扮演着关键角色。鉴于此，本报告以107家不同类型的银行为观察对象，重点调查其智慧系统的多语与无障碍服务状况，并在此基础上提出相应的建议。

一 调查设计

（一）调查对象

我国现有各类银行超过4000家[①]，综合考虑银行的类型、数量、区域分布等因素，调查小组从中随机抽取了107家作为本次调查的样本。详见表1。

表1 样本基本情况

序号	银行类型	银行数	示例[②]
1	政策性银行	2	中国进出口银行、中国农业发展银行
2	国有大型商业银行	6	中国工商银行、中国农业银行
3	股份制商业银行	7	中信银行股份、中国光大银行
4	城市商业银行	25	上海银行、泉州银行
5	民营银行	6	上海华瑞银行、辽宁振兴银行
6	外资法人银行	5	东亚银行、汇丰银行
7	农村商业银行	15	北京农商银行、广州农商银行
8	农村信用合作社	21	四川省农村信用社、内蒙古农村信用社
9	村镇银行	20	大通中银富登村镇银行、福建沙县渝农商村镇银行

---

[*] 广州市高等教育教学改革项目"立德树人背景下语言学类专业本科生科研素质培养模式的探索与实践"。

[①] 包括香港、澳门和台湾地区。

[②] 示例中的银行名均为银行总行名称。

（二）调查内容

调查内容主要为银行智慧系统的语言服务状况，主要包括语言/方言配置服务、无障碍服务的基本状况、服务效果与需求等。①

二 银行智慧系统的语言配置服务

（一）银行网站

银行网站的语言配置可分为单语、双语、多语三种类型。数量上，单语型是主导，共71家，占66.36%，双语与多语型是辅助，共36家，占33.64%。分布上，双语、多语型主要集中于国有大型商业银行、股份制商业银行和外资银行，单语型则以政策性、城商、农商、民营、农信银行为主。总体来看，国有大型商业银行客户类型多样，股份制与外资银行拥有相当比例的海外客户群，因此对多语服务有较大需求；其余类别的银行多服务于国内行业、城市与"三农"建设，多语需求不甚迫切。详见表2。

表2 银行网站的语言配置

序号	银行类型	银行数					合计
		单语		双语		多语	
		中（简）	中（简|繁）	中（简）+英	中（简|繁）+英	中（简|繁）+英+日	
1	政策性银行	2	—	—	—	—	2
2	国有大型商业银行	—	—	1	5	—	6
3	股份制商业银行	1	—	1	5	—	7
4	城市商业银行	13	—	4	8	—	25
5	民营银行	6	—	—	—	—	6
6	外资法人银行	—	—	1	3	1	5
7	农村商业银行	11	—	1	3	—	15
8	农村信用合作社	20	1	—	—	—	21
9	村镇银行	17	—	1	2	—	20

---

① 鉴于各支行与总行使用的是同一套智慧系统，因此我们的调查均以总行的网站、手机APP为观察对象。

（二）手机 APP 交互界面

上线移动应用程序（APP）的 96 家银行中，配置单语的比例最高，共 79 家，占 82.29%；双语次之，共 16 家，占 16.67%；多语最少，仅 1 例。单语型全部为"简体中文"；双语、多语型值得关注的是，部分国有大型商业银行、农村信用社在中文之外还提供了藏文、维吾尔文服务，充分考虑到了少数民族地区的客户需求。分布上，政策性银行、民营银行全部为中文简体；国有商业银行、外资银行的双语、多语配置比例显著高于其他类型银行。详见表 3。

表 3 手机 APP 交互界面的语言配置

序号	银行类型	银行数					合计
		单语	双语			多语	
		中（简）	中（简）+藏	中（简）+英	中（简|繁）+英	中（简）+英+维	
1	政策性银行	2	—	—	—	—	2
2	国有大型商业银行	2	—	3	—	1	6
3	股份制商业银行	5	—	2	—	—	7
4	城市商业银行	23	1	1	—	—	25
5	民营银行	6	—	—	—	—	6
6	外资法人银行	—	—	4	1	—	5
7	农村商业银行	14	—	—	—	—	14
8	农村信用合作社	19	2	—	—	—	21
9	村镇银行	8	—	1	1	—	10

（三）手机便捷语音系统

设置便捷语音系统的银行共有 30 家，皆为单语。除一家可输入普通话与粤方言外，其余均只能输入普通话。政策性银行、民营银行、外资银行、村镇银行受业务模式的影响均未设置该服务。总体看，便捷语音系统的多语、多方言服务有待提升。详见表 4。

表 4 手机便捷语音系统的语言/方言配置

序号	银行类型	银行数		合计
		普通话	普通话+粤方言	
1	政策性银行	—	—	
2	国有大型商业银行	5	1	6

（续表）

序号	银行类型	银行数		合计
		普通话	普通话+粤方言	
3	股份制商业银行	4	—	4.
4	城市商业银行	8	—	8
5	民营银行	—	—	—
6	外资法人银行	—	—	—
7	农村商业银行	6	—	6
8	农村信用合作社	6	—	6
9	村镇银行	—	—	—

（四）电话客服

电话客服共有单语、双语两种类型，前者68家，占比63.55%；后者39家，占36.45%。单语型中，仅配置普通话的64家，配置"普通话+方言"的4家；双语型分为"普通话+英语""普通话+英语+方言"两类，前者31家，后者8家。分布上，所有银行均配置了普通话，英语与方言主要配置于国有大型商业银行、股份制银行、城商、外资、农商和农信银行的电话服务之上。值得注意的是，以服务乡镇居民为主的村镇银行，均未配置当地方言，这可能会在一定程度上影响到电话服务的效果。详见表5。

表5 电话客服的语言/方言配置

序号	银行类型	银行数				合计
		单语		双语		
		普通话	普通话+方言	普通话+英语	普通话+方言+英语	
1	政策性银行	2	—	—	—	2
2	国有大型商业银行	3	—	1	2	6
3	股份制商业银行	3	—	3	1	7
4	城市商业银行	10	1	12	2	25
5	民营银行	6	—	—	—	6
6	外资法人银行	—	—	2	3	5
7	农村商业银行	7	—	8	—	15
8	农村信用合作社	13	3	5	—	21
9	村镇银行	20	—	—	—	20

三 银行智慧系统的无障碍服务

本部分主要调查网上银行、手机银行针对视/听障人群、老年人等的无障碍服务情况。

（一）总体状况

网上银行的无障碍服务包括两类：一类读屏服务，涉及25家银行，占总样本的23.36%；二是视觉辅助服务，涉及30家银行，占28.04%。手机银行提供的主要是大字模式服务，共涉及66家银行，占61.68%（表6）。总体而言，网上银行的无障碍服务内容更为丰富一些，但覆盖面较窄；手机银行的无障碍服务覆盖范围更广，但内容与对象较为单一。

表6 银行智慧系统无障碍服务总体状况

类型	功能	银行数	占比/%
网上银行	读屏服务	25	23.36
	视觉辅助	30	28.04
手机银行	大字模式	66	61.68

（二）无障碍读屏服务

读屏服务是指通过朗读将视觉文本转换为听觉信息的一种无障碍服务。如表7所示，目前各银行提供的均为"网页读屏"服务，均未配置"手机读屏"服务。"网页读屏"服务中，国有大型商业银行的配置率最高，为83.33%；股份制商业银行居次，为57.14%；城商银行处于第三位；农信、村镇银行的配置率较低，仅为9.52%和5%；政策性银行、民营与外资银行受业务特点所限，均未设置该服务。总的来看，目前的读屏服务尚存一些问题，比如无手机读屏设置、部分面向城乡居民的商业性银行读屏服务配置率偏低等。

表 7　读屏服务的配置情况

序号	银行类型	银行数				合计
		网页读屏		手机读屏		
		设置	未设置	设置	未设置	
1	政策性银行	—	2	—	—	2
2	国有大型商业银行	5	1	—	—	6
3	股份制商业银行	4	3	—	—	7
4	城市商业银行	9	16	—	—	25
5	民营银行	—	6	—	—	6
6	外资法人银行	—	5	—	—	5
7	农村商业银行	4	11	—	—	15
8	农村信用合作社	2	19	—	—	21
9	村镇银行	1	19	—	—	20

读屏模式的功能设置，包括阅读设置、语速调节、读屏语言/方言和音色设置。根据表8，阅读方面，7家银行设置了"指读"功能，18家银行设置了"指读+连读"功能；语速方面，25家设置读屏模式的银行，均配置了语速调节按键；读屏语言方面，皆为普通话，多语设置有待提升；音色设置方面，采用"女声"的数量略高于"女声+男声"。

表 8　读屏模式的功能设置

序号	银行类型	银行数								
		无障碍阅读设置			语速调节		读屏语言/方言		音色设置		
		网页		手机	网页	手机	网页	手机	网页		手机
		指读	指读+连读						女声	女声+男声	
1	政策性银行	—	—	—	—	—	—	—	—	—	—
2	国有大型商业银行	—	5	—	5	—	普通话	—	5	—	—
3	股份制商业银行	—	4	—	4	—	普通话	—	4	—	—
4	城市商业银行	1	8	—	9	—	普通话	—	4	5	—
5	民营银行	—	—	—	—	—	—	—	—	—	—
6	外资法人银行	—	—	—	—	—	—	—	—	—	—
7	农村商业银行	4	—	—	4	—	普通话	—	1	3	—
8	农村信用合作社	2	—	—	2	—	普通话	—	2	—	—
9	村镇银行	—	1	—	1	—	普通话	—	1	—	—

(三)无障碍视觉辅助服务

无障碍视觉辅助方面,网上银行主要包括页面缩放、大字幕、纯文本模式、对比色四类;手机银行主要为大字模式。首先是网上银行,30家银行均配置了页面缩放功能,其中的25家设置了大字幕功能;配置纯文本与对比色功能的较少,分别为7家和19家。具体到银行类别,5家国有大型商业银行,皆未配置"纯文本"和"对比色"功能;而所有的农商银行、农信与村镇银行均未配置"纯文本"功能。其次是手机银行,除了政策性银行外,其余性质的银行均设有大字模式。

表9 无障碍服务视觉辅助配置状况

序号	银行名称	网上银行数				手机银行数
		页面缩放	大字幕	纯文本	对比色	大字模式
1	政策性银行	—	—	—	—	—
2	国有大型商业银行	5	5	—	—	5
3	股份制商业银行	4	3	3	3	7
4	城市商业银行	13	8	4	8	20
5	民营银行	—	—	—	—	3
6	外资法人银行	—	—	—	—	1
7	农村商业银行	5	5	—	5	12
8	农村信用合作社	2	3	—	2	1
9	村镇银行	1	1	—	1	17

四 银行智慧系统的语言服务效果与需求

为了调查服务效果与客户需求,调查小组向使用过银行智慧系统的337名用户发送了问卷,最后回收有效问卷293份。有效样本中,男性127人,占43.34%;女性166人,占56.66%。年龄方面,18—30岁的124人,占42.32%;31—50岁的73人,占24.92%;50岁以上的96人,占32.76%。其中,听障人士19人,占6.48%,视障人士7人,占2.39%。为了与问卷结果互验,发放问卷的同时,调查小组随机选取了10位用户,对其进行了访谈。

（一）语言服务效果

1. 多语/方言服务效果

如图1所示，24.82%的客户认为多语服务设置"非常合理"，35.40%认为"合理"，24.81%持一般态度，14.97%认为"比较不合理"或"不合理"。多数客户对智慧系统的多语服务设置持肯定态度。

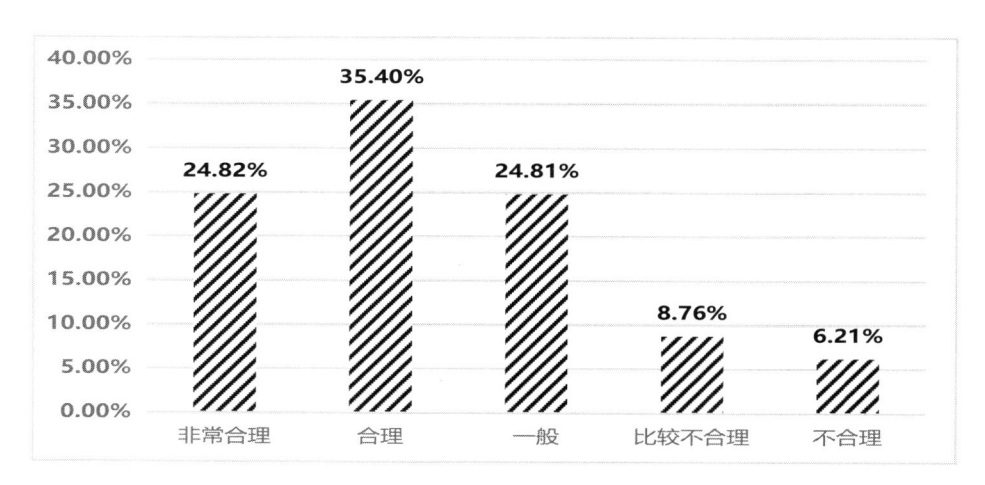

图1　多语服务设置合理度

如图2所示，表示"非常满意"和"满意"的，占47.18%；选择"一般"的，占34.27%；"比较不满意"和"不满意"的，占18.55%。可以看出，虽然近半数的被调查者给出了较高的评价，但仍有相当一部分客户感觉一般或不甚满意。

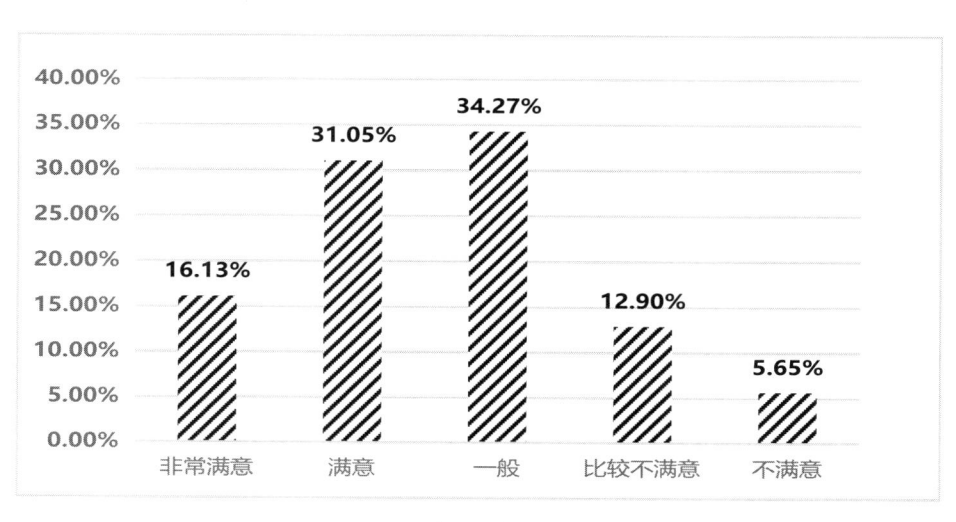

图2　多语服务满意度

2. 无障碍服务效果

如图 3 所示，认为无障碍语言服务设置"非常合理"的占 20.07%，认为"合理"的占 35.41%，认为"一般"的占 27.37%，认为"比较不合理"和"不合理"的占 17.15%。综合来看，对于无障碍服务设置，有超过 50% 的被调查者给出了积极、正面的评价。

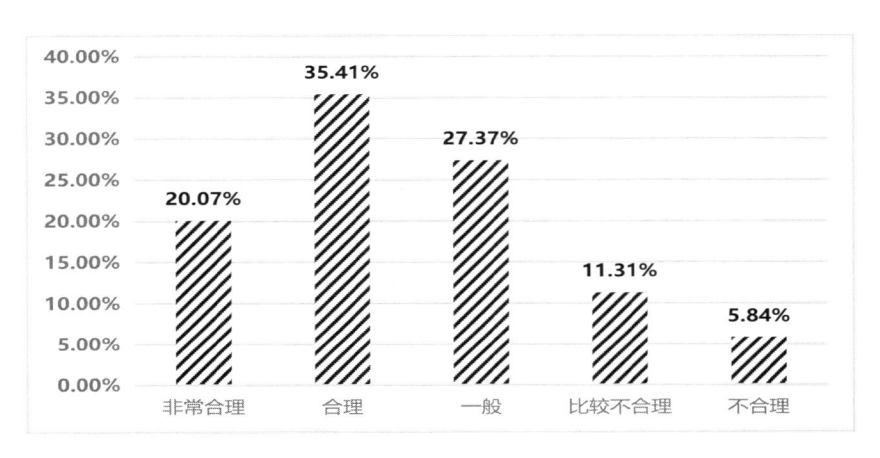

图 3　无障碍服务设置合理度

如图 4 所示，共有 52.90% 的被调查者对无障碍服务效果持"非常满意"和"满意"的态度，31.27% 认为"一般"，15.83% 的客户选择了"不满意"和"比较不满意"。访谈显示：多数存在视力障碍的被访者和老年人认为现有的无障碍服务对他们上网办理业务确有一定的帮助。问题在于服务功能偏少，比如手机银行，很多 APP 没有读屏功能；再就是不同银行的无障碍服务项目不尽相同，质量也参差不齐。

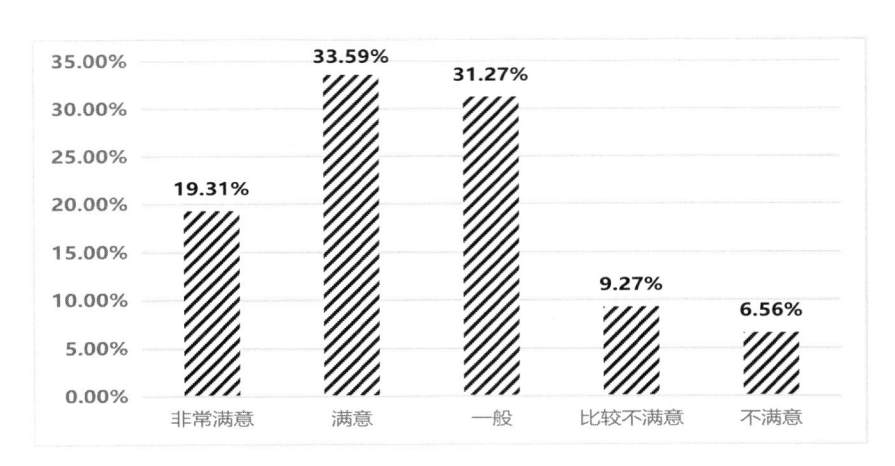

图 4　无障碍服务满意度

（二）语言服务需求

如图 5 所示，"交互页面配置外语界面"的需求度最高，为 60.37%；其次是"人工客服提供方言服务"，56.49%。这也印证了上文的调查结果，国有大型商业银行、股份制商业银行、外资银行、部分农商银行和村镇银行等，其业务对象对外语、方言等有较多的需求。再次是"完善无障碍服务"和"提高多语使用的规范性"，所有选项中"建立有效反馈机制"的选择率最低，仅为 27.10%。

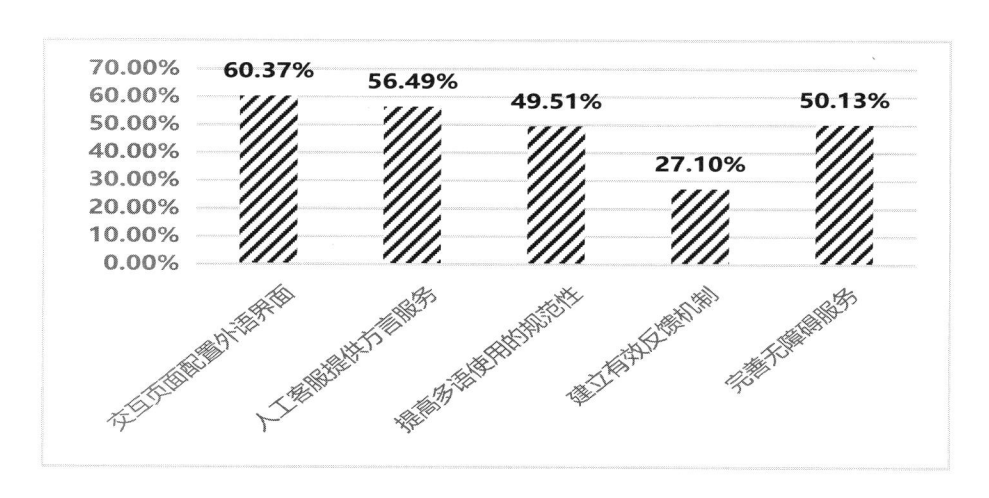

图 5　智慧系统语言服务需求

五　建议

第一，构建适合银行自身特点的个性化语言服务模式。银行的属性不同、服务群体与区域不同，客户的语言服务需求也会有所差异。各类银行可基于自身特征与实际需要，构建个性化的语言服务模式。比如，国有大型商业银行客户群体多样、服务区域广泛，可在多语、多方言服务上多下功夫；股份制银行、外资银行，国际化特征明显，可在英语之外适当扩大语种配置；农商与村镇银行，可结合当地乡镇的情况，提供必要的方言服务；服务少数民族地区的商业性银行，则可尝试增设当地通用的民族语言。

第二，着力完善现有银行智慧系统的无障碍服务体系。国有商业银行、股份制银行、城商、农商、农信、村镇等六类商业性银行主要服务广大城乡居民，要格外重视无障碍服务的建设。具体说，不仅要关注视障与老年人群体，还要关注识字水平有限的听障者、肢体残缺者、色盲色弱者等的需求，渐次在智慧系统中增设针对这些人群的服务项目；不仅要建设网上银行，还要同步升级手机银行的相关功能，比如读屏服务、视觉辅助服务等。

第三，逐步优化银行智慧系统的各类语言服务细节。目前，银行的手机便捷语音系统均为普通话为主的单语设置，可适当增加语种、方言的配置数量，以满足多样化客户群体在不同场景下的需要。以多语形式呈现的银行网页、手机APP交互界面，外语表达、各类功能标签的翻译要规范、准确。无障碍读屏与视觉辅助服务方面，进一步提高"指读＋连读"、纯文本、对比色等项目在智慧系统中的配置率。此外，各商业性银行可逐步建立高效、通畅的智慧系统使用效果反馈通道，及时了解客户需求，并做出相应调整。

（张迎宝、曾雨鑫、胡梓欣、胡淇萱、赵芷萱、黎颖殷）

中国客运航空公司互联网语言服务状况*

中国民用航空局数据显示，2023年我国航空业的旅客运输量为6.2亿人次，航空运输已成为国民出行的重要交通方式。中共中央、国务院发布的《交通强国建设纲要》《国家综合立体交通网络规划纲要》，国务院发布的《"十四五"现代综合交通运输体系发展规划》等重要文件中提出"大力发展智慧交通"，发展"智慧民航"和"加强交通运输人文建设"。随着互联网的发展，网站和移动应用程序（APP）是航空公司为旅客提供服务、传递信息的重要渠道，建设好网站和APP是航空公司信息化、智能化发展的重要内容。语言是最重要的信息载体和交流手段，语言服务水平对航空公司互联网服务有重要影响。

本报告对中国民用航空局官网列出的52家客运航空公司开展调查，发现42家（占80.77%）设有网站且运作正常[1]，19家（占36.54%）设有应用程序（APP）[2]。本报告以42家航空公司网站和19个航空公司APP为调查对象，从语种、搜索输入、特殊人群和智能客服四个方面考察航空公司的互联网语言服务状况，了解现状，提出建议，为民航的智慧化发展建设助力。

一 语种服务

航空公司网站和APP的语种服务分为单语、双语和多语。总体来看，网站和APP都以中文单语为主，占比都在60%以上；双语和多语配置情况相当，分别有19.05%的网站和15.79%的APP配备双语，19.05%的网站和15.78%的APP配备多语。双语服务以中英双语服务为主，多语服务各有差异。网站的多语服务更为丰富，8家多语网站分别配置了3—10种数量不等的语言，其中，语种数量最多的

---

* 国家社科基金后期资助项目"语言的经济力量：理论与实践"（23FYYB019），国家语委"十四五"科研规划2023年度科研项目"公共语言服务评估体系构建研究"（ZDI145-73），广东省哲学社会科学规划2023年度项目"粤港澳大湾区重大突发公共卫生事件应急语言服务体系构建研究"（GD23SQZY01）。

① 中国新华航空集团有限公司设有网站，但网页不提供购票等服务内容，不纳入调查。

② 江西航空有限公司提供了移动APP形式，但无法正常下载使用，不纳入调查。

是中国国际航空公司官网，共配置了中文（简｜繁）、英语、日语、韩语、德语、法语、意大利语、俄语、西班牙语、葡萄牙语等10种语言。详见表1、表2。

表1　航空公司网站语种服务情况

语种数量		网站数	占比 /%
单语	中（简）	25	59.52
	中（简｜繁）	1	2.38
双语	中（简）、英	7	16.67
	中（简）、日	1	2.38
多语	中（简）、英、日（3）	1	2.38
	中（简｜繁）、英、日、韩（4）	2	4.77
	中（简｜繁）、英、日、韩、泰（5）	1	2.38
	中（简｜繁）、英、日、韩、法（5）	1	2.38
	中（简｜繁）、英、日、韩、德、法、意、俄（8）	1	2.38
	中（简｜繁）、英、日、韩、德、法、意、俄、西（9）	1	2.38
	中（简｜繁）、英、日、韩、德、法、意、俄、西、葡（10）	1	2.38

表2　航空公司APP语种服务情况

语种数量		APP数	占比 /%
单语	中（简）	13	68.43
双语	中（简）、英	3	15.79
多语	中（简｜繁）、英、日、韩、法（5）	1	5.26
	中（简）、英、日、韩（4）	1	5.26
	中（简｜繁）、英、日（3）	1	5.26

航空公司网站和APP配置的语言累计有中文、英语、日语、韩语、法语、德语、意大利语、俄语、西班牙语、葡萄牙语、泰语等11种。就不同语言的覆盖率来看，中文的覆盖率最高，所有网站和APP都配置了中文，同时分别有8家网站和2个APP在提供简体中文的同时，还提供了繁体中文。其次是英语，三成以上的网站和APP配置了英语。

表3　航空公司网站和APP语言分布情况

语种	网站		APP	
	数量	占比 /%	数量	占比 /%
中文	42	100.00	19	100.00
英语	15	35.71	6	31.58
日语	9	21.43	3	15.79

（续表）

语种	网站		APP	
	数量	占比 /%	数量	占比 /%
韩语	7	16.67	2	10.53
法语	4	9.52	1	5.26
德语	3	7.14	—	—
意大利语	3	7.14	—	—
俄语	3	7.14	—	—
西班牙语	2	4.77	—	—
葡萄牙语	1	2.38	—	—
泰语	1	2.38	—	—

二 搜索输入服务

搜索输入服务主要指航空公司网站和APP配置搜索框和机票预订处输入栏所提供的指引服务。搜索框的设置有助于用户自主查询，实现个性化检索，提高信息获取效率。有的搜索框提供"搜索热词"，用户可以直接点击所需查找的热词，节省时间。热词的提供对航空公司的飞行产品或活动也具有一定宣传作用。

目前航空公司网站和APP搜索框配置率都偏低，42个网站仅有8个设有搜索框[①]，占19.05%。只有东方航空公司的搜索框提供了"搜索热词"。APP的搜索框配置率略高，19个APP中有7个开设了搜索框，占36.84%，其中6个列有"搜索热词"。东方航空公司和南方航空公司的APP搜索框设有语音输入功能，便于用户信息输入。

图1 中国东方航空网站的搜索框和搜索热词

---

① 长安航空有限责任公司主页有搜索框图标，但无法正常使用，不列入调查。

航班查询和购票服务是航空公司网站和APP的重要功能，出行地址输入框指引服务会直接影响用户的查询和购票体验。地址输入框的语言服务主要体现在提供地址列表、热门城市列表和文本输入提示三方面。

网站和APP的地址输入框指引服务配置都较为完备，都设有地址列表、城市列表和文本输入提示。APP端与网站端有所不同的是，73.68%的APP还列出了"定位城市"和"历史记录"。其中，文本输入提示的内容分为三类：输入内容提示、输入方式提示、范例提示。如表4所示。

表4 地址输入框输入提示内容示例

文本输入提示内容	示例
输入内容	"出发城市""到达城市""请输入城市"
输入方式	"中文/英文/拼音""全拼/简拼/汉字""(拼音/汉字)""请输入机场名或机场三字码"
范例提示	"北京/Beijing/BJ/PEK"

各网站和APP的文本输入提示的内容组合情况各不相同，有"输入内容+范例""输入内容+输入方式""输入内容+输入方式+范例"和"输入内容"等多种组合，网站端"输入内容+输入方式"这一组合占比最大，达35.71%；APP端"输入内容+输入方式+范例"组合占比最大，达52.63%。

三 特殊人群语言服务

特殊人群语言服务是指面向残疾人、老年人和其他在信息获取上有障碍的人群所提供的语言服务，主要体现在无障碍工具条和适老版的配置上。

42家网站中，只有7家配有无障碍版，占比16.67%；19个APP都没有专门的无障碍设置。两者的无障碍服务都还不够到位。7家配有无障碍版本的网站所覆盖的无障碍服务项目较为全面，与语言服务有关的信息推送服务和读屏服务基本实现了全覆盖。详见表5。

表 5　配有无障碍功能的网站的无障碍语言服务提供情况

航空公司	感知服务			基础服务						信息推送服务								读屏服务
	配色	辅助线	鼠标样式	放大	缩小	全屏	重置	固定	快捷方式	大字幕			语音开关	调整语速	调整音量	指读	连读	
										简体	繁体	拼音						
国航	√	√	√	√	√	—	√	√	—	√	√	√	√	√	—	√	√	√
东航	√	√	√	√	√	—	√	√	—	√	√	√	√	√	√	√	√	√
南航	√	√	√	√	√	√	√	√	√	√	√	√	√	√	√	√	√	√
海航	√	√	√	√	√	√	√	√	√	√	√	√	√	√	√	√	√	√
山航	√	√	√	—	—	√	√	√	√	√	—	—	√	√	√	√	√	—
联航	√	√	√	√	√	—	√	√	—	√	√	√	√	√	√	√	√	—
深航	√	√	√	√	√	√	√	√	√	√	√	√	√	√	√	√	√	√

各网站在无障碍语言服务的一些具体条目上存在差异。例如，在语音播报服务的语速调节上，各网站都有较为细致的挡位设置，有 3 挡、5 挡、7 挡的不同，如表 6 所示。

表 6　语速调节挡位情况

航空公司	语速调节挡位
山航、联航	3 挡（加快、减缓、正常）
南航	3 挡（语速正常；语速快；语速慢）
国航、东航、深航	5 挡（1；1.5；2；2.5；3）
海航	7 挡（0.8；0.9；1；1.5；2；2.5；3）

调查显示，在适老版的配置上，目前只有中国南方航空和中国国际航空两家公司的官网设有面向老年人的适老版或关怀版网页。南航官网的适老版网页表现为大字体呈现，网页排版没有变化。国航官网的关怀版网页除大字体外，其网页排版更简洁，便于用户查找信息，如图 2 所示。

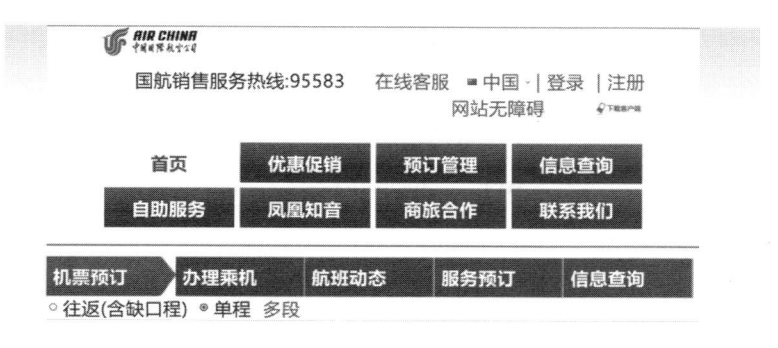

图 2 中国国际航空股份有限公司关怀版网页

4家航空公司的APP设有适老版本，分别为中国国际航空公司、中国东方航空公司、中国南方航空公司和海南航空公司。适老版较普通版都页面更加简洁、整体字体更大。南航长辈版APP设有帮助按钮，可直接跳转电话界面，用户可拨打客服电话寻求帮助。海航的爱心版APP，设有语音开关与语速调节功能，还有字体大小设置与颜色设置功能。

四 智能客服

智能客服指网站配置的机器人自动回复功能。智能客服是在人工智能技术日益发展的基础上出现的一种服务形式，能为用户提供更加智能化的自助型服务。目前航空公司网站和APP的智能客服配置率都较高，有31个网站（73.81%）和18个APP（94.74%）设有智能客服。智能客服语言服务集中体现在智能问答上，包括"自动回复"与文字识别服务。

"自动回复"是指点开聊天框后自动弹出的回复信息。大部分网站和APP都设有自动回复功能，回复内容大体一致，主要包括招呼语、常见问题举例、通知提示语、提供其他联系方式（转接人工客服、提供热线电话等），为用户查询信息提供了指引。总体来看，智能客服自动回复用语遵循礼貌原则和会话原则，有的比较轻松、亲切，例如一些招呼语："您好！智能客服Miss U，很高兴为您服务！""亲亲，您好！我是在线客服鹭漫漫，很高兴为您服务！"

就不同内容的覆盖面来看，招呼语的覆盖面最广，几乎所有设有自动回复功能的网站和APP在用户点开对话框后，都会自动弹出招呼语。其次是常见问题举例，近90%的APP和近50%的网站自动回复中列出了常见问题举例。通知提示语和提供其他联系方式的设置相对较少。详见表7。

不同网站和APP智能客服自动回复的内容组合有所不同，有"招呼语""招呼语＋常见问题举例""招呼语＋联系方式""招呼语＋常见问题举例＋通知提示语""招呼语＋通知提示语＋联系方式"等多种组合。网站智能客服自动回复只提供招呼语的最多，有11家；APP自动回复内容为"招呼语＋联系方式"的最多，一半以上的为这种形式。

表7 "自动回复"信息内容涵盖情况

信息内容	网站数量	占比/%	APP数量	占比/%
招呼语	28	90.32	18	100.00
常见问题举例	13	41.94	16	88.89
通知提示语	7	22.58	5	27.78
联系方式	6	19.35	3	16.67

文字识别服务是指网站和APP可以对用户所输入的文字类型加以识别。文字识别的精准度和可识别文字的类型，反映了智能客服的智能化水平。本报告主要考察了航空公司网站和APP智能客服对简体中文、繁体中文和英文的识别情况，分别用中文简体、中文繁体和英文输入购票、改签、行李托运、值机等常见问题，看智能客服对问题的识别和回复情况。

总体来看，网站和APP智能客服对简体中文和繁体中文的识别率都较高。超过80%，其中94.44%的APP能识别简体中文，70%以上能全部精准识别繁体中文。对英文的识别率，网站和APP略有不同，APP略高于网站。61.10%的APP可以识别英文招呼语与简单的英文问题，27.78%的APP只能识别英文招呼语。45.16%的网站可识别简单的英文招呼语与简单的英文问题并做出回应，29.04%的网站只能识别简单的英文招呼语。但智能客服针对英文提问的回复绝大多数都为中文，只有国航与东航的智能客服提供了英文回答。详见表8。

表8 智能客服可识别文字情况

可识别文字	识别情况	网站数	占比/%	APP数	占比/%
简体中文	可识别	26	83.87	17	94.44
	无法识别	1	3.23	—	—
	其他情况①	4	12.90	1	5.56

① 其他情况包括直接接入人工客服、无法正常输入。

（续表）

可识别文字	识别情况	网站数	占比/%	APP数	占比/%
繁体中文	可识别	22	70.97	13	72.22
	可识别部分	4	12.90	3	16.67
	无法识别	1	3.23	1	5.56
	其他情况	4	12.90	1	5.56
英文	可识别英文招呼语	9	29.04	5	27.78
	可识别英文招呼语与简单英文提问	14	45.16	11	61.11
	无法识别英文	4	12.90	1	5.56
	其他情况	4	12.90	1	5.56

五 思考与建议

（一）加强语种服务建设，提升多元化语言服务水平

航空公司网站和APP以中文单语为主，双语或多语的配置率不高。在智能客服语种识别方面，对英文的识别率和识别的精准度也有待加强。随着国际交往的深化，无论是国内航线还是国际航线，国际旅客的规模都在增长。从为外籍乘客提供便利的角度考虑，网站和APP可充分利用自动翻译技术，增加外语服务语种，提升国际化服务水平。同时适当提高方言和少数民族语言的识别率。简化语种切换方式，提升用户感受。

（二）完善搜索输入和智能客服服务，提升智能化语言服务水平

目前航空公司网站和APP的搜索框设置率较低，仅有少数设有搜索框，输入方式以文字输入为主。建议增加搜索框配置，提供语音输入和"搜索热词"，提升搜索服务的交互性。进一步优化智能客服服务，增加文字识别的精确度和多样化，使智能客服更智慧。

（三）推进无障碍和适老化改造，提升精准化语言服务水平

工业和信息化部发布的《互联网应用适老化及无障碍改造专项行动方案》（以

下简称《方案》）中，针对老年人、视力障碍人士、听力障碍人士、肢体障碍人士不同人群的不同需求，分别提出了对网站和APP的适老化与无障碍改造的要求。《方案》的附件中所列出的首批适老化与无障碍改造网站和APP名单中，有五家航空公司，分别是中国国际航空、中国东方航空、中国南方航空、海南航空、深圳航空，目前这五家航空公司的网站均已完成适老化与无障碍改造。其他航空公司的网站和APP虽然没有被列入首批改造名单，但随着特殊人群出行需求的不断增加，进行适老化与无障碍改造是必然趋势。目前航空公司网站和APP的适老模式与无障碍功能配置率总体较低，已配置适老模式和无障碍功能的也还存在有待改进之处，比如没有细分不同的音量挡位，应增加方言识别功能，等等。

（王海兰、陈梓茵）

新媒体平台语言文字服务建设状况*

新时代，语言生活领域不时出现新情况、新矛盾和新问题。比如"外婆"与"姥姥"的地域碰撞，地名六（lù）安与六（liù）安的网络争吵，乡村振兴战略中的方言传承……语言事件有大有小，渗透在人们的日常生活之中，大都引起了新媒体业态下的舆情反响。各类事件背后反映的是语言文字工作需要加强宣传与引导服务，这也是国家语言服务能力的重要部分。本报告旨在全面调查新媒体平台语言文字服务状况，主要包括微信公众号、抖音、小红书、哔哩哔哩、知乎等，分析现有平台的特点和存在的问题，并提出相关建议。

一 微信公众号平台

微信公众号是传播我国语言国情现状、语言文字政策和语言文字相关状况的重要平台。本报告搜集了129个相关微信公众号，按宣传的内容分为7类：推广基地类、民族语言类、方言文化类、学术资讯类、语言文化知识类、语言服务类、语言政策宣传类。其中推广基地有46个相关公众号，民族语言15个，方言文化12个，学术资讯16个，语言文化知识21个，语言服务10个，语言政策宣传9个。我们分别从微信公众号平台的内容、影响力进行分析，并提供了两个典型案例。

（一）平台内容

7类公众号发布内容各有不同，分析如下：

第一，推广基地类公众号，大部分是以高校为运营方，主要发布语言文字推广、语言政策普及、语言文化宣传等内容。

第二，民族语言类公众号，主要发布与少数民族语言文字相关，记录民族发

---

* 广东省社科规划2022年度学科共建项目"粤港澳大湾区语言资源库建设研究"（GD22XZY03）。

展史。如少数民族语言文字研究成果，学术会议、讲座、新闻播报等，致力于宣传和普及民族语言知识，让更多的人了解和掌握本民族的语言和文化，增强民族认同感和自豪感。如公众号"藏族文化和历史"宣传藏族文化和语言文字，"少数民族语言教学学习""中国民族古文字研究会""民族语言学习"等公众号宣传民族语言并配上语言教学视频。

第三，方言文化类公众号，主要发布与方言文化相关的方言歌曲、方言读音、方言趣事等，关注某一特定地区的方言文化，包括方言语音、词汇、语法等。这类公众号通常会介绍该地区的方言特点、历史背景和文化内涵。

第四，学术资讯类公众号，主要跟踪语言前沿理论，报道语言学界动态，交流语言学术热点，普及语言学术常识等。如"当代语言学""文化语言学新视野""言吾言学刊"等，这类型公众号致力于传播最新语言学学术信息，学术报告、学术会议、科研项目。

第五，语言文化知识类公众号，主要发布与语言、文字、语言文化、汉语知识等相关的文章，内容主题涉及广，涵盖了语言学、文化学、文学等多个领域。如"语言学午餐""语标""摩登语言学""语情局""语言文字规矩方圆"等，这类公众号追踪社会语言热点，分析生活中语言学的例子，传播身边的语言文化。

第六，语言服务类公众号，主要发布与语言服务相关的内容，包括语言翻译、语言应急服务、语言大数据、计算机语言、语料库等，为大众了解语言服务学术研究和行业咨询提供了优质了解渠道，部分公众号与语言产业连接密切。

第七，语言政策宣传类公众号，主要发布宣传普通话、语言文字方针政策的内容和语情动态。如"通用语言文字学习网""语言文字""中国语情"这类公众号定期发布与普通话普及政策相关的内容，还会宣传和解读国家语言政策。

（二）平台影响力

阅读量分析是评估微信公众号影响力的重要指标之一。通过分析阅读量数据，可以了解公众号在一定时间段内的阅读规模和受众规模，从而评估其传播效果和影响力。总体上看，划分的7个类别都有浏览量高的公众号和浏览量低的公众号，甚至同一个公众号发布的内容不一样，浏览量也不尽相同。民族语言类公众号浏览量最大的文章是广播电视总台的新闻播报，浏览量达到100 000+。语言文化知识类公众号总体浏览量较高，如公众号"语言与文化"，浏览量从1000到35 000不等；"语言学午餐"大部分文章浏览量在3000+以上，有些文章能达到20 000。

语言政策宣传类公众号如"语言文字"发布普通话教学文章以及普通话政策，浏览量较大，部分文章浏览量达 10 000+。推广基地类公众号浏览量较为稳定，基本在 100 左右徘徊，部分文章可达 10 000+。

（三）典型案例

1. 公众号"平话"

"平话"是以企业为认证主体、以宣传福建方言和文化为主的公众号。其运作主体是一家文化传媒公司，公司在福建地区拥有广泛的资源和影响力，致力于推广福建方言和文化。

"平话"是一个专注于提供原创、高质量内容的公众号，自入驻以来一共发布了 1807 篇原创文章，内容涵盖了多个领域，包括社会热点、地方文化、历史民俗、科技生活等，尤其注重原创性和深度，其文章观点独特、论述深入，能够引发用户的思考和共鸣；通过发布高质量的图片、有声录音等形式的内容，满足用户多样化的阅读需求，为用户提供全面了解和认识福建的窗口，吸引了大量对福建方言和文化感兴趣的用户浏览。

浏览量方面，多数文章尤其是关于福建文化的优质文章浏览量在 5000 左右浮动，也有少数文章浏览量达到 10 000+。作为一个地域性公众号，拥有这样的浏览量实属难得。

2. 公众号"咬文嚼字"

"咬文嚼字"是以宣传语言文字规范、传播语言文字知识、引导语言文字生活、推动语言文字学习为宗旨的公众号，致力于介绍生活中的语言知识，语言文字使用。

"咬文嚼字"由一个专业的语言文化传播公司运营，该团队具有深厚的语言学、文学和媒体传播背景，致力于提供高质量的语言文字内容和服务。

平台内容主要涉及语言文字的研究和应用，包括文字、语音、词汇、语法、释义、用法等方面的知识，注重知识的准确性和实用性，旨在为用户提供有价值的语言文字信息和服务，同时还涉及文学、文化等领域的内容，为用户提供更为丰富的阅读体验。

该公众号更新频率较高，日更 4 篇文章，每篇文章均有特定的主题。不同文章浏览量不同，涉及语言文字读音纠正的文章浏览量偏高。

二 其他新媒体平台

本节主要调查抖音、小红书、哔哩哔哩、今日头条、知乎等新媒体平台，分析了18个抖音平台、20个哔哩哔哩平台、15个小红书平台、10个今日头条平台、6个知乎平台，梳理了平台的内容、运作主体、影响力、运作地域等，分析了平台对传播语情现状、语言文字政策的服务状况，并提供了两个典型案例。

（一）平台内容

1. 抖音

抖音平台已搜集的用户发布内容主要包括语言与文化、语言学科相关知识两大方面。如官方用户"中国国家博物馆"在抖音平台下设置了一个视频合集宣传甲骨文相关知识、"《咬文嚼字》杂志社"分享年度流行语和年度十大语文差错，个人用户如"方言说"分享方言词汇科普，"仓吉页爱汉字"介绍汉字文化等。

2. 哔哩哔哩

哔哩哔哩平台发布内容包括语言与文化、语言学科相关知识、语言资源三方面。如官方用户"语言与未来"分享了近百个语言学相关讲座视频，个人用户"文斗说字"分享汉字词汇文化科普内容，"博物汉字""商史甲骨"等介绍甲骨文。总体来看个人用户与官方用户的分享内容均涉及上述三方面，但个人用户大部分分享内容为语言与文化。

3. 小红书

小红书平台发布内容包括语言与文化、语言学科相关知识科普两方面。如官方用户"央博"设置一内容合集为"神奇甲骨"——探秘甲骨上的"商代日记"，个人用户"跟字叔学汉字"科普汉字词汇文化、甲骨文及汉字部首演变等。总体来看官方用户和个人用户主要分享内容为语言与文化。

4. 今日头条

今日头条平台的官方用户和个人用户分享内容均为语言与文化。如"画汉字"结合《说文解字》讲解汉字，"语情局"分享语言文化科普和趣味语言现象的文章。

5. 知乎

知乎平台所搜集的用户均为个人用户，分享内容主要是包括语言文字、语言学学习的科普文章和相关问题个人见解。

（二）平台影响力

相关新媒体平台中官方用户平台与个人用户平台影响力有差异，本报告从粉丝量和发布内容浏览量、点赞量、收藏量等分析如下：

1. 抖音

在已搜集的18个抖音平台用户中，官方用户有6个，个人用户12个。官方用户中"中国国家博物馆"粉丝量最多，为106.6万，但其视频合集"证古泽金——甲骨文文化展"的播放量只有25.8万，共10个视频。其余官方用户粉丝量只有89—3495，影响力较小。个人用户中"仓吉页爱汉字"的粉丝量最多，为77.8万，视频数量多达510个，最高视频合集播放量为1994.5万。"李右溪"的粉丝量在个人用户中排第二，为67.7万，最高视频合集播放量多达5463.9万，排名第一。其余个人用户的粉丝量较低，影响力较小。

2. 哔哩哔哩

在已搜集的20个哔哩哔哩平台用户中，官方用户有6个，个人用户14个。官方用户中"国家博物馆"粉丝量最多，为93.5万，其视频合集"趣聊甲骨文"最高浏览量为4.8万。"《咬文嚼字》杂志社"发布内容浏览量在官方用户中最高，为11.3万。其余官方用户的粉丝量在6万—411万之间，发布内容浏览量在6.9万—89万之间。个人用户中"博物汉字"的粉丝量和发布内容浏览量最高，分别是35.3万和227万。其余个人用户的粉丝量在6.2万—348万之间，发布内容浏览量在8万—102.3万之间。

3. 小红书

在已搜集的15个小红书平台用户中，官方用户有2个，个人用户13个。官方用户的粉丝量较少，影响力也较小。个人用户中影响力最大的是"博物汉字"。

4. 今日头条

在已搜集的10个今日头条用户中，官方用户仅有1个，粉丝量较低。个人用户有9个，粉丝量在1317—8.9万之间。

5. 知乎

在已搜集的6个知乎平台个人用户中，粉丝量在2631—2.9万之间，最高获赞量4.4万，相关贴文来自个人用户"蜃楼城少主"，主要分享语言文字、语言学学习的科普文章。

（三）典型案例

1. 抖音平台"李右溪"

"李右溪"目前在抖音平台有67.7万粉丝，其发布内容丰富，视频合集播放量最高达到5463.9万，相关视频最高点赞数为23.4万，是在抖音平台影响力非常大的汉字文化科普博主。其在抖音平台从字形、历史、文物等角度去传播甲骨文知识，介绍甲骨文相关专业，以独特的创作风格、幽默轻松的方式介绍甲骨文的起源、发展历程以及应用领域，让观众们在欣赏视频的同时也能获得实质性的知识。

2. 小红书平台"博物汉字"

"博物汉字"目前在小红书平台有41.4万粉丝，在其已注册的新媒体平台中，小红书平台上的粉丝量最多。该用户的背后是一个喜爱国风的90后团队，其发布内容主题为趣味甲骨文科普，内容形式包括图文和视频，获赞与收藏共计114.2万。在小红书平台的发布内容共分4个系列：3000年前系列、可爱文创、经典动画、甲骨文表情包。"博物汉字"的特别之处在于创作甲骨文动画，用这种更有趣的方式解构甲骨文，传播甲骨文知识。

三　现状分析

现阶段的新媒体平台对语言文字宣传与引导服务取得了以下成效：

各个新媒体平台都有相关的账号关注语言文字，平台分布较为广泛。

新媒体平台的运行主体多元，有杂志编辑部、语言文字推广基地、高校相关科研单位，还有不少个人用户。

部分贴文浏览量较高，产生了一定的影响力。微信公众号平台的某些语言文字科普文章浏览量达到10万+，抖音平台的古文字讲解视频博主，有近70万粉丝。

新媒体平台的语言文字服务建设也存在一些问题：

一、发布的内容数量较少，断更时间长。如哔哩哔哩平台个别账号，发布视频数量仅6个，且近一年未更新。

二、有些账号会在不同的新媒体平台进行注册，但在不同平台发布的内容不统一，存在将内容集中发布在某一平台上，但忽略其他平台的现象。

三、官方平台的影响力有待加强。很多个人主体运营的平台的影响力稍大，但个人用户有些分享及科普的内容科学性和真实性存疑，有些贴文主要为了流量。

四 建议

基于前文成效与问题分析，建议如下：

一、语言文字机构参与写作的新媒体平台，如推广基地的微信公众号等，应进一步规范平台发布内容的质量、频次等。平台内容建议主要涉及以下四个方向：国家语言文字政策的专家解读；国家语言生活现状的要点；新的语言及语言学观念；语言生活中的热点问题，特别应重视跟进热点话题。

二、有关部门还要加强对个人新媒体平台的管理。对于有影响力的个人新媒体平台，要加以鼓励和引导；对个人平台追逐流量发布的错误信息，官方平台要及时跟进更正。

三、要加强官方新媒体平台与个人新媒体平台的合作，构成语言文字信息传播的新媒体方阵，互相支持，协助转发高质量内容，助力增加订阅用户，提升影响力。

四、相关语言文字学会可以鼓励有影响力的语言文字专家加入新媒体平台，组建团队运作新媒体平台，及时发布分析、评论性的贴文。

总之，新时代的语言文字服务需要建设强有力且高效的新媒体平台，这也是向社会提供高质量语言服务的重要举措，可以为加强群众语言国情教育以及促进人民语言观念革新、提升国家语言能力、构建和谐语言生活，发挥重要作用。

（王文豪、闫靖童、谢珊瑜）

第五部分

城乡区域语言服务

导　语

城乡融合发展是我国现代化强国建设的重大战略部署。统筹城市与乡村建设中的各类服务要素，打破城乡二元结构，构建城乡一体化发展的新格局，已经成为全面建设社会主义现代化国家新征程中，实现共同繁荣、共同富裕的必然选择。语言文字作为连通城乡融合发展的桥梁之一，在塑造社会发展软环境、消解要素流通障碍、促进城乡融合发展等方面扮演着重要的角色。鉴于以上，本部分选择了7个报告，以期通过"以点带面"的方式，从不同角度展示城乡区域协同化发展过程中的语言服务状况。

《中国乡村语言服务状况考察》关注的是乡村发展中的语言服务，立足京津冀、长三角和珠三角三个重点区域，考察其乡村语言服务的相关举措。《凉山易地扶贫搬迁少数民族聚居城北感恩社区语言服务需求》《喀什易地扶贫搬迁多民族杂居提勒苏扎克村语言服务需求》以"城北感恩社区"和"提勒苏扎克村"两个搬迁点为观察点，调查了少数民族易地扶贫搬迁后的语言服务需求。与城市公共语言服务相关的报告有两篇：《城市语言信息无障碍公共服务观察》以6个城市作为切入点，分析了目前城市语言信息无障碍服务的基本状况，并提出了相应的改进建议；《城市公共空间应急语言服务调研》以10个城市的482个应急语言服务景观为基础，分析了城市应急语言服务的现状与问题。乡村与少数民族地区的电商直播也是本板块关注的内容之一。《乡村电商直播的语言服务》以543个直播间为调查样本，分析了乡村电商直播语言服务的类型、方式、内容、策略以及人才供给状况，并针对发现的问题提出了相关的建议；《新疆自由贸易试验区喀什片区跨境电商语言服务调查》则调查了新疆喀什地区跨境电商从业人员的语言能力状况、消费者语言服务需求，以及电商中心语言服务中存在的问题。

城乡融合发展牵涉到教育、医疗、交通、公共服务、社会保障等多个层面，而天然内嵌于其间的各类语言文字问题，将会在日趋加速的融合发展进程中变得愈发凸显。从这个角度讲，本板块的几篇报告，仅能算是"管中窥豹"。未来，关于这一课题的研究，仍大有可为。

（张迎宝）

中国乡村语言服务状况考察

在中国农村地区的发展进程中,与之相关的语言服务可分为三个阶段:第一阶段(1949—2010)侧重于开展乡村语言规划,致力于调查语言使用状况、记录语言变异情况、提升村民语言文字使用能力。第二阶段(2011—2020)着重于语言扶贫,认识语言的经济属性,进一步提升村民的语言能力,以消除贫困、促进人的全面发展。第三阶段(2021—至今)进入乡村振兴新阶段,本地化语言服务成为语言服务的重要发展方向。① 本报告立足第三阶段乡村本地化语言服务,首先梳理国家相关政策文件,分析其中涉及乡村语言服务的内容,然后考察京津冀、长三角和珠三角三个重点区域的语言服务实践,最后提出建议。

一 国家乡村语言服务政策梳理

近年来,国家相关部门对语言服务高度重视,以 2021—2024 年为搜索时间段,在中华人民共和国中央人民政府网站上共查找到 5 个与乡村语言服务相关的政策文件,这些文件聚焦民族地区和农村地区,明确了语言服务对象和语言服务内容,为各地区开展乡村语言服务提供了重要指引。详见表 1。

表 1 乡村语言服务相关政策文件

序号	文件名称	发布日期	发文字号
1	国务院办公厅关于全面加强新时代语言文字工作的意见	2021-11-30	国发办〔2020〕30 号
2	教育部 国家乡村振兴局 国家语委关于印发《国家通用语言文字普及提升工程和推普助力乡村振兴计划实施方案》的通知	2021-12-23	教语用〔2021〕4 号
3	教育部办公厅关于举办 2022 年全民终身学习活动周的通知	2022-11-09	教职成厅函〔2022〕22 号

---

① 王春辉《中华人民共和国语言扶贫事业七十年》,《云南师范大学学报(哲学社会科学版)》2019 年第 4 期。

（续表）

序号	文件名称	发布日期	发文字号
4	国家语言文字工作委员会关于印发《国家语言文字推广基地管理办法》的通知	2022-11-21	国语〔2022〕3号
5	教育部 国家语委关于加强高等学校服务国家通用语言文字高质量推广普及的若干意见	2023-11-18	教语用〔2022〕2号

（一）语言服务对象

从语言服务涉及的群体来看，可分为语言服务需求者和语言服务供给者。教语用〔2021〕4号文显示，语言服务需求者主要有学前儿童、教师、青壮年劳动力、基层干部等；① 语言服务供给者可分为服务主体、服务平台和服务基地三种类型。详见图1。

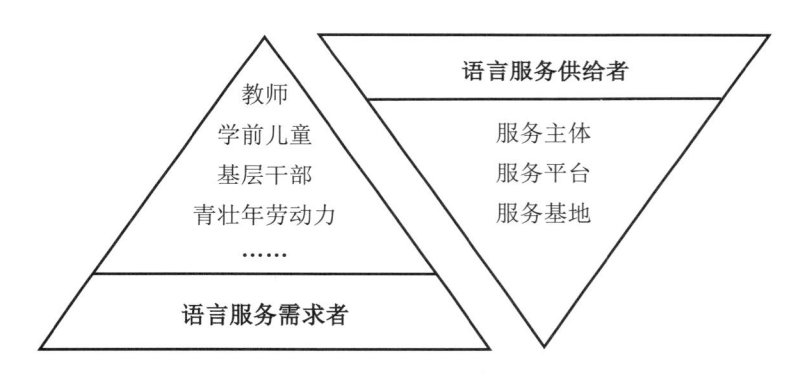

图1 乡村语言服务需求者和供给者构成图

首先，服务主体根据提供服务内容的不同可分为三类：一是语言服务资源建设部门，负责组织开展培训和提供各类语言资源；二是语言服务志愿者团队，协助语言产业、语言培训、普通话水平测试等相关语言服务开展；三是本地语言文化宣传骨干，这些骨干是本地语言服务的重要组成人员，在弘扬语言文化、提供培训服务中具有重要作用。

其次，服务平台以共享优质资源为主，包括各类语言文字学习平台和公共教育服务平台。教职成厅函〔2022〕22号文提到鼓励各地终身学习公共服务平台、社区教育和老年教育平台、继续教育平台与国家开放大学终身教育平台等各类公共教育服务平台向农村等地区开放共享。②

---

① 参见：https://www.gov.cn/zhengce/zhengceku/2022-01/09/content_5667268.htm。
② 参见：https://www.gov.cn/zhengce/zhengceku/2022-11/14/content_5726798.htm。

最后，服务基地主要由两种类型构成：一是开展日常学习培训的服务基地，教语用〔2021〕4号文建议，通过新时代文明实践中心（所、站）、农民夜校、乡村文化大院等基地为乡村居民提供国家通用语言文字培训服务；二是提供语言文字咨政、开展推普志愿活动等服务的服务基地，主要是高等学校、科研机构等国家语言文字推广基地。①

（二）语言服务内容

从语言服务的内容看，主要分为公共语言服务和特定语言服务。公共语言服务即面向乡村全体需求者的语言服务，特定语言服务指的是针对不同需求者而开展的语言服务。

首先，公共语言服务体现在规范性、提升性、传承性三个方面。规范性的公共语言服务包括国家手语和盲文规范化活动、社会用语用字规范、学校教育语言文字规范化等。提升性的公共语言服务有两个重点内容：一是通过各项活动提升国家通用语言文字教育教学质量、国民语言文字应用能力、语言文化素养等；二是教语用〔2022〕2号文提出的探索语言技术、语言经济等助力乡村产业发展。②传承性的公共语言服务体现在乡土语言文化资源开发利用上，例如国发办〔2020〕30号文提出的开展语言文化类优质课程与名师讲座建设、实施中华经典诵读工程、打造以语言文化内容为主的特色乡村和品牌、开展经典润乡土计划等。③

其次，特定语言服务的主体是学前儿童、教师、青壮年劳动力和基层干部等。面向以上推普攻坚行动重点普及对象而开展的特定语言服务以提升语言文字应用能力为基础，并具有明显的主体特色。教语用〔2021〕4号文显示，为上述主体提供的语言服务内容包括针对学前儿童的"童语同音"计划，针对教师的示范培训计划，针对青壮年劳动力的"职业技能＋普通话"教育培训，针对基层干部的国家通用语言文字专项培训、集中学习，等等。

二 乡村语言服务状况分析

京津冀、长三角、珠三角地区是"两横三纵"城镇化战略格局上的重点城市群，也是引领高质量发展的第一梯队，语言服务意识已融入区域发展的各个方面。

---

① 参见：https://www.gov.cn/zhengce/zhengceku/2022-12/06/content_5730287.htm。
② 参见：http://www.moe.gov.cn/srcsite/A18/s7066/202211/t20221128_1006812.html。
③ 参见：https://www.gov.cn/zhengce/content/2021-11/30/content_5654985.htm。

当前，三大地区乡村语言服务的共同特点是聚焦"推普"，2021—2023 年，三大地区组建的"推普助力乡村振兴"高校实践团队的数量分别为 244 支①、243 支②和 408 支③。详见表2。大学生作为服务供给者为民族地区、农村地区的国家通用语言文字应用能力较弱的学前儿童、中小学生、青壮年劳动力、基层干部、留守妇女等人群提供志愿服务。

表2　三大地区"推普助力乡村振兴"高校实践团队数量

地区	团队数		
	2021 年	2022 年	2023 年
京津冀	87	86	134
长三角	53	87	170
珠三角	104	70	104
共计	244	243	408

三大区域语言政策主要集中在服务、工作、教育、文化、文字和语言六个方面，但各有侧重：京津冀地区重视语言规划中的基础建设工作，长三角地区强调语言文字基础能力工作，④珠三角地区突出语言规划与服务工作。

（一）京津冀地区

京津冀地区的乡村语言服务主要以语言文字推广服务和语言环境建设服务等内容为主，北京市和天津市相关服务举措较为突出。

北京市主要聚焦于推普助力乡村振兴和乡村国际语言环境建设。在推普助力乡村振兴的进程中，北京市的乡村语言服务由对内和对外两个部分构成。对内方面，北京市在本地乡村大力开展普通话宣传周活动，积极探索语言文字工作助力乡村产业发展的路径，既注重提升青壮年劳动力等重点人群的国家通用语言文字能力，也注重乡村语言文化的开发利用。例如，在第 25 届全国推广普通话宣传周

---

① 《2021 年"推普助力乡村振兴"全国大学生暑期社会实践志愿服务活动入选团队名单》，http://www.moe.gov.cn/jyb_xxgk/s5743/s5744/A18/202107/t20210719_545586.html。
② 《2022 年"推普助力乡村振兴"全国大中专学生暑期社会实践志愿服务活动入选团队名单》，http://www.moe.gov.cn/jyb_xxgk/s5743/s5744/A18/202207/t20220706_643948.html。
③ 《2023 年"推普助力乡村振兴"全国大学生暑期社会实践志愿服务活动入选团队名单》，http://www.moe.gov.cn/jyb_xxgk/s5743/s5744/A18/202306/t20230627_1066036.html。
④ 孙疆卫、刘军伟《京津冀、长三角、粤港澳大湾区语言政策重点对比分析（2012—2021）》，《山东外语教学》2023 年第 1 期。

期间，北京市昌平区教委、区语委在全区开展了丰富多彩的语言文字活动，广泛深入宣传《国家通用语言文字法》，传播中华优秀传统文化；① 对外方面，北京市积极开展对口国家乡村振兴重点帮扶县和语言文字基础薄弱地区的帮扶活动。例如，北京市"推普助力乡村振兴"对口支援甘肃省临夏州，北京市语委联合北京教育学院项目团队于2023年7月为100名临夏州语言文字工作骨干开展了普通话培训。②

此外，北京市乡村国际语言环境建设也取得了一定成效，主要围绕政务服务展开，重在打造双语环境，提升国际化水平。例如，2022年8月北京市大兴区长子营镇政务服务中心开展了国际语言环境建设，根据相关政策文件要求，设置了中英文双语门楣、双语楼内示意图、双语标牌和提示等。见图2。

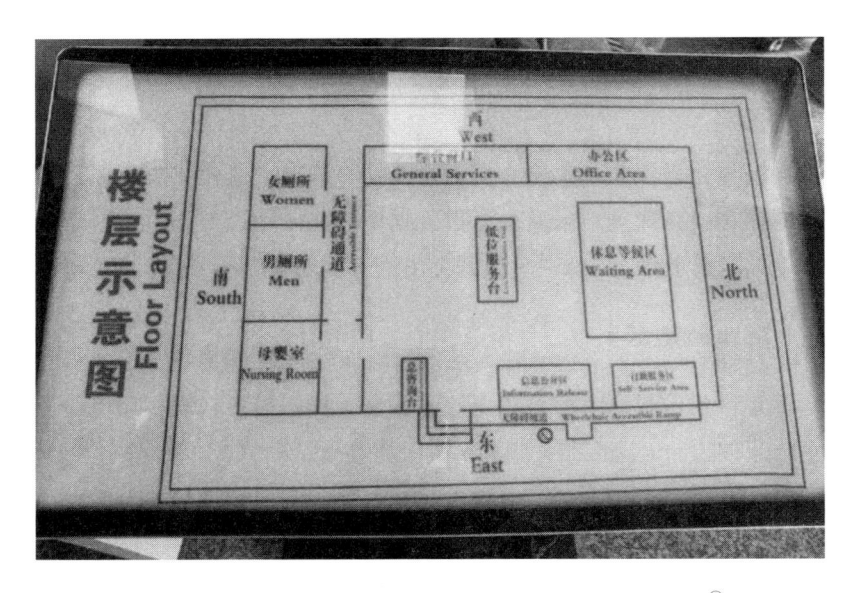

图2　北京市大兴区长子营镇政务服务中心双语示意图③

天津市乡村语言服务以国家语言文字推广普及为核心，呈现出以下两个特点。首先，以学前儿童、教师为重点人群，通过各项培训活动提升其语言文字应用能力。例如，为提升乡村儿童普通话水平，天津师范大学文学院实践团于

---

① 《昌平区举行第25届全国推广普通话宣传周集中宣传活动》，https://jw.beijing.gov.cn/language/gqxx/cpq/202210/t20221009_2830804.html。
② 《2023年北京市"推普助力乡村振兴"对口支援甘肃省临夏州语言文字工作骨干教师普通话培训圆满完成》，https://jw.beijing.gov.cn/language/xxkd/202308/t20230808_3218273.html。
③ 《国际"范"｜长子营镇着力推进国际语言环境建设专项工作》，"凤河岸上长子营"微信公众号，https://mp.weixin.qq.com/s/sOdml8UAiIwUEPe1cqM9LQ。

2023年8月在天津市蓟州区山澜乡韵社区开展适龄儿童推普活动。①其次，以高校大学生为乡村语言服务主体，对口支援合作地区、偏远乡镇开展普通话推广实践，提高此类地区的语言素质和普通话水平。例如，津语委〔2021〕1号文提出持续推进对口支援民族地区国家通用语言文字教育的举措，帮助青壮年农牧民等掌握普通话沟通交流能力。②天津理工大学社会实践团于2023年7月在贵州省遵义市开展普通话推广活动，深入了解当地居民生活状况以及对普通话推广的认知和需求。③

（二）长三角地区

长三角地区重点考察了江苏省和浙江省，该地区的乡村语言服务以国家通用语言文字推广普及、多元化语言服务、提升语言文化素养和促进语言产业发展四方面为主。

浙江省乡村语言服务主要涉及国家通用语言文字普及提升和国家通用语言文字服务社会发展。一方面，国家通用语言文字普及提升以乡村语言文字规范化建设为核心，包括国家通用语言文字推广、培训进农村、乡村用语用字规范化建设等。例如，2023年9月浙江省温州市永嘉县岩坦镇源头村挂牌"乡村语言文字高质量发展建设试点村"，力争做好"语言文字+"后半篇文章。④另一方面，国家通用语言文字服务社会发展主要体现在多元化的语言服务上，主要举措有为特定人群提供语言服务和提升应急语言服务能力。例如，2021年8月浙江省桐庐县江南镇环溪村开展语言康复咨询服务。⑤2021年12月浙江省嘉兴市海盐县发布全省首个县级应急广播类规范《农村应急广播服务与管理规范》。⑥

江苏省乡村语言服务与语言文化、语言产业两个方面紧密结合，其中又以乡

---

① 《"三下乡"｜"四海同音·你我同行"普通话推广实践活动圆满完成》，"天津师范大学文学院"微信公众号，https://mp.weixin.qq.com/s/2ebJOGWmuB9EmwPYn5IeYA。
② 《天津市全面加强新时代语言文字工作的若干举措》，津语委〔2021〕1号，https://jy.tj.gov.cn/ZTZL_52246/ZTZL7482/D22JQGTGPTHXCZ7477/202112/t20211201_5738839.html。
③ 《将红色教育融入乡村推普｜天津理工大学推普助力乡村振兴》，"推普助力乡村振兴"微信公众号，https://mp.weixin.qq.com/s/7_F6otVC2zNo4KH1XzKG_w。
④ 《全省首批试点，温州3个村挂牌！》，"温州教育发布"微信公众号，https://mp.weixin.qq.com/s/dFN_ktkE79OP6YAVDs3F7Q。
⑤ 《语康小百灵助力乡村振兴在行动 北京语言大学语康学院开展暑期社会实践活动》，https://zhejiang.eol.cn/zhejiang_news/202108/t20210824_2146957.shtml。
⑥ 《【地市】全省首个！嘉兴海盐地方标准〈农村应急广播服务与管理规范〉发布》，"浙江应急管理"微信公众号，https://mp.weixin.qq.com/s/G2is7G2ZyN83dupYDC3nVw。

村语言文化服务为核心，而高校师生、普通话水平测试员等队伍则是开展服务的主体。详细架构见图3。

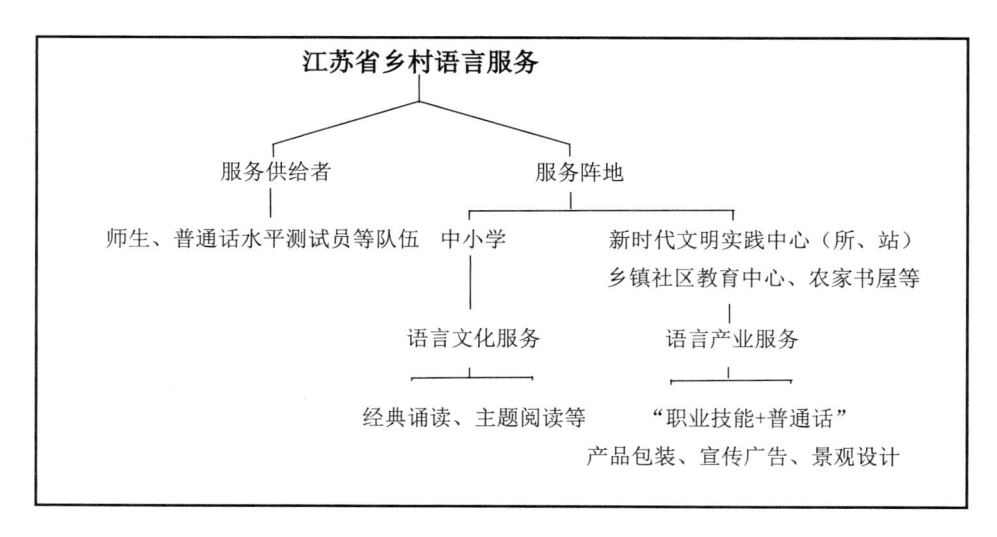

```
                        江苏省乡村语言服务
                    ┌──────────┴──────────┐
                服务供给者              服务阵地
                    │            ┌──────┴──────┐
        师生、普通话水平测试员等队伍  中小学    新时代文明实践中心（所、站）
                                            乡镇社区教育中心、农家书屋等
                                  │              │
                            语言文化服务      语言产业服务
                                  │              │
                        经典诵读、主题阅读等   "职业技能+普通话"
                                            产品包装、宣传广告、景观设计
```

图3　江苏省乡村语言服务架构

从具体实践来看，"经典润乡土"是江苏省开展乡村语言文化服务的重点。苏语办函〔2023〕1号文提出，乡村语言文化志愿服务形式包括乡村中小学经典诵读活动、乡村语言文化环境规范行动等。① 以江苏省无锡市为例，该市为提升村民语言文化素养，在锡语办发〔2022〕3号文中明确提出，要开展以"水韵江苏"为主题的语言文化服务，② 并结合乡村中小学阵地开展各类经典诵读、阅读活动。③

江苏省的乡村语言产业服务可分为商业语言服务和从业人员培训服务两类。其中，商业语言服务涵盖产品包装、宣传广告、景观设计等方面④，而从业人员培训服务以"职业技能＋普通话"的形式展开。例如，2022年9月江苏省语委办联合南京艺术学院国家语言文字推广基地组织了宿迁市农村电商主播的普通话专项培训。见图4。

---

① 《省教育厅等五部门关于开展"书香新时代，'典'亮新征程"2023年度中华经典诵写讲系列活动的通知》，苏语办函〔2023〕1号，http://jyt.jiangsu.gov.cn/art/2023/5/12/art_58320_10894414.html。
② 《无锡市市教育局等六部门关于开展"筑梦向未来"2022年度中华经典诵写讲系列活动的通知》，锡语办发〔2022〕3号，https://www.wuxi.gov.cn/doc/2022/05/09/3663948.shtml。
③ 《暑期社会实践｜"大手拉小手"红色经典诵读实践团"经典诵读进乡村，语言文字助振兴"实践活动再起航》，"青春商院"微信公众号，https://mp.weixin.qq.com/s/D_HxwF3T3YfBr4wfR7FD9w。
④ 《省语委等六部门关于开展"筑梦向未来"2022年度中华经典诵写讲系列活动的通知》，苏语办函〔2022〕2号，http://jyt.jiangsu.gov.cn/art/2022/4/24/art_58320_10424923.html。

图 4　江苏省宿迁市开展农村电商主播普通话培训[①]

（三）珠三角地区

广东省人民政府办公厅 2022 年发布了《广东省全面加强新时代语言文字工作的若干措施》[②]，文件涉及的乡村语言服务可归纳为四类。详见表 3。

表 3　珠三角地区乡村语言服务内容

序号	语言服务类型	服务对象	具体内容
1	推普人才培养	全体	利用农村中小学教师普通话大赛的成果，遴选一批乡村基层推普人才。
2	语言志愿服务	全体	建设语言志愿服务队伍，提升城乡社区语言服务能力。
3	"职业技能＋普通话"培训	社区青少年、农民、外出和外来务工人员等群体	积极实施以职业技能提升为导向，利用现代化信息技术，对社区青少年、农民、外出和外来务工人员等群体进行普通话培训，提升其普通话水平。
4	文化传承服务	全体	强化学校语言文化传承功能，积极开展中华经典诵写讲进社区、入乡镇、下基层活动。

从具体实践来看，珠三角地区以粤府办〔2022〕39 号文为指导，开展了相应的乡村语言服务。例如，在语言文字推广服务方面，2023 年 7 月广东省广州市从

---

① 《电影电视学院师生顺利开展"网语生益"宿迁市电商人才普通话专项培训活动》，"南艺影院"微信公众号，https://mp.weixin.qq.com/s/w0tXMe1gK639TfOgZXTw-g。
② 《广东省人民政府办公厅关于印发〈广东省全面加强新时代语言文字工作若干措施〉的通知》，粤府办〔2022〕39 号，https://www.gd.gov.cn/xxts/content/post_4075905.html。

化区吕田镇开展了推普周系列活动①;在语言文字教育服务方面,2022 年 10 月广东省东莞市沙田镇为幼儿园教师提供普通话水平能力培训,提升教师语言文字规范化意识②;在语言文化传承服务方面,2023 年 11 月广东省云浮市水东村举办了"经典润乡土"活动,见图 5。

图 5　广东省云浮市水东村"经典润乡土"活动③

三　建议

(一)培养乡村语言服务本地骨干力量

当前乡村语言服务的供给者以语言服务资源建设部门和语言服务志愿团队为主,其中语言服务志愿团队又以高校教师、学生为中坚力量,缺乏本地语言文化宣传骨干的加入。本地语言文化宣传骨干是熟悉本地文化的群体,在乡村语言文化特色品牌打造上具有重要作用。一方面,这些本地乡村语言服务骨干具有较强的亲和力,方便开展语言文化宣传工作;另一方面,这些骨干力量有助于挖掘特

---

① 《推普助力乡村振兴 | 广州南方学院赴我校开展推普实践活动》,"广州市从化区吕田中学"微信公众号,https://mp.weixin.qq.com/s/uV31bEXcq1tKWSvm68LvwA。
② 《说好普通话,知音遍华夏——沙田镇第一幼儿园教师普通话水平能力提升线上培训》,"diyi 幼儿园"微信公众号,https://mp.weixin.qq.com/s/yDNfW46nQDf4VPjaEIOyjA。
③ 《推普弘扬理学家声,助力岭南乡村振兴——暨南大学对口广东省云浮市水东村开展经典润乡土"1+1"乡村振兴工作》,"暨南大学华文学院"微信公众号,https://mp.weixin.qq.com/s/1mLWRsgEV0jStE6KIKDXXg。

色语言文化，丰富乡村语言文化内涵。

（二）开展满足特殊人群需求的语言服务

当前乡村语言服务重点对象是学生、教师、青壮年劳动力、基层干部等人群，但针对老年人、残障人士等特殊群体的语言服务较少。在乡村振兴进程中，老年人容易成为信息孤岛，残障人士社会保障水平和就业质量较低，他们在生活、社交、就业等多种情境下的语言服务需求尚未得到充分满足。因此，应组织相关队伍开展针对老年群体和残障人士的语言服务，提供适老化、信息无障碍、"残疾人就业＋普通话"、情感关怀等语言服务，让他们更好地适应新时代语言文字生活，分享社会发展的红利。

（三）互动提升乡村语言服务效能

当前乡村语言服务呈现单向性特点，一是从上至下单向开展语言服务，二是以国家通用语言文字为核心提供单向提升服务。但乡村地区语言服务需求复杂，目前尚未开通反馈渠道，乡村居民无法实现点单式服务，即缺乏双向互动的语言服务。这就可能导致语言服务不到位的情况。因此，需要通过搭建语言需求反馈机制平台、开展语言服务满意度调查、进行语言服务需求征集等活动，来更好地提升乡村语言服务效能。

（郭杰、徐珍珍、徐红）

凉山易地扶贫搬迁少数民族聚居城北感恩社区语言服务需求

易地扶贫搬迁是中央明确的"五个一批"精准扶贫路径之一，是脱贫攻坚的"头号工程"。"十三五"以来，近1000万建档立卡贫困人口实现易地搬迁，有力推动了乡村振兴战略实施和新型城镇化进程。[①] 同时，易地扶贫搬迁社区重组引发的语言问题开始显现，主要有语言变异、语言传承、语言适应等问题。[②] 为乡村搬迁撤并重组提供精准切实的语言服务成为当务之急。语言服务可帮助根植搬迁群众发展自我内驱力，为实现乡村振兴、形成文明风貌提供"语言助力"。本报告通过对四川省凉山彝族自治州易地搬迁少数民族聚居城北感恩社区的调研，为进一步在少数民族脱贫地区开展贴合时代与实际的语言服务提供参考。

一 社区基本构成和语言生活状况

（一）社区基本构成

凉山彝族自治州是中国最大的彝族聚居区，作为《中国农村扶贫开发纲要（2011—2020年）》的特困地区，有11个国家级贫困县。越西县城北感恩社区是该县最大的集中安置点，于2019年10月底建成并完成入住，占地253亩，集中安置17个乡镇38个村建档立卡贫困户1421户6660人。除去8户32人是汉族，其余皆为彝族。社区内建有商铺、文化广场等公共服务场所，配套建成2所幼儿园，社区附近有1所小学，3所初、高中学校。

城北感恩社区作为新建易地扶贫村，其搬迁形式对语言生活产生深刻影响，为和谐语言生活的构建研究提供了平台；同时也是国家发改委确定的"十三五"

[①] 信息来源：https://www.ndrc.gov.cn/xwdt/xwfb/202106/t20210630_1285081.html。
[②] 银晴、田静、苏新春《乡村振兴中的语言问题及解决路径》，《喀什大学学报》2023年第4期。

美丽搬迁安置区、州级城市基层治理示范社区，具有代表性。目前社区仍面临使用国家通用语言构建和谐语言生活的挑战，因此以"迁得进，稳得住，能振兴"为导向开展调查研究十分必要。

本调研采用访谈法、问卷调查法、实地观察法，围绕语言生活、语言服务现状、语言服务需求三方面获取数据。重点选取19人访谈，其中Q1—Q8为青少年（10—16岁）；Z1—Z6为中年（32—45岁），男女比例各占50%；L1—L5为老年（61—65岁）。辅以问卷调查，分发150份调查问卷，有效问卷146份。第一次调研为2023年10月中下旬，第二次为2023年11月中下旬（彝历新年）。

（二）语言生活状况

城北感恩社区安置群众均来自闭塞遥远的山区，最远的搬迁人员来自相距一百多千米的地方。首先通过问卷调查和访谈对社区群众的语言水平有整体的把握（见图1）。

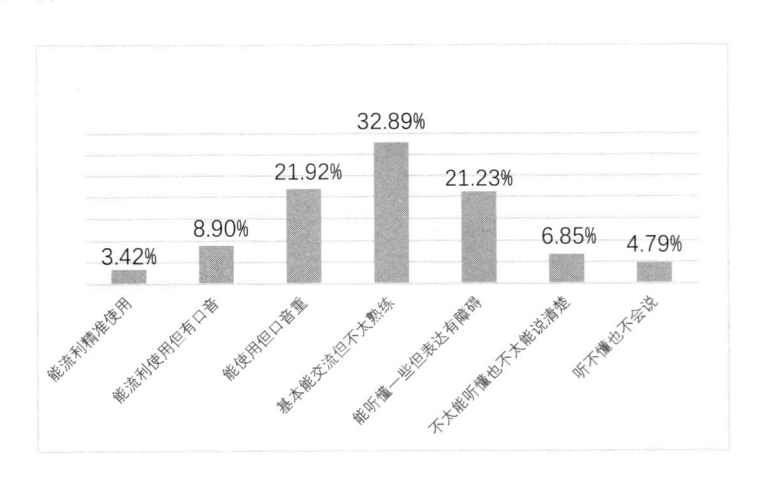

图中数据：
- 能流利精准使用：3.42%
- 能流利使用但有口音：8.90%
- 能使用但口音重：21.92%
- 基本能交流但不太熟练：32.89%
- 能听懂一些但表达有障碍：21.23%
- 不太能听懂也不太能说清楚：6.85%
- 听不懂也不会说：4.79%

图1　城北感恩社区居民普通话能力情况

可见，32.89%的社区居民普通话能力处于基本能交流但有待提高的阶段；32.87%的居民普通话不熟练，或者口音较重，甚至有听说困难等语言障碍，导致日常生活与就业不顺利，因此针对研究这一群体的语言服务需求有切实价值。

城北感恩社区搬迁前为散落乡村，交流语言为彝语，语码单一。搬迁改变了生产生活方式和语言环境，语码选择变为内部使用彝语，与其他民族交流使用普通话。中年群体还会选择地方方言。青少年和老年群体很少使用地方方言，方言的习得和使用比未迁址乡村靠后，因为搬迁后由原有母语体系直接进入到普通话学习，不像其他未迁址乡村有与当地汉族接触的较长历史。为更好地适应城镇生活及推普工作的实施，搬迁者对普通话的实用功能和发展前景有清晰积极的态度。

二 语言服务现状与需求

（一）语言景观

从社区门口"易地扶贫搬迁城北感恩社区"的地标到村内丰富的机构名、标语、公示牌、宣传栏……各式各样的语言景观表明集中搬迁乡村对语言景观有整体考量。本报告通过田野调查和网络搜集两种方式共收集语言景观53份，按照标牌的主体性分为：官方42份，私人11份；其中71.60%为汉彝双语，28.40%为汉语单语，无彝语单语景观。

1. 宣传栏

城北感恩社区的宣传栏集中位于村口。内容包括中华民族共同体思想摘录、移风易俗、社区"高考明星"等，内容全面，既包含对村民行为规范和积极引导，又反映社区工作特色和良好风貌。宣传栏文字为汉字，但在"移风易俗""居民公约"两处宣传栏中的"扫码举报"四字出现对应彝文。社区内右边围墙是脱贫攻坚历程文化墙，以大量图片展示为主，使用文字为汉字。

图2 移风易俗宣传栏　　图3 高考明星宣传栏

2. 标语

社区内有大量标语，主要集中在房屋外侧、路牌。内容围绕党的方针政策、鼓舞脱贫致富，注重情感交流，重视话语共情。语种大多使用双语。其中一块特殊标语为"共产党瓦吉瓦（彝语：好得很） 习总书记卡沙沙（彝语：谢谢）"，

是由汉语和彝语音译组合而成，也有彝语翻译。社区内幼儿园外侧有标语："普通话和规范汉字是国家通用的语言文字"，未标注彝语。

图4 村口特色标语　　图5 幼儿园标语

3. 建筑或地名标志

城北感恩社区内地名标牌明确，位置醒目，比如"老年人日间照料中心""城北村史馆""卫生服务站"等，但是语言使用没有规律，大多私人标牌和公共服务场所如卫生服务站、派出所使用双语，村史馆、日间照料中心等使用汉语。

图6 老年人日间照料中心　　图7 卫生服务站

（二）公共服务窗口

1. 双语人员

调查发现，社区办公处有9名干部（7名彝族，2名汉族）、10名社区管家（8名彝族，2名汉族）、多名楼长小组长（由社区内部群众担任），卫生站工作人员大多为彝族。社区彝族工作人员和村民大多用彝语交流，在普通话教学或者培训时使用普通话。这一模式可以有效解决群众实际问题，但如果从帮助村民长远发展计，则在穿插使用普通话方面有所欠缺。

2. 自助公共服务移动终端、纸质材料

自助公共服务移动终端使用率低，未提供彝语选项，只有汉字。办公处设置了双语指示牌，纸质材料为汉字，如遇不会填写汉字的，则由小组长或楼长代填，彝语服务在方式质量上较为有限。

3. 语言服务公益活动

（1）五点钟课堂

社区内开展"五点钟课堂"公益活动，由志愿者老师在下午五点放学后为社区学生提供学习及课后作业的辅导。"五点钟课堂"师生都使用普通话，但开展的形式较为单一，以学生自主朗诵课文为主；内容较少，集中在反复练习课本知识和完成课后作业。

（2）日常用语普通话培训

政府部门、社区内部为老年人和留守中年妇女开展以"日常用语"为主的普通话培训。初期培训次数较多，特殊群体也有较高热情，帮助很多社区群众的普通话水平从"一点不会"到能打招呼，能听懂部分。但后期培训较少，留守中年妇女也受现实情况所困学习热情和效果减退。

（三）语言服务需求

1. 青少年需求：提升基础教育中的弱势板块

通过深入访谈与走进"五点钟课堂"观察，发现青少年群体普通话总体水平有较大提升，语音语调逐渐摆脱彝族语言发音影响，且小学生的语音语调比中学生好。

但社区青少年的语言文字能力仍然薄弱，集中体现在拼音与作文两方面。大部分青少年存在"学拼音没用，不如记住字怎么读"的错误认知，再受彝汉声韵母不同产生的负迁移影响，不能正确拼读拼音，多次拼读错误后产生心理障碍。"我打字的时候一直打不出拼音，所以虽然五笔很难学，我都背下来，就是学不会拼音。"（访谈对象Q8，16岁）"一位小学生在五点钟课堂上非常积极，为我和志愿者老师读一段课文，让我很惊讶她的语音语调比我教过的彝族大学生都好，但是在读'一丝不苟'时'苟'还没学过，书本有注音，她拼读不出来，就读成'句'。"（观察日志T1）

另一个有较大难度的板块是作文，少数民族山区学生受母语思维影响、接触事物有限，作文缺乏逻辑性和表现力，词汇贫乏，写不出连贯语句。但学校和教师对学生的书面表达能力关注度仍不够，教学方法也有限。

2. 青壮年需求：为专门职业提供的语言服务

城北感恩社区中年群体大多在外务工，所以在彝历新年（每年11月20—26日，大多务工人员返乡）针对性开展群体调研，其语言服务需求表现为需要"职业+语言"服务。

彝族的民族意识强烈，宗族观念浓厚，影响城北感恩社区居民外出务工模式选择：社区中有人找到一项能挣钱的工作，会带领社区中家族亲戚一起外出务工。目前这种"以一带多"模式在一定程度上帮助了社区群众获得收入，但访谈发现他们大多仍集中在工地从事体力劳动，而且"以一带多"中的"多"对"一"产生了严重的"语言依赖"，认为"我在外面可以靠他，他和老板商量好事情来告诉我们，我们只需要用彝语和他交流"（访谈对象Z2，男性）。在这种模式下，看似"走出大山"，实则进入城镇却不能融入城镇，还是禁锢在传统圈子，未能享受语言作为人力资本的红利，无法拓展有效的社会关系网络和融入社会与时代。长此以往，不利于社会稳定与经济发展。

83%的中年受访者表示目前按照"需要什么就培训什么"原则开展的普通话培训还需要更明确职业方向，"我们也不知道能做什么，外面需要什么样的人"（访谈对象Z1，男性）。"职业技能+普通话"培训的前提是以职业为导向，但是将"选择什么职业"这一问题交给本身知识面窄、不了解外界发展的脱贫青壮年，效果不太好。

3. 特殊群体需求：需与生活更贴近的语言服务

首先是近年来由政府部门、公益机构为少数民族妇女组织的普通话培训越来越多，培训内容越来越规范化。但在实际开展中，应当充分考虑实际困难，使普通话培训真正切实帮助到这一群体。一位社区工作人员提到："为在家的中年妇女开展的普通话培训是挺好的，但是实际开展中还是有很多问题，甚至于去学习一天普通话发50元才能让她们过去。"由此专门访谈了中年女性群体，才了解到真实原因与实际困难。"我们不是不想学普通话，我们留在家里是要带小孩，没时间学习。"（访谈对象Z3，女性）

其次是老年群体在易地搬迁中经历几十年未经历的情况：一、割舍熟悉的原居住地环境；二、家庭青壮年外出务工造成"空巢化"；三、迁入地互联网、智能服务等信息技术带给他们陌生与恐惧。面临这三项挑战，老年群体不能熟练使用甚至是完全不会使用语言将内心感受和需求表达出来，相反，不会普通话又加剧冲击，"鸿沟"日益凸显。

三 对策建议

（一）提高语言服务规划意识

目前易地扶贫搬迁民族社区要从全局考虑社区语言服务规划。一是全面开展同等类型社区群众的语言情况、语言需求调查。二是统筹制定语言服务发展规划，科学布置语言景观、重视双语公共窗口服务、构建和谐语言生活，根据乡村发展规划分步骤实施。

（二）提升乡村基础教育水平

优质基础教育能够为乡村留住儿童、教师和劳动力，也是传承乡村文化、促进乡村认同的重要途径。[①] 城北感恩社区青少年在拼音与书面表达上的不足，教育部门和学校应当加强少数民族语言与汉语的差异对比研究，找出汉语学习的针对性方法，提升学习效果。

（三）开展"普通话+职业技能"培训

根据当地经济发展调研为城北感恩社区居民经济发展提供的语言服务途径有：第一，越西县打造"文昌故里，水韵故里"旅游产业，可对一部分劳动力进行旅游职业普通话的应用能力培训；除此之外，从文化浸润、彝家特色塑造角度丰富普通话教学内容。这样，既能解决一部分人就业问题，也能在推普中寻找共同回忆、凝聚力量。第二，当地大力发展现代农业（苹果园）、手工业（非物质文化遗产），可开展"语言+电商"项目建设，提供侧重交易语言与农产品、彝绣产品介绍语言的普通话培训服务，带动大山里的农副产品和彝族特色刺绣出山。

（四）日常生活以"语言信息无障碍"为目标

以社区为主体，主动开设多种形式的心理疏导和语言教育，缓解群众由搬迁

---

① 李伟、邹志辉《基础教育服务乡村振兴：功能预期、矛盾分歧及实践路径》，《中国电化教育》2023年第12期。

所带来的"语言不适应症"。普及国家通用语言文字的形式与内容要切合需求，不强行采用课堂教学方式，可以多开展社区群聚看演出、聊家常等方式；也可通过子女反哺带动老年人的学习热情。

另外，提高少数民族语言公共服务的规范化和信息化水平。社区可相应提高彝汉双语系统的使用率。信息发布增加有声形式，这是对彝语言服务的补充与过渡，也可改变遇到公共突发事件的被动局面。

（五）培养双语本土人才，建立民族地区语言服务智库

开展人才选拔与培养工作。高校更要发挥育人功能，定向培养人才，让通过学校学习熟练掌握国家通用语言文字、文化水平高的青年人才回到乡村、建设家乡。民族地区高校及社会科研机构要依托自身学科资源等多重优势，主动承担起乡村教育主力军角色。

（汤璐、张富翠、温秋敏）

喀什易地扶贫搬迁多民族杂居提勒苏扎克村语言服务需求[*]

"城中村"是我国城市化进程中出现的一种特有现象。对城市化进程中城中村语言使用状况进行调查研究具有重要的社会意义。提勒苏扎克村是新疆喀什市多来特巴格乡的一个行政村，是典型的城市多民族互嵌式城中村，城中村大量的新移民与本地人共处，在方言、国家通用语言、民族语言等多语多言交互的情况下，形成了具有特色的城中村语言生态环境。但基于历史发展、社区结构的特殊性，该村语言生态复杂，其中语言信息如何无障碍沟通交流、语言文字使用能力如何回应增收需求、语言建设如何推动迁入村民的语言文化情感认同等问题，已直接影响到地区的语言规划。

本报告基于喀什城中村提勒苏扎克村语言生活调查和分析，就民族地区构建和谐语言环境、适应城市化发展需要提出思考，以推动民族地区语言治理方案的完善。

一 调查对象和方法

提勒苏扎克村属于2016年易地扶贫搬迁政策落地后形成的典型城中村，地理位置距市区2千米，距乡政府0.5千米，下设6个小区，户籍人口473户1451人，常住人口2080户4645人，流动人口1205户2280人，脱贫户32户107人，边缘易致贫户9户36人。现有耕地面积0亩，人均占有耕地0亩，产业结构主要以第三产业为主，村集体经济收入5万元。[①]该村属于多民族互嵌式居住模式，总体呈现出人员流动性大、村民收入水平低且不稳定等特点。

---

[*] 国家语委2022年度科研项目"新疆南疆国家通用语言助力乡村振兴的理论与实践研究"（YB145-60）、广州大学校级重点项目"新疆南疆推进国家通用语言文字教育和普及使用的效能研究"（2022）1756。

① 驻村干部提供的一手数据。

本次调查针对提勒苏扎克村的村民，从语言使用、态度、教育、能力四个方面进行深入了解。调查在2023年下半年实施，通过实地观察和问卷访谈的方式进行，入户和集体座谈结合，全面了解村民的语言生活、日常生产生活等情况。问卷设计包含客观与主观题目，收集村民基本信息如性别、年龄、民族、教育、职业、收入等，并探究了搬迁对语言使用的影响、国家通用语言文字在生活和工作中的作用、社区推广普通话的方法以及对本地特色产业发展的看法。此次调查旨在全面了解提勒苏扎克村村民的语言生活状况，为相关政策制定提供数据支持，促进村民语言能力的提升和区域经济文化的发展。

调查选取提勒苏扎克村发放问卷，发出问卷360份。经过检查，剔除非本地村民以及单语使用者等情况，共收回有效问卷280份。被调查者基本情况如表1所示。

表1 被调查者基本情况

样本信息		人数	占比/%
性别	男	175	62.50
	女	105	37.50
年龄①	18—30岁	135	48.21
	31—40岁	72	25.71
	41—50岁	58	20.71
	51—65岁	15	5.36
民族	汉族	88	31.43
	维吾尔族	166	59.29
	柯尔克孜族	6	2.14
	其他	20	7.14
受教育程度	初中及以下	102	36.43
	高中	173	61.79
	大专	2	0.71
	本科及以上	3	1.07
职业	经商	75	26.79
	务工	104	37.14
	公职人员	8	2.86

① 根据《中华人民共和国民法通则》和《中华人民共和国未成年人保护法》，18岁以上公民为完全民事行为能力人，可独立进行民事活动；禁用未满16岁未成年人，除非国家有特别规定。本调查针对提勒苏扎克村，考察18—65岁村民的语言生活情况。

（续表）

样本信息		人数	占比 /%
	学生①	32	11.43
	其他工作②	36	12.86
	无业③	25	8.93
人均年收入	0—10000 元	168	60.00
	10001—26000 元	84	30.00
	26001—62000 元	14	5.00
	62001 元及以上	14	5.00

从表 1 可见，性别分布上，280 位被调查者中男性居多，占 62.50%。年龄分布上，18—30 岁年龄段被调查者居多，占 48.21%。民族分布上，主要以维吾尔族为主，占 59.29%，汉族、柯尔克孜族分别占 31.43%、2.14%，其他包括回族、蒙古族等占 7.14%，该城中村属于典型的城市多民族互嵌式结构。从文化程度分布来看，高中学历人数居多，占 61.79%。从职业分布来看，务工人员居多，占 37.14%。收入方面，人均年收入一万元左右的占多数，总体收入水平较低。

二 语言使用与语言能力

我们调查了 280 名被调查者在搬迁前后的语言使用情况。搬迁前，他们与配偶或长辈交流时，完全使用国家通用语言的很少，仅占 7.86%；与孩子全用国家通用语言的也仅占 19.29%。在公共场合如市场、医院，他们多数不使用国家通用语言。然而，搬迁后在非正式和正式场合中使用国家通用语言的比例显著增加。与孩子的交流中，62.86% 的人更多地或完全使用国家通用语言；与顾客或同事交流时，67.14% 的人选择较多或全部使用国家通用语言；在市场和医院等场合，这一比例更是高达 87.85%。

显然，搬迁后，城中村村民使用国家通用语言的比例大幅提升，这已成为他们日常生活中重要的交流工具，如表 2 所示。

---

① 为探究教育与语言使用的关联及义务教育阶段的推普情况，本调查纳入了学生群体。但因学生无收入，故分析语言、职业与收入时，未将此群体计入样本。

② 指村民中无固定工作，靠零工、手工艺或出租房屋等获取收入的人群，如施工人员、手工艺人等。

③ 尽管受调查者中有些村民的就业状态为无业，但考虑到考察语言能力对生活与就业的影响是调查的主要目标之一，因此将无业村民考虑在内。

表2 被调查者语言使用情况

	选项	全部使用本民族语言	多使用本民族语言	本民族语言与国家通用语言差不多	多使用国家通用语言	全部使用国家通用语言
搬迁前	与配偶或长辈交流	96（34.29%）	65（23.21%）	61（21.79%）	36（12.86%）	22（7.86%）
	与孩子交流	28（10.00%）	43（15.36%）	75（26.79%）	80（28.57%）	54（19.29%）
	与顾客或同事交流	23（8.21%）	25（8.93%）	69（24.64%）	79（28.21%）	84（30.00%）
	在市场或医院等场合	3（1.07%）	5（1.79%）	6（2.14%）	104（37.14%）	162（57.86%）
搬迁后	与配偶或长辈交流	12（4.29%）	13（4.64%）	56（20.00%）	96（34.29%）	103（36.79%）
	与孩子交流	27（9.64%）	32（11.43%）	45（16.07%）	67（23.93%）	109（38.93%）
	与顾客或同事交流	15（5.36%）	23（8.21%）	54（19.29%）	69（24.64%）	119（42.50%）
	在市场或医院等场合	5（1.79%）	9（3.21%）	20（7.14%）	97（34.64%）	149（53.21%）

李宇明（2022）指出信息沟通无障碍是满足人民美好生活需要的历史重任，是现代化强国的一种指标。①"语言使用过程中是否存在障碍"这一问题同样影响城中村村民生活的沟通交流与生活质量，表3为城中村村民语言信息沟通交流情况表。

表3 被调查者语言信息沟通交流情况

题目	选项	人数
在公园、商店或工地您是否出现过无法用语言准确表达想法的情况？	是	197
	否	83
主要是哪种原因导致您遇到语言沟通障碍？	不会准确使用国家通用语言文字	258
	其他	22
遇到语言沟通障碍问题时，您会怎么做？	用手比画	45
	用手机打字	49
	请求别人帮忙	122
	其他	64

在语言信息沟通交流方面，280名被调查者中，197人（70.36%）遇到过语言沟通障碍问题，其中因不会准确使用国家通用语言文字导致出现语言沟通障碍问

---

① 李宇明《构建信息无障碍社会》，《语言战略研究》2022年第2期。

题的共 258 人（92.14%），43.57% 的人会选择请求别人帮忙来解决语言沟通障碍问题。由此我们发现，发挥国家通用语言文字作用对解决城中村村民语言信息沟通障碍问题具有重要意义。

语言能力方面，调查将被调查者的语言能力分为四个等级，即熟练、一般、稍懂、不会[①]。调查围绕"国家通用语言文字掌握水平"和"国家通用语言文字对收入的影响"等问题关注城中村村民国家通用语言文字语言能力与收入的关系。调查结果显示，提勒苏扎克村部分村民国家通用语言文字水平达到"一般"及以上水平，占比 57.86%。其中，68 人达到"熟练"等级，占比 24.29%；94 人达到"一般"等级，占比 33.57%。国家通用语言文字水平为"稍懂"等级的有 83 人，"不会"的有 35 人，合计占比 42.14%。如表 4 所示。

表 4　被调查者国家通用语言文字总体水平

语言	熟练		一般		稍懂		不会	
	人数	占比	人数	占比	人数	占比	人数	占比
国家通用语言文字	68	24.29%	94	33.57%	83	29.64%	35	12.50%

对比被调查者的国家通用语言文字水平与收入水平发现，掌握国家通用语言文字"一般"及以下的村民，超过 78% 收入在 10 000 元以下；而"熟练"掌握者中，收入在 10 000 元以下的占比降低了近 29 个百分点。收入 26 001 元以上的，前者中仅有不到 1%，后者中多达近 12%。这表明，掌握国家通用语言文字水平较低的村民收入多处于低水平，而熟练掌握者收入更高。因此，掌握国家通用语言文字对劳动者收入有显著促进作用。如表 5 所示。

表 5　被调查者国家通用语言文字能力与人均年收入匹配对比情况

国家通用语言文字能力	各收入段村民人数（人）及比例 /%				合计 / 人
	0—10 000 元	10 001—26 000 元	26 001—62 000 元	62 001 元及以上	
处于"一般"及以下水平	167（78.77%）	43（20.28%）	1（0.47%）	1（0.47%）	212
处于"熟练"水平	34（50.00%）	26（38.24%）	4（5.88%）	4（5.88%）	68

---

① 参考汉语水平考试（HSK），商务汉语考试（BCT），大学英语四、六级口语考试（CET－SET）等关于汉语、商务汉语、英语水平等级的描述，以及《中国语言文字使用情况调查资料》关于语言能力等级的分类标准，"熟练"是指能掌握大量词汇并在交流中流利使用；"一般"是指能在日常生活中正常使用普通词汇交流；"稍懂"指能听懂词汇表达，但在交流使用中仅能使用简单词汇且口音较重；"不会"是指完全不具备利用某种语言交流沟通的能力。

"语言态度"是人们对语言的看法以及所采取的行动。戴庆厦（1993）认为，语言态度又称为语言观念，是指人们对语言的使用价值的看法，其中包括对语言的地位、功能以及发展前途等的看法。[①]语言态度决定了语言的使用，包括使用的语种及其使用频率等。调查围绕"您对国家通用语言文字或其他语言（方言）的态度或感情怎么样？""您希望自己国家通用语言文字水平达到什么程度？"等问题，关注城中村迁入村民的语言文化情感认同。

从亲切程度看，被调查者中，65.43%认为本民族语言最亲切，34.57%更偏爱国家通用语言文字。从好听程度看，89.21%喜欢国家通用语言文字，10.79%喜欢本民族语言。在有用性上，96.21%认为国家通用语言文字最有用，仅有3.79%选择本民族语言。

在回答"您希望自己国家通用语言文字水平达到什么程度？"时，89.67%的被调查者希望能流利准确地使用国家通用语言文字，10.33%希望能熟练使用。此外，被调查者关于使用国家通用语言文字的动机情况具体如下：

表6 被调查者使用国家通用语言文字的动机

选项	人数	占比
与邻居交流或工作	193	68.93%
推销产品	67	23.93%
提升学历	16	5.71%
为社区提建议	4	1.43%

从表6可以看出，280位被调查者中，68.93%认为应该流利并准确地使用国家通用语言文字与邻居交流或工作，23.93%希望使用国家通用语言文字推销农副产品与手工艺品，5.71%希望使用国家通用语言文字更好地提升学历，也有一小部分希望使用国家通用语言文字更好地参与社区管理。

综上可见，本地多数村民对学习国家通用语言文字持羡慕和佩服态度。他们认为学好该语言能更好地与老板、同事交流，避免被排斥。村民们在日常生活和工作中也积极使用，甚至希望下一代从小学习，以提升实力和地位。显然，积极的语言态度对语言使用影响显著，学习国家通用语言文字已成为城中村的流行趋势。

---

① 戴庆厦《社会语言学教程》，中央民族大学出版社，1993年。

三 语言服务需求与对策

根据本次调查数据，提勒苏扎克村语言生活状况中呈现的突出问题是，语言使用能力较差，无法满足无障碍沟通与增收需求，多语环境下村民的语言文化情感认同较弱。

（一）城中村信息交流无障碍建设有待加强

城中村村民使用国家通用语言文字的比例已大幅提升，但在信息沟通交流方面仍存在障碍。调查显示，92.14%的被调查者曾因不会准确使用国家通用语言文字而遇到沟通障碍。因此，提升数字时代的语言能力和素养，以及加强信息无障碍服务意识，对于城中村来说至关重要，以解决村民在语言信息沟通方面的障碍问题。

（二）城中村村民语言学习与技能培训的结合度有待提高

城中村村民的国家通用语言文字能力亟待提升，以满足增收需求。目前，能流利使用国家通用语言的村民仅占24.29%，且语言能力与年收入正相关，年收入26 000元以下者占比高达90%。虽然村民通过夜校学习，但工学矛盾限制了学习效果。此外，"普通话+职业技能"培训未紧密结合，导致实际应用不佳，村民缺乏学习动力和实践机会。为改变此状况，建议增加语言学习的实际应用，提高培训与语言的融合度，让村民在工作中运用所学，激发学习热情。同时，应优化学习时间，解决工学矛盾，确保充足且高效的学习。这样，村民的语言和职业技能才能得到实质提升，进而促进个人和家庭的增收。

（三）城中村村民的语言学习内在自觉性有待提升

城中村村民对学习国家通用语言文字态度积极，但具体学习方法等认识不足，学习动机偏向"工具型"，未深层认同其为中华民族共同体的语言，仅视作交流工具而非身份象征。因此，需强化村民在推广国家通用语言文字中的主体作用，激发其内在动力。

综上所述，提勒苏扎克村村民在语言使用上虽有进步，但仍面临挑战。为提升村民语言能力和促进增收，我们提出以下针对性的对策建议：

一是以村民需求为导向，优化国家通用语言文字服务，打破信息屏障。城中村村民主要是文化程度不高的农牧民，大部分村民的国家通用语言文字水平较低，难以满足日常沟通和工作需求，因此迫切要求提高其国家通用语言文字水平。为适应城市化，满足村民需求，优化语言服务和推动语言信息无障碍交流势在必行。政府和教育部门应增加国家通用语言文字服务供给，如宣传推广、志愿服务和普通话测试。同时，城中村社区应开展语言结对帮扶、常态化培训，以提高村民的国家通用语言文字水平。

二是以共同富裕为目标，加大国家通用语言使用能力培训力度，促进村民持续增收。促进村民持续增收，是缩小村民与居民差距、实现共同富裕的主要途径。需要重视并提升村民的国家通用语言能力，以满足当前就业需求。针对此现状，应以多途径加强语言培训，挖掘村民语言潜力。具体来说，要以就业市场为导向，与社区、企业合作，为村民提供持续的语言技能培训，助其就近就业或创业。同时，提供定向、定岗的语言培训，将语言能力与经济效益结合，激发村民学习热情，确保语言技能强者获得更多经济收益。这样，我们能够促进村民持续增收，缩小差距，实现共同富裕。

三是以中华优秀传统文化为载体，加快城市化进程，增强村民语言文化的情感认同。语言文化认同包括理性价值、工具功能和伦理情感三种形态。前两者常受地缘、政治、经济等因素影响，多从外向内，有时甚至是被动的；而伦理情感认同是内生的、自发的、持久的。语言认同即文化认同，在城市化中，应利用中华优秀传统文化增强村民的语言文化情感认同。当前，城中村迁入村民的语言文化情感认同是城市化进程的关键问题。为解决此问题，需加强中华优秀传统文化教育，创新活动模式，开展相关文化活动，促使迁入村民学习国家通用语言，形成健康平等的语言环境，增强归属感，培养积极的语言态度，推动城市化进程。

（林青、李小曼、李梦婷）

城市语言信息无障碍公共服务观察*

2023年9月,《中华人民共和国无障碍环境建设法》正式实施。① 该法就加强无障碍环境建设,保障残疾人、老年人平等、充分、便捷地参与和融入社会生活,提供了法律保障。语言信息无障碍,是无障碍环境建设的重要内容。

2023年10月,本报告调研组分别对福建福州、贵州遵义、四川宜宾、广东河源、广东梅州、广东揭阳等六个城市的语言信息无障碍服务状况开展调研,实地走访了各地的主要道路、公园、图书馆、政务服务中心、医院、银行以及政府网站、电视台等场域,观察记录语言信息无障碍建设情况,以期为提升城市语言信息无障碍服务水平提供参考。

一 交通出行无障碍标识指引

(一)无障碍设施指引

无障碍设施需要必要的标牌指引。各地道路、公共场所的无障碍设施,大多有清晰指引,部分无障碍标识附有求助电话号码。如"无障碍通道""无障碍卫生间""无障碍电梯"等标牌,一般附有鲜明的轮椅图案,部分有中、英双文,或同时标注方向、距离等信息。人行横道、十字路口的无障碍设施标识,通常使用鲜明的蓝色和简洁的图形及方向指示。火车站、汽车站等交通枢纽均设置了明显的无障碍标识。

不同城市,无障碍设施指引设置的质量和密度有所差异,有的城市设置明显偏少,个别无障碍场所甚至没有明显的标志及说明。有博物馆设有"残疾人卫生间""无障碍卫生室"等说法不一的标识,宜统一表述为"无障碍"。

---

* 广州市宣传思想文化优秀创新团队"语言服务与汉语传承"项目。
① 《中华人民共和国无障碍环境建设法》,2023年6月28日第十四届全国人民代表大会常务委员会第三次会议通过,https://www.gov.cn/yaowen/liebiao/202306/content_6888910.htm。

（二）盲文与语音引导

盲文标牌是视障人士出行的重要导引。各地盲文标牌的设置均较少。有的高铁站洗手间入口处、无障碍电梯楼层按钮处均没有盲文标识；有的地铁站自助购票机有双语、大字模式，但唯独缺盲文信息。

语音提示也是视障人士的重要指引。目前只有个别城市少数十字路口设有红绿灯提示音响。各地的公共系统也缺乏智能公交导盲系统。多数无障碍电梯没有设置语音播报。

（三）公共交通服务

公共交通服务的智能信息系统尚未普及。

宜宾市的公共交通信息导览设置做得比较好。智能轨道快运系统通过电子显示屏提供详细的到站信息和智轨运行线路，到站信息中、英双语滚动切换。宜宾城区首批投放智能公交电子站牌80块，LED显示屏提供站台途经公交线路的首末班车发车时间、每辆公交车实时离站距离等信息，使用不同颜色突出关键信息，方便候车乘客了解车辆的实时运行情况。新建的11座智慧公交站台，兼具有智慧监控、LCD高清实时到站信息、LED滚动屏等功能，等候座椅上还配有无线充电等智慧便民功能。遵义市的大部分公交车配备有LED显示屏，显示屏的文字信息与语音播报同步。

二　图书阅览无障碍信息服务

（一）无障碍阅读

各地图书馆均设有服务视障人士的盲文阅读室，提供盲文书籍、大字本、有声读物，盲文书籍种类涵盖儿童故事、小说、教育类图书。同时提供数字阅读设备，如电子书阅读器、有声书播放器等。前台咨询处或阅读区则提供老花镜、放大镜等，方便老年人使用。

宜宾图书馆设有智能听书机，可向视障人士提供数字有声读物、电子盲文以及其他定制化服务，还可与盲人数字阅读推广平台对接，更新阅读内容。梅州剑英图书馆也配有专门的盲人专用机，便捷且好操作，旁边有工作人员值班指导。

福州图书馆设置了盲文指引的图书自助借还机器。

遵义图书馆、河源图书馆根据特殊群体需要，采取不定期方式在馆内外举办无障碍电影，满足老年人、残疾人的精神文化需求。

揭阳普宁市有志愿者开展上门服务盲人听书活动，设立"盲文书柜"，为盲人提供图书馆借阅服务。同时开展老年读者数字化阅读培训活动，图书馆业务人员现场为老年读者介绍图书馆的基本情况和服务内容，指导老年读者利用图书自助借还设备自助办证、自助检索图书和自助借还图书。遵义市图书馆采取上门服务、接送服务、按需采购等方式服务广大盲人读者，不定期开展适合盲人读者的阅读活动。

但总体而言，各地图书馆提供给视障人士的阅读空间较小，可阅读的书籍也数量较少、更新较慢。

（二）儿童友好设置

各地图书馆均在儿童阅览区提供了较好的儿童友好语言服务。儿童区的标识字体偏大，颜色鲜艳显眼，配以大量卡通图案。河源市图书馆儿童区设施以图标、卡通人物贴纸为元素，注重彩色视觉冲击；儿童区饮水机相较成人区额外增加冷热水标志、饮水处、禁止洗手等标识；还书位置有箭头和画圈标注。福州、遵义市图书馆在地板和墙面上有彩绘的卡通形象和卡通标识，符合儿童的身心状况。

推进"一米高度"的儿童视角设计，各地市的图书馆的儿童读书区设置均采用"一米高度"，方便小读者取书以及阅读。

配置儿童助读式机器设施。宜宾市图书馆设有导读器和自助查询机，导读器为儿童提供有声读物。揭阳普宁市图书馆儿童阅览区配备少儿学习一体机，为儿童提供助读服务。

三　日常生活无障碍交流服务

（一）公共服务自助终端

自助服务终端是银行、医院、交通枢纽等城市公共服务机构普遍配置的服务设施，其语音、大字、盲文等设置质量，是信息无障碍服务的重要体现。

银行的自助存取款机按钮一般有盲文设置。宜宾某银行网点自助服务设备，

对每一步操作均有语音提示。福州某银行网点自助服务设备提供"大字体"模式。河源某银行业务办理营业厅的智慧柜员机会自动弹屏提示客户是否点击切换至"关爱模式"菜单，提供"小喇叭"朗读文字、屏幕"放大镜"等辅助小工具，并可将密码输入延时至30秒。但也有不少银行网点自助服务设备未见盲文设置，或只有少部分按钮有盲文设置的情况。

医院的自助服务设备无障碍设置相对较不足。福州某三甲医院有老年人自助服务机。个别大型医院自助服务设备有设置语音、大字提示等功能。但调查显示，多数医院的自助服务机并无盲文设置，也无大字模式，一些小医院或社区医疗机构基本的无障碍设施也明显不足。

福州地铁站的自助购票机有双语、大字模式，但是缺少盲文符号。多地政务服务中心的自助服务机没有盲文设置，也没有大字模式等设置。宜宾市政务服务中心1—2楼大厅放置有智能机器人，提供解答专业问题、带路等咨询导办服务。

（二）政府网页与电视节目

各地市一级的政府网页均设置了信息无障碍服务选项，包括"无障碍浏览"和"长者助手"两种模式，主要提供智能语音播报、语速调节、阅读方式调整、配色、页面缩放、大鼠标、十字定位光标、显示屏、读屏等功能。无障碍阅读关怀版的页面整体更简洁，字体更大。上方配备各种功能的导航栏，鼠标移到对应文字会有语音读屏，且字体会放大，还会有拼音出现在下方。宜宾市政府网页的"长者助手"浏览模式下设置了"关爱版"服务专区，汇聚老年人高频业务，方便广大老年人了解政策、查阅指南、办理服务。

个别市县的政府网页则尚未做信息无障碍服务设置。有的信息无障碍设置还不完善，存在疏漏。例如，点击一些新闻或文件后需要跳转到其他网页，但跳转后的网页没有无障碍阅读模式，无法使用主网页配备的无障碍功能。有的信息无障碍服务不稳定，存在响应慢、服务中断等问题。根据残障人士的实际体验，在获取文件具体内容和网上办理业务的使用上受到限制，最终还是得依靠他人帮助才能完成。

六个城市的市级电视台播放的节目基本都提供了字幕，但只看到宜宾市电视台《宜宾手语视界》有配置手语翻译。有的电视台虽有"每周播放配播手语的新闻节目"的规定，但实际并没有得到落实。

（三）人工语言服务

人工服务是生活无障碍服务的基础保障。六个城市的政务服务中心、医院、图书馆等主要公共场所均配备有服务台或志愿者岗，提供人工服务。

银行无障碍人工服务较为完善，服务人员的语言能力较高，语言服务专业化较强。河源市各大银行的网点安排了相应的服务人员进行听障服务、视障服务、适老化服务咨询。据观察，老年人从进门起就有工作人员上前进行询问和带领，全程协助直至完成全部相应业务。对行动不便的人士，银行提供线上电话沟通办理或上门服务办理业务。梅州市有的银行推出了尊长电话咨询专线，60岁及以上的老年客户使用开户预留手机号拨打客服电话时，系统默认自动跳过"语音导航""按键选择"等步骤，直接进入老年专属人工座席，方便老年客户使用电话银行。福州的中国建设银行网点有配置盲文的服务指南，提供手语服务，配备了色弱眼镜、老花镜、放大镜等供视障人士使用的器械。

但总体而言，公共服务场所中工作人员的语言信息无障碍服务意识还有待提升，服务能力也需要加强。公共服务场所的工作人员极少能看得懂手语。

四 相关建议

本次调查的六个城市，包括省会城市（福州）和西部（遵义、宜宾）和沿海（河源、梅州、揭阳）的地级市，大致可以代表国内普通城镇的基本面貌。与北京、上海、广州等一线城市相比，这些城市在语言信息无障碍建设和服务方面还存在较大的差距。在各地随机访问了共60名普通市民，受访者对公共场所的无障碍设施标识比较熟悉，对语言信息无障碍则普遍表示"听过"但缺乏具体的了解，部分市民不认为老年人是无障碍服务的对象人群，多数人没有意识到语言文字沟通对残障人士及长者日常生活的重要性和挑战性。"无障碍环境建设应当与经济社会发展水平相适应"，语言信息无障碍建设需要持续加大投入力度。

（一）尽力做到基本服务的全覆盖

城市语言信息无障碍服务还未达到全覆盖，包括一些重要的公共服务场所和领域仍然缺乏有效的手语翻译、语音导航、盲文标识等无障碍设施和服务，部分公共交通运输工具及设施缺乏语言信息无障碍服务或服务不完善，等等，需要与经济社会发展同步，长期持续加大投入建设。

（二）逐步增强全民的无障碍理念

调查发现，普通市民对语言信息无障碍的重要性有一定认知，但缺乏深入了解，对语言信息无障碍建设和服务的需求和期望较低。"引导社会组织和公众广泛参与，推动全社会共建共治共享"[1]，是国家无障碍环境建设的重要目标，增强公众和企业对语言信息无障碍的认识和理解，才能优化和改进信息无障碍服务的水平和质量。

（三）加大拓展信息无障碍智能化

充分利用信息智能技术，是语言信息无障碍服务创新和发展的必由之路。现有的技术应用在适用性和智能化方面，仍须持续加强，应"重点加快智能轮椅、智能导盲设备、文字语音转换、康复机器人等智能终端的设计开发"[2]，"支持新兴技术在导盲、声控、肢体控制、图文识别、语音识别、语音合成等方面的实际应用"[3]，提高信息无障碍服务的效率和质量。

（禤健聪、陈佳蕾、李果、季婷、叶灵倩、薛灿莉、李洋）

---

[1] 《中华人民共和国无障碍环境建设法》。
[2] 邓坤宁、王海兰《面向信息无障碍的精准语言服务》，《中国语言战略》2022 年第 9 期。
[3] 《工业和信息化部 中国残联关于推进信息无障碍的指导意见》，工信部联信管〔2020〕146 号，《国务院公报》2020 年第 35 号。

城市公共空间应急语言服务调研*

我国是一个自然灾害频发多发的国家，随着国家城镇化目标的进一步实现，我国的应急语言服务越发显得重要且迫切。《左传》有言："居安思危，思则有备，备则无患。"近年来，国家多个部门、地方政府陆续颁布了关涉应急语言服务的法律法规，如《国务院关于印发"十四五"国家应急体系规划的通知》（国发〔2021〕36号）指出："建立突发事件预警信息发布标准体系，优化发布方式，拓展发布渠道和发布语种，提升发布覆盖率、精准度和时效性，强化针对特定区域、特定人群、特定时间的精准发布能力。""提升应急救援人员的多言多语能力，依托高校、科研院所、医疗机构、志愿服务组织等力量建设专业化应急语言服务队伍。"以上文件关注到应急语言服务的诸多方面，但未提及需要重视城市公共空间中应急语言景观的重要作用和完善建设。其实，城市公共空间应急语言服务即应急语言景观提供的服务，所以，本报告以应急语言景观作为调研对象。

应急语言景观是在各种突发公共事件发生时为受难民众提供必要的避难和生活信息服务的语言景观。应急语言景观的设置者一般是政府民政部门，提供的语言服务具有广泛的公益性；服务方式是静态常在的，无突发公共事件时语言景观"静默存在"，有突发公共事件时则可以"扶危救难"；服务对象是在突发公共事件中生命财产安全受到威胁的民众，特别是弱势人群，如视障人群、听障人群、老幼人群、对周边环境陌生的暂住人群、不熟悉汉字的外国人等；服务内容既是备急的，又是应急的，无突发公共事件时应急语言景观的服务是"时刻准备着"，也是对周边常住民众"危机意识"的提示和强化，有突发公共事件时应急语言景观的服务"即时生效"，发挥相应的服务功能。应急语言景观的服务功能大致有三种：标识处所、指示方向和整体示意。

---

* 国家社会科学基金一般项目"东北边境城市多模态语言景观调查研究"（23BYY056）。

一 应急语言景观的现状

我们曾到北京、天津、重庆、贵阳、乌鲁木齐、沈阳、利川、延吉、图们、珲春等城市调研,实地拍照收集应急语言景观482个。经整理分析,发现当前应急语言景观的现状如下。

(一)应急语言景观的类型

根据应急语言景观的服务功能,可以把当前应急语言景观分为三类:标识处所类(如图1),标明应急避难场所或应急功能区,如"应急避难场所""应急用水""棚宿区"等;指示方向类(如图2),指明应急避难场所或应急功能区的奔赴方向;整体示意类(如图3),标明应急避难场所整体边界及应急功能区在整体应急避难场所中的位置。

图1　　　　　　　　　图2　　　　　　　　　图3

(二)应急语言景观的内容

应急语言景观的内容与一般语言景观具有较大差异。《应急避难场所图形符号》规定"设施标志由图形符号、中文名称、英文名称及衬底色组成""指示标志由图形符号、中文名称、英文名称及方向箭头组成""指路标志由图形符号、中文名称、英文名称、箭头符号、数字及衬底色组成"。可见,应急语言景观的内容比一般语言景观内容要求更加明确、具体。但从收集到的应急语言景观观察,以上内容要素在具体应急语言景观上体现得或多或少,有较大差异。如图4是制作规范的"指路标志",而图5作为"指路标志"缺少箭头符号和数字。但作为民族自治地区设置的应急语言景观,图 5 的指路牌上增加了朝鲜语文字内容。

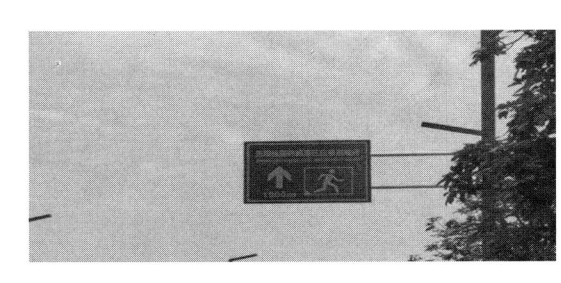

图 4　　　　　　　　　　　　　图 5

二　存在问题

应急语言景观在突发公共事件发生时,能够提供必要的语言信息服务,助力减缓甚至解除"危难"情形,帮助受难民众尽快脱离险情,是应急语言服务的手段之一,也是应急服务设施的一部分。然而,按照以上理解,应急语言景观的服务现状还存在很多问题。

(一)服务效果受限于相关部门的重视程度

有些标识处所类的应急语言景观与所标识的环境并不相符,存在为了设置语言景观而设置语言景观的嫌疑,如图 6 中有标识处所类的应急语言景观,有指示方向类的应急语言景观,其中标识处所类的应急语言景观所标识的功能区与所在的物理环境不符,并且几个功能区密度太大也不切实际;有些指示方向类的应急语言景观指示的方向也不够准确,如果沿着指示的方向走下去,根本找不到所指示的处所,如图 7 是设置于一条六车道公路十字路口的应急语言景观,其指示的方向几乎是四面八方,按其指示方向寻找,根本没有适合安置应急避难设施的处所。我们还发现多处已设置的应急语言景观老化模糊、残缺破损(图 8);有的应急语言景观设置随意,与其他景观混在一起,相互影响(图 9);个别应急语言景观被其他事物遮蔽,很难起到指示作用(图 10),等等。可见,虽然前文提及多部门发布了相关法规和要求,但是基层部门对于法规和要求的落实是参差不齐的,难免有些基层部门为了完成上级要求而敷衍了事。

图 6

图 7

图 8

图 9

图 10

（二）服务的可及性较难实现

在城市公共空间中，应急语言景观总体数量较少。笔者曾经做过"沈阳城市公共空间语言景观调查"，用等距抽样的方式共收集到语言景观 1482 个，其中应急语言景观共有 74 个，仅占约 5%。很多应急语言景观被设置在比较僻静的处所，也不易被关注到，如图 11 是一个标识处所的应急语言景观，很小，且被设置于远离人群的树林中；或者被树木、藤蔓遮蔽住，很难被看到，如图 12 和上文的图 10。目前，应急语言景观总体数量较少且个体不凸显的问题比较严重，影响应急语言服务的可及性。

图 11

图 12

(三)景观配套不全削弱服务效果

从受难者所在处所到应急避难场所必然存在一定的折线距离,这势必需要在这段折线距离中通过合理设置应急语言景观建构完整的"受难者所在处所→避难途中→应急避难场所"信息链,从而提供最为优质、高效的应急语言服务。但在收集到的应急语言景观中,标识处所类更为常见,指示方向类比较少见,也就是说在标记为"应急避难场所"的处所周围缺少必要的指示到此处所方向的语言景观。这是非常削弱应急语言景观服务效果的问题,因为这类语言景观是连接受难者所在处所与避难场所的重要信息节点,缺少这些信息节点,受难者很可能在危难时刻不能顺利到达应急避难场所。图13中应急语言景观是设置在一片绿化带的路边,其中就没有指示方向的符号。还有些指示方向类的应急语言景观没有标明大约距离,也起不到精准指示的作用,如图14中的应急语言景观。这些缺少具体方向和距离信息的应急语言景观不能给受难者,特别是对于不熟悉周边环境和处于慌乱状态的受难者,及时补充环境信息,以致他们很难及时做出正确的避险决策。

图 13   图 14

(四)服务水平受限于语种数量和外译水平

《公共服务领域英文译写规范》规定"公共服务领域英文译写应符合英文使用规范以及英文公示语的文体要求""公共服务领域英文译写应准确表达我国语言文字原文的含义"。公共服务领域外文译写的准确无误,是适应当下中国国际化发展的必然要求,是满足居住在本地区外籍人士语言服务需求的基本要求。在收集到的应急语言景观中,存在部分应急语言景观的外文译写非常不规范的现

象，有的只有中文字符，没有英文翻译，如图15；有的是用汉语拼音"冒充"英文的，如图16；有的英文译写有错误，如图17中应急语言景观的英文译写应由"Emergency Congregate Shelter"改为"Emergency Shelter"；等等。高质量的外语语言环境将为来华外国人提供必要的语言服务，同时，也能通过语言景观中外国语言符号的使用展现一座城市对外国人的友好和接纳态度，继而反映这座城市开放的深度和真诚度。

图15　　　　　　　　图16　　　　　　　　图17

（五）服务可能性受限于物理光线

我们关注到应急语言景观的载体都是普通材料，只能在有自然光线的条件下，才能被识别到，才能发挥相应的应急语言服务作用。当在黑夜或者光线不足时，应急语言景观基本就被"黑暗"遮蔽了，如图18和图19都是在旁边有路灯的情况下才勉强照下来的应急语言景观图片。如果识别不到就没有传递信息的可能，更别说提供应急语言服务了。然而，我们知道突发公共事件的发生是不分时间和地点的，完全可能发生在夜间。如果真是在夜间发生突发公共事件，那么现存的应急语言景观基本上都是形同虚设了。

图18　　　　　　　　图19

三　改进建议

（一）增强规范设置应急语言景观的危机意识

为了"预防和减少突发事件的发生，控制、减轻和消除突发事件引起的严重社会危害，规范突发事件应对活动，保护人民生命财产安全，维护国家安全、公共安全、环境安全和社会秩序"，2007年8月30日第十届全国人民代表大会常务委员会第二十九次会议通过《中华人民共和国突发事件应对法》。作为公共事务管理者的政府，要有超前于民众的危机感。只有认识到应急语言景观的重要性，设置者才能真正端正设置应急语言景观的工作态度，合理布局、规范设置、科学管理应急语言景观。

（二）提高应急语言服务的可及性和有效性

《城市社区应急避难场所建设标准》（建标2017〔25〕号）规定："城市社区应急避难场所建设应遵循'以人为本、安全可靠、平灾结合、就近避难'的原则，满足发生突发性灾难时的应急救助和保障社区避难人员的基本生存需求。""避难场所应建立完整的、明显的、适于辨认和易于引导的避难标识系统。"建议有关部门有规划地增加应急语言景观的数量，首先应按照民众的聚居密度科学计算应急避难场所的数量、面积和服务容量；然后再以应急避难场所为中心向周边辐射状设置指示方向类应急语言景观，须在沿途街边人流密集的明显处设置，间隔合理，指明准确方向和标明大致距离；最后，在应急避难场所内部标识好相应设施区域及其相关信息说明。通过以上举措，尽力实现并增强应急语言服务的可及性和有效性。

（三）保障应急语言服务的凸显性、全民性和即时性

《防灾避难场所设计规范》（GB 51143—2015）规定："各类标识设施宜经久耐用，图案、文字和色彩简洁、牢固、醒目，并应便于夜间辨认。"有关部门在制作应急语言景观时，首先应合理设计字体大小及背景颜色，保障应急语言景观上字号足够大，选择视觉冲击力强的背景颜色，使语言景观更加凸显。其次，用心搭配应急语言景观上的字符，以实现应急语言景观的全人群服务。结合不同城市民

众聚居情况和外国人居住的特殊情况，安排应急语言景观上字符的搭配使用，汉字需要匹配民族文字或者至少一种外文，并且保证匹配文字译写的规范、正确。再次，在保证字符合理搭配的设计下，加上应急标识，足以引发民众的关注度和维护度。最后，精心选择载体材料和配套设备，载体上涂抹荧光材料，或者配合使用地灯照明，保证应急语言景观全天时间都能发挥标识、指示处所的应急服务作用，实现全天候即时服务。此外，可以尝试利用声音和光线设备手段增加标识处所类（应急避难场所）景观的辨识度，继而提升对受难民众中弱势人群的服务效果。比如，声音信息可以为视觉障碍者提供更好的指示作用，光线信息可以为听觉障碍者提供更好的指示作用。在应急语言景观内部设置对声音和光线的触发设备，平时没有突发公共事件发生时不需要开启声光设备；如果有了危急情况，则通过应急指挥中心一键触发设备，使计算好的区域范围内的民众都能听到、看到最近的应急避难场所标识，在最短的时间内寻找到避难的大致奔赴方向。

（四）优化应急避难场所的选择

应急避难场所的选定不能随意为之，敷衍了事。有关部门应结合城市自然环境和区域环境特点，综合研判城市潜在突发公共事件的类型，科学选定应急避难场所。如果城市毗邻大河且地势不高，往往多发洪水灾难，应在城市中相对高处选设应急避难场所；如果城市建设于地壳活跃带边缘，往往多发地震灾难，应在城市中开阔平坦、远离危险建筑处选设应急避难场所；如果城市地处边境，或政治、经济地位特殊，有在战争中遭遇袭击的可能性，宜在城市中地铁站、地下停车场、地下洞穴等处选设应急避难场所；等等。

（五）加强应急语言景观的数字化建设

在做好应急语言景观常规建设的同时，应急语言景观建设也需要与时俱进。数字时代，应急语言景观需要尝试引入高科技手段，如在应急语言景观上附加二维码，扫码查询附近的应急避难场所的房屋和设施标记及到达路线和方式。二维码是在应急语言景观原有必要信息完备的基础上使用，能够提供语言景观上传统内容以外的拓展信息内容，如可以扩大文字量，增加字符种类，增加信息类别，进一步介绍应急避难场所的大小、物资储备情况、场所内人员安置情况、附近环境等相关信息，查询到这些信息能方便受难者做出更科学的避难选择。

（关英明）

乡村电商直播的语言服务*

乡村电商直播是依托现代网络技术与各类电商直播平台，线上展示、销售农副产品的一种新兴商业模式。直播助农因其拥有传统营销方式所不具备的优势，已经成为乡村振兴战略背景下，农户寻找市场、拓展销路的重要途径。语言使用与服务作为电商直播不可或缺的组成要素，对直播效果有着重要的影响。鉴于以上，本报告以乡村电商直播为观察对象，着力调查其语言服务的现状、需求，并在此基础上提出相应的优化建议。

一 调查设计

（一）调查对象

调查小组以5万粉丝量作为选取标准，从5个电商直播平台中抽取了543个直播间作为调查样本：抖音219个，快手236个，淘宝51个，京东7个，拼多多30个。543个样本的运营主体可分为3类：官方机构、企业和个体工商业者，数量分别为11个、228个和304个（表1）。

表1 样本的基本情况

样本信息		直播间数	占比/%
来源	抖音	219	40.33
	快手	236	43.46
	淘宝	51	9.39
	京东	7	1.29
	拼多多	30	5.52
主体	官方机构	11	2.03
	企业	228	41.99
	个体工商业者	304	55.99

---

* 广州市高等教育教学改革项目"立德树人背景下语言学类专业本科生科研素质培养模式的探索与实践"，大学生创新创业训练项目"乡村电商直播语言服务研究"（202411078043）。

语言服务需求与体验调查的主要对象是观看过乡村电商直播的消费者。在线发放问卷共352份，回收有效问卷332份，深度访谈其中的10人。所有调查对象中，18—45岁的中青年是主体，占79.55%；18岁以下的占3.41%；45岁以上的占17.04%。

（二）调查内容

本研究的调查内容包括两部分：一是乡村电商直播语言服务的基本状况，包括语言服务的类型、形式、内容、策略，以及服务人才的供给与培训等；二是乡村电商直播语言服务的需求与体验，主要调查消费者在无障碍服务、多模态服务等方面的需求与体验。

二 服务状况

（一）服务类型

1. 单主体型

单主体型指直播间中仅有一位销售人员，其特征是主播具有多功能性，要在直播间中独立承担商品介绍、客户沟通等多项任务。调查对象中，共有411个采用了单主体模式，其中真人主播占总调查对象的75.32%，虚拟直播占0.37%。从比例上看，真人主播目前仍是乡村电商直播的"主力"；但从长远来看，随着数字技术的不断发展，虚拟主播成本低、效率高、可实现定制的优势会逐步凸显，未来，数字人等虚拟直播技术有望成为乡村电商直播创新的重要选项之一。

2. 多主体型

多主体型指直播间中有两个或两个以上销售人员，具体表现为直播过程中多名主播或主播与助播之间通过合理分工、相互协作共同完成商品介绍、客户沟通等直播任务。调查样本中，共有132个直播间采用了该服务类型，其中"主播＋主播"模式占总调查对象的5.89%，"主播＋助播"模式占18.42%。

表2 乡村电商直播的语言服务类型

服务类型		直播间数	占比/%
单主体型	真人	409	75.32
	数字人	2	0.37
多主体型	主播＋主播	32	5.89
	主播＋场控/助播	100	18.42

（二）服务方式

1. 单向推送式

单向推送式服务，指直播过程中主播与顾客之间不进行线上互动，销售人员仅通过单向语言输出向消费者传递商品信息。采用该形式的直播间占11.23%。比如直播间"原乡茶叶"和"蕊辰蜂业"，销售人员通过视频向直播间中的消费者介绍茶叶和蜂蜜的品牌、产地、品质、价格等情况，但在整个过程中，主播未与消费者进行线上互动。

2. 双向互动式

双向互动式服务指直播过程中，销售人员不仅介绍商品信息，还根据消费者的反馈，与之进行线上互动。共有482个直播间采用该形式，占88.77%。根据互动过程中媒介形式的差异，该服务形式可进一步分为三个小类："视频-文字"型，主播以视频形式对弹幕文字留言进行反馈；"视频-语音"型，主播通过语音连麦与客户进行互动；"视频-视频"型，主播通过视频连线与消费者进行"面对面"交流。

总的来看，双向互动式服务是主导，占88.77%；单向推送式服务是辅助，仅占11.23%。双向互动式服务的三种小类中，"视频-文字"型覆盖面最广，其次是"视频-语音"型，使用率最低的是"视频-视频"型。

表3　乡村电商直播的语言服务方式及其分布

服务方式		直播间数	占比/%
单向推送服务		61	11.23
双向互动服务	"视频-文字"型	469	86.37
	"视频-语音"型	22	4.05
	"视频-视频"型	3	0.55

（三）服务内容

1. 语言/方言配置服务

直播间配置的语言/方言中，普通话是主导，共涉及491个样本；方言是辅助，共涉及75个样本，所有直播间均未配置外语（见表4）。主播使用的方言有北方方言、吴方言、粤方言、闽方言等。

表4　乡村电商直播的语言/方言配置情况

语言/方言	直播间数	占比/%
普通话	468	86.19
方言	52	9.58
普通话+方言	23	4.24

2. 信息传递

该项内容主要表现为销售人员通过直播话语向直播间内的客户提供商品信息。主要涉及：背景性信息，比如"攀枝花贵妃芒果是中国四川攀枝花的特产"；商品属性信息，比如"沙糖橘个大、皮薄、肉厚、新鲜"；功能性信息，比如"秋季吃梨，美容养颜，润肺必备"；商品销售信息，包括商品的购买价格、促销福利等，比如"原价20多块钱的腊肉，今天，五斤只要79"。

3. 体验构建

体验构建服务集中表征为销售人员通过多样化、多模态的语言服务手段营造良好的直播环境与舒适的购物体验，满足消费者的情感性与心理性需求。比如"感谢大家的陪伴支持，每天这个时间，我都会在这里恭候您"，这句话使用了"感谢……、恭候……"等礼貌性与感谢性用语，给予了客户极大的尊重；"陪伴支持"等表述则会激发消费者内心的被需要感，进而使他们逐步建立起对主播、直播间、商品的认同。从调查来看，虽然各个直播间均配置了该项服务，但是不同主播的服务水平良莠不齐。

4. 指示引导

该内容主要表现为主播在销售过程中通过提醒、解释、演示等方式为消费者提供一系列指示、引导类语言服务。比如"大家请注意一下我指的位置，这是我们产品的防伪标志""屏幕右下角是下单链接，大家可以点击下单"，可指引消费者关注商品的防伪，指引不熟悉购物流程的消费者下单购买商品。指示引导服务在提升客户关注度、引导消费者表达需求、构建互动场景、优化直播服务细节等方面具有积极的作用。

除了以上服务内容之外，调查小组还对543个直播间的无障碍服务进行了调查。遗憾的是，所有直播间均未设置针对老年人、听/视障群体的无障碍服务。长远来看，随着电商直播服务对象的不断细化，未来，无障碍服务将会成为重要的建设内容之一。问卷调查也证明了这一点，61.93%的受访者认为有必要提供该服务，另有35.51%认为可以视消费者的情况决定是否提供此类服务。

（四）服务策略

1. 焦点重复

焦点重复是指销售人员通过高频次重复关键词语，向消费者传递焦点信息的一种语言服务策略。重复的焦点信息主要是商品的产地、品质、功效、价格、发货时间、促销福利等用户关注的信息。比如"味道好、新鲜、正宗、自然生长、有益健康、价格便宜、包邮到家"等词语会在直播过程被销售人员反复提及。通过这种重复性策略，主播既满足了客户的信息需求，也强化了关键信息的传播力度。

2. 场景建构

场景构建是指销售人员通过综合运用多模态表达手段为直播间内的消费者构建各类场景，从而使其更好地感知商品属性的一种语言服务策略。生产场景构建，比如"赣州丘陵山地中含多种微量稀土元素，适合脐橙生长"；使用场景构建，比如"新鲜的小米洗干净，南瓜切成小块，熬一个小时"；效果场景构建，展示商品使用效果，构建具身体验感，比如"茶叶口感温润，喝上一口就能带给人一种清新宁静的享受"。

3. 内部回应

内部回应是指"助播""中控"等辅助人员通过即时回应主播话语用以强调重点信息，活跃销售气氛，把控直播节奏与方向的一种语言服务策略。比如"主播：蜂蜜是我们自产的，纯天然，口感好。中控：没错，冬蜜，枇杷蜜，纯天然，口感好。"中控人员以内部回应的方式，一方面重复主播表述，强调关键内容，另一方面说明蜂蜜类型，补充遗漏信息，引导话语走向。

4. 共情叙事

共情叙事是指主播通过讲述与商品相关的个人经历、故事，分享与商品相关的知识与感悟，通过激发情怀、引发情感共振，构建客户消费体验的语言服务手段。以下是原"东方甄选"主播董宇辉的一段解说："那时候你头也不疼，颈椎也不疼……那时候你爸妈身体还很健康，他们年轻，平安喜乐，爷爷奶奶也陪在你身边。你其实不是想玉米，你是想当年的自己。"这段解说以第二人称的口吻，将所售商品作为故事意象巧妙地糅合进了主播创建的叙事图景之中，通过极具画面感的描述，引发了情感共鸣。

5. 多模态交互

多模态交互是指综合运用语言、表情、姿态、文字、图像、视频等手段与消费者进行多模态线上互动的语言服务策略。该策略不仅可以提升客户的参与感，

也可以让消费者更好地了解商品的特点，让销售人员更好地了解客户的需求。比如"需要独立小包装的朋友，请扣1""很多朋友询问发货的时间，我们都是当天拍当天发"。前一个事例中，主播通过互动了解消费者的诉求点；后一个例子，则是通过即时互动回复客户的问题。

值得注意的是，服务策略的使用也存在着诸多的问题。比如，蓄意夸大商品功效、使用话术遮蔽商品缺陷等。问卷调查显示，近50%的受访者曾经在购物过程中遇到过以上问题。

（五）服务人才

1. 供给方式

内部供给。是指各类机构、企业通过内部遴选、培训解决乡村电商直播语言服务人才需求。可分为两类：一类是内部培训，从企业或团队内部选拔具有潜力的员工，通过内部培养组建自己的主播团队；另一类是外部培训，一般是公司、直播间与市场上的培训机构签订协议，聘请专业人员对本企业内部的直播人员进行教学与培训。

外部供给。是指机构、企业、直播间通过各类途径向市场购买电商直播人力资源。这类供给方式的显著特征是公司或者直播间以外包的方式将需求转移给市场，用人单位主要通过市场机制解决人才的供给问题，自身不投入资源进行人才培养。

2. 人才培养

培养模式与主体。培养模式主要分为两类。一类是"院校模式"，主体是各类高职院校。其优势是课程体系完善，培养全面规范；不足在于多数院校面临着实践体系不完善、师资队伍不健全、培养效果不理想等问题。另一类是"市场模式"，主体是市场上的各类培训公司与机构。优势是培训时间集中，内容针对性强，学员上手快；不足在于机构资质良莠不齐，规范性较差。

培养方式与内容。培养方式上，各类高职院校多采用"理论+实践"的培养模式；市场上各类机构的培训方式则更为灵活，从调查来看，线上教学、线下面授、线上线下混合是各类机构普遍采用的三类模式。培养内容上，高职院校主要以课程群的方式呈现；相较之下，培训机构授课内容的针对性与实用性会更强，涉及表达力、镜头感、情绪声音、表情控制等。此外，我们在调查中也发现，一些机构的培训内容存在违规嫌疑，比如"憋单、逼单话术""精准吸粉使用套路"

等，值得警惕。

三 建议

创新语言服务形式。技术层，以VR、数字人、虚拟直播间为代表的数字技术，具有成本低、效率高、互动性强、可定制等传统直播方式不可比拟的优势，要充分重视其未来在直播语言服务中的创新与应用价值；方式层，深入研判直播间主流客户群体的话语接受特征，打造个性化的语言服务方式与风格；策略层，在微创新上狠下功夫，尤其是一些使用频率较高的策略，要着力打磨操作细节，提升其服务质量与效率。

关注特殊人群需求。随着"银发经济"的发展、精准化服务的持续深入，未来，各类特殊人群的语言服务需求将是乡村电商直播必须面对的问题之一。目前看，对于视听觉下降、反应能力趋缓的老年群体，直播平台、直播间可设置弹幕字体、界面图标大小调节按钮，增设语速调节按键；对于听障、视障人群，在条件成熟的情况下，直播平台可配置智能手语翻译系统与便捷语音输入服务系统。

加强产业链条监管。产业链条上游，重点监管市场上的各类商业培训机构，相关部门要明确行业标准，严格核审机构的培训能力与资质，从源头上把控好电商主播人才的素养关。产业链条下游，重点监管直播过程中各类不规范的"话术"行为，比如夸张式介绍、过度消费话术陷阱等，相关部门、直播平台要制定规范，定期抽检，从出口上把控好乡村电商直播语言服务的规范与走向。

完善人才培养体系。首先是教材编写。高职院校可邀请资深专业教师与行业专家，共同编写专业教材。其次是师资队伍。教学主管部门一方面要通过培训进修、继续教育等手段，优化现有师资的知识结构；另一方面要聘请校外具有丰富经验的行业专家担任专职或兼职导师，通过内外互补的"双师制"进行师资团队建设。再次是实践体系。通过校企共建、产学合作等途径引入社会力量，打造电商语言服务人才培养实践平台。

（张迎宝、钟悦、陈艺颖、陈宁宁、彭程、张进玲）

新疆自由贸易试验区喀什片区跨境电商语言服务调查[*]

自由贸易试验区是促进地方经济发展的先行地。2023年10月，国务院批复设立中国（新疆）自由贸易试验区，其中包括喀什片区（以下简称"自贸区喀什片区"），片区内含保税区、跨境电商试验区等几大区域。本报告对自贸区喀什片区跨境电商交易中心（以下简称"电商中心"）的语言服务情况进行调查，通过对从业人员的调查了解自贸区喀什片区跨境电商语言服务状况，同时结合消费者对片区内语言服务的评价和改进指引，提出涉及语言服务的相关建议。跨境电商是各国通过跨境物流进行商品交易的商业活动，也是自由贸易试验区的发展助力。解决好跨境电商当中的语言服务问题，对于促进地区经济发展有显著的助推效果。

一　基本情况

喀什跨境电商进出口商品展示交易中心是新疆单体建筑面积最大的跨境电商展示交易中心，占地面积1.5万多平方米，涵盖约3000种的跨境零关税商品，设立多个国家商品馆。自2022年1月喀什地区获批中国跨境电子商务综合试验区以来，喀什海关在各流程方面进行全方位的提前介入指导，引导交易中心大力发展外贸新业态。展示中心自开业以来，便不断提升喀什对外开放的水平、集货及散货的能力，发挥了喀什向西开放支点的重要作用，同时也吸引了各类国际国内大型跨境电商企业入驻开展业务。

本报告主要采用实地访谈和问卷调查的方式考察自贸区喀什片区跨境电商交易中心的部分从业者及消费者关于语言服务的相关意见与看法，考察买卖双方的多语服务状况和多语服务需求。实地访谈和问卷调查的内容主要包括从业人员的

---

[*] 国家语委2022年度科研项目"新疆南疆国家通用语言助力乡村振兴的理论与实践研究"（YB145-60）。

语言使用情况、多语服务能力,以及消费者对语言服务的满意程度和改进方向等问题。

二 从业人员语言能力状况

(一)语言使用

从工作时间段的语言使用看,92%的从业人员主要使用国家通用语言进行服务。其余的8%除普通话外,还能够提供其他语言导购服务,如英语。这部分受访者表示,在遇到自己同民族的顾客时,也会主动尝试使用民族语言交流,但是只会在得到对方使用相同民族语言的回应时才会继续,否则会使用国家通用语言。

从非工作时间段的语言使用看,由于相关受访者基本都是少数民族,所以他们使用民族语言的频率会大于国家通用语言。详见表1。

表1 不同时间段语言使用情况

时间段	占比/%	
	国家通用语言	其他语言
工作时间段	92	8
非工作时间段	28	72

我们将工作地点等与顾客及外界交流的场所定义为外部环境,将他们的休息室、食堂等场所定义为内部环境。通过调查,我们发现受访者在外部环境和内部环境的语言使用情况并不一致:在外部环境会更多使用国家通用语言文字;在内部环境,出于社交等情况,会更偏向于使用本民族语言。在进行这部分内容的访谈时,受访者表示,虽多为同民族,但是大家在工作时间段都保持着一种默契,基本都能遵守使用国家通用语言这一约定。他们表示,在跨境电商交易中心工作时,若碰到会中文的外国客人,他们也会热情大方地宣传我国的文化;但是私底下在内部环境进行工作交流或者相互沟通学习时,会使用本民族语言。有受访者认为,这样能够拉近彼此的距离,便于双方更好地交流。我们认为,目前这些受访者在外部环境使用国家通用语言进行交流,同时传播中国文化,一定程度上达成了对中华文化的认同共识,属于良好的语言使用情况。

（二）多语服务能力与学习意愿情况

多语服务能力是指能够使用多种不同语言进行沟通服务、达成预期目标的能力。受访者的多语服务能力见表2。

表2　能够使用多语的受访者占比

能够使用的语言	国家通用语言	国家通用语言+民族语言	国家通用语言+民族语言+其他
占比/%	28	50	22

分析数据，我们可以看出，掌握不同语言的受访者占比与前文的语言使用大致一致。可见，当前受访者的多语服务能力较弱，有待提升。

在涉及学习意愿时，我们设计了相关访谈题目，对于"是否有学习他国语言的意愿"，85%的受访者有这个意愿，他们认为学习他国语言能够在提升服务质量的同时提升自身的多语能力；15%的受访者认为当前的科技手段已经足以确保交易双方的沟通，没有必要专门学习他国语言。对于"是否自主学习过他国语言"，仅12%的受访者有过相关经历。对于"能否接受外语培训"，57%的受访者选择能够接受，7%的受访者选择拒绝，还有36%的受访者选择观望。详情见表3、表4。

表3　学习意愿情况占比表

选项	占比/%	
	是	否
是否有学习他国语言的意愿	85	15
是否自主学习过他国语言	12	88

表4　外语培训接受度表

能否接受外语培训	可以接受	不能接受	观望
接受度/%	57	7	36

通过相关数据得出，受访者们虽具有学习他国语言的意愿，但有学习经历的人较少。针对这一问题，受访者普遍表示不清楚外语学习的路径与学习方式；在有过自主学习经历的受访者群体中，也存在学习频率不足和内容较少等问题。

调研中，我们额外采访了36%选择观望的受访者，他们选择中立的原因是不确定培训课程会不会耽误自身的工作与休息时间。他们表示，家庭与工作时间可调度范围较小，所以处于观望状态。

通过以上数据分析可以看出，这些受访者对于学习他国语言积极性较高，且存在一定的自主性，但缺乏能够长久坚持的学习目标，多语服务能力和学习认同度都有待提高。

三 消费者语言服务需求

在调查了从业人员的语言使用情况、多语服务能力等问题后，我们将调研对象转向消费者，希望通过消费者的反馈，切实提出交易中心语言服务问题的需求和转变导向。首先，我们调研了消费者对当前交易中心内语言服务的满意度。调研结果中约60%的消费者选择了"不完全满意，认为语言服务有待加强"的选项，我们针对这60%的消费者展开了二次调查，希望他们对相关语言服务做出改进意见。我们根据改进意见中关键词的出现频率进行了统计，见图1。

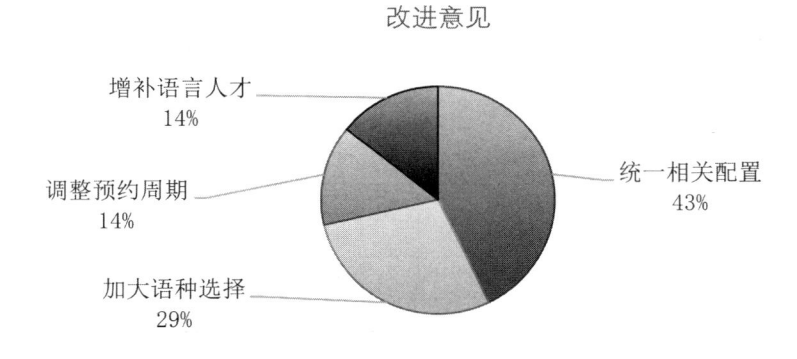

改进意见

- 增补语言人才 14%
- 调整预约周期 14%
- 加大语种选择 29%
- 统一相关配置 43%

图1 消费者反馈意见统计图

调研中，43%的消费者都提到希望统一相关配置标准的问题。他们表示，各展馆内的语言服务质量不尽相同，体验感也有所不同，有些展馆将他国的一些专有名词做了本土化处理，有些则直接照搬导致失去原味，相关消费者希望能够统一配置标准尤其是翻译标准。29%的消费者希望能够加大语种选择。他们反映，线上商城所能提供的语言版本较少，仅有一两种语言。他们认为，这对于汉语初学者具有一定的难度，不便于交往交流。14%的消费者希望能够调整预约周期。因为官方免费语言服务预约周期长，他们往往会自费预约其他翻译公司，希望尽可能免去这部分额外开支。14%的消费者表示希望能够增补一定的语言人才，提高购买效率。他们认为当前语言服务人才种类较少，希望能够增补相关专业人才，提升不同类别物品购买的愉悦度。通过以上数据我们可以看出，消费者对于自贸区喀什片区当前语言服务的提高较为期待。及时接受相关改进意见，做出正确改变调整，是相关管理部门的最优解。

通过上述调研可以发现，超过七成的消费者对于交易中心内的语言服务改进意见主要围绕统一标准和提供多语种选择这两方面。查阅相关资料，我们得知，交易中心内的跨境电商企业较多，不仅包括以海南XX集团为代表的国际大型跨境电商企业，还包括一些国内处于起步期的中小型跨境电商企业，各展馆的语言服务经验不同，导致消费者认为"相关配置不统一"。在多语种选择方面，消费者反馈，无论是交易中心的线上跨境购物平台，还是官方的综合运营网站，基本都以汉语呈现，即使在很多显著的展板以及标语处，也很少见到明显的多语服务提示。

调研了上述内容后，我们开始调研消费者对于语言服务人才的考量标准，希望通过消费者的反馈为自贸区喀什片区的语言服务人才标准提供一些参考，见表5。

表5 消费者需要的语言服务类型

服务类型	口译+笔译	文案功底+沟通能力	信息化+网宣能力
占比/%	60	75	44

在调研消费者对语言服务人才的考量标准中，60%的消费者提到了口译和笔译，他们认为语言服务人才应具有一定国家公认证书做支撑；75%的消费者提到了文案功底和沟通能力，他们认为语言服务人才要具备一定沟通能力，在处理相关品宣问题时也应具备一定文案功底；44%的消费者提到了信息化和网宣能力，他们认为能够将各个国家不同的信息及时汇总、更新与本土化展现，是一名优秀语言服务人才的必备能力。这表明消费者对于语言服务有了更加均衡化、信息化、多样化的要求。

四 电商中心语言服务

（一）各平台语种选择不够丰富

我们调查了自贸区喀什片区内一些购物小程序平台及电商中心官网语言服务情况，发现所使用小程序的语言以汉语为主，较少使用外语。从消费者的反馈也不难发现，该片区线上商城及部分小程序当前所具备的网宣配置与语种选择并不能完全满足消费者的需求。

信息服务平台在国际交流合作中发挥着先导性作用，是了解双方文化历史、政策沟通、信息对接的有效工具，对信息服务平台的建设要考虑周全，要根据不同的要求情况设置不同的服务信息平台。

（二）缺乏个性化语言服务，公共语言服务仍有待完善

我们发现当前自贸区喀什片区高端语言服务能力不够突出，缺乏个性化语言服务和应急语言服务。电商中心内，各展馆售卖的物品不同，不同类别产品的销售人员应具备不同的语言服务能力，应在满足消费者语言服务基础之上，额外具备一定的专业知识技能，在不同专业领域提供个性化语言服务，特别是在尖端科技翻译和专业商务交流中。同时，园区也缺乏一定应急语言服务。当前园区的应急语言服务仍然以国家通用语言文字为主，外语的应用还十分有限。应注重公共利益的导向，增加一部分他国语言文字，建设多语种应急语言服务。

（三）语言能力需要提升，促进从业人员的整体服务素质

调研发现部分从业人员的多语服务能力较弱。我们认为需要整体提升从业人员的语言服务能力，促进各从业人员具备一定基础的多语服务能力，吸收消费者对语言服务的需求类型参考，接收改进意见讯号，做出改变调整。

调研中我们发现当前喀什地区国家通用语言普及率仍未达到全国平均水平，要持续推普，提高当地人民的国家通用语言文字应用能力。可以将推普工作与自贸区喀什片区的语言能力提升工作联通，发挥语言文字的浸润助力作用，同步加深当地人民对中华民族共同体意识的理解，维护好喀什地区的社会稳定和长治久安，稳中求进促发展。

五　对策建议

（一）完善高端语言服务体系和语言服务平台建设

自贸区喀什片区当前提供的个性化语言服务是公益性免费服务。可在此基础上发展付费高端语言服务产业，这样就可以缩短服务周期，在较短的时间内提供

更高频的优质语言服务。还应及时补充语言应急服务等必要内容，这样可以确保在面对特殊情况时也能够做到基本的交流和指引。完善语言服务平台建设可以促进信息的对接，使各地区更好地通力合作。可以在建设语言服务平台时，加入各类刚需分支的建设，开发相关副产品，如随身携带的翻译产品、专业翻译应用程序（APP）和小程序的开发。

（二）加强语言志愿服务，提升公共语言服务质量

语言服务全过程的核心是语言需求，要针对目前已有需求做出改变，开展语言服务研究，倾听来自大众的正向需求。可与本地高校或企业合作，选出具有语言服务能力的语言服务志愿者，培训上岗，这样可以缩短语言服务周期，也能够减少现有服务人员的压力。在有志愿者分忧的同时，要做好相关后勤保障，确保志愿者在无私奉献的同时获得相应的慰藉。也可以提升相关片区的公共语言服务质量，补充应急语言服务、特殊人群语言服务等，完善语言服务体系建设。

（三）提高从业人员语言服务能力，提升整体服务水平

复合型外语人才一直以来都是语言服务产业的刚需，优质的复合型外语人才往往能够提升经济效益。可与地区教育机构尝试性地培育建设语言服务学科专业，开设相关课程，以提升从业人员服务水平。同步构建语言人才智库和专业术语料库，做好语言智库潜在人才的培养与帮扶工作，积极吸纳智库潜在人才，予以一定帮扶，为不同岗位智库人才的甄选及智库团队的发展做好奠基工作，为语言服务产业高质量发展创造良好的市场环境。

（林青、韩云锴）

第六部分

文体医企会展语言服务

导　语

随着新冠疫情后世界经济的复苏，国家各类展会、活动、体育赛事重新活跃，我们发现，语言服务的需求依然旺盛，语言服务的质量有显著提高，提供服务的媒介和平台各有优势，并对语言服务的提供者提出了更高的要求。

在本板块内，《大型国际活动中的语言翻译服务（2013—2023）》回顾近十年来在中国境内举办的国际会议和活动，发现语言服务的形式不断创新，集中体现在需要翻译服务的语种增多，翻译的形式和媒介与时俱进。《杭州第19届亚运会语言服务调查》和《第134届广交会语言服务调查》分别对体育赛事和商业会展领域的大型活动进行个案聚焦分析，反映了最新的语言服务情况。

我国文体商业活动的数量规格皆有提升，也对提供语言服务的志愿者提出了更高的要求。《语言类志愿者服务现状调查》梳理了当前语言服务志愿者队伍在科研教育、国际交流、会展赛事、关爱特殊人群、社会应急援助等方面取得的成绩和建成的机制，并针对常态化、协同性，以及资源利用的充分性方面提出具体建议。

非集中性的个人文旅活动对语言服务的便捷性和准确性会有较高要求。《肇庆星湖旅游景区语言服务状况》选取国家级自然保护区考察大湾区旅游语言服务状况；《国家一级博物馆小程序语言服务状况》选取32家博物馆，调查281场线上展览中29 106件展品的语言服务状况，反映出游客和用户的真实需求，并提出了切实可行的具体建议。

《无障碍阅读服务报告》关注视障群体的阅读需求，介绍了中国盲文出版社出版的无障碍格式版图书和研发的盲用辅助阅读器具情况，认为在法律法规宣传推广、出版物质量和种类、阅读产品的智慧化程度等方面，应继续投入和加强。《在穗外籍人士就医语言服务调查》关注生活在广州但中文水平有限的外籍人士，调查其在就医时的语言服务情况，对具体的外语需求、平台需求、从业人员能力需求方面提出建议。

另有《抖音中的书法教学》，关注当前短视频平台中书法教学的新形式，考察了人民群众日常生活中的语言文化追求；《汽车产业语言服务人才需求调查》，关注我国汽车产业转型过程中产生的语言服务人才新需求，并提出相关应对措施，对汽车行业发展和从业人员素质提升等方面来说，有一定的参考价值。

（张晓苏）

语言类志愿者服务现状调查*

根据国务院《志愿者服务条例》(国令第685号),志愿者是指"以自己的时间、知识、技能、体力等从事志愿服务的自然人"。语言类志愿者专指以自身的语言知识和技能,投入时间和体力从事语言服务的志愿者。从服务对象来看,包括方言志愿者、少数民族语言志愿者、外语志愿者和特殊群体语言志愿者。其服务领域包括科研服务、赛事展会服务、特殊服务和应急服务等。近年来语言类志愿者的发展取得了突破性的进展。

一 语言类志愿者的基本情况

(一)语言类志愿者的组织

从组织者的身份来看,或为官方组织,或为民间组织。在一些重要事件中,官方和民间自发形成的志愿者团体共同发挥作用。如在青海玉树抗震救灾中,国家民族事务委员会组织的志愿者与民间自发加入的志愿者协同合作,起到了信息沟通的关键作用。

从组织形式来看,有基于事件的临时组织,也有志愿者的长期组织。前者如2022年北京冬奥会的"冰雪一代"、杭州第十九届亚运会的"小青荷"、中国国际消费品博览会(消博会)的"小椰青"等;后者如广东外语外贸大学多语言志愿服务队(成立于2008年,注册志愿人数为15 000人,累计开展志愿服务时数1 017 380小时)①、浙江理工大学大学生手语志愿服务社(成立于1999年,先后组织发动志愿者人数已超45 000人,开展各项助残志愿服务活动时长累计525 000

---

* 国家语委"十四五"科研规划2022年度一般项目"粤港澳大湾区中小学教师语言国情教育的理论探索与实践"(ZD1145-15),大学生创新项目"粤港澳大湾区语言类志愿者需求调查及其服务实践"(S202311078014)。

① 服务"北京奥运会、广州亚运会、深圳大运会、中国进出口商品交易会、中国国际高新技术成果交易会"等重要赛事展会,先后获得中组部"广州亚运会创先争优先进集体"、团中央"全国抗击新冠肺炎疫情青年志愿服务先进集体"、"广东省最佳志愿服务组织"等荣誉。

个小时，手语授课时长已达 73 286 课时）[1] 等。此外还有依托项目开展的各类志愿活动，如南京特殊教育师范学院"殊博会"阳光助残志愿服务项目、中国传媒大学师生发起的"光明影院"公益项目等。

（二）语言类志愿者组织的数量

根据中国志愿服务网和志愿云，全国登记注册的志愿者组织共有 1 208 664 个。[2] 部分省市志愿者组织中设置"语言服务""语言翻译""外语翻译"等相关分类，其中上海语言类志愿者团队共 232 个，广东省共 182 个，山东省共 197 个。但从各省（自治区、直辖市）整体数据来看，语言类志愿者团队平均占比为 0.32%，在各类志愿者组织中并不突出。表 1 是部分省（直辖市）的语言类志愿者组织数量。

表 1 语言类志愿者组织的数量

省份	志愿者组织数	类别	语言类志愿者组织数	占比 /%
广东省	61 145	语言翻译	182	0.30[3]
上海市	31 301	语言服务	232	0.74
贵州省	26 173	语言翻译	43	0.16
福建省	64 191	外语翻译	147	0.23
陕西省	29 250	语言翻译	94	0.32
山东省	71 936	外语翻译	197	0.27
重庆市	39 987	外语翻译	87	0.22

（三）语言类志愿者的保障

1. 组织保障

行业发展离不开政策的支持和保障。国务院办公厅《关于全面加强新时代语言文字工作的意见》（国办发〔2020〕30 号）强调"健全完善'党委领导、政府主导、语委统筹、部门支持、社会参与'的管理体制，建立分工协作、齐抓共管、协调有效的工作机制"。目前政府主导、社会参与的语言类志愿者组织管理机制已基本建立，有效保障了志愿活动的开展。

2. 法规保障

《中华人民共和国通用语言文字法》《中华民族区域自治法》等共同确立了各

---

[1] 浙江省十佳学生社团，被浙江省残联授予"优秀手语志愿服务社"荣誉称号，其中"助残志愿服务"项目入选共青团中央青年志愿者助残"阳光行动"百个首批示范项目。

[2] 数据来源于志愿云（2024-2-22，https://www.zhiyuanyun.com）。

[3] 占所在省/直辖市志愿者团队总数的比例。

民族语言文字平等共存，禁止任何形式的语言歧视，保障各民族语言的合法权益。《中华人民共和国民事诉讼法》保障各民族公民"有用本民族语言、文字进行民事诉讼的权利"。《中华人民共和国义务教育法》保障视力残疾、听力语言残疾和智力残疾的适龄儿童、少年接受义务教育的权利。2020年修订的《中华人民共和国著作权法》将版权合理使用情形从"将已经发表的作品改成盲文出版"拓展到"以阅读障碍者能够感知的无障碍方式向其提供已经发表的作品"，为服务视障人士的无障碍电影和有声书籍提供了法律保障。2023年颁布的《中华人民共和国无障碍环境建设法》中无障碍信息交流的条款从法律上保障了无障碍语言服务的需求。相关的法律法规不断完善，为语言志愿服务的开展保驾护航。

3. 科技保障

语言技术的不断发展为志愿服务提供了重要的科技保障。经统计，截至2024年1月1日，广东省内语言技术企业共有23 830家，注册资本总额达4000亿元；其中珠三角地区相关企业共有201 330家，注册资本总额达3949亿元。[①] 人工智能技术进一步推动了语言科技的发展，未来语言科技产品的发展将呈现出多模态交互[②]与增强现实（AR）/虚拟现实（VR）等技术相结合的趋势，以ChatGPT等为代表的生成性人工智能模型将会为用户提供更加丰富的生成类语言服务。

4. 专业保障

语言类志愿者或具备相应的专业背景，如从事语言翻译类的志愿者、手语志愿者；或具备相应的语言能力，如服务各类语言调查的发音人、服务于各类公共文化场馆的讲解员等；或经过相应的志愿者培训，如奥运会等大型赛事有专门的机构负责志愿者的培训工作等。有专业作为基础，语言类志愿者才能提供精准的语言服务。

二 语言类志愿者的服务领域及实践

（一）科研服务

在语言学的科学研究中，常常需要相应的发音人来辅助进行语言调查，这些发音人也都是语言类志愿者。以国家语言资源保护工程为例，汉语方言1289个调查点共8374个发音人，少数民族语言429个调查点共1091个发音人，文化典

---

① 数据来源于企查查（2024-1-1, https://www.qcc.com），以"语音识别、智能语音、语音合成、翻译软件、搜索引擎、输入法、字库、语料库、文字识别"等关键词进行检索，并进行人工筛查。

② 多模态交互是指利用多种不同的输入方式（例如文本、语音、图像、视频等）以及输出方式（例如文字、语音、图像等）进行交互的模式。

藏 102 个调查点共 407 个发音人。① 近万名发音人为国家语言资源保护做出了重大贡献。再如讯飞输入法 2017 年开始启动方言发音人招募计划，目前发音人已有 854 394 人，有效支持了讯飞输入法的识别率。② 此外，一些机构、团队和个人因研究需要也都通过各种途径招募志愿者。可以说，语言资源保护、语言研究和语言技术开发与应用都离不开语言类志愿者。

（二）教育服务

语言类志愿者的教育服务可以"国际中文教师志愿者"为代表。具体包括"国际汉语教师中国志愿者计划"和"国际中文教育志愿者联合资助计划"。前者始于 2004 年，遴选有志于从事中文教学工作的优秀志愿者，赴海外教育机构开展中文教学工作。后者包括"国际中文教育志愿者联合资助项目"和本土（海外）志愿者资助项目。据统计，累计已向各国中文教学机构派出中方教学人员近 11 万人③，其中国际中文教育志愿者是非常重要的组成部分，如中外语言交流合作中心（以下简称"语合中心"）2022 年、2023 年、2024 年分别招募 1140、1600、1300 名国际中文教育志愿者。曾在海外担任国际中文教师志愿者的人员有的继续攻读硕士、博士学位，有的成长为国家公派教师，成为骨干人才。

（三）国际交流服务

国际交流服务是语言服务中的重要分支。2022 年由云同传平台 Trans On、同济大学外国语学院、上海教育国际交流协会牵头，联合上海 17 所高等院校的外国语学院和高级翻译学院共同发起"语言大白守'沪'行动"外语志愿者公益服务，发动上千名外语专业人士通过 Trans On 云平台快速注册成为志愿者，提供英语、德语、法语、日语、韩语和西班牙语等语种的即时翻译服务。④ 志愿者也为边检口岸等重要国际交流场所提供线下语言志愿服务。如自 2009 年起上海边检总站机场边检站挑选精通外语的优秀青年，组成"百人外语志愿服务队"，可为各类出入境宾客提供英、俄、日、韩、阿拉伯、波斯等 13 种语言通关服务，累计时长超 1

---

① 以上统计数字来自语保工程采录展示平台。
② 《保护濒危语言优化方言识别能力　讯飞开启"AI 方言发音人"招募计划》，中国新闻网，2018-6-12，https://baijiahao.baidu.com/s?id=1603077764324338850&wfr=spider&for=pc。另参见科大讯飞方言保护计划网站，https://fangyan.xunfei.cn/#/。
③ 马箭飞《国际中文教育：有力促进中外人文交流、文化交融、民心相通》，《中国新闻发布（实务版）》2023 年第 6 期。
④ 《"语言大白"来了！Trans On 联合上海 17 所高校外院发起外语志愿者行动》，《中国日报》2022 年 5 月 7 日。

万小时。[①]

(四) 赛事展会服务

大型赛事是语言类志愿者最重要的需求之一，一些重要的赛事展会（如杭州亚运会、上海世博会、广州国际马拉松比赛、中国进出口商品交易会、中国国际进口博览会、中国国际消费品博览会等）都活跃着以大学生群体为主的语言翻译类志愿者的身影。如2017年教育部、国家语委与北京冬奥组委共同启动了《北京冬奥会语言服务行动计划》，具体包括：开展语言技术集成及服务、提供语言翻译和培训服务、优化奥运语言环境、开展外语志愿者培训工作、合作开展冬奥会语言文化展示体验项目。[②]据报道，2021年截至北京冬奥志愿者招募系统关闭，全球网络志愿者招募系统共有1445名学生报名担任语言类志愿者。北京冬奥会授权北京大学、清华大学、北京外国语大学、北京体育大学等单位为培训基地，为赛会筹办形成了有力支撑。

(五) 特殊人群服务

特殊人群的语言服务也是志愿者服务的重要领域，目前语言类志愿者的服务主要是面向听障、视障人群。

手语服务。南京特殊教育师范学院充分发挥其专业优势，多个志愿者服务项目取得较显著成果，如"中国特殊教育博物馆志愿者""太阳花——手语推广计划"等。浙江理工大学手语志愿服务社成立20余年来，形成了手语教学、手语表演、体验残障和爱心志愿服务四大品牌特色。"志愿之风，畅行无碍——杭州博物馆志愿者助力听障人士手语服务项目"积极开展博物馆手语讲解服务。来自浙江大学红十字会学生分会的志愿者，参与录制可视化（手语）视频百余个。浙江大学手语志愿者对杭州博物馆的工作人员和志愿者进行手语培训，力求培养更多的志愿者，为听障人士提供手语讲解服务。

无障碍阅读服务。各地公共图书馆均致力于为特殊群体提供无障碍阅读服务，其中尤以广州图书馆最为突出。广州图书馆于2001年在全国公共图书馆界率先设立盲人电子阅览室；2021年又启动了专门面向视障读者的"阅读微心愿"项目，

[①]《上海机场边检百人外语志愿服务队：精通13语种 服务6届进博》，《中国民航报》2023年11月6日。

[②]《北京冬奥会语言服务行动计划》，教育部官网，http://www.moe.gov.cn/s78/A19/A19_ztzl/ztzl_yywzfw/dongaohuifw/201705/t20170525_305759.html。

馆员通过前期调研收集读者心愿书单，匹配对应馆藏资源，此后邀请志愿者申领并录制有声书，内容涵盖职业发展、健康理疗、经典文学等板块，实现资源与需求的联动、服务与公益的融合。

无障碍影视作品观赏服务。以中国传媒大学"光明影院"公益项目为代表。该项目组由中国传媒大学师生发起，2017年成立，主要是进行无障碍电影的制作，目前已完成500多部无障碍电影以及电视剧集的制作，涉及动画、现实、科幻、历史等类型题材。截至目前，"光明影院"在31个省区市进行公益放映和推广，将无障碍影视产品送到各地2244所特殊教育学校。[1] 随着《中华人民共和国无障碍环境法》的颁布，全社会对于特殊人群的服务意识将会进一步增强，志愿者的相关工作也有进一步提升和拓展的空间。

（六）应急语言援助

应急援助中语言志愿者也至关重要。最为典型的是2010年青海玉树地震救灾中的语言服务。玉树居民中藏族占94%，牧民所说的是康巴藏语，与藏区其他方言土语差别较大，而且他们大多也不会汉语，震后救援中普遍存在的救援者群体和受援者群体之间的语言沟通障碍问题尤其凸显，志愿者的语言援助在现场救援、医疗救助、心理疏导、媒体宣传等方面发挥了重要的作用。

2020年年初，新冠肺炎疫情在武汉及全球爆发，援鄂医疗队因方言问题与患者沟通不畅，中国语言学人立即组建"战疫语言服务团"，在教育部、国家语委指导下，研制出多个应急语言产品，包括《抗击疫情湖北方言通》《疫情防控外语通》《疫情防控"简明汉语"》。这次应急服务，除了语言工作者和技术开发人员志愿参战以外，社会各界热心人士也积极加入志愿者行列。服务团招募全天候在线方言服务志愿者，报名非常踊跃，全社会团结一心，共克时艰。此外，专业人员的语言面貌也是非常重要的考量因素。如2022年赴港医疗援助中，中山大学第三附属医院在选派援港医疗队员时，注意选派熟练掌握粤方言和英语的医疗专家和护理骨干。[2]

---

[1] 《"光明影院"助残五周年：铺一条文化盲道》，《中国青年报》，2023-5-21，https://baijiahao.baidu.com/s?id=1766488970342881289&wfr=spider&for=pc；《"光明影院"帮视障人士"看"懂电影》，中国残疾人联合会，2022-10-19，https://baijiahao.baidu.com/s?id=1747085889689096628&wfr=spider&for=pc。

[2] 《中山三院45名内地援港医疗队员，欢迎回家！》，北青网，2022-5-20，https://t.ynet.cn/baijia/32791645.html。

三　建议

近年来语言类志愿者的发展已形成以下特点：（1）具备领域宽度。较充分地参与到了各语言服务领域中，涵盖科研服务、教育服务、赛事展会服务、特殊人群服务和应急服务等领域。（2）具备服务广度。较充分地覆盖了方言、少数民族语言、外语和手语/盲文等方面。其中最为突出的是大型赛事的翻译服务。（3）服务主体清晰。形成了以大学生群体为主的志愿者组织，多个高校志愿者组织取得了较为突出的成效。（4）形成品牌效应。已形成若干语言类志愿者的知名品牌组织和品牌项目，值得推广。语言类志愿者也呈现出科技化、专业化、精准化的发展趋势。

我们认为语言类志愿者还需在以下几个方面进行改进。

第一，常规组织还需重视。在教育部、国家语委指导支持下，2022年4月28日国家应急语言服务团在北京成立。大力提升我国应急语言服务的制度化和专业化水平。服务团制定了《国家应急语言服务团三年行动计划（2023—2025年）》。相比而言，语言类志愿者的常规组织的还缺乏统一规划和组织指导，单位或个人需要语言服务时，无法准确寻找到相应的志愿者组织。正如李宇明教授所说的"平时备急，急时不急"，志愿者的日常管理和应急组织同样重要。

第二，协同机制还需加强。目前志愿者组织主要依托于各高校、各项目或者各类赛事展会或博物馆，还缺乏一个统一的规划，不利于应急事件或大型活动的人员调配。一些语言服务需求，尚未形成对应的志愿者组织，仍以个人寻求志愿者的零散方式呈现，效率不高。如能推动横向和纵向联动，将进一步促进志愿者资源的整合与利用。措施包括：（1）有统一的组织形式、管理办法和沟通途径；（2）建立激活机制，便于建立语言需求与语言类志愿者之间的直接沟通；（3）建立语言文字工作管理部门与当地志愿者组织联合会的沟通机制。

第三，需进一步发挥地区语言资源的优势。以粤港澳大湾区为例。大湾区内有丰富的语言（方言）资源，可提供生动的语言材料及语言接触的素材，有以东南亚国家为主的中文学习者，且有较多华人华侨学生就读，可提供中文教育和华语传承的丰富资源。以上均是相关研究和各类活动的重要支撑，相关志愿者的组织应有较大的应用前景。

（马喆、郭小倩、黄乐幸）

国家一级博物馆小程序语言服务状况*

博物馆是保护和传承人类文明的重要场所,是连接过去、现在、未来的一道桥梁。党和国家高度重视博物馆工作,习近平总书记多次对加强博物馆建设做出重要指示,强调"一个博物院就是一所大学校",要求"要把博物馆事业搞好。博物馆建设要更完善、更成体系,同时发挥好博物馆的教育功能"。推进博物馆数字化发展,建设智慧博物馆是新时代文化强国建设的重要内容之一。小程序是我国博物馆文物数字化传播的重要载体,其语言文字使用与语言服务质量对文化传承传播和发挥博物馆教育功能具有重要影响。

一 调查对象与调查内容

我国现有 204 家国家一级博物馆。综合考虑博物馆的等级、所处地区、规模和线上小程序建设情况,按照每个省级行政区划选取一家博物馆的原则,共选取 32 个[①] 国家一级博物馆官方微信小程序进行调查。调查内容主要包括线上导览和展品展览的语言服务。其中展览类语言服务以各博物馆小程序推出的常设展览和专题展览中的展品为基本分析单位。共调查了 32 家博物馆推出的 281 场展览,共 29 106 件展品的语言服务状况。

表1 调查博物馆的展览与展品数量

序号	展览馆名称	展览场数	展品件数
1	中国国家博物馆	31	1216
2	故宫博物院	11	992
3	天津博物馆	6	157
4	河北博物院	12	315

---

* 国家社科基金后期资助项目"语言的经济力量:理论与实践"(23FYYB019),国家语委"十四五"科研规划 2023 年度科研项目"公共语言服务评估体系构建研究"(ZDI145-73),广东省哲学社会科学规划 2023 年度项目"粤港澳大湾区重大突发公共卫生事件应急语言服务体系构建研究"(GD23SQZY01)。

① 北京选取了两家,中国国家博物馆和故宫博物院,香港特别行政区、澳门特别行政区和台湾省的未选。

（续表）

序号	展览馆名称	展览场数	展品件数
5	山西博物院	11	269
6	内蒙古博物院	8	215
7	辽宁省博物馆	15	262
8	吉林省博物院	4	17 710
9	黑龙江省博物馆	3	183
10	上海博物馆	15	95
11	南京博物院	17	24
12	浙江省博物馆	11	156
13	安徽博物院	5	266
14	福建博物院	18	739
15	江西省博物馆	4	117
16	山东博物馆	11	165
17	河南博物院	13	467
18	湖北省博物馆	12	729
19	湖南省博物馆	5	389
20	广东省博物馆	8	1902
21	广西壮族自治区博物馆	8	540
22	中国（海南）南海博物馆	7	184
23	重庆博物馆	4	235
24	成都博物馆	6	216
25	贵州省博物馆	4	119
26	云南民族博物馆	8	129
27	西藏博物馆	3	258
28	陕西历史博物馆	2	25
29	甘肃省博物馆	4	265
30	青海省博物馆	4	210
31	宁夏回族自治区博物馆	4	115
32	新疆维吾尔自治区博物馆	7	442

二 导览类语言服务

导览，即引导用户在线游览博物馆，通常分为地图导览和 AI 智慧助手导览，可以帮助游客在小程序中高效、便捷地获取馆内信息，提高线上游览的效率和舒适度。

（一）地图导览语言服务

地图导览运用地图形式，通过文字、图片、标识等形式标注馆内信息，引导游客了解馆内布局,实现快速定位,优化观览体验。32家博物馆小程序中有21家设有地图导览,占65.63%。地图导览内容主要包括公共设施、展厅信息与展品位置信息三个部分,近80%的地图导览为图文结合,少数使用纯图例或纯文字形式,文字主要为简体中文(图1、图2)。

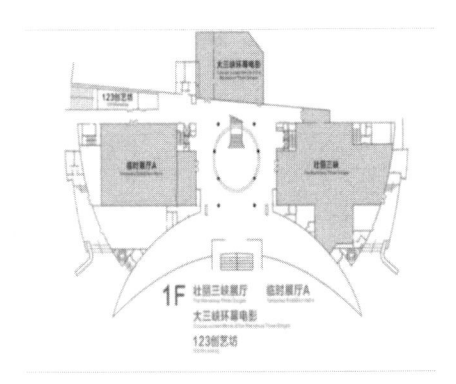

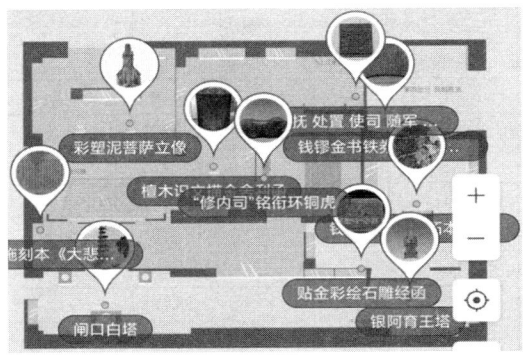

图1 重庆博物馆地图导览　　图2 浙江省博物馆地图导览

(二) AI 智慧助手导览

博物馆融合人工智能技术,推出线上AI智能导览助手,为用户提供高效的信息问询途径,用户只需在AI智能导览助手的聊天框中输入问题,便能快速获取信息、解答疑惑,实现精确化的引导,优化观览体验(图3、图4)。

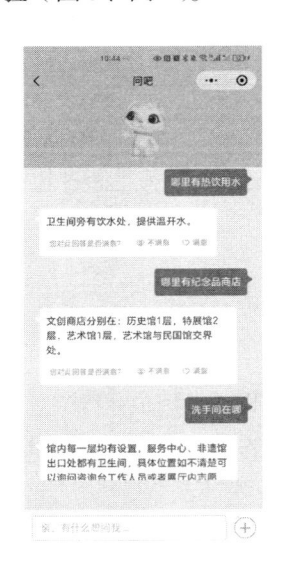

图3 故宫博物院AI智慧助手"小狮子"　　图4 南京博物院AI智慧助手"问吧"

目前故宫博物院与南京博物院共两家博物馆设置了AI智慧助手。两家博物馆的AI智慧助手导览均能识别中文，并以中文进行回复。故宫博物院的AI智慧助手"小狮子"提供语音输入与文字键入两种输入方式，语音输入可识别普通话，"小狮子"通过标准的普通话回复内容，实现语音与文字同步回复。南京博物院的AI智慧助手"问吧"只支持文字输入与回复。

三　展览类语言服务

展览类语言服务指博物馆小程序对展览文物进行介绍、讲解时提供的语言服务，具体包括图文介绍、语音讲解、视频讲解和VR虚拟讲解四种类型。32家博物馆的小程序推出的29 106件展品中，有28 407件（97.60%）配备了文字介绍；5828件（20.02%）件配备语音讲解；461件（1.58%）配有视频讲解；238件（0.82%）配有手语讲解；300件（1.03%）配有VR讲解。各类型展品介绍的语言服务情况如下。

（一）图文介绍语言服务

图文介绍指通过文字与图片结合的方式介绍展品，是最基本、最常见的展览形式。32家博物馆的小程序均提供图文介绍，但所使用的语言文字有差异。总体来看，以中文单语为主，有24家（75.00%）只提供中文；6家（18.75%）部分展品提供了中英双语；两家（6.25%）部分展品提供了多种语言。其中，湖南省博物馆提供了中文简繁体、英语、日语和韩语四语版本，浙江省博物馆提供了中文简体、英语、日语、韩语和阿拉伯语五语版本。如表2所示。

表2　博物馆小程序图文介绍语种类型统计表

语种组合	单语	双语		多语	
				四语	五语
	中（简）	中（简）、英	中（简、繁）、英	中（简、繁）、英、日、韩	中（简）、英、日、韩、阿
博物馆数	24	5	1	1	1
		6			
占比/%	75.00	18.75		6.25	

就具体展品文字介绍的语种来看，配有图文介绍的28 407件展品主要为中文单语介绍，有27 249件（95.93%）；其次是中英双语介绍，有853件（3.00%）；

再次为多语介绍，有 305 件（1.07%），其中有 249 件使用中文（简、繁）、英语、日语和韩语四种语言，有 56 件使用中文（简）、英语、日语、韩语和阿拉伯语五种语言。如表 3 所示。

表 3　展品图文介绍语种情况统计表

语种组合	单语		双语		多语	
	中（简）	中（繁、简）	中（简）、英	中（简、繁）、英	中（简、繁）、英、日、韩	中（简）、英、日、韩、阿
展品件数	27 125	124	510	343	249	56
比例 /%	95.49	0.44	1.79	1.21	0.88	0.20
	95.93		3.00		1.07	

展品文字介绍共涉及中文、英语、韩语、日语和阿拉伯语五种语言，在配备了文字的展品中覆盖率排序为：中文（100.00%）>英语（4.07%）>韩语（1.07%）=日语（1.07%）>阿拉伯语（0.20%）。如表 4 所示。

表 4　展品语言文字使用情况统计表

语种	简体中文	繁体中文	英语	韩语	日语	阿拉伯语
展品件数	27125	716	1158	305	305	56
占比 /%	95.49	2.52	4.08	1.07	1.07	0.20

（二）语音讲解

1. 面向不同语种群体的服务

语音讲解是指通过语音合成技术或预先录制人工语音制作的展品讲解音频，供游客收听。共 23 家博物馆的 5828 件展品配有语音讲解，占总数的 20.02%。语音讲解服务分为单语、双语和多语，配置普通话单语讲解的最多，5113 件（87.73%）；普通话和英语双语讲解的有 290 件（4.98%）；三种及以上语言讲解的有 425 件（7.29%）。详见表 5。

表 5　博物馆展品语音讲解语种情况统计表

	语种	展品件数	占比 /%
单语	普通话	5113	87.73
双语	普通话、英语	290	4.98
多语	普通话、英语、德语	1	0.02
	普通话、英语、日语	3	0.05

（续表）

语种		展品件数	占比 /%
多语	普通话、英语、韩语	1	0.02
	普通话、德语、日语	1	0.02
	普通话、英语、日语、韩语	226	3.88
	普通话、英语、德语、韩语	1	0.02
	普通话、英语、日语、西班牙语	185	3.17
	普通话、英语、德语、日语、韩语	7	0.12
合计		5828	100.00

展品语音讲解共涵盖普通话、英语、德语、日语、韩语、西班牙语等6种语言，其中覆盖面最广的是普通话，5828件展品均配备了普通话讲解；其次是英语，共有714件。各语种的覆盖率依次为：普通话（100.00%）＞英语（12.25%）＞日语（10.67%）＞韩语（4.26%）＞西班牙语（3.17%）＞德语（0.51%）。详见表6。

表6　博物馆展品语音讲解服务数量统计表

	普通话	英语	日语	韩语	西班牙语	德语
展品件数	5828	714	622	248	185	30
占比 /%	100.00	12.25	10.67	4.26	3.17	0.51

2. 面向不同年龄群体的服务

博物馆具有重要的教育功能，是儿童和青少年了解、传承中华优秀传统文化的重要阵地。为向儿童和青少年提供优质讲解服务，有5家博物馆专门提供了儿童版或青少年版的语音讲解，共有335个展品讲解，分别为中国国家博物馆88个，故宫博物院20个，山西博物院8个，浙江省博物馆56个，成都博物馆163个。儿童和青少年正处在智力发展阶段，对新事物、新知识有着强烈的好奇心，博物馆从青少年兴趣点出发，在语言风格、语言难度等方面都能贴近儿童和青年少认知特点，增强儿童和青少年的体验感。

（三）视频讲解

视频讲解是一种利用语音、字幕、动画、录像摄影、人像讲解等多媒体技术介绍文物的形式。视频分为展品讲解视频和科普视频两大类。9家博物馆配备了展品讲解视频，展品讲解视频总数为461个，其中上海博物馆提供的展品讲解视频达201个，河南博物院也提供了191个。博物馆所提供的展品讲解视频数量分布见表7。15家博物馆配备了科普视频。11家博物馆的视频配置了字幕,9家博物馆的配置了速度调节。视频讲解语言均为普通话,语言优雅动听,语调抑扬顿挫,富有亲和力,提升听者的听觉体验。视频讲解将专业术语通过视听结合的方式表达,针对不同受众群体采用不同语体特点,补充了文物细节知识,便于参观者从展品、展品背景、展品名称和人工介绍等多角度全面了解文物,增强对文物历史文化知识的理解,使参观者与文物专家"面对面",利于历史文化与知识科普的可获得性。科普视频多面向儿童和青少年,聚焦主题,内容具有知识性、大众化和普及性等特点,如故宫博物院举办的"故宫知识课堂"系列视频(如图5所示)、南京博物院推出的语言文字线上公益课(如图6所示)等,都具有良好的教育功能,有利于中华优秀传统文化的传承传播。

表7 博物馆视频讲解展品数量与讲解语言配备情况

博物馆名称	展品介绍视频数	讲解语言
上海博物馆	201	普通话
河南博物院	191	普通话
广西壮族自治区博物馆	27	普通话
内蒙古博物院	13	普通话
重庆博物馆	12	普通话
辽宁省博物馆	9	普通话
宁夏回族自治区博物馆	4	普通话
青海省博物馆	3	普通话
浙江省博物馆	1	普通话
合计	461	

图5 故宫博物院知识课堂视频

图 6 南京博物院"云端课堂"视频

面向听障人群，天津博物馆、湖南省博物馆、重庆博物馆、成都博物馆和广西壮族自治区博物馆等 5 家博物馆提供了线上手语视频，所推出的展品手语讲解视频共 238 个，如表 8 所示。视频中手语翻译者动作流畅、表情生动，配合文物动画和字幕，具有非常好的观感体验。如图 7 和图 8。

表 8　博物馆手语视频展品数量与字幕配备情况

博物馆名称	展品件数	字幕配备
天津博物馆	157	简体中文
湖南省博物馆	20	简体中文
重庆博物馆	35	简体中文
成都博物院	6	简体中文
广西壮族自治区博物馆	20	简体中文
总计	238	

图 7　天津博物馆手语讲解 　　　　图 8　成都博物馆手语讲解

(四）VR 虚拟展览

VR 虚拟展览是一种利用虚拟现实技术创建的线上展览形式，它通过 3D 建模和 VR 设备提供虚拟三维场景、展品，同时嵌入图文、视频、语音或人像讲解，让观众在虚拟环境中参观展览，身临其境地体验。VR 技术创新了博物馆的展示和传播方式，提供了更加丰富、生动和立体的展示方式和讲解方式，让观众更深入了解博物馆的展品和历史文化。在调查的 32 家博物馆中，有 12 家博物馆设置了 VR 虚拟展览，占 37.5%。

VR 技术为博物馆的展示和传播方式带来了创新，提供了更加丰富、生动和立体的展示方式和讲解方式，让观众更加深入地了解博物馆的展品和历史文化。

VR 虚拟讲解服务又称虚拟现实讲解。在设置了虚拟展览的 12 家博物馆中，7 家博物馆设置了 VR 虚拟讲解，占 58.3%，所提供的 VR 讲解展品数量为 300 个。

VR 虚拟讲解以普通话为主，300 个 VR 虚拟讲解都提供了普通话，其中湖南省博物馆制作的 85 个 VR 虚拟讲解提供普通话、英语、德语和俄语四种语言。详见表 9。

表 9　博物馆 VR 虚拟讲解展品数量与语言配备情况

博物馆名称	VR 虚拟讲解数	讲解语言
河北博物院	12	普通话
黑龙江省博物馆	1	普通话
湖北省博物馆	5	普通话
湖南省博物馆	85	普通话/英语/德语/俄语
中国（海南）南海博物馆	7	普通话
重庆博物馆	63	普通话
成都博物馆	44	普通话
西藏博物馆	83	普通话
总计	300	

VR 虚拟讲解分为两类。一类是 VR 真人讲解，用户能在虚拟展览中看到虚拟的讲解员形象，看到讲解员亲切的表情与身势体态，增强用户交互式体验。湖北省博物馆和重庆博物馆应用了 VR 真人讲解。如图 9 和图 10 所示。另一类是 VR 中的语音播报讲解，通过语音播报介绍展品的背景、历史、文化内涵等，让观众更加全面地了解展品。湖南省博物馆、成都博物馆和西藏博物馆在 VR 中运用了语音播报讲解。

图9 湖北省博物馆 VR 真人讲解　　　图10 重庆博物馆 VR 真人讲解

四　思考与建议

  调查显示，我国博物馆小程序建设已较为完备，小程序充分利用现代信息技术为用户提供了内容丰富、形式多样的导览和展览服务，通过图文介绍、语音讲解、视频讲解和VR虚拟讲解等多种形式线上介绍展品，给游客带来良好的云端游览体验，数字化赋能博物馆文化传承传播和教育功能的发挥。语言服务是数字博物馆建设的重要维度，优质的语言服务有助于提升博物馆智慧化。基于调查，对博物馆小程序提出以下建议。

  第一，加强多语种建设。所调查博物馆展品的各种形式的介绍多以简体中文和普通话为主，满足了国内游客的需要。充分发挥博物馆对外文化传播功能，还需要进一步增加外语配置。目前部分博物馆的展品介绍已配置了中英双语甚至多语种，值得其他博物馆借鉴。还要加强博物馆文物有关知识术语的翻译，确保翻译的准确性与生动性。在语音讲解、视频讲解中可进一步增加少数民族语言、方言和手语视频的配置。

  第二，加强AI智慧导览助手建设。AI智慧助手能够打破时空限制，让游客在观览前快速获取信息，能够节约游客时间，提升服务的交互性和便捷性。调查的32家博物馆中只有两家提供了AI智慧导览。建设智慧博物馆，可加强AI智慧导览助手建设，优化馆内资源配置与游观览体验。随着人工智能技术的进一步发展，元宇宙空间中的多模态语言服务也需要我们进行更加及时的跟进。

第三，充分利用VR虚拟技术。公众对公共数字文化的需求随着互联网平台的逐步发展而提高，博物馆作为公共文化机构应向公众提供多层次、多样化的数字文化服务。VR虚拟技术打破了空间的限制，使得观众可以在任何地点、任何时间进行参观和学习。VR讲解是辅助观众深度学习的有效方式，充分利用VR虚拟技术能够加强博物馆的文化传播。

（王海兰、张焕欣、叶昱西）

抖音中的书法教学

近年来，我国短视频行业蓬勃发展，以"抖音"为代表的短视频平台影响力不断扩大，多种类型视频号入驻抖音，借助这一平台进行宣传服务等活动。抖音中的书法教学账号创新书法"教"与"学"形式，采用声画结合的线上互动方式，为学习者提供有偿或无偿的语言服务。通过实体资源和技术结合，实现了文化和产业语言服务的有机结合，将传统的书法教学搬上短视频平台，为社会大众提供语言服务，为传统文化提供适应新时代的发展模式。

通过在抖音平台输入"书法""教学"等关键字进行检索，采用随机抽样的方法，选取共33个视频号进行全面的调查。介绍抖音"书法教学"视频号的语言服务基本情况，着重分析这类视频号内容及其语言服务的特点，结合存在问题，为抖音书法教学提供建议，以期更好地发扬书法文化，为优秀传统文化推陈出新贡献绵薄之力。

一 基本情况

（一）服务类型

根据语言服务内容对33个视频号进行分类，可大体分为五大类：作品展示类、理论探讨类、营销推广类、经验分享类、知识普及类。具体分布如图1所示。

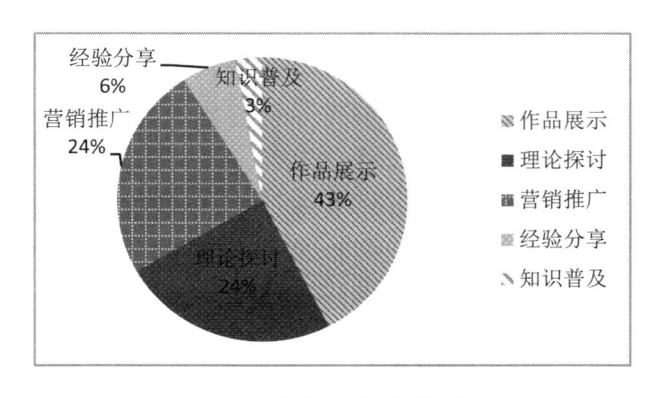

图1 抖音书法视频号各类型分布

1. 作品展示类

这类视频号以展示个人书法作品为主要目的，注重拍摄书写过程，但缺乏书法技巧上的解说，更侧重书写内容蕴含的文化背景或人生道理，展示书法艺术（如图2）。这一类视频虽占比较大，但在书法教学上并无优势。

图2 作品展示类视频号

2. 理论探讨类

这类视频主要是关于二王笔法、搅转笔法等理论知识的讲解和展示，还有对当代书法发展现状的评价等。分为两种形式，一是"解说+书写展示"（如图3视频号"云鹏临《圣教序》"），书写示范时利用人声或文字讲解，借助字幕或视频标题讲解笔法。教学内容以单字的碑帖临摹示范为主，涉及了王羲之、米芾、怀素、赵孟頫和褚遂良等人的笔法。二是纯理论分析，以讲堂讲座形式就书法进行探讨（如图3视频号"上海市书法家协会"）。

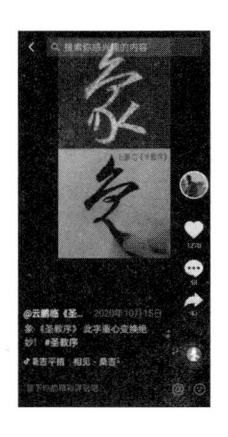

图3 理论探讨类视频号

3. 营销推广类

这类视频的目的是为其终端产品服务，产品主要为线上或线下的书法课程，还有字帖、笔、纸、笔垫等书写用品。多截取线上书法培训课精华内容进行展示，或拍摄线下书法教育机构的课堂画面以宣传其教学服务，视频内容只是吸引潜在消费者的手段，把消费者导流到终端服务才是目标（如图4）。

图 4　营销推广类视频号

4. 知识普及类

这类视频主要是对书法知识进行科普，涉及的内容比较广泛，既包括经典碑帖知识讲解、书法家介绍等内容，也有与近期的书法比赛或书法时事热点等，偶尔也会结合中国画、音乐、篆刻等知识进行解说普及（如图5）。

图 5　知识普及类视频号

5. 经验分享类

这类视频号的主要内容为创作者的书法相关活动经历的分享，主要分享创作者本人书法学习进修经历、参加书法论坛、作为书法学习者上书法课的课堂画面等。主要依托创作者拍摄书法教师的授课内容实现书法知识点的分享与教学（如图6）。

图6 经验分享类视频号

（二）运营主体

提供语言服务的主体是造成语言服务内容差异的原因之一。我们将书法视频号运营主体分类，主要有三类：个人账号、企业账号和协会账号。分布情况如图7所示。

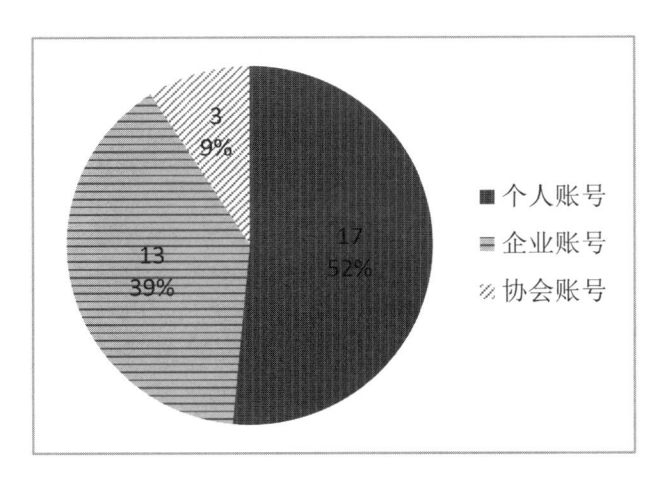

表7 运营主体分布

在三类运营主体中，个人运营账号最多，占52%；企业账号次之，占39%；协会账号最少，占9%。在个人账号中，运营者多为书法硕士、中国书法家协会会员等较为专业的书法爱好者；企业账号包括个体工商户或其他企业的账号；协会账号一般为省市级书法家协会或书画院等社会团体的账号。个人运营的书法号占比大，说明抖音书法教学服务的提供者主要为个人，这得益于短视频平台创作和运营的便捷性。

（三）创作者年龄分布

书法作为中华民族的传统艺术，受到各个年龄段的追捧。书法视频相关的语言服务在创作者年龄上呈现出一定的差别。在33个书法视频号中，有22个显示了创作者年龄，整体分布在26—65岁之间。具体情况如图8所示。

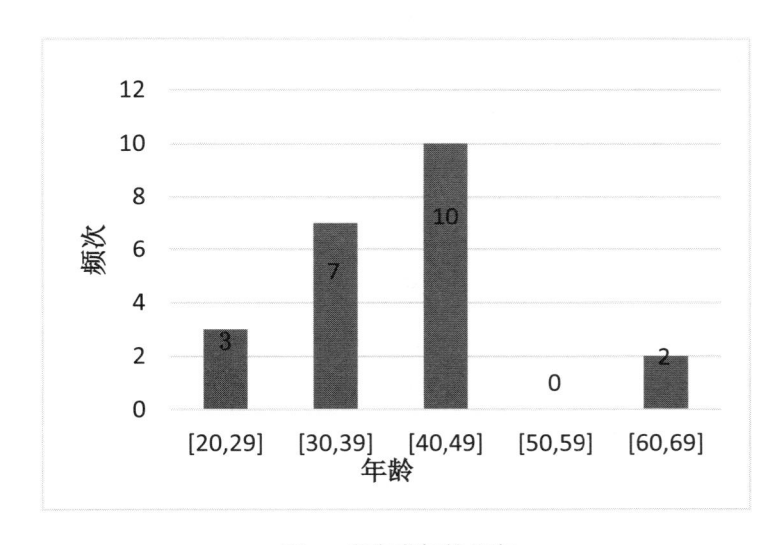

图8　创作者年龄分布

在这22个书法视频号运营者中，青年（29岁及以下）有3个，中青年（30—39岁）有7个，中年（40—49岁）有10个，中老年（50岁以上）有2个。运营者以中年群体为主。中年人和中老年人往往经历了多年的书法知识积累和书法技能实践，为其进行书法教学服务提供了更多可能性，在这一点上比青年书法爱好者更具优势。但中老年人对新媒体的接受度和操作能力总体上不如青年和中年群体，入驻抖音的挑战性更大，能在抖音平台上实现自我运营的也在少数。中年群体占据了两大优势，成为抖音书法账号运营的主力军。

（四）创作者地理位置

虽然是通过抖音线上平台对大众进行一定的语言服务，但是这些语言服务不管是在质还是在量上都会呈现一定的地域差别。通过对视频号分布地理位置进行统计，可以发现，在33个视频号中，位于北京的数量最多，共8个；然后广东、陕西各4个，河南3个，福建2个，四川、辽宁、内蒙古、山东、江西、江苏、上海各1个；此外未显示地区的共5个。创作者地理位置分布如图9所示。

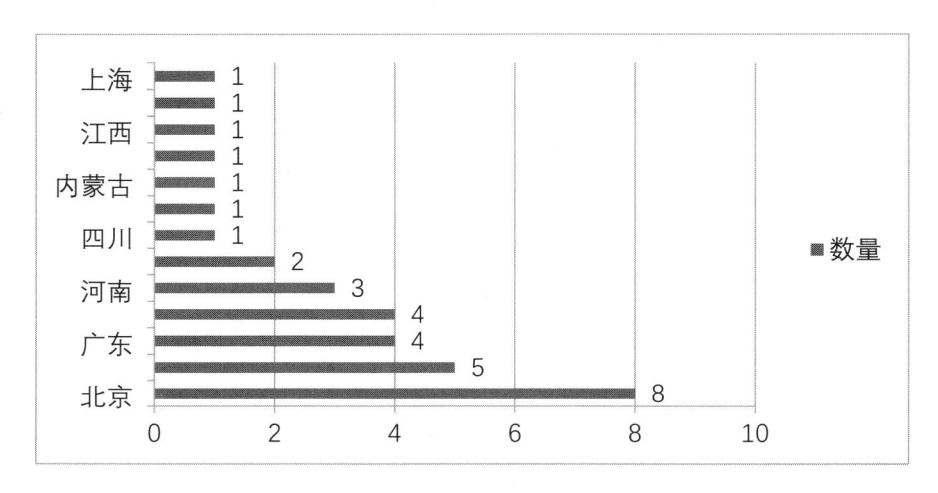

图9　创作者地理位置分布

创作者主要分布在经济发达程度高的地区，在2020年中国内地各省市GDP排行榜中，以上这些省市排在前十的有6个。在这些地区，使用抖音的群体更多，电商行业发展程度也较高，发展"互联网＋实体"模式具有可行性，语言服务资源较为丰富，服务能力更强，具备发展语言服务产业潜力。就消费者来说，有一定的文化素养，具有语言消费意识，购买语言服务的潜在性和积极性也更强，因此这些地区，发展线上教学的创作者也更多。这种互联网经济下的"V经济"，以视频化社交平台为载体，提供商品和服务的新型经济，也带动了这些地区的经济发展。

二　个案分析

我们选取了视频号"墨池"和"晋堂"作为书法教学服务个案，针对视频号的服务内容等相关方面进行分析。

（一）"墨池"个案分析

"墨池"是企业号，为南京墨池文化发展有限公司所有，公司旗下有一个与"墨池"同名的全国书画在线教育平台，创始人是冯错。冯错是中国书法协会会员，作品入展全国第十一届书法篆刻作品展、首届"陶渊明奖"全国书法展等国家级展览。抖音平台上与冯错相关的有四个视频号，分别为："墨池错之篆刻"（抖音号：fengcuoshufa）、"错之文化艺术冯错书画印"（抖音号：arthurfeng123）、"墨池学院"（抖音号：mochiyishu1）、"墨池书画印墨池篆刻"（抖音号：fengcuo111），皆与书法相关。

视频号"错之文化艺术冯错书画印"运营时间最长，主要依靠冯错本人对于书法及相关方面的独特见解为粉丝提供书法方面的语言服务。这个账号拥有粉丝51万，发布视频1300余个，累计获赞403万，可见粉丝对于该账号书法相关语言服务的认可。除此之外，这个账号还进行过470余场直播类型的语言服务，每周不定时邀请全国书法印名家参与直播，将电视节目采访功能引进抖音平台，让公众从移动端就能与名家沟通交流。总而言之，"墨池"书法语言服务涉及范围广，书法知识传播意识强，是一个成功的书法类语言服务视频案例。

（二）"晋堂"个案分析

"晋堂"（抖音号：v18979788815）是个人账号，粉丝数7.4万，发布作品数400余个，累计获赞31.5万，语言服务的方式主要为发布视频和直播教学。"晋堂"将发布视频分类并建立合集，有《临米芾》《临王献之》等共11个合集。

以视频为主的语言服务内容多为楷书教学、名帖临摹。前期以临摹褚遂良、王羲之等名家的作品为主；后期专注小楷书写教学，在教学视频中，加入创作者配合内容的原声解说，通过讲解例字，进行具体笔画书写指导。发布的作品配以原声解说，添加字幕和线条标注，清晰直观呈现。"晋堂"相较于其他账号有其突出的特点：专注于楷书教学服务。楷书学习者能够从中获得其所需要的学习资源，还能与其他学习者之间互动。

三 服务特点

（一）服务形式新颖多样

语言服务就是利用语言（包括文字）、语言知识、语言艺术、语言技术、语言标准、语言数据、语言产品等所有语言的所有衍生品,来满足政府、社会及家庭、个人的需求。[①]抖音书法教学作为一种在线学习服务,利用抖音平台,通过在线视频、语音、图片等方式进行远程教学或是同步教学,为汉字书写学习者提供汉字书写有偿或无偿的学习服务,突破传统书法学习的时空限制,开拓线上学习新途径,全面而又有针对性地满足了不同服务对象的需求。这类视频号提供服务的形式新颖多样,在教学呈现上,采用名家采访、直播,利用字幕、标题、人声解说、背景音乐等多模态展现形式。部分视频号创作者除了自己直播教学,还会邀请书法名家参与直播,实现远程双向互动,作为教学视频发布的补充。

(二)服务内容丰富全面

抖音书法视频号提供的语言服务内容丰富,主要聚焦于中国传统文化类,包括古诗文、节日、生肖等。对相关视频内容进行总结,可将其分为6类,如表1所示。抖音书法视频号大多内容富有趣味性和大众性。用户在观看过程中,不仅能够学习相关知识,还能通过自主上传作品,延伸出话题参与的形式,在学习和继承中将其转化为内动力,实现再创造环节。任何人都可以是语言服务的提供者和需求者,对于探索汉字书写其在现代传承和发展,激活中华优秀传统文化的新时代价值具有现实意义。

表1 视频内容

序号	视频号内容		具体呈现
1	中国传统文化		节日祝词、对联、古诗文、生肖、节气、百家姓、汉字蕴涵、禅宗文化
2	教学	理论教学	握笔、坐姿、书法常识
		实践教学	笔画、偏旁、控笔、单字、结构、临摹(单字、全篇)
3	科普		书法专业知识、其他相关知识(绘画、音乐、篆刻、文学、历史)、名家介绍
4	分享		生活经历、书法课堂、作品展示(个人、其他人)、书法活动、人生道理、励志语句、时事热点、名家评论
5	粉丝互动		网友作品评价
6	营销宣传		书法作品、书写工具、课程推广

(三)服务水平良莠不齐

不同视频号提供的书法教学服务,其质量水平也存在较大差异,出现的问题

[①] 李宇明《语言服务与语言产业》,《东方翻译》2016年第4期。

也较多。特别是经典碑帖的临摹教学，由于碑帖年代久远，书写技巧失传，容易出现书法技巧讲解示范错误的情况；部分教学者在书写不常见的异体字时没有特别说明，引起基础学习者误会，更有甚者在书写过程中出现错字；存在视频人声解说普通话不标准、发音不清楚、语速过快的情况，增加了学习者的理解难度；也出现视频内容有失规范的现象，如视频封面开头拼接猎奇、失真的画面以吸引点击量，或存在不当行为，如焚烧书法作品且以"痴男怨女"称呼粉丝，宣扬消极人生观，容易误导未成年学习者。

四　建议

目前，抖音中的书法语言服务已经取得相当的成就，为书法文化的传播做出了重要贡献，但仍有提升的空间，需要充分发挥语言服务的规约性和市场性，引导其不断完善。针对出现的问题，服务主体视频号可以从以下几个方面进行改善。

（一）质量优化，提高用户体验感

善用合集和直播回放功能。创作者可将视频通过合集的方式发布，根据需要排列视频的展示顺序，以便创作者能够更具系统性和条理性对视频进行分类。这也为用户快捷查找和观看内容提供便利，提高了用户使用体验感。抖音平台直播回放功能有利于直播内容的最大化利用，促进"二次创作"，方便受众。创作者还可以对直播过程进行复盘，找出并解决存在问题，不断寻求改进，为用户提供了极大的便利和流畅的使用体验，满足用户切实需求。此外，书法与音乐需要进行跨领域合作，帮助书法教学焕发生机，将节奏韵律和书写融会贯通，音乐与视频内容就能够相得益彰，更能彰显书法的魅力。配合解说，注重提供服务主体和客体之间的双向互动。视频号创作者可以针对受众可能出现的问题进行必要的指导，以收获更好的教学效果。

（二）规范视频创作，避免不正确引导

随着抖音流量的剧增，抖音成为了新兴传播平台，社会影响力也越来越大。每个用户都有视频创作的权利，这种低门槛吸引了很多的用户，但在享受这种权利的同时，也应担当起相应的责任。视频号创作者应谨慎挑选合适的内容，以符合社会主流价值观；还应自觉遵守《抖音社区自律公约》，不发布低俗、暴力、

虚假、夸张等有害内容，为书法事业在线上传播创造良好的环境，有效推动书法艺术的传播。

（三）书法家协会利用新媒体发展书法事业

在新媒体快速发展背景下，书法传播仍旧坚守传统的面授实物、广播电视传播形式，是远远不能适应新时代年轻人需求的。书法家协会应该充分利用抖音等新媒体传播媒介，创建官方视频号，加强与大众的互动，利用评论区与粉丝互动，探索书法艺术传播的新的发展路径，传承传统书法艺术，形成良好的发展环境，在新时代继续挖掘书法文化的价值。

（谢国剑、王聪、马佳丽、李停珍、梁燕青）

无障碍阅读服务报告[*]

《国民经济和社会发展第十四个五年规划和2035年远景目标纲要》提出,"深入推进全民阅读,建设'书香中国'"。为残疾人阅读提供便利,是一个国家文明水平的重要体现,也是保障残疾人文化权益的题中应有之义。[①] 2017年国家新闻出版广电总局发布《全民阅读促进条例》,提出"各级人民政府和有关部门应当有针对性地向视听障碍人士提供特殊阅读资源、设施与服务,提供盲文出版物、有声读物等,根据其不同特点和需要,鼓励、帮助其参加全民阅读活动"。我国视障群体规模庞大,根据2006年第二次全国残疾人人口抽样调查数据推算,2010年末我国视力残疾人口(低视力)达1263万人。如何为这部分群体提供阅读便利,保障盲人和视力障碍者阅读权益,是推进"全民阅读"的重要任务,也是实现人口规模巨大的中国式现代化的重要任务之一。

新中国成立以来,党和国家坚持以人民为中心的发展思想,高度重视残疾人和老年人等障碍群体权益,特别是阅读和教育权益,在政策法规、图书出版、阅读辅助器材开发等方面采取诸多措施,为无障碍阅读提供了便利。本报告总结梳理国家涉及阅读无障碍的相关政策法规,对2023年中国盲文出版社出版的无障碍格式版图书及研发的盲用辅助阅读器具情况进行调研,以了解当前我国无障碍阅读服务状况。

一 无障碍阅读法规政策服务

国家法律法规和政策文件对无障碍阅读出版物和设施场馆建设等做出规定与引导,从软件和硬件两方面为无障碍阅读提供了保障。受篇幅所限,本报告择其中部分进行陈述。

---

[*] 国家社科基金后期资助项目"语言的经济力量:理论与实践"(23FYYB019),国家语委"十四五"科研规划2023年度科研项目"公共语言服务评估体系构建研究"(ZDI145-73),广东省哲学社会科学规划2023年度项目"粤港澳大湾区重大突发公共卫生事件应急语言服务体系构建研究"(GD23SQZY01)。

[①] 朱永新《进一步促进盲文书籍的出版和丰富》,《人民日报》2021年07月20日第007版。

（一）关于提供无障碍格式版出版物

无障碍格式版是指采用替代方式或形式，让阅读障碍者能够感知并有效使用的作品版本①。无障碍格式版出版物包括纸质版图书教材、音像制品和电子读物等，保障阅读障碍者阅读权益的"软件"。国家高度重视无障碍格式版出版物的出版发行。

1990 年全国人大常委会通过的《中华人民共和国残疾人保障法》和 2008 年通过的该法案的修订版，都提出政府有关部门应当组织和扶持盲文、手语的研究和应用，特殊教育教材的编写和出版，组织和扶持盲文读物、盲人有声读物、聋人读物、弱智人读物的编写和出版。自 1988 年开始，国务院发布的历次中国残疾人事业五年计划纲要中，都提出要组织和扶持面向盲人、聋人、弱智人等特殊群体的读物和教材的编写出版，而且力度不断加强，内容包括"扶持盲文读物、有声读物、残疾人题材图书和音像制品出版"等。2012 年国务院印发《关于印发国家基本公共服务体系"十二五"规划的通知》，提出，"盲人可以获得价格适宜的盲文出版物，政府给予出版社物资助""扩大盲人读物出版规模"。2015 年中共中央办公厅、国务院办公厅发布《关于加快构建现代公共文化服务体系的意见》，提出"实施盲文出版项目，开发视听读物"。

随着信息化和数字化的发展，现代信息技术赋能无障碍阅读，无障碍格式版的形式向规范化、多元化和数字化发展，国家相关法律法规政策及时反映了这一发展需求。2011 年国务院发布《中国残疾人事业"十二五"发展纲要》，首次提出"建设网上中国残疾人数字图书馆，拓展面向各类残疾人的数字资源服务"。2021 年国务院发布《关于印发"十四五"残疾人保障和发展规划》，提出"加强国家手语和盲文研究中心建设，加强手语盲文研究推广人才培养，推动盲文数字化出版，推进国家通用手语，国家通用盲文在特殊教育教材中的应用"。2023 年全国人大常委会颁布《中华人民共和国无障碍环境建设法》，明确规定"国家鼓励公开出版发行的图书、报刊配备有声、大字、盲文、电子等无障碍格式版本，方便残疾人、老年人阅读。国家鼓励教材编写、出版单位根据不同教育阶段实际，编写、出版盲文版、低视力版教学用书，满足盲人和其他有视力障碍的学生的学习需求"。

（二）关于无障碍阅读设施和场馆建设

设施和场馆是保障阅读障碍者阅读权益的"硬件"，主要包括盲人图书馆及

---

① 国家版权局《国家版权局关于印发〈以无障碍方式向阅读障碍者提供作品暂行规定〉的通知》，2022-08-01，https://www.gov.cn/zhengce/zhengceku/2022-08/10/content_5704896.htm。

阅览室、数字图书馆、盲文阅读器具等。政府历来十分重视对无障碍阅读场馆和设施的建设，在历次中国残疾人事业五年计划纲要中都有重要体现。

从"九五"计划纲要到如今的"十四五"实施方案，盲人图书馆及盲人阅览室的建设范围逐步增大，盲文读物、有声读物资源逐步丰富，相关的盲文阅读设备资源配置也逐渐完善。1996年国务院发布的《中国残疾人事业"九五"计划纲要（1996—2000年）》首次提出，"在大、中城市图书馆要提供盲文及盲人有声读物借阅"。2001年发布的《中国残疾人事业"十五"计划纲要（2001—2005年）》进一步明确，"省级以上图书馆要设立盲文及盲人有声读物馆（室）"。2006年中国残联发布的《残疾人事业宣传文化工作"十一五"实施方案》，提出要"推动地市以上公众图书馆盲文及盲人有声读物图书室的建设，对其中的200个给予扶持"。2017年国务院发布的《关于印发"十三五"推进基本公共服务均等化规划的通知》，指出"保证残疾人能够收看到有字幕或手语的电视节目，在公共图书馆得到盲文和有声读物等阅读服务"。

数字技术赋能无障碍阅读。残疾人数字图书馆、数字有声读物资源、盲人数字图书馆等正逐步开展建设，无障碍数字图书服务逐步完善。2011年国务院印发的《中国残疾人事业"十二五"发展纲要》正式提出"建设网上中国残疾人数字图书馆，拓展面向各类残疾人的数字资源服务"。2015年中共中央办公厅、国务院办公厅印发的《关于加快构建现代公共文化服务体系的意见》明确指出公共文化服务机构应该为残疾人"提供无障碍设施，实施盲文出版项目，开发视听读物，建设有声图书馆"。2017年文化与旅游部印发的《文化部关于印发〈文化部"十三五"时期公共数字文化建设规划〉的通知》等文件明确，要推动中国残疾人数字图书馆、移动数字图书馆、音频馆的建设，建立残障人士阅读和视听服务体系，构建盲文数字出版和数字有声读物资源平台，推动图书和声像资源数字化建设实现信息无障碍，为残障人士提供无障碍数字图书馆服务。

盲用阅读软件等无障碍阅读设备在加速研发。2015年中国残联、教育部、国家语委和国家新闻出版广电总局等多部门联合发布的《国家手语和盲文规范化行动计划（2015—2020年）》，提出加强"国家盲文资源与服务网络平台建设；设计、改进电子盲文朗读软件，大力扶持科研单位和企业运用新媒体手段和现代信息技术研制盲文阅读新器具产品"。

二　阅读无障碍图书出版服务状况

在全国新书目平台中选取中国盲文出版社，分别输入"盲文""大字"和"有声"三个关键词进行检索，剔除重复书目，共检索到2023年出版的无障碍图书419种，具体情况如下。

（一）服务提供者：以中国作者为主体

阅读无障碍图书作者包括个体作者和机构作者，总体看以个体作者为主。有305种图书由个体作者提供，占72.79%；113种由机构作者提供，占26.97%；还有一种由个人和机构合作提供。个体作者共有240位，部分作者提供了多部图书，如刘宝恒，编绘了"闪亮的红心·红色爱国教育绘本"系列丛书共10本；机构作者主要为法律出版社、盲文编译部、人民教育出版社等。作者国别分布广泛，分别来自中国、法国、美国、英国、意大利、德国、澳大利亚、冰岛、丹麦、俄罗斯、古巴、奥地利、日本，以及两个其他历史时期的国家——古希腊和苏联，共15个国家。以中国作者为主，共324种由中国作者提供，占77.33%；其次是法国和美国，分别为26种和25种；有11种为两个国家作者合作提供。

（二）服务语言：以盲文为主

419种图书的无障碍语言文字使用包括盲文版、大字版、有声版三种类型。其中盲文版最多，有396种，占94.51%；大字版的累计21种，其中10种为有声大字版；有声版累计12种。盲文是视障残疾人阅读纸质版图书的基本语言工具，也是无障碍图书使用的核心语言类型。详见表1。

表1　无障碍图书语言服务类型

类型		种数	占比/%
盲文版		396	94.51
大字版	中文	3	0.72
	英文	8	1.91
有声版		2	0.48
大字+有声		10	2.39
合计		419	100.00

（三）服务对象：以儿童和青少年为重点

阅读无障碍图书主要面向盲人、视障和其他有阅读障碍的群体，但考虑不同年龄群体阅读需求的差异，图书在内容、形式上等方面根据用户年龄做了细分。总体来看，阅读无障碍图书受众人群覆盖广泛，涉及儿童、青少年、成人、全民四类人群，满足不同年龄群体的需求，但儿童和青少年是重点受众，近58%的图书是专门面向未成年群体的，体现了对处在成长阶段的中小学生的重视。详见表2。

表2　无障碍图书受众分布情况

类型	种数	占比/%
儿童	110	26.25
青少年	133	31.74
成年	94	22.43
全民	82	19.57
合计	419	100.00

（四）服务内容：以读物为主，兼顾教材教辅

根据功能和用途，无障碍阅读图书大致分为教材教辅和读物两大类。教材教辅类主要是满足学生学校知识和技能的学习需求，读物则为面向社会大众和学生课外阅读需求。419种无障碍图书中，读物356种，教材教辅图书63种，总体上以读物为主。

读物内容广泛，涵盖法律法规、儿童文学、婚姻家庭、经典文学、哲学美学、音乐舞蹈等多种类型，如图1所示。根据图书数量，位列第一的是科学知识系列图书，共有79种，主要受众为青少年。其中《十万个为什么》系列高达61种，涵盖基因、脑科学、物理学、认知科学、智能技术等知识科普，以及海洋实验、科学实验等的启发性科普读物，满足青少年对科学知识的求知欲。第二类是儿童文学，共75种，大都为语言通俗易懂、情节简单有趣的童话、（图画）故事、小说、寓言、人物传记等国内外文学读物，能够培养孩子的好奇心，符合儿童的认知规律。第三类是法律法规系列，共42种，与时俱进地向视障残疾人普及有关条例，其中部分条例重点突出视障残疾人本身的特性和需求。此外，经典文学、时事政治、医疗保健、文化教育、哲学美学、婚姻家庭、心理疗愈等都有不同数量的图书，满足视障残疾人不同方面、不同程度的精神文化需求，能从整体上提高其知识文化素养。

图 2 是由 356 种读物内容简介生成的词云图。图中显示了读物以"科学""中国""故事""社会"等为核心内容和载体,以"青少年""盲人""孩子"为重点受众,以"盲文"为主要语言的特征。

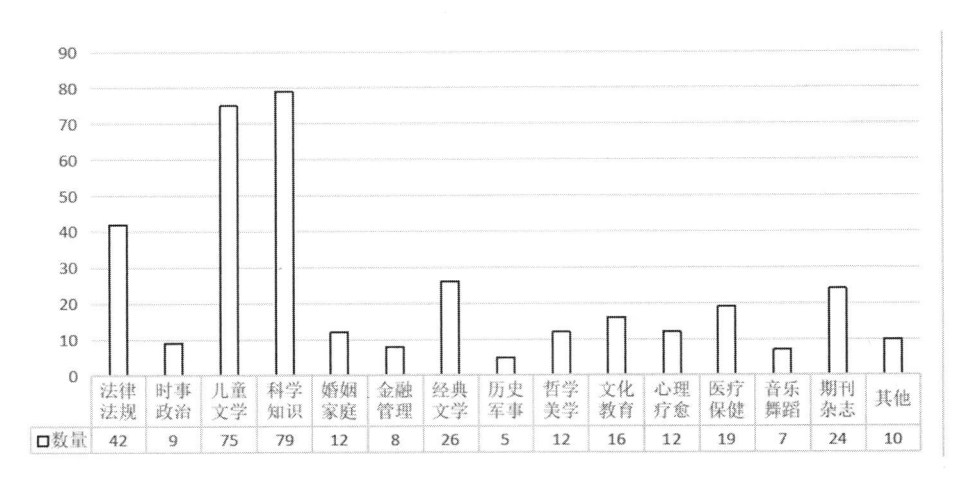

图 1 普通读物的类型及数量分布

类型	法律法规	时事政治	儿童文学	科学知识	婚姻家庭	金融管理	经典文学	历史军事	哲学美学	文化教育	心理疗愈	医疗保健	音乐舞蹈	期刊杂志	其他
数量	42	9	75	79	12	8	26	5	12	16	12	19	7	24	10

图 2 阅读无障碍读物类图书内容简介词云图

教材教辅类图书涵盖了语文、英语、医学、政治、数学等不同学科,以语文、英语为主,分别占 42.86%、22.22%,学科及数量分布和内容简介词云图分别如表 3 和图 3 所示。

语文学科数量最多,以教辅书为主,内容涉及阅读、写作、古诗文、配套试题等,"语文""阅读""诗词"等词高频出现。英语学科内容较为单一,均是教辅

书，多数为英文报，"英文报""英语""世纪"相关词高频出现，仅《二十一世纪学生英文报》系列就有 12 本。医学学科则以推拿按摩相关教材为主，教材如《儿科推拿学》，对视障残疾人的实用性强。

表3 教材教辅的学科及数量分布

学科	种数	占比 /%
语文	27	42.86
英语	14	22.22
医学	8	12.70
政治	5	7.94
其他	9	14.28
合计	63	100.00

图 3 阅读无障碍教材教辅类图书内容简介词云图

三 无障碍阅读辅助器具供给服务

无障碍阅读辅助器具是指利用现代信息技术，辅助盲人和弱势群体更便捷、舒适地获得阅读资源和阅读体验的产品。中国盲文出版社主持研发的无障碍阅读辅助产品种类繁多，主要包括阳光听书郎系列、掌图系列、文星助视器系列、文星听书机系列、文星风潮手机、文星扫描棒、文星盲文显示器、盲人智能阅读机韵璧、文星刻印机、文星盲文电脑等 10 余种。产品具有以下特征：第一，辅具类型多样化，包括听书设备、视力辅助设备、盲用移动设备、盲用电脑和其他盲用设备等，覆盖不同阅读和生活需求。其中，听书设备是中国盲文出版社推出的主要产品，有阳光听书郎和文星听书机两种类型。第二，辅具功能多样化，不同产品功能丰富，各有侧重，如语音导航、电子书阅读、音乐播放、录音、助视、图像功等功能，满足视障用户在阅读、娱乐和生活方面的多样需求。第三，辅具配件丰富，一些设备配备了辅助功能，如折叠书写支架、耳机、TF卡等，提升了产品的实用性和便捷性。

无障碍阅读辅助器具产品功能各有侧重，所提供的语言服务略有差异。例如，阳光听书郎V1，支持TXT、VBK格式电子书的朗读，可选普通话、粤方言、英语等语音库，支持发音人、语速、语调、语音风格、快进、快退、断点记忆、逐字、逐句、逐段和全文朗读选择。阳光听书郎S920，提供集成电子词典，支持英汉和汉英互译，支持英文、拼音、半方盲文三种输入法。阳光听书郎S918 Plus，同步中国盲文图书馆数字图书馆，获取网上资源，在线或下载后播放；全程语音导航和语音命令；电子书支持发音人角色、语速、语调、语音音效等个性化设置；支持4种语音音效，支持中英文混读、快速断句；兼容中文简体、中文繁体、英文等文字编码显示。

四 思考与启示

我国从法律法规建设、无障碍格式版图书出版和无障碍阅读辅具研发等方面做了大量工作，为盲人和视力障碍者获得阅读权益提供了支持和保障。但我国盲人、视力障碍者规模庞大，保障阅读障碍者平等获取文化和教育的权利需要政府、家庭和社会力量共同努力。要进一步加强无障碍阅读相关法律法规的宣传、推广与实施，营造关爱视障群体的良好氛围。推动无障碍图书出版，加强需求调研，按需丰富图书种类，提升出版内容与需求的精准匹配，为不同年龄、不同知识层次、不同文化需求的阅读障碍者提供分层次、多样化、个性化的无障碍图书。立足数字信息时代，大力发展有声读物和数字出版物，用数字技术赋能无障碍版格式，完善无障碍数字出版及传播平台建设，充分利用移动数字图书馆，开发与之匹配的阅读辅助软件及产品。

（王海兰、郑艺嘉、巫丽君、何钰鸿）

在穗外籍人士就医语言服务调查*

面向外籍人士的医疗服务质量最能体现城市的国际服务软实力,是展示城市国际友好形象的重要方面。据第七次全国人口普查结果[①],截至2020年11月,我国内地有港澳台和外籍人员共1 430 695人,其中外籍人士845 697人;按居住地划分,广东共有418 509人,位列人数第一。作为广东省会城市,广州医疗资源丰富,服务的外籍人士众多,但该人群就医语言服务的研究却几乎没有。本报告主要对在穗中文水平有限(Limited Chinese Proficiency)的外籍人士的就医语言服务开展调查,了解其存在的问题,为整体提升广州医疗系统对外语言服务质量提供参考。

一 调查概况

本次调查从两方面开展。一方面对广州部分三甲医院的导诊护士和部分医生进行交谈,总结其语言服务提供的现状、问题及改进建议;另一方面,通过问卷调察外籍人士对就医语言服务的态度与评价。

调查组在广州市政府官网[②]获取44家三甲医院的官方名单,从中选取了22家作为研究对象。调研医院涉及全市7个区,附属类医院既有分院又有总院的,根据分布区域抽样选取。综合考量外籍人士和留学生的聚居地之后,最终选取了海珠、番禺、越秀、白云、天河、黄埔和从化的18家综合医院和4家专科医院进行考察。

与医护人员的交谈分两步开展。第一步,与各医院导诊护士交谈,交谈内容涉及如何为中文水平有限的外籍人士提供语言服务、如何解决语言障碍,以及对医院的语言服务的改进意见等三方面的问题。

第二步,小规模访谈来自不同医院不同科室的5名医生,其中2名来自私立

---

* 广州大学大学生创新训练项目"广州三甲医院对外语言服务调查"(XJ202411078258)。
① 《第七次全国人口普查主要数据情况》,https://www.gov.cn/xinwen/2021-05/11/content_5605792.htm。
② 《广州三级医疗机构名单(截至2023年11月)》,https://www.gz.gov.cn/zwgk/zdly/ylwsjg/yljgxx/content/mpost_9378908.html。

医院，1名来自公立中医院，2名来自综合性公立医院，均有接待外诊经历。访谈问题主要有二：

（1）接待中文水平有限的外籍人士时，你最大的语言障碍在哪里？

（2）如何提高医院的对外语言服务水平？

针对外籍人士的调查问卷以问卷星发布，调查对象均有在广州三甲医院就医的经历。首先，选取多家代表性医院门口作为重点发放区域；其次，在招收留学生的部分学校及少数族裔餐厅进行调查。调查为线上线下结合式，不便电子填写的，填写纸质问卷，最后统计结果分析。

二 调查发现

（一）医护人员的语言使用与服务建议

1. 导诊护士的语言使用与服务建议

通过与护士交谈，我们发现：

（1）绝大多数护士能用简单的英语协助外籍人士完成挂号、查询和打印等导诊服务，复杂情况下需由口语好的医生或陪诊译员协助完成。

（2）绝大多数护士通过手机翻译软件解决导诊语言障碍。但除广东省人民医院要求集体安装"腾讯翻译君"外，绝大部分医院未做要求。

（3）绝大多数护士未受过专门对外语言服务培训，服务质量取决于个人英语水平。

护士的改进建议主要有三：

（1）实现网上外语挂号和缴费服务；

（2）提高医护整体外语水平；

（3）设置翻译中心，专门负责外籍就医服务。

2. 医生的语言使用与服务建议

通过与医生交谈，我们发现：

（1）大部分医生能用英语提供基本就诊服务，不会说英语的外籍人士需自带翻译。

（2）个别医院有译员协诊，且服务语种不限于英语。例如，祈福医院有专门的翻译中心，提供免费门诊和住院口译，服务语种达6种。南方医院的惠侨楼，可为外籍 VIP 提供免费英语口译，少量医生会韩语或法语。

（3）大部分医生未受过专门对外语言服务培训，存在不同方面的表达困难。西医的难点主要是症状描述类表达；中医医护表达复杂中医内容时，哑巴英语时有发生。

医生的改进建议主要有三：

（1）医院应酌情建立对外医疗服务体系，避免临时接诊随机处理。

（2）医院对医护和译员进行专门培训或派遣进修，大力提高其外语水平。

（3）招募医护时应将外语能力纳入考察，确保对外语言服务质量。

（二）外籍人士的语言服务需求与评价

本调查收到有效问卷 77 份。调查对象来自美国、加拿大、英国、澳大利亚、印度、韩国等 25 个国家，覆盖面较广，背景信息见表 1。问卷调察三方面内容：第一，外籍人士就医遭遇的主要语言问题；第二，外籍人士对于语言服务的评价；第三，外籍人士对于语言服务的建议和希望。

表 1 调查对象基本信息

统计项目		人数	占比 /%
性别	男	44	57.14
	女	33	42.86
母语	英语	47	61.04
	非英语	30	38.96
职业	教师	36	46.75
	留学生	27	35.07
	商务人员及其他	14	18.18
年龄	30 岁以下（青年）	36	46.75
	30—50（中年）	33	42.86
	50 岁以上（老年）	8	10.39
居住时长	0—1 年	20	25.97
	1—3 年	20	25.97
	3—5 年	12	15.59
	5—10 年	16	20.78
	10—15 年	3	3.90
	15 年以上	6	7.79

1. 外籍人士就医常见语言问题

调查发现,外籍就医遭遇的主要问题有:

第一,就医预约问题。大部分外籍人士无法自行网上预约,基本靠他人代约、电话预约或直接就诊。他人代约的占49.35%,电话预约的占20.78%,直接就诊的占10.39%,网络预约的仅占6.49%。详见表2。

表2 预约就诊方式分析结果(多选)

预约方式	人数	比例/%
他人代约	38	49.35
电话预约	16	20.78
直接就诊	8	10.39
网络预约	5	6.49
其他方式	16	20.78

据报道[①],2024年1月9日,已有17家医疗机构(含5家三甲医院)入驻"广州健康通"小程序,拥有永久居留身份证的外籍人士可以网上挂号。这标志着广州对外医疗语言服务正往智能化升级,但其挂号界面还是中文,中文水平有限的外国人还须借助他人挂号,挂号服务亟待多语改造。

第二,处方和检测报告阅读障碍。外籍人士阅读处方和检测报告有一定困难,51.95%必须用移动应用程序(APP)软件翻译,38.96%靠亲友/译员协助,14.29%靠服务台帮助。非英语国家人士用APP翻译的高达66.67%,明显高于英语国家人士;借助译员和服务台的低于英语国家人士,说明非英语国家人士寻找译员不易,多数情况下只能自己解决。见表3、表4。

表3 阅读处方和检测报告方式的分析结果(多选)

调查项目	人数	占比/%
APP翻译软件	40	51.95
亲友/译员协助	30	38.96
服务台帮助	11	14.29
其他方式	12	15.58

---

① 信息来源:https://baijiahao.baidu.com/s?id=1787509869219167972&wfr=spider&for=pc。

表4 不同语种人群阅读处方和检测报告方式的分析结果（多选）

母语	不同方式占比/%			
	APP翻译软件	亲友/译员协助	服务台帮助	其他方式
英语	42.55	44.68	12.77	19.15
非英语	66.67	30.00	16.67	10.00

第三，来穗三年以下小语种人群的语言服务问题。该人群语言问题较多，需重点关注。遭遇语言障碍时，该人群使用APP翻译的高达86.67%，远超英语人士，说明该人群高度依赖翻译软件解决问题。其次是求助会外语的医护，其比例也明显高于英语人士。见表5。

表5 来穗三年以下外籍人士就诊语言障碍解决方式分析结果（多选）

母语	不同方式占比/%			
	手机翻译软件	医护人员帮助	亲友/译员协助	肢体语言
英语	36.00	20.00	56.00	28.00
非英语	86.67	33.33	46.67	13.33

第四，译员的服务质量问题。求助亲友/译员是外籍解决语言障碍的重要途径，但译员水平参差不齐，只有七成能助力解决就诊语言困难。部分陪诊译员为病人亲友，可能存在一定风险。据了解，在国外一些医院是不建议首选亲友陪诊口译的，例如，美国波士顿的公共健康部门就不建议亲友陪诊口译，甚至禁止未成年亲友充当陪诊口译。[①]明尼苏达州的部分县级医院还要求病人在放弃专业口译、选择亲友口译时必须签署弃权文书。[②]

上述发现说明，外籍人士就医既有硬件设施带来的不便，也有医护和译员提供的"软服务"不到位的困难。

2. 外籍人士对就医语言服务的评价

调查从外籍人士对于医护人员及医院整体语言服务水平的满意度两方面进行分析：

1）对于医护人员语言服务的满意度分析

外籍人士对于医护人员提供的语言服务满意度不高。33.77%的认为其服务对就医很有帮助，45.45%的认为服务一般（表6）。显然，提高医护的外语水平是改

[①②] 信息来源：https://www.migrationpolicy.org/sites/default/files/language_portal/cmwfreport0502_0.pdf。

进语言服务的突破口。

表6 医护人员语言服务满意度分析

调查结果	人数	占比 /%
认为很有帮助	26	33.77
认为服务一般	35	45.45
认为作用不大	16	20.78

2）对于医院整体语言服务的满意度分析

外籍人士对于医院语言服务的总体满意度同样不高。只有近三成认为满意，约五成的评价为一般，说明语言服务仍有上升空间（表7）。

表7 医院语言服务总体满意度分析

调查结果	人数	占比 /%
满意	21	27.27
一般	39	50.65
不满意	11	14.29
非常糟糕	6	7.79

总体来看，留学生满意度最高；其次是教育工作者；商务及其他人士的满意度最低，对医护语言服务不满意的占64.21%，远高于其他人群，可能是因为其语言水平相对留学生和教育工作者较低，沟通时困难较多（表8）。因此，该人群也需重点关注。

表8 不同职业人群对医护人员和医院语言服务总体不满意度分析

调查结果	对医护服务不满意度 /%	对医院整体不满意度 /%
商务及其他人士	64.21	28.57
教育工作者	25.00	22.22
留学生	7.41	18.52

3. 外籍人士对就医语言服务的建议与期望

该部分为选答题，请外籍人士说明对医院语言服务的改进建议。填写建议的共20人，希望提高医护语言水平的最多，有12人，建议对其进行专门培训，招募英语通过CET六级的医护。

建议提供英文APP或小程序实现网约的6人，1人认为APP上应提供就医指引。

建议提供英文标识的3人，2人希望医院所有标识都标上英文。

希望有双语处方的1人，因为目前一体机和药房都只提供中文服务。

综上，广州三甲医院的语言服务质量与外籍就医期待存在一定差距，提升对外服务质量任务迫切。

三　建议对策

从调查看，对外语言服务在大部分三甲医院没能得到重视，一方面可能因为外籍人士与医护沟通不畅，就医困难，选择尽量不去、少去看病；另一方面是医院开展语言服务时无章可循，质量难以把控，导致服务效果不理想。卫生部门、医院和高校须多方联动，共同提高对外医疗语言服务质量。

（一）卫生部门应出台指南，多语升级服务软件

广州卫生部门应加强顶层设计，规范对外语言服务，邀请中西医专家、外语教师、外籍人士和翻译专家共同编写多语版的医护服务指南、外籍就诊服务指南和医药译员服务指南。

医护服务指南应针对各服务窗口和科室，根据就医场景提供中西医专业术语和具体语言对策，附录语言服务评价标准。

外籍就诊服务指南应包含外籍就医指引和注意事项、各大医院就诊特色和分布情况，附录资质好的医药翻译公司及多语译员的联系方式，挂于官网或置于导诊台，外籍就医前可网询或按需取用。

医药译员服务指南应包含译员服务伦理、译员资质和取酬标准，附录医药纠纷解决方式及反馈渠道。卫生部门应与外事及教育部门合作，开设医药翻译资格考试。通过考试者，进入译员人才库，进行岗前培训，服务各大医院就诊需要。

应加大医疗服务投入，多语升级"广州健康通"，扩大挂号服务人群，实现只要护照注册，即可手机自助外语挂号、查询、打印及缴费一体化服务，开发多语医疗翻译及服务软件，助力处方和检测报告多语阅读。

（二）三甲医院应建立科学预案，配套专业服务体系

医院应通过历年数据、初诊建卡和问卷调查等方式，精准掌握外籍就医人数、

语种数量和访医分布，特别是来穗三年以下英语非母语人士及商务人群的具体需求，结合自身特点，配套服务体系。

医院应根据就诊人数做好科学预案，合理配置医疗资源。外籍就医多的应内外分流，设置国际客服中心或外籍特需门诊，提供专业口笔译服务。外籍就医不多的可在导诊、急诊和药房配备语言水平高的医护，同时提供待召翻译服务。医院有外事或翻译岗的，可利用现有优势。没设翻译岗的，可与有译员储备的其他医院资源共享，或与医学院校、社区志愿服务部门或资质好的翻译公司合作，需要时请其上门或提供电话问诊。

医院应根据就诊语种，多语优化就医语言景观。在就医区域、自助一体机、官网和微信公众号配置多语就医指南，提供多语在线咨询。中医院还可增加中医类外语标识和指引，方便外籍就医和了解中医文化。

医院应根据访医科室，重点引进国际化人才。招聘外语能力强的医护，定期培训现有医护，确保各科室服务质量，整体提升对外服务水平。

（三）医学院校应校企合作，开设对外服务课程

医学院校应与外籍就诊较多的医院开展校企合作，邀请一线医护进课堂，开设对外服务课程，针对中西医护的语言短板，编写语言服务教材，针对性开展教学。

对外服务课程应结合中西医实践，涵盖理论课程和对外服务工作坊两部分。理论课程由必修模块和选修模块组成。必修模块应包含问诊口语、跨文化交际、语言服务入门等内容。选修模块设置中西医翻译、医药译写规范、医药翻译伦理及医药译后编辑等内容。对外服务工作坊宜开设在医院，学生可观摩和参与真实外籍就医场景，运用所学知识，提高应对外诊的能力。课程考核优秀的学生，在医院招聘时应予优先考虑。

医学院校还应为医护和管理人员开设短期对外服务课程，提高卫生部门和医院管理者的服务意识，强化医护语言能力，靶向培养医药译员，多方助力医院提升语言服务质量。

（张艳、季思捷、李浩城）

大型国际活动中的语言翻译服务
（2013—2023）

自2013年习总书记提出"一带一路"倡议以来的十年，我国已成为全球经济发展的主要稳定器和动力源，并成功举办了很多大型国际活动。本报告拟对过去十年大型国际活动中的语言翻译服务进行历时回顾和评析，以期总结经验，探究趋势，并对外语人才培养和翻译产业发展提出相关建议。

一　中国举办大型国际活动的基本情况

根据《关于在华举办国际会议的管理办法》规定，国际会议是指在我国境内（不含港、澳、台地区）举办的、与会者来自3个或3个以上国家和地区（不含港、澳、台地区）的会议、论坛、研讨会、报告会、交流会等。据ICCA（国际大会及会议协会）统计，2001—2016年，我国平均每年举办国际性会议263场，2019年更是达到了539场。我国会展行业也欣欣向荣，仅2022年我国境内共举办经贸类展览1807个。[①] 此外，许多国际性综合体育赛事也在我国举办。

本报告从2013—2023年间我国举办的大型国际活动中选取具有重要影响力的大型会议、展览和赛事作为样本，考察我国语言翻译服务的语种、方式和成效。

国际会议方面，本报告选取部分有5位及以上国家元首或政府首脑出席的多边线下集会，见表1。

表1　重大国际会议

会议名称	举办地	时间	参会国家、地区及国际组织数
亚太经济合作组织第二十二次领导人非正式会议（以下简称APEC）	北京	2014年11月10—11日	21

---

① 《2022年我国举办经贸类展览超1800个》，2023-04-24，https://www.gov.cn/yaowen/2023-04/24/content_5753012.htm。

（续表）

会议名称	举办地	时间	参会国家、地区及国际组织数
博鳌亚洲论坛（以下简称博鳌论坛）	博鳌	2016年3月22—25日	62
二十国集团领导人杭州峰会（以下简称G20）	杭州	2016年9月4—5日	36
第一届"一带一路"国际合作高峰论坛	北京	2017年5月14—15日	230
中非合作论坛	北京	2018年9月3—4日	53
第二届"一带一路"国际合作高峰论坛	北京	2019年4月25—27日	242
第三届"一带一路"国际合作高峰论坛	北京	2023年10月17—18日	192

体育赛事方面，本报告仅选取国际综合性体育赛事，见表2。

表2　重要国际体育赛事

赛事名称	举办地	时间	参赛国家及地区数
夏季青年奥运会（以下简称"青奥会"）	南京	2014年8月16—28日	204
世界大学生夏季运动会	台北	2017年8月19—30日	145
世界军人运动会（以下简称"军运会"）	武汉	2019年10月18—27日	109
冬季奥林匹克运动会（以下简称"冬奥会"）	北京	2022年2月4—20日	91
冬季残疾人奥林匹克运动会（以下简称"残奥会"）	北京	2022年3月4—13日	91
世界大学生夏季运动会（以下简称"大运会"）	成都	2023年7月28日—8月8日	113
亚洲夏季运动会（以下简称"亚运会"）	杭州	2023年9月23日—10月8日	45

国际展会方面，本报告考察有"中国四大展会"之称的中国进出口商品交易会（以下简称"广交会"）、中国国际进口博览会（以下简称"进博会"）、中国国际消费品博览会（以下简称"消博会"）和中国国际服务贸易交易会（以下简称"服贸会"）。对于十年间次数较多的展会，本报告将其归纳为三个阶段：疫情前（2013—2019年），疫情期间（2020—2022年）和疫情后（2023年）进行考察，具体见表3。

表3　重要国家级展会

展会名称	举办地	时间	参展国家、地区和国际组织数
广交会	广州	2013—2019	210—216
		2020—2022	217—229
		2023	229

（续表）

展会名称	举办地	时间	参展国家、地区和国际组织数
进博会	上海	2018—2019	172—181
		2020—2022	188—245
		2023年11月5—10日	154
消博会	海口	2021年5月7—10日	70
		2022年7月25—30日	61
		2023年4月10—15日	65
服贸会	北京	2013—2019	96—158
		2020—2022	148—165
		2023年9月2—6日	196

二　会场内及场外语言翻译服务

高标准、高水平的大型国际活动离不开高质量的语言翻译服务。过去十年，我们通过场内场外联动、人机协同合作，构建了立体化语言翻译服务体系。

（一）会场内语言翻译服务

会场内的语言翻译服务由专业译员、志愿者和人工智能翻译设备共同提供。

重要的国际会议现场大多采用同声传译（以下简称"同传"）的方式。承担同传工作的是经验丰富的专业译员。2020年后受新冠疫情的影响，许多国际会议由线下转为线上召开，同传服务也由现场同传变为远程同传。远程同传还广泛应用于同期举办的国际展会和体育赛事中。例如，2022年北京冬奥会译员都集中在远程同传中心工作，媒体记者们通过同传接收器，收听译员们的翻译。[①]

除了专业译员外，志愿者也是不可忽视的语言服务力量。大部分志愿者来自高等院校，他们提供语言翻译服务的语种丰富。南京青奥会期间，志愿者们提供了西班牙语、斯瓦希里语、阿拉伯语等小语种翻译服务。北京冬奥会期间，多语言呼叫中心志愿者团队提供了21种语言的翻译服务。为了发挥国际友人的语言优势，不少大型国际活动招募了国际志愿者。G20峰会有来自俄罗斯、德国等14个国家的25位国际志愿者；首届进博会招募了15位"一带一路"共建国家的留学生志愿者。

---

① 《首次使用远程同传的冬奥会》，2022-02-15，https://baijiahao.baidu.com/s?id=1724806725324362576&wfr=spider&for=pc。

自2017年起，大型国际活动的语言服务逐渐进入人工智能时代。在会议同传方面，台北大运会和2020年服贸会的"成果发布"环节全程由AI提供同传服务。此外，人工智能技术也尝试满足全场景覆盖式语言服务需求。2018年，博鳌论坛启用人工智能翻译机为现场嘉宾提供服务，配置的显示屏支持自动识别翻译会场的指示牌和说明等。2020—2022年广交会开辟线上展馆，AI为云上广交会提供15种语言的多形式互译，帮助供采双方跨语言沟通。成都大运会开发的"大运小译"多语手机智能翻译软件，为赛时人工翻译服务做补充；大运村内配备的多台智能翻译对讲系统可提供83种语言的在线互译、文本转换和语音合成服务。

（二）会场外语言翻译服务

会场外，由多平台综合语言服务系统和社会综合保障手段相融合的全方位、立体式语言景观有助于为大型国际活动提供优质语言环境。

官网是对外宣介的重要窗口，多语网站能为国际参会者带来更好的用户体验。通过梳理上文提到的56场大型国际活动，合并"广交会"等同系列活动后，我们检索了全部16家官网。除台北大运会官网资料缺失外，其余官网信息均可查悉。调查显示：15家官网均提供多语服务，其中9家官网提供中、英文2种版本；APEC和杭州亚运会官网提供简体中文、繁体中文和英语3种版本；中非合作论坛和武汉军运会官网提供中、英、法3种版本；成都大运会官网提供简体中文、繁体中文、英、法、日、西、韩7种版本；南京青奥会官网提供多达12种语言版本。

除网页端外，我国举办的大型国际活动还推出电话端和移动端等多平台综合语言信息服务。在电话端，广州960169热线是国内首条为在穗外籍人士提供免费城市公共信息查询和参会事务翻译服务的热线。目前可提供英、日、朝、法、俄、阿、西、葡共8个语种的翻译服务。G20峰会期间，浙江启动96020多语应急服务平台，提供24小时不间断翻译服务，语种覆盖所有参会国家的14种语言。在移动端，进博会官方微信公众号和官方微博可一键切换中、英文界面，支持英、日等13种语言的语音翻译。此外，还在推特（Twitter）和脸书（Facebook）上设立账号，用英文实时推送进博会相关新闻报道和参会指南。另外，8语种北京冬奥会术语库先后推出网页端、移动端等不同平台的服务接口，提供术语查询等服务。

在交通出行方面，12306互联网售票系统提供多语种选择服务，满足北京冬奥会期间不同国家和地区旅客便捷购票的要求。广铁集团为广交会客户提供普通话、方言和英语咨询服务，并在广交会临近车站设置多语种志愿服务岗。在安全

保障方面，杭州市富阳区公安组建"翻译志愿者联盟"，和人民警察一起全力构筑G20峰会安保的坚固防线。在出入境方面，四川公安出入境管理部门从全省抽调204名外事语言警力和100余位社会多语种人才，并对口岸智能翻译系统进行升级优化，实现了对140多个国家和地区的50余种语言进行实时翻译。

三 大型国际活动中的语言翻译服务的特征与趋势

通过对过去十年间大型国际活动中的语言翻译服务的回顾，可以看出我国的语言翻译服务呈现如下特征和趋势。

（一）从现场单语同传到远程多语同传，远程口译成为重要发展方向

在早期的国际会议上，我们通常只提供一种同传语言，例如APEC会议现场仅配有英文翻译；而2017年"一带一路"国际合作高峰论坛提供了多达18种同传语言。2020年后，同传服务逐渐由现场同传变为远程同传，这不仅与新冠疫情的时代背景有关，也缘于远程同传的便捷性得到了广泛的认同。国际奥委会要求从东京奥运会开始，未来奥运会均采用远程同传服务。2022年北京冬奥会成为响应这一要求的第一届奥运会。

在大型国际活动期间，远程口译也频频助力语言服务。例如，服务于现场的远程口译以及对接公共服务的多语种服务热线。远程口译具有翻译成本低、可用译员多等优势。随着国际赛事语言服务新规的推行以及出国旅游、跨境商务的发展，远程口译的需求量将大大增长，有望成为未来语言服务的新发展方向。

（二）从双径到多维，语言服务进入数智时代

早期大型国际活动的语言翻译服务通常采用双径模式，即，由专业译员和志愿者现场提供以及场外多语呼叫中心辅助完成。随着人工智能的发展，语言服务模式呈多维发展态势。智能翻译机越来越频繁地应用于大型国际活动；基于机器翻译生成的数字人成为应对特殊需求翻译译员不足的新型解决方案。例如，北京冬奥会期间上线的智能手语播报数字人，不仅满足了听障群体对无障碍服务的需求，还破解了真人手语译员严重短缺的难题。[①] 会场外，除传统的多语服务热线外，

---

① 《让"无声世界"感受赛场魅力！带你看看冬奥手语数字人有哪些奥秘》，2023-01-09，https://m.gmw.cn/baijia/2023-01-09/36287535.html。

还推出包括网页端、移动端在内的多平台综合语言信息服务，使全天候、立体化的语言服务成为可能。语言服务进入技术驱动、用户驱动的数智时代。

（三）从共建到共享，服务成果的可持续性发展成为共识

大型国际活动语言翻译服务呈现出从共建城市语言景观到共享语言服务成果转变的特点。大型国际活动的语言服务已不再局限于会场内，而是延伸至口岸通关、交通出行、安全保障等方面。"全民参与、各行同频"的语言景观共建理念业已形成。

此外，《冬奥会体育项目名词》和冬奥术语库首开语言翻译服务资源共享之先河。它们作为冬奥会重要的文化遗产，极大地提升了我国体育术语的翻译能力，并为未来共享语言服务成果提供了可借鉴的经验。随后，成都大运会也建设了大运术语库，语言服务成果可持续性发展逐渐成为人们的共识。

四 建议

国家语言能力是国家实力的重要组成部分，而语言翻译服务是国家语言能力的核心要素之一。经过几十年的发展，我国翻译人才培养体系逐渐完善。全国翻译本科（BTI）和硕士学位（MTI）授予点均已增至300余所；2022年教育部发布的《研究生教育学科专业目录》中首次列出翻译博士专业学位（DTI），标志着我国翻译人才培养迎来崭新时代。但同时，非通用语译员短缺问题仍然存在。"一带一路"沿线国家53种官方语言中有3门语言尚未开设专业，部分语言仅有少数高校开设专业且学生不多。此外，大型国际活动主题多元，要求工作人员具备相应领域的语言服务能力，而目前我们供给侧面临"外语＋专业"复合型人才稀缺的窘境。

随着中国综合国力的增强和国际地位的提高，承担的国际责任、承办的大型国际活动也会越来越多，这对我国外语人才培养和语言翻译服务业发展提出了更高的要求。为此，我们提出如下三点建议。

（一）高校社会并进，完善语言服务人才培养

高校外语人才的培养，一方面需要补齐短板，尽快开齐"一带一路"沿线国家的官方语言的专业，加强非通用语人才的培养，加快推进翻译博士的招生，完

善翻译人才培养体系；另一方面需要重视复合，重视"复语+复合""语言+技术+服务"的复合型国际语言服务人才的培养。

此外，语言服务人才的培养还需社会各界的广泛参与和协作。高校应与语言服务企业等共建产教融合平台，共同设计符合行业需求的课程体系和实训项目，使学生可以接触到最前沿的语言服务技术和行业实践；还应建立语言服务人才终身教育体系，提供在线课程、短期培训班等多种形式的学习机会，让在职人员能够持续更新知识和技能。

（二）人才科技协同，提高数智时代语言服务能力

未来应进一步加强科技创新能力，突破机器翻译质量不稳定的瓶颈。高校应开设深度融合信息技术原理和应用的课程，积极赋能外语/翻译专业更多的技术时代特征[1]，提高外语专业人才对人工智能技术的运用能力，探索人机耦合翻译新模式，实现翻译质量和效率的双突破。

（三）国家地方联动，构建智能化数字语料库

国家层面应制定统一的数字语料库建设和管理标准，保证数据的质量和一致性。大型国际活动结束后，办会城市将相关语言服务资料上传到国家数字语料库，便于不同地区和机构之间的数据共享和利用，避免资源的重复建设和浪费。同时，建议对语料库进行智能化管理和更新，使其能够实时响应语言服务需求的变化。此外，可探索与国际机构的合作，共享和交换语料库资源，进一步提升我国语言服务的国际化水平。

在过去十年我国举办的大型国际活动中，语言翻译服务业展现了其在增强国际交流和文化互鉴中的独特价值。随着"一带一路"国家战略的推进，翻译服务将成为连接中国与世界的桥梁，为构建人类命运共同体贡献重要力量。

（谭苏燕、王晋军、何德儒）

---

[1] 刘和平、韩林涛《新文科背景下融合型语言服务人才培养模式》，《外语教育研究前沿》2022年第4期。

杭州第 19 届亚运会语言服务调查[*]

第 19 届亚运会于 2023 年 9 月 23 日—10 月 8 日在中国杭州成功举行,这是继 1990 年北京亚运会、2010 年广州亚运会后,我国第三次举办亚洲最高规格的国际综合性体育赛事。语言服务是杭州亚运会重要的赛事服务之一,助力了亚运会的顺利召开,其经验对于举办大型赛事具有借鉴意义。本报告将从官方平台、志愿者、智能技术三方面对杭州亚运会的语言服务情况展开调查,并提出思考与建议。

一 官方平台语言服务

杭州亚运会主办方在各类社交平台上开通了官方账号,通过网络与新媒体提供服务与宣传。下文将从多形式的语言服务与双语双版的特殊服务两个方面进行考察。

(一) 多形式的语言服务

杭州亚运会官方根据选择平台定位、目标受众不同,提供的语言服务内容、形式与水平有所差异,呈现了多形式的语言服务。

1. 杭州亚运会官方网站

杭州亚运会官网是融合了宣传与服务的网站。文字配置为双语型,可在中文版(繁/简)与英文版之间切换,能够满足大部分使用者的语言需求。官网共设置了 8 个不同板块,完整板块内容如图 1 所示。

各大板块的具体内容分为宣传与服务两类:(1)亚运会最新进展、亚运文化、亚运城市等宣传内容,以图文视频结合的方式展示;(2)指引用户解决购票、观赛、用餐、咨询等问题的服务内容,以文字为主、图片为辅的方式展示。

亚运会期间大量的用户访问了官网,仅官网票务销售平台的累计访问量就超过 10 亿次。官网的语言服务为亚运会的举办提供了重要支持和保障。

---

[*] 国家语委"十四五"科研规划 2022 年度一般项目"国际大型活动语言服务体系构建研究"(YB145-19),2022 年度国际中文教育研究课题"新形势下粤港澳大湾区中外语言文化交流的机遇、挑战与展望研究"(22YH12D)。

图 1　杭州亚运会官网板块设置

2. 智能亚运一站通

智能亚运一站通小程序是国际大型综合性运动会史上首个一站式数字观赛服务平台，围绕"食、住、行、游、购、娱"六个方面的需求，为观众提供从购票、出行、观赛到食宿和旅游等一站式服务。小程序为服务型官方平台，文字配置为中英双语型，基本满足使用者的语言需求。小程序主要采用图片与文字结合的方式，便于简洁地指引观众解决问题，如图 2 所示。

图 2　智能亚运一站通小程序

在杭州亚运会开幕前，该小程序的访问量超过43亿次，用户注册量超过1亿。该小程序，为大量观众提供了便捷高效的服务体验。

3. 新媒体官方平台

杭州亚运会在微博、抖音、咪咕等新媒体平台开设了官方账号，这类新媒体平台以宣传服务为主导，其文字使用情况为中文简体，符合目标受众的语言需求。平台主要以图文视频结合的方式进行赛事宣传，起到简要鲜明、吸引观众的效果。

以杭州亚运会微博官方账号（图3）为例，在亚运会期间，该账号粉丝数量达235.6万，博文转评赞高达854.5万次，视频累计播放量1.79亿，发挥了重要的宣传服务作用。

图3　杭州亚运会官方微博

（二）双语双版的特殊服务

官网是多语服务的开展阵地。杭州亚运会官网文字配置为中文（繁/简）+英文，提供了双语型语言服务。双语版本不是简单的对应翻译关系，而在各板块内容上存在差异。这体现了杭州亚运会官网根据中外不同目标受众，从政治、服务需求、热点方向等多角度在内容上做了本土化处理，确保网站在各个版本中都能适应服务对象的文化和习惯（图4、图5）。

双语双版在内容上的差异决定了其语言服务各有侧重。其中视频板块的表现最为显著。视频作为大型赛事的重要宣传载体，对应的视频字幕具有重要语言服务作用。优化字幕设置，可以为用户提供更好的观看体验。

图 4　中文版官网服务板块

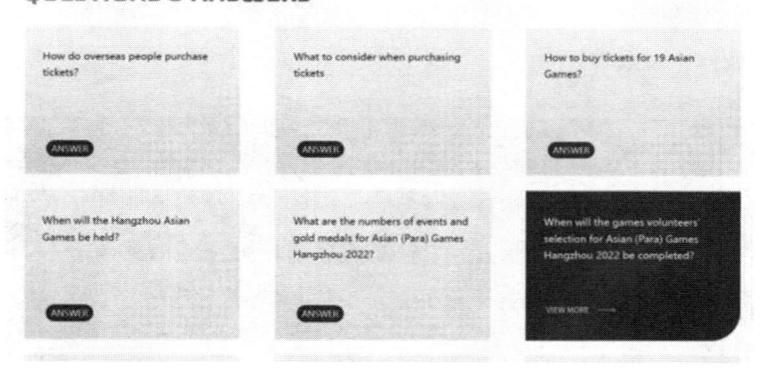

图 5　英文版官网服务板块

表 1　杭州亚运会官网视频板块首页视频的字幕设置数量

网页	视频数			
	简体中文	英文	双语（简体中文＋英文）	无字幕
中文版	15	0	3	13
英文版	0	4	6	2

据表 1 可知，在两版官网视频板块首页的宣传视频中，视频数量与字幕设置情况上都呈现出显著的差异。中文版官网的视频以简体中文字幕及无字幕为主。在无字幕的视频中，多是相关新闻直播的截取片段视频，少部分纯观赏性宣传视频。英文版官网的视频则以中英双语字幕为主。官网视频通过字幕设置情况体现了对目标受众的服务方向。

二 志愿者语言服务

（一）服务对象

为解决外国友人在亚运会期间的交流问题，杭州届亚运会招募了大量具有优秀外语能力的志愿者，提供了重要语言服务。

城市志愿者共有 148 万余名，主要为广大市民及服务点位提供志愿服务，对语言能力的要求不高，英语水平满足日常交流即可。

赛会志愿者（图6）共有 3.76 万名，需要提供更细致的语言服务。他们的服务对象包括：亚洲奥林匹克理事会及亚洲残疾人奥林匹克委员会大家庭成员与贵宾、运动员与随队官员、国际单项体育协会与技术官员、新闻媒体、持权转播商、市场合作伙伴、观众等。

图6 赛会志愿者出征仪式

（二）语言能力

杭州亚运会、亚残运会赛会志愿者共有 31.7 万人报名，最终选拔出 3.76 万名志愿者。为提升多语服务能力，亚组委还面向社会重点吸纳了小语种方面的专业力量。

浙江外国语学院是亚运会语言服务志愿者的重要来源之一。亚运会期间，该校派出了 2200 余名志愿者。在前期审查和初选后，该学院进行了补充招募面试。面试对学生语言能力和交际能力要求较高，涉及语种包括英、日、朝、阿、俄、

德等 11 种，现场还特别设置了小语种考场和专业面试官，考查学生的多语种交际能力。

亚运会志愿者中还有部分外籍人士。如温州作为杭州亚运会协办城市之一，安排了 17 名外籍志愿者参与足球、龙舟项目的语言服务。外籍志愿者作为一股特别力量，为杭州亚运会提供了独特的语言服务。

（三）服务内容

杭州亚运会志愿者的服务内容较为繁杂，语言服务往往作为其工作的一部分，专门的语言服务志愿者相对较少。

语言服务中心志愿者多协助专业翻译完成简单口译、笔译，或在比赛场馆内进行翻译工作。多语种翻译热线服务中心的志愿者，则协助翻译热线团队，提供口译热线服务。这两个岗位与语言服务相关性较强，多为高校外语专业学生或有相关经验能力的社会人士。这类志愿者本身具备较强的语言能力，多辅助专业人士进行语言服务。

部分志愿者作为播报员，为赛事进行双语播报。播报工作一般有播音脚本，对志愿者的现场翻译能力不做过多要求，但其发音必须做到百分百的正确与清晰。此外，志愿者还需注重播报语气的平缓高亢，以便调动现场氛围。

担任运动员代表团随团助理的志愿者，需要与代表团沟通并将其需求反馈给相关部门；竞赛综合事务的服务志愿者，需要迎接外宾、对外籍技术官进行翻译服务等。这类志愿者虽然具备与外籍人士流畅交流的口语水平，但遇到俚语式表达时还是有可能出现理解困难。由于文化背景不同，迎接外宾时的礼仪问题和语言表达也需多加注意。

有少量的语言服务出现在看似不相关的岗位上。如亚运会期间，印度持权转播商在杭州棋院棋类馆转播服务台前徘徊，希望找到印度国家队教练进行采访。现场的志愿者带领他们前往竞赛领域使采访得以顺利进行。杭州亚运会是规模巨大的国际性体育赛事，志愿者在服务中难免遇到外籍人士求助。提供翻译服务较少的志愿者，遇到外籍人士尤其是非英语语种者的求助后，往往会产生沟通问题，影响服务质量与效率。

此外，在亚运村门诊部或协办城市指定医院服务的志愿者，遇外籍患者就诊时，需提供翻译服务，指引对方正确就诊。但部分志愿者没有准确掌握就诊英语表述语和医学专业术语，与外籍患者沟通会遇到困难。

三 智能语言服务

杭州亚运会设立了远程人工会议同声传译、移动应用程序（APP）模块形式的多语言翻译服务热线、智能便携翻译设备三大智能语言服务方案，值得推广和借鉴。

（一）远程人工会议同声传译

远程同声传译指翻译者在不打断讲话者讲话的情况下，不间断地将内容口译给听众。听众通过耳机即时收听，信息传送效率高。

杭州亚运会提供了远程人工同声传译服务，同传译员在语言服务总部通过创新技术手段，实时提供同传服务。由于同声传译对翻译员的口译水平、思维敏捷度等都有较高的要求，亚运组委会选拔了国内部分拥有国际会议口译员协会（AIIC）认证的译员进行同传工作，为亚运会同传服务提供保障。

杭州亚运会运用了许多同传技术，如广州市迪士普音响科技有限公司作为杭州亚运会官方音响设备供应商，为多个亚运场馆和发布厅搭建了同声传译系统。以往的大型体育赛事，翻译者往往在现场准备的小房间内工作。而此次亚运会，同传译员能在亚运村远程同传中心为竞赛场馆新闻发布会做同声传译，真正突破了空间限制。

（二）APP模块形式的多语言翻译服务热线

杭州亚运会共有45个国家和地区代表队的1万多名运动员参与，同时还有大量志愿者和媒体。面对如此庞大的人员规模，沟通问题突出。杭州亚运会手机终端APP的语言服务能力得到较大提升，可提供机器翻译和人工翻译相结合的多语种热线翻译服务，助力了沟通问题解决。

"亚运钉"（图7）是为杭州亚运会推出的智能办赛平台，智能翻译是其重要功能之一。"亚运钉"支持中、英、日、泰等22种语言的实时翻译，基本涵盖了亚洲各国的常用语言。用户可在"亚运钉"中输入文本并选择目标语言进行翻译，也可使用语音翻译功能直接进行沟通。在跨国会议中，"亚运钉"可以实现多国语言的实时翻译，并显示翻译字幕，利于会议高效进行（图8）。

图 7　一站式亚运筹办移动办公平台"亚运钉"

图 8　"亚运钉"会议实时翻译功能

"亚运钉"智能翻译能根据语境区分意义相近的词语，实现精准翻译。如：阿拉伯语中有多种词汇描述月亮，有 القمر（月亮）、القمر الصاعد（升起的月亮）、الهلالي（新月）等。若志愿者向阿拉伯国家的朋友们介绍中秋文化，"亚运钉"智能翻译便会根据该特殊语境，选用 البدر（满月）进行翻译。

此外，杭州亚运会还成立了多语种翻译热线服务中心，由北京多语言服务中心提供多语种翻译热线服务。多语种翻译服务热线提供中文到英、日、俄、阿、韩、柬、印尼、泰、越 9 种语言的电话互译服务，其中中英互译热线提供 24 小时服务。

在赛事运行过程中，工作人员如遇外籍人士紧急求助，可通过"亚运钉"联系翻译热线团队，进行实时沟通。多语种翻译热线服务在杭州亚运会上与远程同传/交传、志愿者口译服务互补，提供了高水平的语言服务。

以"亚运钉"APP 为主的机器翻译和以"多语种翻译热线服务中心"为主的

人工翻译相结合，实现了现代技术与人工翻译的相辅相成，为杭州亚运会的语言服务工作提供了重要保障。

（三）智能便携翻译设备

科大讯飞是杭州亚运会智能语音转换和翻译器供应商。大赛期间，科大讯飞提供了近2000台讯飞翻译机和讯飞智能翻译对讲系统。这些设备被广泛应用于浙江省公安系统、外事办、旅游局以及亚运村、铁路专线、轨道交通等重要单位和场所，实现诸多亚运场景中语音和语言交互无障碍。

图9 轨道交通工作人员使用讯飞翻译机

本次运用的设备在讯飞翻译机（图9）原有的基础上，根据杭州亚运会的需要进行调整升级。设备涵盖语音识别、转换、机器翻译、人工翻译服务等技术，可以通过语音输入与拍照翻译，实现中、英、韩、日、俄等83种多国语言同步翻译，提供了更加便捷、高效的交流环境。讯飞翻译机还可以保存聊天内容并导出到手机或电脑的讯飞翻译客户端，便于用户查看、回顾信息。

智能便携翻译设备为亚运会提供了远程化、智能化语言服务，突破传统语言服务局限性，大幅度提升服务效率与成本，推动了各客户群语言沟通零距离。

四 思考与建议

（一）优化多语言的官方平台建设

杭州亚运会各官方平台语言服务与选择宣传的平台有直接的关联，在呈现出

文字使用与内容多形式的同时，作为大型国际赛事，官方平台的语言建设需进一步增加多语言的翻译服务，以满足更多观看者的语言服务需求。双语双版本的特殊服务在保持本土化、国际化的同时，官方网站的视频应设置中英双语字幕，提高语言服务的整体水平，以提高宣传效果。

（二）增加语言服务志愿者与加强语言服务培训

杭州亚运会语言服务对象多、工作需求大，增加志愿者人数、招募更多具备高水平语言能力的志愿者，能够增强语言服务的针对性，有利于在赛事进程中提供良好的语言服务。志愿者需加强应对语言不通等突发状况的前期培训，提供更高效的语言服务。同时应在培训中加强与岗位相关的体育、医学等专业术语学习，促进志愿者提供更准确的语言服务。

（三）发展与完善智能语言服务

杭州亚运会所采用的三大智能方案做到了提高沟通效率、优化交流体验、增强应急能力、降低服务成本等，提升了语言服务的科技性、智能性。远程人工传译实现赛会场景全面覆盖与保证传译质量高效稳定，需要进一步优化设备配置、加强技术支持、加强翻译培训。APP模块应提升系统运行稳定性，强化网络保障，确保翻译沟通顺利进行，同时可增加留存翻译内容功能，方便用户记录信息。智能便携翻译设备可优化离线翻译功能，扩大设备在公共场合的覆盖率，提高参赛者与观众的自主性。

未来的大型体育赛事应更加重视语言服务的智能化发展，以更好地满足语言服务多元化、高标准的需求。

（王苗、路梦、崔婉茵、罗惠方、曾韵芝）

第134届广交会语言服务调查*

第134届中国进出口商品交易会（以下简称"广交会"）于2023年10月15日在广州开幕，共有229个国家和地区的客商参会，线下参会的境外采购商多达197 869人。国际会展的语言服务可有效帮助境外客商快速融入陌生语言环境，显著提升国际商贸效率。本届广交会的语言服务工作延续之前线上、线下双展同开的传统，为到展客商提供种类丰富的语言服务。本报告将从志愿者、语言翻译、文案资料、会展宣传及城市适配建设等方面对广交会的语言服务情况进行调查，以期为粤港澳大湾区会展语言服务发展提供参考。

一　会展志愿者语言服务

本届广交会有大量志愿者参与，他们是线下语言服务的主要供给方。志愿者按工作地点的不同，可分为展馆外和展馆内两类。

展馆外志愿者的语言水平要求较低，英语能满足日常沟通即可，主要负责路线指引。他们多被安排在交通接驳点，向参会人员说明路线及相关信息，服务语言包括普通话、粤方言和简单的英语。志愿者对大陆及台湾客商多使用普通话；对港澳客商多采用粤方言；对境外客商则使用英语进行沟通。遇到不会英语的境外客商时，志愿者会借助手机翻译软件进行指引。岗前培训时，会方为志愿者派发了展馆的日常工作手册，其中全面涵盖了广交会各类服务信息。此外，志愿者还会接受各类情景英语培训（如图1），以提升服务精度。

展馆内志愿者主要被安排在证件办理处和咨询台，负责收集与完善采购商信息、协助办理采购证、提供馆内布局及展位信息（如图2）。由于工作时需要与境外客商进行大量外语交流，这类志愿者多由高校外语外贸专业的学生担任，以确保其外语口语水平及相关专业知识匹配度满足服务需求。会方在志愿者培训时也

---

* 国家语委"十四五"科研规划2022年度一般项目"国际大型活动语言服务体系构建研究"（YB145-19），2022年度国际中文教育研究课题"新形势下粤港澳大湾区中外语言文化交流的机遇、挑战与展望研究"（22YH12D）。

会更注意专业英语的服务规范问题。另外，培训中还增加了相关的语言应急预案，以协助处理突发状况，因此这类志愿者的培训时间相对较长。受访志愿者反映，尽管会前接受过一定的培训，但在客商询问相关行业产品内容也会力不从心，很多专业术语（如机器零部件）很难用外语进行恰当翻译。

图1　展馆外志愿者培训时的语言辅导

图2　展馆内志愿者在馆内工作

二　会展语言翻译服务

（一）陪同翻译服务

近来，广交会开启了"全球合作伙伴计划"，共吸引177家境外机构参与。

它们主要来自55个"一带一路"沿线国家和15个《区域全面经济伙伴关系协定》成员国，集中分布在亚洲和欧洲，占比高达76%。客商大多来自非英语国家，英语水平仅能满足日常交流，商务洽谈时对专业陪同翻译服务需求较大。这类陪同翻译不仅提供内容翻译，也需了解基本的商业技巧，以帮助语言不通的雇主和供应商达成合作。会方在志愿者驿站或咨询台提供基本信息的翻译服务，但并未提供寻找现场的陪同翻译相关渠道，客商只能自行雇佣翻译公司或个人翻译。据调查，由于在会展现场寻找适配的翻译难度较大，参展商多派出公司员工作为陪同翻译。本公司员工充当翻译进行交流时，因其更加了解业务相关的外语专业名词，沟通会更加顺畅与高效。又因员工更熟悉公司状况，交流中能更好地展现公司优势、促成合作。对参展商而言，雇佣语言能力达到一定水平且具有商务能力的人来陪同翻译，逐渐成为主流之选（图3）。

图3 展商员工承担陪同翻译工作

（二）相关软件的多语服务

手机翻译软件逐渐成为广交会最主要的翻译工具。在志愿者和境外客商的沟通中，多数志愿者会使用自己的手机翻译软件进行辅助（如图4），客商也会使用IOS系统自带的翻译软件或Google Translate进行交流。但在使用软件的过程中，经常会出现词不达意和翻译错误等问题。小语种中有关产品的专业名词常出现翻译错误，如用于道路建设的划线机，客商在翻译软件输入自己语言中的词

语直译汉语，会变成"公路用的统治机器"，需要先在软件中译为英语"ruling machine"，志愿者才可得到正确中文翻译从而进行解答。这些情况都为会展现场的非专业翻译服务制造了困难。

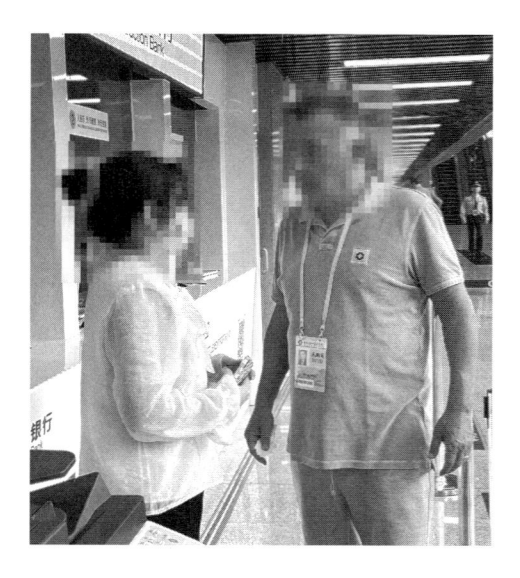

图 4　志愿者使用手机翻译软件与客商沟通

　　访谈调查中，部分客商反馈在场馆内使用移动设备的便捷性较低。由于境外客商的移动网络在中国通常无法使用，场内 Wi-Fi 又需要手机号进行登录验证，这导致客商即使携带了通信设备，能使用的功能也相当有限。在缺少智能设备辅助的情况下，手机翻译软件也失去了服务价值。如在兑换外币的过程中，来自非英语国家的客商与工作人员在沟通时本就较为吃力，由于网络原因缺少翻译软件帮助，过程更费时费力。又如会展现场的指引牌大多为中英双语，不能使用翻译软件使得有的客商无法自行寻找到准确的目的地，询问路人同样困难，相应的语言服务难以落实到位。

　　此外，本届广交会场馆内移动支付场景下的语言翻译服务也存在薄弱环节。相对于电子支付，有些境外客商更倾向于现金交易，有时甚至不会随身携带手机；携带手机的客商对移动支付的步骤也不太熟悉。但馆内的部分交易又必须使用移动支付，或使用移动支付的商家无法找零，于非英语母语的参会客商而言非常不便。相关支付软件验证过程繁琐，大多只提供中英双语服务，手机支付端和会展现场均缺乏详细的多语图文步骤指导，无法满足客商的电子消费需求。且境外银行卡仍存在"刷卡难"的问题，外商在场馆内兑换现金的过程中会产生翻译沟通困难。

三 会展客服语言服务

本届广交会各展馆均设有信息咨询台，广交会官方网站、公众号及展馆对应的小程序也提供了咨询服务，分人工客服与智能客服两种不同的沟通渠道。

广交会客户联络中心功能的人工客服咨询服务涉及语种包含中、英、西、法、俄、阿等6种语言，提供了一站式多语种服务。到会客商可通过电话、官网、企业微信及邮件联系人工客服，进行咨询（如图5）。联络中心开放了多种渠道供到会客商选择，在线客服全年答复问题。为满足境外客商回国后的咨询需求，中心也开通了境外咨询热线，扩大了服务范围，有利于广交会的全球信息交互建设。

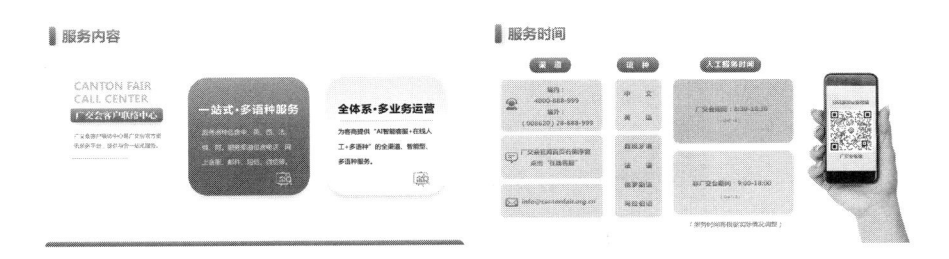

图 5　广交会客户联络中心人工客服所涉及的服务语言及方式

广交会的智能客服目前仅提供中英双语的咨询服务，具有中英双语的快捷沟通键。询问后，机器人助手会回复标准答案，答案下有关联问题提示出现，并弹出对资讯服务的评价功能键，表示"满意"或"不满意"（如图6）。智能客服的开设提升了基础问题的答复效率，但语种的使用还较为简单。

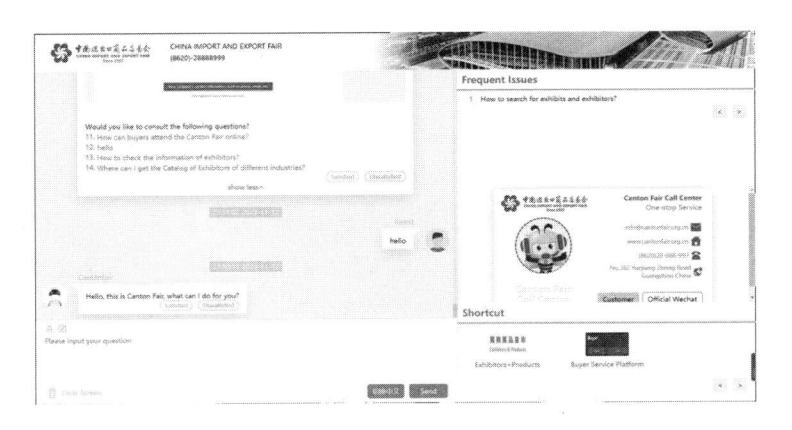

图 6　广交会官网智能客服所提供的语言服务

广交会展馆的官方小程序也接入了官网的智能客服服务且全天运行,但只有中文提问渠道,未开通英文提问的功能。"无英语渠道"只有使用英文输入后才会给出双语说明,可能会给进行咨询的外商带来不便。

四 会展文案资料语言服务

经过多年经验的积累,广交会主办方在会务手册及参会指引的制作上已经十分成熟。本届广交会《采购商指南之与会须知》有中、英、法、德、日、西、阿、俄、意、葡等多语种版本(如图7),可在官网的帮助中心下载文件进行阅读。其中,中文版《指南》使用繁体中文印制,兼顾了港、澳、台到会客商的阅读需求。

此外,主办方在展馆内也为参会人员免费提供了展商名册。名册均使用中英双语编排,涵盖各领域参展公司的简介和产品介绍,同时附有联系方式,方便潜在客户快速了解参展商信息,帮助他们高效寻找合作方并进行会谈。实体手册的形式方便采购商在离开广交会之后,也能通过名册联系心仪的合作伙伴,继续广交会上未尽的交易(图8)。

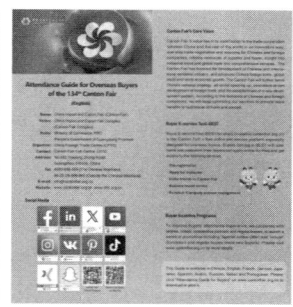

图7 广交会《采购商指南之与会须知》中、英、法版首页

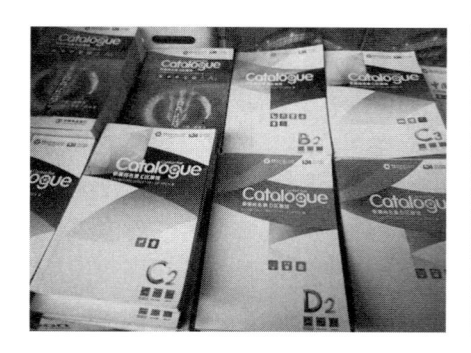

图8 展商名册

五　会展城市适配建设与语言服务

本届广交会期间，为了让境外客商尽快融入城市环境，各级有关部门在展馆周围、地铁、边检及海关等枢纽进行了一系列语言环境升级改造。

（一）展馆周边的语言标识

为方便境外客商能顺利适应陌生的语言环境，本届广交会在展馆出入的关键地点和交通接驳点共设置约 6 万个导向标识。在展馆出入口与公共交通站点、网约车及酒店接驳车上下点之间的道路，主办方和政府部门都设置了中英双语的简单指示标志，以保证到会客商都能够快速地找到路线。部分语言标识为全英文或全中文标识，展馆 C 附近全英文标识较多（如图 9）。

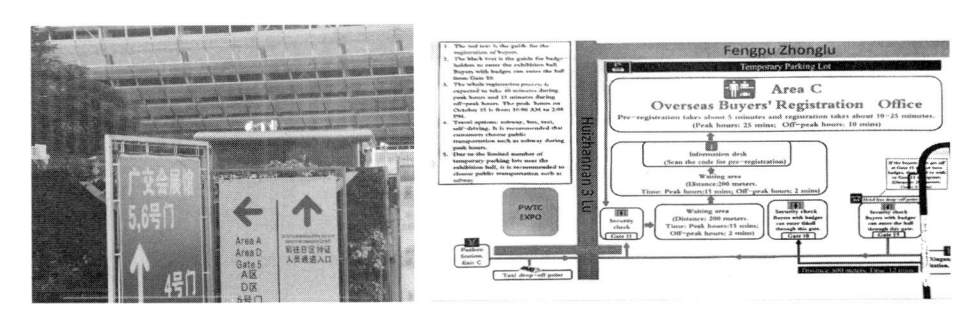

图 9　展馆外的指引

（二）公共交通接驳处的语言服务

本届广交会在琶洲会展中心开展，地铁是办会期间最主要的公共交通工具。在展馆所在的琶洲地铁站售票处，广州地铁设置了购票教程指示牌（如图 10），在购票机旁的电子屏上播放注册和使用支付软件的中英双语教学视频。除加设指示牌之外，广州地铁还增设了针对外籍乘客的各种翻译服务。有的站点设置了相应服务区及服务队，为境外客商提供购票、换乘等乘车资讯，派发指引手册。同时招募能提供英、日、韩等多语种咨询服务的志愿者，关注非英语母语者的语言服务需求。同时，本届广交会也借用科技提供语言服务。在周边酒店集中的站点、枢纽站点、大客流换乘站点启用同声翻译机，为客商提供实时多语言翻译。

第 134 届广交会语言服务调查

（三）边检及海关部门的语言服务工作

广交会期间，白云机场作为重要的交通枢纽承接了最多的境外客商。为提高通关速度，白云边检设置了广交会专用通道，利用队伍中的外语人才优势，在口岸边检出入境场地为参会境外客商提供英、法、西等超过 20 种语言的面对面翻译和引导咨询服务。

在琶洲口岸，广州海关制作了海关政策解读视频，简明清晰地为需要携带货品通关的客商讲解税收优惠政策、解答报税流程。口岸资讯台设有资料架，如中英双语的广交会高频咨询问题解答和旅客进出境通关指南等宣传手册，可随身携带，为来穗的客商提供便捷的解答服务。广交会官网"大会服务"的"海关服务"功能键也链接了广州海关对应的讲解视频，配备中英双语字幕，供参展客商学习（如图 11）。

图 10　广州地铁售票处的双语购票指引

图 11　广交会官网链接的海关服务讲解视频

针对上文提及的支付问题，有关部门制作了中英双语的支付指引，提供解决办法（如图 12）。

图 12　外籍来华人员支付指南

除在海关口岸现场及官网提供的语言服务外，广州会展中心海关还设立了广交会咨询专线和口岸业务咨询专线。据统计，会期内，资讯专线解答广交会报关流程、税收优惠政策、旅客行李物品申报等热点问题咨询近 600 次。电话资讯专线的设立解决了现场多语种翻译资讯服务不足或离开语言服务设点的地点后专业问题无法得到解答的问题，完善了在会展场馆和通关口岸以外的语言服务。

六　思考与建议

（一）建立稳定的志愿者队伍，启用自助问答机器人辅助服务

本届广交会期间，因客商的移动设备问题或会展现场缺少专业翻译设备，志愿者人手不足，导致部分客商咨询无门。会方可建立相对稳定的志愿者队伍，加强语言培训，并在展馆内志愿者岗位无法顾及的位置启用自助问答机器人，利用目前成熟的 AI 技术，提前设置各种语言模板下的常见问题解答，既可以缓解翻译设备的缺少与翻译的人手问题，也可以弥补大多数指示标识只有中英双语为非英语母语的境外客商带来的不便。

（二）会展增加除英语外其他语种的语言服务

本届广交会上来自"一带一路"沿线国家的客商显著增多，对英语服务的需求相对疲软，但广交会现场的指示牌、志愿者设置或会务手册等都以中英双语为服务语言。非英语母语的客商不能很好地理解指示牌内容或者与志愿者沟通存在困难。针对广交会语言服务对象的语言背景情况，可以适当增加其他语种的服务，如在指示牌上增加使用率高的语种，在人流量大的服务点增加掌握多语种志愿者。广交会的陪同翻译和软件翻译服务对于小语种的需求显著增加。翻译公司和小语种个人翻译可关注开展期间的小语种服务需求，把握商机，提供相应服务，或在广交会增设同声翻译设备的租借业务。

（三）会展官网调整相关功能设置以方便检索

广交会官网智能客服的问答功能需进一步调整。可将使用帮助里的相关示范图例与视频关联客服的自动回答，便于访客的后续操作。对于客服的使用反馈也不应以是非功能按键区分评价态度，应增加文字输入的建议渠道。此外，广交会官网目前为简体中文及英文的双语网页，仅部分文件具有多语种的翻译，且这部分的文件在语言不同的情况下较难查询。针对这种情况，大会官方应继续增加其他常用语种的对应网页翻译，为非中英母语者提供便利。

（四）会展文案资料进行汉外对照的信息化升级

广交会的会展文案资料可增加双语对照版本，以中文及其他外语为编写语言，

减少使用资料的客商和志愿者交流过程中的信息差，提高语言服务效率和准确性。会展文案资料可搭配相关语种的讲解视频，在参会指南上增加讲解视频的二维码，领取资料后可扫码观看具体流程，提供更加细致的服务。相关资料也可更加信息化，如展商名录可在到会客商的意向联系系统中自动发布为当届的电子名片册，在纸质资料的基础上提供更易搜索与归类的选择。

（王苗、曾韵芝、罗惠方、路梦、崔婉茵）

汽车产业语言服务人才需求调查[*]

近年,汽车产业逐步成为我国双循环新经济格局高质量发展的重要引擎之一。中国海关总署数据显示,2023年我国汽车出口522.1万辆,同比增长57.2%;其中新能源汽车累计出口172.7万辆,同比增长61.5%;2024年出口依然保持着去年的快速增长态势。[①] 比亚迪、奇瑞、吉利、长城、蔚来等国产新能源汽车品牌加速走向国际化,进入从"产品出口"向"产业链出海"的产业升级新阶段。[②] 然而中国汽车"出海"并非一帆风顺,面临着各国语言文化、风俗习惯、价值观念、人文风情等带来的经营挑战,这些挑战的应对离不开国际语言服务人才的支持。在"中国语言生活派"学者们的共同推动下,"语言服务"概念已深入到行业、产业发展中。赵世举(2012)[③]指出,语言服务是行为主体以语言文字为内容或手段为他人或社会提供帮助的行为和活动。李宇明(2014)[④]则认为,语言服务指的是利用语言(包括文字)、语言知识、语言艺术、语言技术、语言标准、语言数据、语言产品等等所有语言的所有衍生品,来满足政府、社会及家庭、个人的需求。屈哨兵(2018)[⑤]指出,语言服务是"国家或者其他团体与个人以语言文字作为资源手段为社会团体各种单元及个体提供帮助与支持的各种活动",并将其领域系统分类为语言翻译服务、语言教育服务、语言支持服务、特定行业领域中的语言服务等四大类型(屈哨兵2016)[⑥]。特定行业领域中的语言服务是指伴随、渗透在各个行业活动过程中的语言服务,往年的《中国语言服务发展报告》《中国语言生

---

[*] 广州市哲学社会科学发展"十四五"规划2023年度共建课题"中国新能源汽车企业对日话语策略研究"(2023GZGJ234)。

[①]《1月国内汽车销量超240万辆 中国品牌乘用车占有率达60.4%》,每日经济新闻,2024-02-07,http://www.nbd.com.cn/articles/2024-02-07/3241935.html。

[②]《商务部等9单位关于支持新能源汽车贸易合作健康发展的意见》,中国人民共和国中央人民政府网站,2023-12-07,https://www.gov.cn/zhengce/zhengceku/202402/content_6931276.htm。

[③] 赵世举《从服务内容看语言服务的界定和类型》,《北华大学学报(社会科学版)》2012年第3期。

[④] 李宇明《语言服务与语言消费》,载屈哨兵等编《广告语言谱系研究》,暨南大学出版社,2014年。

[⑤] 屈哨兵《我国语言活力和语言服务的观察与思考》,《学术研究》2018年第3期。

[⑥] 屈哨兵主编《语言服务引论》,商务印书馆,2016年。

活状况》等分别对景区[①]、会展[②]、医疗[③]等领域的语言服务开展调研。以往的研究主要集中在汽车领域的翻译策略与方法[④]、翻译与消费关系[⑤]等的探讨上,但缺少对该产业语言服务的充分调研,这与汽车产业成为我国出口的重要引擎这一现状不符。鉴于国际语言服务人才能助力汽车企业深入了解目标市场,洞悉跨文化差异引发的经营风险,协助企业制定语言管理、市场营销等经营战略,本报告旨在调查2023年度我国汽车产业的语言服务人才需求,针对性地提出做好汽车产业国际语言服务的建议对策。

一 语言服务人才需求调查方法

本报告选取我国网络招聘行业中市场份额最大、招聘信息总量最大[⑥]的"前程无忧"(www.51job.com)作为计算机程序设计语言Python抓取人才招聘数据的平台。在该网站的"职位搜索"页面设置与语言服务相关的关键词,包括"翻译""笔译""口译""陪同口译""交替口译""同声传译""术语管理""本地化翻译""译后编辑""本地化项目经理"等与本地化相关的翻译岗位,也包含"技术文档写作""技术文档工程师""手册开发工程师"等与技术写作相关的岗位。在"岗位描述"中限定抓取"汽车"相关的内容。"发布日期"设置为"2023年1月1日—2023年12月31日","岗位名称""学历要求""工作地点"均不做设置。对抓取的数据进行去空和去重的清洗处理和人工筛选后,共计获得479条精准的招聘信息。

---

① 陈丽诗《五岳风景名胜区语言指引服务状况》,载屈哨兵主编《中国语言服务发展报告(2020)》,商务印书馆,2020年。
② 王海兰、刘灵峰、揭晨《粤港澳大湾区企业客服电话的语言服务》,载屈哨兵主编《中国语言服务发展报告(2020)》,商务印书馆,2020年。
③ 李现乐、龚余娟、刘松《医疗行业语言服务状况》,载国家语言文字工作委员会组编《中国语言生活状况报告(2014)》,商务印书馆,2014年。
④ 张佑明《汽车英语词句特征及翻译技巧探究》,《中国科技翻译》2018年第4期。
⑤ 喻旭东《翻译与消费决策关系研究——以汽车系列名称中译为例》,《上海翻译》2016年第4期。
⑥ 艾瑞咨询《2021年中国网络招聘行业市场发展研究报告》,2021-03-31,https://report.iresearch.cn/report/202103/3753.shtml。

二 相关企业的基本情况

（一）企业所在地的分布

2023年的汽车产业语言服务人才需求来自52个国内城市或地区（不含港澳台地区）。受产业分布带来的人才集聚等因素影响，该产业的语言服务人才地理分布不均。如图1所示，该产业语言服务人才需求前五位的城市依次是广州（122个，25.47%）、上海（88个，18.37%）、宁波（30个，6.26%）、深圳（26个，5.43%）和北京（18个，3.76%）。

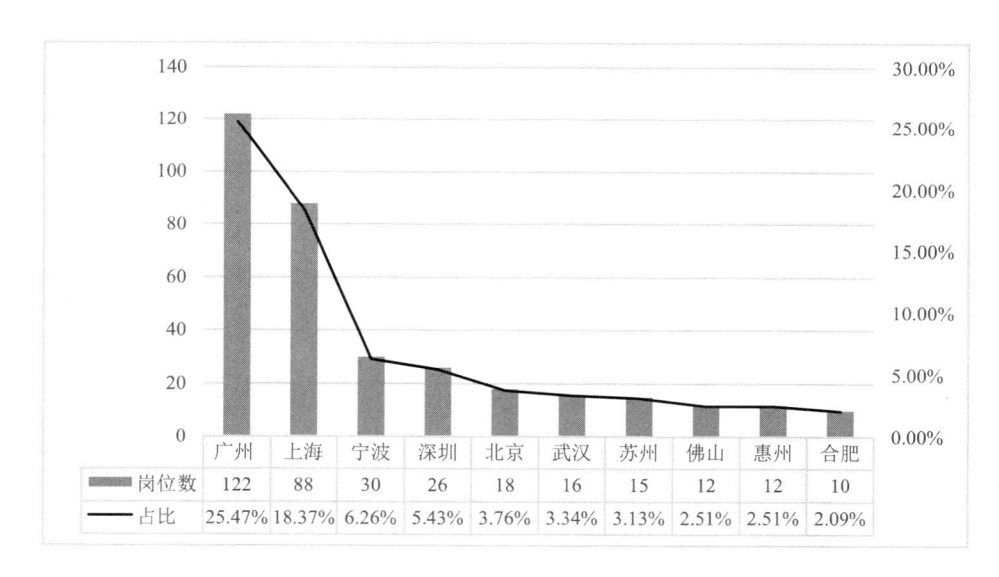

	广州	上海	宁波	深圳	北京	武汉	苏州	佛山	惠州	合肥
岗位数	122	88	30	26	18	16	15	12	12	10
占比	25.47%	18.37%	6.26%	5.43%	3.76%	3.34%	3.13%	2.51%	2.51%	2.09%

图1 汽车产业语言服务人才需求前十的城市

（二）企业规模及类型分布

从企业规模看，少于500人的中小型企业的人才需求量占比为42.66%；其中50—150人规模的企业的人才需求量最大，占19.52%；其次是150—500人规模的企业，占16.90%。500人以上的大型企业的人才需求占比34.80%，其中1000—5000人规模的企业和500—1000人规模的企业占比分别为13.28%和12.47%。见表1。由此可知，各类规模汽车企业对语言服务人才均有一定需求。这些企业分布在汽车产业上下游产业链中，涉及汽车与汽车零配件、计算机软件、电子技术/

半导体/集成电路、仪器仪表/工业自动化、机械/设备/重工、新能源、跨境电商等贸易和进出口行业等。

表1 企业规模

规模	10 000人以上	5000—10 000人	1000—5000人	500—1000人	150—500人	50—150人	少于50人	不明
岗位数	19	26	66	62	84	97	31	94
占比/%	3.82	5.23	13.28	12.47	16.90	19.52	6.24	18.91

从图2的企业性质分布可知，民营企业的人才需求总量最大，占36.95%；其次是外资企业，占27.14%；排名第三的是政府机关（16.28%），第四位是合资企业（11.06%），上市公司和国有企业占比不高。

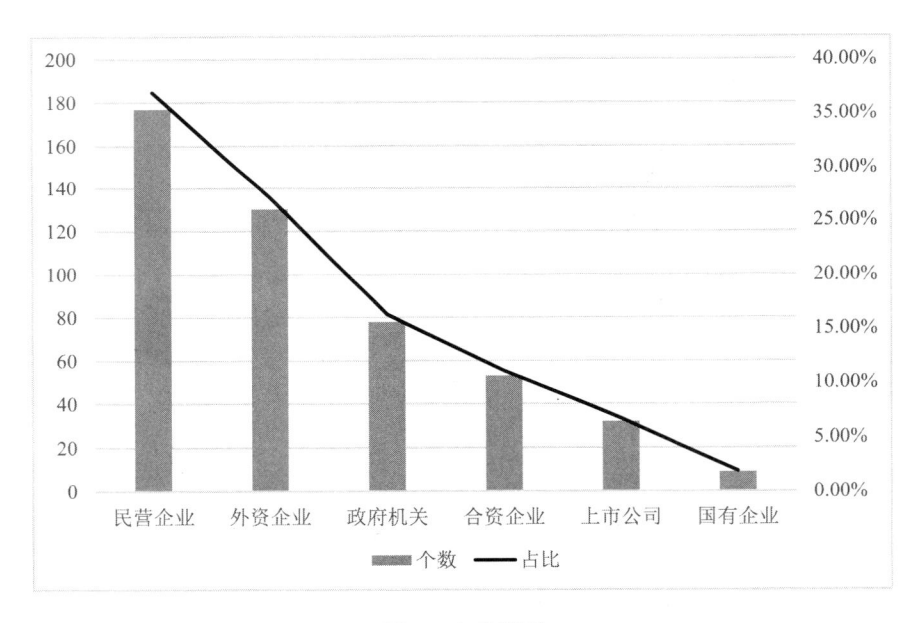

图2 企业类型

三 汽车领域语言服务人才需求现状

（一）岗位类型

从岗位类型看，翻译、笔译、口译等翻译类岗位在汽车产业语言服务中需求

最大，占 48.64%；其次是项目助理、项目管理、项目经理等项目管理类岗位，占 33.40%，再次是技术支持、技术助理、技术文档工程师等技术辅助类岗位，占 17.96%。综合来看，项目管理类和技术辅助类岗位的需求占比为 57.36%，已超过翻译类岗位。再从岗位名称看，"日语翻译兼质量工程师""销售兼日语翻译""英语翻译兼采购""法语翻译兼海外项目助理""跨境电商线上运营兼（英语）翻译"等复合型人才岗位大量存在。可见，汽车产业对翻译人才的要求并非停留在外语能力、翻译能力层面，而是对"一专多能"的复合型人才需求更大。见表2。

表2　岗位类型

岗位类型	相关岗位名称	岗位数	占比/%
翻译类岗位	翻译、笔译、口译等	233	48.64
项目管理类岗位	项目助理、项目管理、项目经理等	160	33.40
技术辅助类岗位	技术支持、技术助理、技术文档工程师等	86	17.96

（二）语言种类需求

从语种要求看，人才需求集中在日语（37.58%）、英语（32.57%）；其次是德语、法语、俄语等非通用语种，占比 13.15%；再次是英语+日语/德语/法语等双语人才需求，占比12.53%。英语语言服务人才的需求方大部分来自民营企业，部分来自合资企业和外资企业。结合岗位信息可知，与汽车相关的民营企业在"走出去"背景下对英语语言服务人才需求较大。日语语言服务人才的需求主要来自丰田、本田等日本车企及汽车零配件企业，这是由于日本车企在我国的投资和经营活动较为活跃。德语、法语、俄语等非通用语种的总体需求占13.15%，其中大部分需求来自德语、法语、俄语等西方语种，泰语、老挝语等东南亚语种人才需求量不大。见表3。

表3　语言种类需求

语种	岗位数	占比/%
日语	180	37.58
英语	156	32.57
德语、法语、俄语等非通用语	63	13.15
英语+日语/德语/法语等双语	60	12.53
多语种	20	4.17

（三）语言能力要求

绝大多数汽车产业语言服务岗位都对应聘者提出了特定的外语水平等级考试要求，据统计，共有 267 条提及语言能力，占比 55.74%。其中，要求达到国际日语能力等级考试的 N1 或 N2 级别的岗位数最多，占 23.17%；提及"全国翻译专业资格（水平）考试（CATTI）证书"要求的次之，占 12.53%；提及大学英语四级、六级的占 11.06%；此外，用人单位对应聘者的英语专业四级、八级证书也有一定要求，占 8.35%。相比之下，多数企业对德语等非通用语种应聘者的语言能力未提出明确的等级证书要求。见表 4。

表 4 语言能力要求

资格证书	提及次数	占比/%
大学英语四级、六级	53	11.06
英语专业四级、八级	40	8.35
CATTI 资格证书	60	12.53
日语 N1、N2	111	23.17
德语 C1、德语四级、五级、TestDaf 高级（TDN5）	3	0.63

（四）教育程度及工作经验要求

翻译、项目管理和技术写作等语言服务岗位对最低学历的需求以本科学历最多，占 55.95%；大专学历次之，占 39.25%。个别企业要求有硕士学历，主要是期待应聘者熟悉某一领域（包括但不限于法律合同、汽车机械、文化传媒、电子通信等）的专业知识，具有准确精湛的笔译能力和突出的口译能力，以及具备从事市场调研工作等的能力，以胜任更高端的语言服务工作。见表 5。

表 5 学历要求

教育程度	岗位数	占比/%
本科	268	55.95
大专	188	39.25
硕士	11	2.30
空白	12	2.50

工作经验方面，39.45% 的企业期待应聘者具备 1—3 年的工作经验，具备汽车行业或机械行业工作背景，拥有项目跟进与推进等的管理经验。20.67% 的企业

要求应聘者拥有 3—5 年的工作经验，要了解汽车行业现状，熟悉汽车项目管理和商务模式，具备较强的外语能力，能进行技术或商务沟通，并且能够翻译技术与商务文件。与此同时，30.48% 的企业也开放工作机会给无经验的应聘者，企业主要考查应聘者对汽车语言服务岗位的热情和今后的职业发展规划等，并在入职后为应聘者提供针对性的岗位培训。见表 6。

表 6　工作经验要求

工作经验	岗位数	占比 /%
1—3 年	189	39.45
3—5 年	99	20.67
5—10 年	43	8.98
10 年以上	2	0.42
无需经验	146	30.48

四　启示与建议

（一）培育助力汽车产业国际化发展的语言服务商

本报告显示，汽车产业对英语、日语等语言服务人才的需求较大，且大部分需求分布在广州、上海、宁波、深圳等城市。随着我国新能源汽车加快产业全速"出海"步伐，这些城市的汽车产业对语言服务人才的需求将持续增长。本报告认为广州、上海等汽车产业发达的城市的相关部门要重视联动高等院校及翻译协会等力量，优先培育支持汽车产业全球化发展的语言服务商，优化汽车产业的国际语言服务环境，助力本土汽车企业克服因跨文化带来的经营风险和障碍，充分发挥语言服务商在助力企业解读目标市场的政策法规、文化价值等方面的重要支持作用。

（二）产学研融合创新国际语言服务人才培养实践

为了准确传达汽车行业的技术、市场等专业信息，汽车产业语言服务人才不仅需要对汽车产业行业的全局具有深入了解，也需要对某个特定领域具有高度专业化的翻译能力或技术写作能力。目前我国高校培养的语言服务人才，假如在校期间缺乏产业相关的语言服务实践，将难以胜任实际的工作。正因为如此，有

50%以上的汽车产业语言服务岗位期待应聘者具备 1 年以上的汽车行业或机械行业工作经验。对此，汽车产业发达地区的高校，应积极协同汽车产业界创新国际语言服务人才培养实践，通过开拓校外实践基地、与校外合作研发课程、创新课堂教学模式等举措，鼓励学生参与真实的汽车产业国际化项目，开展国际市场调研、跨文化沟通等实践活动。

（三）培养"国际中文 + 汽车技术"的语言服务人才

本报告显示，汽车相关企业在"走出去"背景下对英语语言服务人才需求较大，而对非通用语种语言服务人才的需求仅占 13.15%；其中大部分需求来自德语、法语、俄语等西方语种，对泰语、老挝语等东南亚语种的需求量不大。但是，随着新能源汽车企业在东南亚等各国建厂并深入到本地化经营阶段，可预测我国汽车产业对泰语、印尼语、越南语等东南亚语种的语言服务人才需求将日益增大。今后还需调研汽车企业对国际汉语的语言服务人才需求，为培养"国际中文 + 汽车技术"的复合型人才提供参考。

（欧丽贤、郭菲、费晓娟）

肇庆星湖旅游景区语言服务状况*

肇庆是粤港澳大湾区、珠江-西江经济带的重要节点城市，也是大湾区的重要旅游城市。肇庆城市风光秀丽，七星岩素有"岭南第一奇观"美誉，鼎湖山是国家级自然保护区。本报告从游客的角度观察体验肇庆星湖旅游景区的语言服务状况，包括景区的官网信息、景区的标识指引以及互动性语言服务等。

一 景区的官网信息

景区旅游官网是展示景区形象的重要平台，是外地游客了解景区信息的重要渠道，应为游客提供准确、规范及清晰的语言服务。

（一）信息板块设置

星湖景区官网设置了最美星湖、景区动态、玩转星湖、在线导游、电子商务、线上博物馆、互动中心等7个板块，提供包括景区介绍、最新动态、出行住宿推荐等信息。除"线上博物馆"外，各板块均采用四音节组合命名。主页下方则列出游览、交通、住宿等与游客服务直接相关的栏目，以双音节组合为主。

网站导航呈横向排列，鼠标移至主导航栏下即自动呈现二级导航栏。根据内容的不同，子栏目设2—7项不等。如"玩转星湖"下，包括"游玩攻略""酒店住宿""舌尖美食""交通指引""地方特产"5个子栏目。网站主页的板块布局简洁清晰，图片作为背景与提示信息和文字资讯搭配，字体大小也按层级高低递减。见图1。

官网提供的语言信息较为全面，覆盖了最新景区活动、游玩攻略（出行路线、景区特色美食）、景点信息在线查询（包括语音、图片、文字信息）等功能，考虑到了游客的信息了解需求。如美食栏，介绍了当地有名的鼎湖上素、豆腐花等美食。但官网信息更新频率低，很多信息已超过一年没有更新。

---

* 广州市宣传思想文化优秀创新团队"语言服务与汉语传承"项目。

图 1　星湖景区官网首页

（二）多语服务提供

1. 语种设置

景区官网提供英语、日语、韩语三种外语语种服务，三种外语的板块设置相同。以日语网页为例，官网分为"交通""门票""观光服务""联系我们"4个板块，主要提供出行方式信息、景点信息、出行疑问解答服务，以提供出行语言服务为主。

多语界面切换按钮设置在首页右上方顶部，以"多语种"字样标明，点击即可切换英语、日语、韩语界面。网站的切换设置图标采用红色，与网页的绿色底色形成对比。交通信息方面，为方便外国游客了解具体出行方式，减少理解障碍，除文字表述外，还提供了公交车站路牌的实拍照片，并具体圈出景区所在的下车站名。

此外，官网提供了智能地图，点击景点便可以收听景区导游服务，可提供有普通话、粤方言和英语三种播报模式供选择。

2. 外语质量

从英语网页来看，总体上符合英语的书面语规范，句式长短变换自然，翻译较为流畅，符合中文原文内容，表意到位。景点名称多采用中文拼音直译与英文意译结合的方式。如"天柱摘星"翻译为"Tian Zhu Zhai Xing（The towering Tian Zhu Crag seems to catch the stars in the sky）"；或是景点名直译外加意译进行补充说明，如"飞水潭"翻译为"Plunging Waterfall above the Pond—Splashing Pond"。

从日语网页来看，总体上符合日语的书面语规范，翻译基本流畅，较少出现

简单生硬的中日语转化。为更好地达意且保留原有特色,大多是对中文进行直译,如"龙潭飞瀑——飞水潭"翻译作"龍潭飛滝——飛水潭",少数地方适当补充日语说明。翻译上具有良好的读者意识,如将荣睿亭翻译为"友誼が凝縮される碑亭——栄睿碑亭",景点译名前突出说明了其体现的中日友谊。

但日语网页存在一些译写错误。

一是辞不达意。如在"天柱摘星"一文对近代诗人黄雨赋诗的翻译为:"談笑声が風に乗り下界へ、笑顔が日に映つり雲に立つ。月を抱き寄せるのも簡単。星を手にするともう帰さない。"其中"帰さない"与原句"摘得星星未肯还"语义有差别。"帰さない"只表示"不使某人回去",未能完全反映诗人留恋景色而"不肯还"的感情色彩,改为"帰りたくない"较合适。

二是翻译错误。水月岩云的介绍,"美しい景色に心揺らされています"中的"心揺らされています",未能在《现代日汉双解词典》找到相关表达,属"心旷神怡"的错误硬译。响水潭的介绍,"山沿いの石階段を一つ一つ上へ登ったら"中的"一つ一つ"日语义为"逐一(检查事物)",与原文"沿着石阶一步一步往上走"不合,改为"一歩"较合适。

三是语法错误。"鼎湖上素は調理手法は蒸し料理をメインとして"说明鼎湖上素的制作方式是以蒸为主,主语是"調理手法","鼎湖上素"后加上标注主语的"は"不妥,应改为"鼎湖上素の調理手法",即"鼎湖上素的制作方式"。

二 景区的标识指引

为了体验景区语言景观信息指引服务状况,调查人员实地考察了三条路线。(1)星岩景区1:西门—摘星亭—铁索桥—天柱岩—天柱阁—龙岩洞—水月宫—玉屏岩;(2)星岩景区2:西门—星岩烟雨—游船码头—钟亭—西游石壁—双源洞—忘忧亭;(3)鼎湖景区:鼎湖山门口—鼎湖山避暑山庄—砚亭—宝鼎园—蝴蝶谷—庆云寺—飞水潭。

(一)全景示意

景区入口处,设有星湖旅游景区全景图。为进入景区的游客大概展示景区全貌,方便规划与选择出行路线。

七星岩景区入口处的宣传册主要介绍了基本的三大旅游路线以及景区的风景特色。其中三大路线的介绍结构为每一条路线的基本介绍以及路线的详细经过点，最后通过"必经路线"再次强调重点。

提供的旅游路线方案包括了基本信息以及大约需要的时间。在介绍每条路线经过的旅游景点时，只采用纯文字的介绍。个别景点为突出其特殊特点，附加说明信息，如龙岩洞一处用括号补充了喀斯特地貌的信息，方便游客选择取舍。

（二）信息指引

景区标牌设置体现出以下规律：在入口处设有全景的语言景观的指示；在道路分岔口则出现局部详细地图，包括各个路口分别通向何处景点，目前所处位置，出口往哪个方向行走。景区设计考虑了游客的旅游多样化需求，方便游客自行选择游览路线。

星湖景区主要景点处设有专门的石雕标牌，标示景点名称和详细的景点介绍；部分景点的标牌风格与景点风貌配合，协调相融。景区道路中途除简要的行走方向提示外，还设有服务区景点的提示，此外还有"禁止攀爬""禁止跨越"等示警提示。总体上，星湖景区的语言景观以信息功能为主，也注重文化意义发掘。位置安排合理，都在视平线之处，明显可见，但又较好地融合到了景区背景中。

鼎湖山景区根据景区特点专门设置了特有的语言景观。鼎湖山保存着有400多年历史的南亚热带地带性常绿阔叶林的原始次生林，近几年设置了介绍特色森林的语言景观，起到了很好的文化象征作用，使游客更深入地体验原始次生林的魅力。见图2。

图2 鼎湖山景区森林介绍标牌

此外，由于鼎湖山山路多，路程较长，游客往往选择观光车进行游览，各观光车停车点（宝鼎园、庆云寺、避暑山庄等）都设置了相应的停车点标识。除了把游览路线标粗之外，还在图上画出不经过的景点，使游客了解观光路线包含的内容。

（三）景点命名

星湖旅游景区共 52 处景点，景点名称分为三音节和四音节两种形式。三音节如庆云寺、飞水潭、蝴蝶谷等，占 28.85%；四音节如卧佛含丹、太和洞天等，占 71.15%。星湖风景区以自然山水为特色，主要结合景区自然地理特色命名，文化要素为辅。如"卧佛含丹"根据景点的天象奇观命名，"飞水潭"根据瀑布奇观命名，"仙女湖"则是根据禾花仙女的传说得名，较好地将自然风景、人文底蕴融合在一起。

（四）多语服务

星湖景区标牌标识使用中文、英文、日文、韩文和法文，其中韩文和法文出现频率较低。统计到的 156 个标牌中，97.3% 的标牌设有英文，基本实现英文全覆盖。超过四成为多文种标牌，中、英、日、韩四文的标牌占 35.9%，中、英、日、法四文标牌占 3.8%，中、英、日、法、韩五文标牌占 1.3%。

（五）标牌设置

景点标牌设置，标题多采用绿色黑体粗体格式，内容介绍一般使用黑色黑体粗体，外语则在下方以较小字号标注。文字底色清晰，与背景底色对比度高，材质为大理石，与星湖景区的山水风光搭配和谐，融入景区风貌。外语的使用，英文、日文包括景区景点介绍及景点名称，韩文一般只在服务区名称翻译和少数景点名称出现，法文则在景区详细介绍与景点名称出现较多。总体上语种优先顺序为中文＞英文＞日文＞法文＞韩文。部分标牌采取地图＋文字说明等多模态的方式提供景区信息，整体设计简洁大方。

（六）游客评价

调查人员随机采访了景区游客 85 人，其中肇庆市内游客 48 人，肇庆市外游客 37 人。游客对景区的标识指引和信息提供总体评价正面，但市外游客对有关指引的便捷性、交通信息的齐备性评价相对较低，市内和市外游客对景区的配套娱乐服务宣传信息评价均最低。见表1。

表1 游客对景区指引评价满意以上比例[①]

	本地游客（48人）		外地游客（37人）		总计（85人）	
标识设计	36	75.00%	31	83.78%	67	78.82%
指示功能	36	75.00%	30	81.08%	66	77.65%
便捷指引	38	79.16%	29	78.38%	67	78.82%
交通信息	37	77.08%	27	72.97%	64	72.41%
配套宣传	32	66.67%	26	70.27%	58	62.07%

（七）存在问题

个别地方缺少对未开发路线的提示。如七星岩景区，沿着西门—星岩烟雨—游船码头—钟亭—西游石壁—双源洞—忘忧亭路线，至忘忧亭，其后的景点信息指引缺失。多名游客互相询问前方是否可继续前行，地图软件查询亦未能提供有效信息。据考察，前方路段有门禁限制，游客不能通过，但景区未恰当设置指引说明。

个别景点指引不足。如鼎湖景区的庆云寺，内部结构复杂，共有睡佛殿、九龙壁、千人锅等13处景点。寺内景点的指示较为详尽，但出口指引、通往下一处景点指示等不够完善，有游客在庆云寺内反复寻找出口而未果。同样是鼎湖景区，宝鼎园至问鼎路约2.5千米，步行约需半小时，中途无休息处，较考验游客体力，宝鼎园入口或道路旁宜设置了"前方路途漫长，建议乘坐观光车下山"等提示信息，便于游客选择。

三 互动性语言服务

（一）官网反馈语言服务

星湖景区官网的互动渠道包括了电话、邮箱、二维码及链接、微博、公众号、在线问卷调查，在珠三角旅游景区中属于提供渠道较全的旅游官网。[②]

---

① 评价分"非常满意、满意、一般、不满意、非常不满意"五档，此表统计前两档。
② 周清艳、钟慧芊、余慧文《粤港澳大湾区旅游官网语言文字使用状况》，载屈哨兵主编《粤港澳大湾区语言生活状况报告（2021）》，商务印书馆，2021年。

不过，互动渠道虽多，但效果不彰。其中提供的全国统一咨询热线，多次拨打均无人接听。电子邮箱信息在官网首页最下端背景处显示，不易寻找，且仅有商业交流途径。留言需要审核后才能发布，且留言内容多是赞美之词，没有景区服务相关建议或询问信息，未真正发挥咨询和互动功能。调查问卷板块，无法访问。景区咨询板块，消息只有两条，且平均回复超七日以上，未能起到良好沟通效果。

（二）工作人员语言服务

统计85位游客的反馈，景区工作人员服务语言首用为普通话的占49.41%，粤方言占50.59%。但游客对象不同，情况有所差异，对外地游客首用普通话的占72.97%，对本地游客首用粤方言的占68.75%。虽然工作人员的普通话不算标准，但认为会影响交流的游客只有4.71%。

游客对景区工作人员的服务评价整体正面，但满意度均不高。在语言服务态度上，对景区的宣传热情而贴心（70.59%）、景区服务人员对待游客友善有礼（72.94%）两项感到满意以上评价的刚达七成。游客对景区的游客意见反馈（67.05%）、合适安排专业导游讲解（65.89%）等方面，总体满意度也较低，其中外地旅客对这两项感到满意以上的分别占62.16%和56.15%，是各项评价中满意占比最低的两项。

工作人员提供的信息及其服务态度水平是景区风貌、景区吸引力、游客体验的重要影响因素，从游客评价看，尚有较大提升空间。

四　问题与建议

星湖景区语言服务的形式、内容、质量均较好，但仍存在有待改进之处。

（一）落实互动服务

星湖景区官网虽提供多种互动语言服务渠道，但实质性互动质量不高，明显需要改进。同时，AI智能客服、在线人工客服是提升互动质量的有效举措，前者作为常用的客服工具可根据关键词快速回答大部分基础问题，后者能实现即时答问，比电话联络更为方便。

（二）提升信息质量

一是标牌指引的位置设置、信息内容设置等要更多从游客角度出发，除了基本信息，要更充分考虑指引的清晰、到位、准确。二是官网语言信息的规范丰富，外语信息的准确度要提升，面向粤港澳大湾区、珠江-西江沿线的旅游、交通、文化介绍说明要丰富。

（三）完善特殊提示

如鼎湖景区地势较为陡峭，步行游赏路线需要较多上坡下坡，如从东侧路线前往飞水潭，从蝴蝶谷还需走大约八百米的台阶方可到达，标牌提示了路程距离，但没有具体提示前方陡峭路途。一些游客反映，出发时不清楚全程都是崎岖的上下坡路，造成半路上进退维谷。连续复杂的陡峭路段，应设置"路途陡峭"的提示。

（禤健聪、彭汛子）

第七部分

"一带一路"沿线国家语言服务

导　语

习近平主席在哈萨克斯坦首谈丝绸之路经济带时，高瞻远瞩地提出"五通"。实现"五通"，当然需要语言互通。推进"一带一路"建设，要想做好语言互通，应重视并做好语言服务工作。而了解"一带一路"沿线各国的语言服务状况，是做好语言服务工作的一个前提。

本篇共有四篇报告。《泰国语言服务状况》结合泰国的语言政策，从基于泰语本体规划的语言服务、残障人士语言服务、基于人工智能的语言服务、外语教育服务等四个方面介绍泰国的语言服务现状，展望其发展趋势及面临的挑战，指出针对少数民族的语言服务不够完善、专业领域翻译人才短缺等问题。《越南语言服务状况》结合越南的语言政策，从基于越南语本体规划的语言服务、少数民族语言服务、残障人士语言服务、人工智能赋能语言服务、外语教育服务等五个方面调查越南的语言服务状况，指出在政府立法语言规划、残疾人语言服务、智能化语言服务产品等方面有提升空间。《新加坡语言服务概况》介绍新加坡的语言服务状况，从语言翻译服务、双语教育服务、语言智能服务等方面进行概述，总结新加坡在语言政策制定、语言技术研发、多语教育等方面的经验。《越南汉语学习产品状况及服务对策》针对125位受访者，采用问卷调查和访谈相结合的方式，调查分析越南汉语学习者对目前越南汉语学习产品及服务的态度，针对越南汉语学习产品及服务提出建议。

（王毅力）

泰国语言服务状况*

泰国是中国近邻，也是中国在东盟国家中的第三大贸易伙伴。本报告结合泰国的语言政策与规划，从基于泰语本体规划的语言服务、面向残障人士的语言服务、基于人工智能的语言服务和外语教育服务四个方面阐述泰国的语言服务现状，加深对泰国语言服务业的认知，促进中泰两国语言服务行业的合作与交流。

一 基于泰语本体规划的语言服务

推广泰语、强化泰文化是泰国语言政策与规划的主旋律，同时也推动了泰国语言服务业的发展。

（一）泰语本体规划概述

泰国长期以来推行"一种语言，一种文化"政策，强化泰语地位，凸显标准泰语的重要性，促进民族团结和国家稳定。[①]1918年泰国政府下令全国所有学校必须开设泰语课程。1921年颁布的《义务教育法》和1936年颁布的《私立学校教务条例》都要求学校推行标准泰语。1977年泰国推行"泰化运动"，强调泰语是不同教育阶段的必修课程。1997年颁布的《教育法案》特别明确学生使用的教材必须凸显泰国文化。

在泰语的标准化、规范化、普及化和信息化方面，泰国皇家学会起到了至关重要的作用。泰国皇家学会是久负盛名的学术机构，同时也是制定泰语标准的最高官方机构。该学会规范标准泰语，通过学会办公室网站为民众提供咨询，解决泰语使用方面的问题。[②]1999年在学会的建议下，泰国政府将每年7月29日定为"全国泰语日"。学会还承担了泰国国家语言政策的制定工作。学会2010年

---

* 广东省联合培养研究生示范基地项目（广州大学-上海一者信息科技有限公司）（粤教研[2022]1号）。

① 赵燕《泰国语言政策初探》，《东南亚纵横》2012年第7期。
② 陈展《语言经济学视角下的泰国语言政策》，《教育现代化》2017年第40期。

出台了首份国家语言政策，即《泰国国家语言政策（草案）》，该草案覆盖面广，涉及泰语推广、外语教育、特殊人群如聋哑人的语言服务、手语、少数民族语言保护等。①

（二）形式多样的泰语词典

泰国皇家学会的工作极大促进了基于泰语本体规划的语言服务。1950年，学会编纂出版了第一本泰语官方规范词典《泰国皇家学会泰语大辞典》。此后，又相继推出了1982年版、1999年版和2011年版，2007年该词典网络版面世。该词典作为泰国享有盛誉的标准泰语词典先后印刷了20余次，在泰语的标准化、普及化方面起到了重要作用。②

学会1917年还推出了泰语皇家通用转录系统即用拉丁字母书写泰语的官方系统。该系统用于交通路标及政府出版物，是最接近泰语转录标准的方法。③

互联网和信息技术的发展促进了词典的升级换代。2007年《泰国皇家学会泰语词典》推出了网络版，其网址为泰国皇家学会办公室官方网站。该网站也提供许多线上语言服务，如词典查询、词汇及音译数据库系统、泰国地理百科全书、知识库、电子书、网络泰语课程、泰语语言知识测试系统、泰语手语词典、泰语-少数民族语言语音信息手册等。图1为2011年版《泰国皇家学会泰语词典》封面，图2为网络版《泰国皇家学会泰语词典》截图。

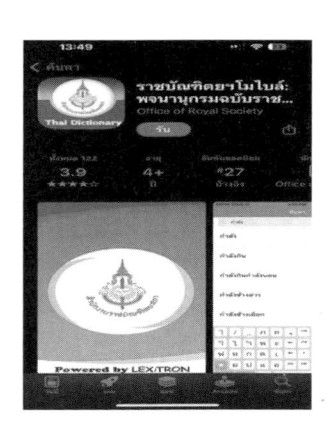

图1　2011年版《泰国皇家学会泰语词典》　　图2　网络版《泰国皇家学会泰语词典》

---

① Kanchanawa, N. The importance of dialects and indigenous languages. *Journal of Humanities and Social Sciences*, 2014, 6(1): 1-7.
② 王晋军等《中国和东盟国家的国家语言能力对比研究》，科学出版社，2022年。
③ 信息来源：RTGS（皇家泰语转写通用系统），https://baike.baidu.com/item/RTGS/13346053?fr=ge_ala。

泰国皇家学会办公室官网还设有泰语手语词典，使用者可以按词汇和图片类别或按字母/数字顺序搜索要查询单词的手语示范。

2015年泰国皇家学会和泰国国家电子计算机中心共同发布了两款泰语移动应用程序（APP），即"泰语词典"（Thai Dictionary，图3）和"泰语读写"（Read and Write，图4），帮助人们轻松使用标准泰语。这两款词典适用于智能手机，更加方便快捷。①

图3　Thai Dictionary 下载页面　　图4　Read and Write 下载页面

此外，thai-language.com 也是一个较好的泰语学习在线平台。学习者可以浏览丰富、有趣的泰语学习资源，使用免费在线泰语词典。该在线词典包含 79 398 个带有英语释义的泰语单词和短语以及 21 487 个音频剪辑。

泰国政府还推出了一些纸质版和在线泰-外/外-泰双语词典，以促进泰语和外语的学习。笔者通过对云南高校泰国留学生的调研得知，比较受学生欢迎的汉泰词典包括杨汉川编译的《现代汉泰词典》《新 HSK 词汇详解》等。使用者可以通过汉语首字母查询汉语词汇，快速找到对应的泰语表达。泰国留学生也常用大象词典 APP（Daxiang Dictionary APP）来学习泰语和汉语。如图5所示。

---

① 《泰语学习者的福音：泰国皇家学会官方泰语词典 APP》，https://m.hujiang.com/th/p748700/。

泰国语言服务状况

图 5　汉泰词典及 Daxiang 电子词典 APP

英-泰/泰英、韩泰、泰日、德泰等多语种双语纸质词典（图6）在帮助学习者学习外语的同时，也提升了泰语水平。

图 6　英-泰/泰英、韩泰、泰日、德泰双语词典

在线多语词典因其具备一些显著优势如查询便捷、具备单词释义、短语翻译、单词发音、词义比较、例句查询等多种功能，更具多样性和灵活性，能够提高学习和工作效率，非常受泰国留学生的欢迎，其中包括谷歌翻译、Pleco 鱼 APP、Trainchinese APP 等。

二　面向残障人士的语言服务

泰国已通过若干旨在确保所有人均可无障碍获取电信资源的立法和政策措施。[①]

---

① 国家广播电讯委员会办公室，https://www.nbtc.go.th/。

泰国《2001年电信法》第17条明确规定，为残疾人、儿童、老年人和弱势人群提供无障碍公众电信是最基础的服务项目之一。2007年的《残疾人赋权法》及2013年修订版明确了残疾人充分享有平等的人权和自由，免受一切形式的不公平歧视，同时，保障残疾人获得和使用公共设施和服务的权力，包括医疗、教育、就业、残疾津贴、手语翻译、个人助理、住房改造、信息无障碍和辅助技术。[1] 泰国电信中继服务由泰国国家广播与电信委员会和国际残疾人基金会共同创办，是一家非营利公共服务机构，致力于改善听障或言语障碍人士的沟通交流困难。该机构配备有手语翻译座席的专家联络中心，帮助听障或言语障碍人士与他人的顺畅沟通；同时也建立了能提供语音、手语视频电话、电子邮件或短信等多种服务的联络中心，[2] 旨在促进和帮助听障或言语障碍人士获得电信服务。残障人士可采用短信或电信设备通过手语与他人交流，联络中心则充当信息发送者和接收者之间的翻译媒介。[3] 泰国还有其他专为残障人士提供语言服务的机构，如残疾人生活质量促进和发展司。残障人士可通过该司的官网来申请手语翻译服务（图7）。泰国电视台也为残障人士提供了手语服务（图8）。这些服务打破了语言障碍，确保残障人士能够获取必要的信息，保障他们的合法权益，使他们在日常生活中能够更好地表达自己的需求和意愿。

图7 残疾人生活质量促进和发展司网页 　　图8 泰国电视台提供手语服务

2009年，泰国国家电信委员会与国家电子和计算机技术中心合作成立了固定和移动通信接力服务中心。中心的通信助理可帮助听障人士与其他人进行电话沟通。通信助理作为中心的呼叫桥梁，将使用者输入的文本转为语音发给通话对象，再将对方的语音通话转为文本发给使用者[4]。

---

[1] 《残疾人对电信服务和信息通信技术（ICT）的无障碍获取》，https://www.itu.int/dms_pub/itu-d/opb/stg/D-STG-SG01.20.1-2014-PDF-C.pdf。

[2] 信息来源：https://www.avaya.com/cn/documents/the-avaya-story_feb19-sc.pdf?t=0。

[3] 同②。

[4] 环球医学资讯，https://www.g-medon.com/Item/7988.aspx。

泰国盲人协会与国家电子与计算机技术中心拉察苏达（Ratchasuda）基金会推出了固定和移动电话点播的"数字有声读物"服务系统，即多媒体呈现的印刷出版物，通过一系列数字文档为视障人士或无法识读印刷物的人士进行无障碍阅读。这些文档包含人类或合成语音的数字音频录音、标记文本以及一系列机器可读文档。[1] 泰国聋人协会设有手语翻译组和手语组等。手语翻译组的手语翻译员把手语翻译成口语或书面语来协助聋哑人与他人的交流。手语组有两项工作。一是手语教学。协会的聋人教练专门从事手语教学，同时与其他机构合作，提供手语培训。二是手语研究与开发。由于各地手语的差异，一些机构甚至还使用与其他国家不同的手语，容易造成沟通不畅。协会与玛希隆大学拉察苏达学院联合举办社会语言手语、特定职业人群手语、计算机术语手语等研讨会，以提升泰语的手语标准化。该协会现已升级为曼谷手语翻译服务中心。

泰国聋人协会还创建了泰国手语数据库，包含基础泰语手语和日常使用的泰语手语词汇。使用者可通过泰语和泰语手语搜索单词。该项目为聋人及民众提供了学习基本泰语手语的渠道；同时它也是泰国手语知识库，既扩大了聋人使用者的词汇量，也可以丰富其他人士的泰语手语知识。[2]

三 基于人工智能的语言服务

泰国语言技术的发展与人工智能息息相关。人工智能极大地提升了语言服务的信息技术含量，为人们提供了便捷、准确和高效的语言技术支持和服务。

20世纪90年代，泰国高校和研究机构的人工智能研究逐渐覆盖自然语言处理、语音处理和预测系统等技术，在机器翻译、分词、拼写和风格检查、语音识别、语音合成等方面已取得进展和成效，同时在图像处理方面，已开展了泰语光学字符识别、手写泰语字符识别和医学照片识别的研究。[3] 泰国国家电子与计算机技术中心2010年研发了知识工程技术平台，服务于知识社会的技术发展需求。2011年起，该中心研发了语音技术与医疗保健项目。由于泰语的独特性，泰语的文本-语音合成技术比其他语言要复杂得多。VAJA为该中心语音和音频技术实验室开发的双语（泰语/英语）文本-语音合成技术，已用于70多家国立医院的叫

---

[1] DAISY consortium 官方网站，http://www.daisy.org/daisy-technology。
[2] 泰国聋人协会官方网站，https://nadt.or.th/en/vision.html。
[3] Kawtrakul, A. & Praneetpolgrang, P. 2014. "A history of AI research and development in Thailand: Three periods, three directions". *AI Magazine*, 35(2): 83-92.

号及登记注册病号系统，也应用到语音信息服务，如朱拉隆功医院的糖尿病自我看护服务和交通信息服务。VAJA也具有多语种语音翻译移动应用程序，可帮助视障人士通过设计的接口程序，在线阅读报纸。①

该中心开发的KidBright学习平台，旨在推广教育技术，在后疫情时代促进和改善儿童的学习体验。中心合作研发了Open Thai GPT，可提供定制聊天助手，具有先进的人工智能技术和理解泰语的能力，具有答疑、机器翻译、分步解释、释义、单位转换、编码建议和数字排序等功能。②

该中心还研发了以"Thai AI"为主题的泰国人工智能服务平台（AI for Thai）③，以满足人工智能在语言、图像和对话这三个领域的使用需求，并提供全面的泰语文本处理，如分词、词性标注、实体识别；也可以提供完整的对话服务，包括语音转文本、聊天机器人、文本转语音，还可提供人脸识别等各类图像视频分析。

四　外语教育服务

泰国在推广和普及泰语的同时，也注重实施多元化的外语教育，提升国民外语水平。二战后至今，泰国基础教育课程进行过五次重大改革，并不断地进行调整。中小学外语课程和外语语种的多元化不断得到重视。除作为第一外语的英语外，汉语、日语和韩语等都是泰国学校重要的外语课程。泰国教育部自20世纪60年代开始推行国家教育发展规划，在小学阶段开设英语和汉语课程，初中开设英语课程，高中开设英语和第二外语课程；大学本科则开设英语、法语、日语等课程。④1990年基础教育课程改革后，泰国中小学已开设了9门外语选修课。其中，小学5—6年级中开设英语课和汉语课，初中开设英语课、法语课、日语课、阿拉伯语课和汉语课，高中则在初中的基础上增加了德语、西班牙语、意大利语和巴利语等共9个语种的课程。⑤为了推行英语，泰国教育部门采取了一系列举措：在全国500所标准学校开设英语课程，聘请外国教师授课；与国际学校合作，把英语教育推广到县区一级学校，同时增加英语课课时；数学、科学和计算机课程使

---

① Kawtrakul, A. & Praneetpolgrang, P. 2014. "A history of AI research and development in Thailand: Three periods, three directions". *AI Magazine*, 35(2): 83–92.
② 《泰国5月推出Open Thai GPT 能以泰语交流》，https://atvnewsonline.com/asean/234304/。
③ AI for Thai 官方网站，https://aiforthai.in.th/about.php。
④ 王晋军《中国和东盟国家外语政策对比研究》，云南大学出版社，2015年。
⑤ 冯增俊、李志厚《泰国基础教育》，广东教育出版社，2004年。

用英语教学；改善学校教室设备以满足英语教学的需求；鼓励大学成立教师英语培训班，提高教师的英语教学水平。在一些较发达地区，幼儿园已开始英语教学。公立和私立学校采用国外最新教材，聘用外教，推进英语教学。一些高校采用全英文授课，部分课程直接使用英美著名高校教材。泰国知名高校的教学用语大多为泰语和英语。① 泰国高校培养了众多的外语服务人才。教授语种较多的高校有朱拉隆功大学、清迈大学等5所，其中朱拉隆功大学教授的语种最多。② 为了提升外语教学质量，泰国高等教育主管部门积极与其他国家教育机构和国际组织开展合作。例如，泰国与英国文化委员会在曼谷和清迈等地建立了多个英语中心，为英语学习者提供优质的英语课程、公司技能培训、教师培训等。③ 泰国与中国在语言和教育方面的合作也不断加深，助推了"汉语热"的持续升温。泰国基础教育委员会办公室2001年正式将汉语列为第二外语选项，泰国已成为全球首个接收汉语志工教师（即自愿从事汉语教学工作的志愿者教师）的国家，志工数量2003年仅有23人，2019年已增至1.7万多人。④ 泰国的公立学校实施了教育部基础教育署推行的"英语项目"（EP，English Program）和"微英语项目"（MEP，Mini English Program）。除第一外语英语外，泰国教育部还推行学习第二和第三外语，包括汉、日、韩、法、德、西、俄、越、高棉、缅甸、马来等语种。据泰国基础教育署2021年资料显示，泰国教育部已与78个外语机构合作，共同推动外语教育。

五 结语

泰国推行泰语、推广泰文化的语言政策对基于泰语本体规划的语言服务起到了极大的促进作用，多样态的词典为泰语学习者提供了丰富的工具书资源。泰国重视残障人士的权益保障，为残障人士提供语言服务，克服语言障碍，助力顺畅沟通。泰国人工智能的发展又极大提升了语言服务的水平，提升人们生活的品质。而泰国多元的外语教育在重视英语的同时，也注重汉语及其他外语，满足国家对外语人才的需求。

然而，泰国针对少数民族的语言服务还不够完善，适合少数民族的泰语词典

---

① 吕晶晶、廖锦超《论泰国的语言政策》，《科技信息》2011年第30期。
② 王晋军主编《中国和东盟国家的国家语言能力对比研究》，科学出版社，2022年。
③ 杨保筠《泰国高等教育的发展历程与改革趋势研究》，《广西社会科学》2023年第1期。
④ 美国之音中文网，https://www.voachinese.com/a/thailand-confucius-school-20230403/7034378.html。

数量较少。由于地区经济、交通等的差异，泰国的语言服务还存在地域、行业、领域的不均衡，在一些偏远山区语言服务的可及性依然是个问题。

人工智能助推语言服务的升级迭代，语言服务也将变得更加高效和精准，为用户提供个性化和即时的语言解决方案。因此，人工智能时代需要加强国际交流与合作，共同推动语言服务的繁荣发展。

（王晋军、何玥莹）

越南语言服务状况*

越南的语言服务深受语言政策的影响,尤其是革新开放后的语言政策,为越南的语言服务提供了保障和指导。本报告结合越南的语言政策,从基于越南语本体规划的语言服务、少数民族语言服务、面向残障人士的语言服务、人工智能赋能语言服务以及外语教育服务等五个方面展开,以期加深对越南的国情与语情的了解,为"一带一路"建设提供智力支持。

一 基于越南语本体规划的语言服务

越南1976年实现南北统一后,政府在越南语本体规划上做了大量工作,通过政策法规保障,推广普及越南语和国语字,使其成为官方语言、通用语言和主要民族语言,确保各族人民享有平等的沟通和从业权,提升国家凝聚力,推动民族交流交融,也极大促进了语言服务的发展。

(一)政策法规保障

越南政府1980年颁布了第53号法令,强调越南语和国语字是越南各民族的通用语言文字,是人们相互交流的重要桥梁;掌握国家通用语有助于各地区和各民族在经济、文化和技术方面得到共同发展。同时该法令还强调每个国民都有学习和使用越南语和国语字的权利。1998年颁布的《教育法》赋予了越南语国家官方语言的地位;2010年颁布的《行政诉讼法》第七十七条第三款规定"当事人向法院提交的证据若使用少数民族语言或外语,须附上经公证和合法认证的越南语译本";2013年颁布的《越南社会主义共和国宪法》第五条第三款规定"国家语言为越南语";2014年颁布的《人民法院组织法》第十五条规定"人民法院使用的语言和文字为越南语"等。这些法律、法规明确了越南语作为国家官方语言及国家通用语的地位,也确定了越南语在教育、司法等领域的绝对权威地位。

---

* 广东省联合培养研究生示范基地项目(广州大学-上海一者信息科技有限公司)(粤教研〔2022〕1号)。

越南政府还致力于保护越南语的纯洁性，并对一些法律法规进行修订、完善与规范。2009年出台的《文化遗产修正案》把第二十一条第三款修订为"国家通过以下措施保护、发展越南各民族语言和文字：通过颁布法律、组织宣传活动等方式保护越南语的纯洁性，发展越南语"。1994年越南政府颁布了《关于在越南国土上进行广告活动的规定》，强调广告中越南语的使用要严格遵守相关规范。除特定场合，广告商所使用的文字必须为越南语；在和他国语言混用时，越南语务必置前，且字体规格要大于他国文字。除品牌名称等专有名词外，广告语必须使用越南语。如使用外文，则不能超过越南语文字的四分之三。违规者将罚款500万—1000万越南盾。

（二）越南语词典

为规范越南语的使用，提升国民的越南语整体水平，越南政府出版了很多越南语词典，涵盖纸质版、电子版和在线版。

各种版本的越南语词典因其用词规范，发音准确，知识量广，为百姓识文断字，为统一后的越南不断提高识字率、降低文盲率做出了贡献；同时也为规范越南语、弘扬民族文化起到了推动和促进作用。图1是越南较为权威、使用人数较多的若干越南语词典。

图1　越南语词典

越南也出版了不少越南语-外语、外语-越南语双语词典（图2、图3）。这些双语词典在帮助学习者理解和学习外语的同时，能够使母语学习者了解和掌握母语与外语的异同，促进两种语言能力的提升。

图 2　越英/英越词典　　　　　　　　图 3　越汉/汉越词典

随着互联网和数字技术的突飞猛进，纸质版词典的发行量和使用人数都日趋减少。电子词典和在线词典以查询便捷、收词多、修订更新快、提供单词发音等优点，深受越南年轻人的青睐。越南语在线词典 tratu.coviet.vn 在方便国民学习母语的同时，还可以让使用者在线学习英、法、日、汉、韩等外语。在线学习的越南语学习网站如越南语 123（Tiếng Việt 123）也非常受欢迎。在线越南语词典（Vdict.com）提供了越南语查询及越英、英越、越法、法越、越汉、汉越等多语种的双语互译及查询功能。离线软件（Lạc Việt）较为实用，可离线快捷便利地查找越南语词汇。

一些汉越及越汉电子词典也为国民学习越南语和汉语提供了极大便利。图 4 为几款深受越南留学生喜爱的越汉-汉越电子词典。

图 4　越汉-汉越电子词典

二 少数民族语言服务

1975年南北统一至今，推广越南语和国语字始终是越南坚持的国策。国家颁布了相关规章、文件等，帮助少数民族同胞学习和普及越南语。1980年越南政府决议（53-CP号）及越南总理府CFL-53号政府决议都凸显了越南政府在少数民族同胞中推广越南语所做的努力。在推行越南语的同时，越南政府也注重少数民族语言文字的保护和传承。1991年颁布的《普及小学教育法》第四条就明确规定，小学教育实行越南语教育，少数民族学生有权使用本民族语言文字，在有条件的地区推行越南语-少数民族语言双语教育政策。[①]越南推行的民族语言政策为少数民族同胞的语言服务提供了政策支持和保障，在广播、电视、网络、词典编撰等方面推动了少数民族语言服务。

广播、电视、新闻媒体在少数民族语言和文化的传承和传播中起到了积极的作用。越南通讯社作为越南主要的对外新闻媒体，还负责出版越南少数民族文字印刷品，以促进少数民族地区经济、文化、教育的发展。目前，越南通讯社出版的《民族和山区》双语画报包含越南文与高棉文、巴拿文、嘉莱文、埃地文、占文、蒙文、格贺文、墨侬文等11种少数民族语言的双语版印刷品。[②]久负盛名的国家广播电台"越南之声"在传承和传播少数民族语言和文化中起到不可或缺的作用，它的"少数民族部"专门负责少数民族宣传工作。电台使用少数民族语言如泰语、高棉语、巴拿语等播送节目，共有12个少数民族广播节目。[③]部分省份还有自己的少数民族语言广播，如高平、北傣、谅山省有岱-侬语广播，林同省有格贺语广播。

除广播电台外，电视媒介对少数民族语言传承和传播也做出了贡献。越南的电视覆盖率达80%，部分少数民族地区的电视台会用少数民族语言如苗语、瑶语、高棉语、格贺语来播放新闻，如芹苴市电视台每晚有15分钟的高棉语新闻，林同省电视台每周有3次格贺语新闻[④]。

---

① 王晋军、施黎辉《中国与东盟国家民族语言政策对比研究》，第67页，社会科学文献出版社，2020年。
② 信息来源：VietnamPlus新闻网，https://zh.vietnamplus.vn/Infopages/Intro.aspx。
③ 信息来源：越南之声广播电台，https://vovworld.vn/zh-CN/新闻/通过越南之声广播电台的广播推动少数民族语言发展的方向研讨会-545626.vov。
④ 尚紫薇《21世纪初越南少数民族双语教育发展及特色探析》，《民族教育研究》2013年第1期。

越南政府为推广越南语，保护和传承少数民族语言，组织了专业人员编纂一些少数民族语言–越南语双语词典，如岱语–越南语词典等。

三 面向残障人士的语言服务

近代以来，越南由于遭受法国、日本和美国的殖民和入侵，以及与邻国的战争，战火绵延不断，直至20世纪90年代才迎来长期的和平。连年战事和后勤医疗保障不足，导致越南的残疾人数量居高不下。为了保障残疾人的生活，越南政府推出了相关帮扶政策。1989年越共中央书记处指出，当前的首要任务之一就是让盲人群体读书写字，接受教育，重返岗位。2011年越南残疾人联合会在河内成立。越南颁布的《残疾人法》（2010）第二十七条残疾人教育第三款要求，相关部门要为残疾人提供必要的特殊学习辅助工具和材料，听障和说障人士能够接受手语教学，视障人士能够接受国家标准通用盲文教学；第五十条规定，国家部委、部级机关和省级人民委员会的工作职责中强调，教育培训部负责为残疾人制定手语和盲文国家标准。[1]除了教育和法律方面给予残疾人保护外，越南政府对于他们获取信息的权利也给予特殊关照。例如《残疾人法》要求国家为视障、听障和言语障碍人士汇编出版特殊阅读材料；同时要求越南电视台播放带有越南语字幕和手语翻译的电视节目，保障残疾人能够像正常人一样通过大众传媒获取信息。政府还为残障人士提供了在线手语词典平台，残障人士或者任何想学手语的民众都可以在平台进行浏览和学习，如图5所示。

图5 手语词典网站

---

[1] 赵楠钰《基于法律文本的越南语言政策研究（1945—2021）》，上海外国语大学硕士学位论文，2023年。

四 人工智能赋能语言服务

2022年越南人工智能就绪指数[①]上升了7位，在东盟国家排名第6，全球排名第55。[②] 越南力争2030年成为东盟乃至世界人工智能解决方案和应用的创新和发展中心。[③] 越南在人工智能方面的发展很大程度上推动了语言服务，提升了语言服务的品质，呈现出十足的科技感。

（一）语音转文本生成器VAIS和文本转语音引擎Vbee助力语言服务

2020年两个应用人工智能的越南语处理技术平台面世，即语音转文本生成器VAIS和文本转语音引擎Vbee。专注语音转文本的VAIS能够识别各种越南方言口音，无论是北部、中部还是南部地区的口音，都能高效转换，准确率高达95%，在嘈杂环境或远距离也能有效完成语音转文本的任务。文本转语音的Vbee可以将书面文本转换为带有情感的语音。Vbee人工语音技术还能预测阅读、首字母缩略词、外来词、越南语的典型单词，解决很多越南语处理的棘手问题。

VAIS和Vbee应用广泛。在教育领域，VAIS可以帮助师生录制和转录课堂内容，提高教学效率和质量；Vbee可将教材和课件转换为语音，方便学生随时随地学习。在医疗领域，VAIS可将医生的诊断和建议转换为文本，方便病人和家属查阅和理解；Vbee可以将医疗信息和指导转换为语音，提高沟通效率和准确性。

（二）对话式人工智能助力语言服务

对话式人工智能是一种程序化的智能方式，通过数字和电信技术，给人们提供一个虚拟技术和真人之间的对话，增强用户参与度，改善整体用户体验。对话式人工智能应用广泛，如虚拟助手、聊天机器人、支持语音的界面等。来自不同行业的企业都在利用对话式人工智能完成日常工作，给客户提供实时沟通和个性化交互，进而提升越南数字化转型水平。图6是一款由越南最大电信运营商开发的人工智能语音助手Viettel AI，可以帮助人们查询天气、新闻、音乐、地图等各类信息，也可以控制智能家居设备。

---

① 人工智能就绪指数是衡量一个国家或地区在人工智能领域的准备程度指标，包括技术基础设施、政策和法规、人才培养、创新生态系统等因素。
② 信息来源：https://zh.vietnamplus.vn/越南着力推动人工智能产业大发展/182486.vnp。
③ 信息来源：中国人民共和国商务部，http://vn.mofcom.gov.cn/article/jmxw/202302/20230203392329.shtml。

图6 人工智能语音助手 Viettel AI 平台

五 外语教育服务

越南革新开放特别是1995年加入东盟以来，非常重视外语教育，制定了相关的外语政策，积极推动了外语教育水平的提升，也扩大了外语人才储备。越南教育与培训部把外语确定为各教育层次的必修课。2005年越南政府颁布的《教育法》第七条第三款规定英语为国际交流贸易中的通用语言。越南的《中学英语教育计划》明确了不同学段的英语课时以及英语听、说、读、写能力目标，如小学3—5年级，每周4节课，每年140课时；初中及高中每周3节课，每年105课时。[1]2018年通识教育大纲规定，外语是学生的必修科目。除英语外，外语科目还包括汉语、德语、日语、法语和俄语。

越南116所大学中，教授外语语种最多的是河内大学，涉及10个语种，5个语种具有硕士点，2个语种具有博士点。越南大学排名前四的外语分别是英、汉、日、韩[2]，汉语是位列英语之后的第二外语。2023年越南教育部做出决定，将汉语作为小学三、四年级的必修课，这标志着越南成为继沙特、叙利亚、乌干达和俄罗斯之后，第五个将汉语纳入必修课的国家。[3]这一举措使越南学生在小学阶段就接触和学习汉语，提升汉语能力，加深对中国文化的了解和认同。

从基础教育到高等教育，越南各教育层次对外语都非常重视，这为越南国民的外语能力提升提供了政策和资源保障。越南政府在《国家外语纲要2020》中提

---

[1] 王晋军等《中国和东盟国家的国家语言能力对比研究》，第102页，科学出版社，2022年。
[2] 同①，第91页。
[3] 信息来源：《越南将汉语纳入必修课，他们再次重学中文究竟有什么目的？》，https://sohu.com/a/747263867_121689593。

到要建立越南外语水平框架，将外语水平分为6个级别，归类为初级、中级和高级，如图7所示。以英语为例，纲要要求，小学毕业时须达到一级水平，中学低年级达到二级水平，中学高年级、大学非英语专业学生达到三级水平。英语专业的三年制毕业生须达到四级水平，四年制毕业生须达到五级水平。①

TOEFL (IBT) 托福（机考）	IELTS 雅思	CEFR（欧盟标准）	Vietnam Standard（越南标准）
0-8	0-1.0	-	-
9-18	1.0-1.5	A1	Level 1（一级）
19-29	2.0-2.5	A1	Level 1（一级）
30-40	3.0-3.5	A2	Level 2（二级）
41-52	4.0	B1	Level 3（二级）
53-64	4.5-5.5	B1	Level 3（三级）
65-78	5.5-6.0	B2	Level 4（四级）
79-95	6.5-7.0	C1	Level 5（五级）
96-120	7.5-9.0	C2	Level 6（六级）

图7 越南英语水平标准与其他国际标准对照

六 结语

越南的语言服务以国家语言政策为主导和保障，根据国家需求进行调适，通过出台相应法律法规，以强制性手段确保越南语的普及及外语的学习，传承和保护少数民族语言，保障少数民族和残障人士的合法权利；以人工智能赋能语言服务，提高语言服务的质量和技术含量。然而，越南语言服务还有不断提升的空间，如政府立法需更加明确语言的权利和义务，尽快出台《专项语言法》；为残障人士服务的一些基础设施和服务还要切实落地；等等。

在语言服务需求日益增长的同时，语言服务不断提质增效、与时俱进也变得日趋迫切。越南的语言服务实践也为我国高质量语言服务行业发展提供了一些借鉴和参考。人工智能时代如何迭代升级语言服务的质量，推进语言服务现代化建设，是我们共同面临的新课题。

（王晋军、阮文圮）

---

① 滕延江《对中国外语教育规划的思考：以越南国家外语纲要为参考》，《北京第二外国语学院学报》，2018年第1期。

新加坡语言服务概况

新加坡是一个多种族、多语言的国家。截至2023年6月,新加坡总人口为592万,其中华族占75.6%,马来族占15.1%。印度族占7.6%,其他种族占1.7%。[①] 新加坡有四种官方语言,分别是英语、华语、马来语和泰米尔语。其中,马来语是国语,只在国歌和军队发号施令中使用,是象征性的国语。英语是官方工作语言,也是"第一语言",新加坡宪法和法律均以英语书写,学校最主要的教学语言也是英语。华语、马来语、泰米尔语则作为母语使用,相当于文化语言,主要起族内社交和传承传统文化的作用。新加坡的语言国情为其语言服务提供了丰富的语言资源,同时也提出了多样化的语言服务需求。

一 语言翻译服务

新加坡的语言翻译服务得到了政府的支持,并积极利用技术提高翻译的效率和质量,同时关注市场需求,形成了语言翻译服务产业。

(一)政府支持

提供多语翻译服务。自2018年以来,新加坡政府以多种语言(包括马来语、华语和泰米尔语)提供常用的政府数字服务,其中包括用于访问各种政府数字服务的Singpass应用程序、WhatsApp等常用通信渠道,从而增强了这些服务的可及性。

打造全民翻译平台。新加坡通信和信息部于2022年6月27日正式推出了共创新译门户网站(SG Translate Together),旨在与新加坡公民合作,提高新加坡的翻译标准,促进各族间的沟通。该平台创立初期只对政府人员开放,现已对所有公众免费开放。公众可通过网站查找专有名词或术语的翻译,也可对翻译结果提出建议以改善翻译运营,提高翻译质量。

---

① 新加坡国家人口和人才司《2023人口概况》,https://www.population.gov.sg/files/media-centre/publications/population-in-brief-2023.pdf。

积极培育翻译人才。2015年新加坡通信和信息部推出了信息服务（翻译）奖学金，旨在培养对政府传播和翻译工作感兴趣的年轻人。2018年，新加坡启动翻译人才发展计划，为新加坡笔译、口译从业人员的深造提供助学金。2021年，新加坡推出公民翻译项目，并为参与该项目的公民开设免费培训，以提高他们的志愿服务经验和翻译技能。

（二）技术赋能

新加坡积极利用人工智能、神经机器翻译、自然语言处理、语音识别和语音合成等技术提高翻译质量和效率。以神经网络机器翻译为例，神经网络机器翻译是目前最先进的机器翻译技术之一，它通过建立深度神经网络模拟人类的翻译过程，将源语言映射（编码）到高维向量空间，并通过神经网络转换（解码）为目标语言。[1]与传统机器翻译相比，神经网络机器翻译可以更好地理解语义和语境，提供更自然的翻译结果。2019年，新加坡信息通信研究所与通信和信息部联合开发了第一个神经网络机器翻译引擎——新译达（SG Translate）。该翻译引擎支持新加坡的四种官方语言。此外，该翻译引擎还能够翻译新加坡本地化的内容，如新加坡的政府机构、名胜古迹、美食、地标和道路等名称。该翻译引擎有助于提高政府翻译人员的工作效率。新冠疫情期间，新加坡通信和信息部就使用了新译达进行初步翻译，极大地节省了翻译时间，使民众能在第一时间了解疫情信息。

（三）产业化发展

作为多语言、多元文化国家，新加坡对语言翻译服务的需求特别大，语言翻译服务在新加坡具有极高的市场潜力，形成了产业化发展。据中国翻译协会发布的《2023全球翻译及语言服务行业发展报告》，"一带一路"共建国家有频繁投资或贸易活动的翻译语言服务需求方中，13.6%的受访企业在新加坡有投资或贸易往来。[2]新加坡语言翻译服务产业主要集中在法律、医学、金融、科技等领域，服务内容包括笔译、口译、本地化以及字幕、转录、排版、配音等配套服务。这些服务覆盖了广泛的客户群体，满足了市场绝大部分的需求。随着全球化的发展，

---

[1] 中国外文局翻译院、中国翻译协会翻译技术委员会、百度翻译《2023机器翻译技术及产业应用蓝皮书》，第11、12页。

[2] 中国翻译协会《2023全球翻译及语言服务行业发展报告》，http://file.tac-online.org.cn/2023%E5%85%A8%E7%90%83%E7%BF%BB%E8%AF%91%E5%8F%8A%E8%AF%AD%E8%A8%80%E6%9C%8D%E5%8A%A1%E8%A1%8C%E4%B8%9A%E5%8F%91%E5%B1%95%E6%8A%A5%E5%91%8A.pdf。

新加坡企业越来越注重拓展海外市场。2023年6月，美国CSA Research语言服务咨询公司发布了"2023年全球百强语言服务提供商榜单"，该榜单被视为衡量语言服务商行业竞争力的重要依据之一。新加坡的Verztec咨询公司排名全球第23名，年收入高达5869万美元。① 该公司在世界各地建立了庞大的本地语言资源数据库，能够支持100多种语言的翻译，在国际语言服务市场占据一席之地。

二 双语教育服务

1987年，新加坡实现统一语文②源流，全国学校（除了特选学校）以英语为第一语文，母语为第二语文。为了保证双语教育政策的实施，新加坡为英语教育和华语教育提供了一系列教育服务措施。

（一）英语教育服务

实施教育分流。为了保证学生的英语水平，新加坡根据《吴庆瑞报告书》实施教育分流制度。语文能力最强的学生可以学习两种第一程度的语文，甚至可以学习第三种语文；中等或以上的学生，可以学习英文③第一语文，华文第二语文；没有能力学习两种语文的学生，只学习英文。④ 在这种分流制度中，英文是决定升学机会的主要因素。

提高教师英文水平。随着双语教育制度的发展，越来越多的学生进入英校，导致英语教师短缺，英校教师素质下降。新加坡政府采取了一系列措施提高教师的英文水平，如聘请英语母语国外籍教师；设立"英文教学奖学金计划"和"人文奖学金计划"，鼓励年轻人到海外学习英文，日后成为英文教师；设立新加坡英语学院，为全国英语教师提供一系列在职培训，提高教师的教学水平。⑤

开展讲标准英语运动。2000年4月29日，时任新加坡总理的吴作栋发起了"讲标准英语运动"，目的是改善新加坡英语（Singlish）的使用情况，鼓励国人使用标准英语。该运动特别注重以诙谐幽默的方式吸引民众参与。比较有代表性的有

---

① 2023年全球百强语言服务提供商榜单，https://csa-research.com/Featured-Content/For-LSPs/Global-Language-Services-Industry-2023/TOP-100-LSPs-2023。
② 这里的"语文"指语言和文字。
③ 本报告中"英文、英语""华文、华语""马来文、马来语"等皆表达同一语义，不做区分。
④ 李光耀《李光耀回忆录：我一生的挑战：新加坡双语之路》，第50页，译林出版社，2013年。
⑤ 同上，第160—162页。

将官方场地设置在音乐酒吧（2007年），拍摄《为英语疯狂》纪录片（2008年），在博客、推特和Facebook等社交媒体平台推出系列网络喜剧《六种生活》（2009年），通过喜剧演员拍摄轻松幽默的视频讲解语法规则（2014—2016年）等。

（二）华语教育服务

进行华文教育改革。伴随着双语教育政策的多次改革，华文教育也进行了多次改革。1991—2004年间，教育部对华文教育进行了三次重要的检讨工作，并发布了《华文教学检讨委员会报告书》《李显龙副总理声明》《华文课程及教学法检讨委员会报告书》。这三份报告书对新加坡华文的教学、教材、考试等多方面提出了改革建议。其整体趋向是降低华文学习的难度，从而维持学生对华文的兴趣，避免因畏难心理而放弃学习华文。

提升教师华文水平。为提高教师的华文水平，新加坡教育部对中小学华文教师进行了师资培训。培训主要分为职前培训和在职培训。职前培训主要由教育部和南洋理工大学国立教育学院中文系合作开展，采用课堂教学与教学实训相结合的培训模式。[1]在职培训由新加坡华文教研中心开展。迄今，华文教研中心已经培训超过30 000名华文教师。[2]

开展讲华语运动。"讲华语运动"于1979年由时任总理李光耀发起，目的是鼓励新加坡华人多讲华语，少说方言。该运动在不同阶段针对不同群体设置了不同的目标：第一个十年的目标是"少说方言"，对象主要是蓝领阶层；第二个十年的目标是"认识文化"，对象主要是白领阶层；第三个十年着重鼓励以讲英语为主的新加坡华人使用华文华语，尤其关注年轻一代。经过40余年的发展，"讲华语运动"取得了良好的效果。根据2020年人口普查结果，只有8.7%的新加坡华人在家里使用方言。[3]

三 语言智能服务

随着数字时代的快速发展，新加坡致力于成为"智慧国家"。[4]语言是建立"智

---

[1] 刘振平《新加坡华文教学研究》，第208—210页，南京大学出版社，2014年。
[2] https://zh.wikipedia.org/wiki/%E6%96%B0%E5%8A%A0%E5%9D%A1%E5%8D%8E%E6%96%87%E6%95%99%E7%A0%94%E4%B8%AD%E5%BF%83。
[3] 新加坡统计局，https://www.singstat.gov.sg/-/media/files/publications/cop2020/sr1/findings.ashx。
[4] 新加坡智能国家数字政府办公室《国家人工智能战略》，https://file.go.gov.sg/nais2019.pdf。

慧国家"的重要推动力，新加坡在语言智能服务方面进行了积极的探索，并取得了丰硕的成果。

（一）行政领域的语言智能服务

据报道，截至2022年底，新加坡85%的政府机构已采用至少一项AI技术方案，用于提供公共服务、支持机构运作或协助制定政策等。[①] 其中，人工智能语言产品的应用大大节约了政府运作的成本，同时提高了政府的服务质量和效率。政府常用的人工智能语言产品有聊天机器人、大语言模型等。聊天机器人通过对话的方式引导居民提供相关信息，利用自然语言处理引擎、机器学习等来理解公众的问题，并给出适当答案。新加坡政府常用的聊天机器人有"问杰姆"（Ask Jamie）虚拟助手和一站式聊天机器人等，其中"问杰姆"虚拟助手已在70个政府网站上实施。[②] 新加坡政府官员运用Pair大语言模型来协助公务写作。该大语言模型与ChatGPT类似，以问答的方式运行，其基本功能包括构思、起草、文本和自然语言处理、编码和数据分析，是公职人员执行各种常见任务的多功能工具。数以千计的公务员经常使用该大语言模型来提高工作效率。[③]

（二）教育领域的语言智能服务

新加坡政府鼓励积极面对技术为教育带来的机遇和挑战，提出拥抱人工智能。一方面，面对ChatGPT等生成式AI工具，新加坡教育部认为只要使用得当，这些工具可以支持学生的学习，如学生可以使用ChatGPT来解释概念、生成练习问题以及识别作业中的错误。同时，新加坡也加强了对学生价值观方面的引导，防止学生滥用人工智能。[④] 另一方面，新加坡积极研发本国的人工智能教育工具。2018年，新加坡教育部推出了新加坡学生学习空间，并基于该平台开发了自适应学习系统、学习反馈助手、AI学习伴侣等人工智能工具。其中学习反馈助手下的

---

① 蔡本田《新加坡构建AI应用与研发优势》，《经济日报》，2024-2-26，https://www.investchn.com/home/news/detail/id/466118.html。
② 新加坡政府科技局官网，https://www.tech.gov.sg/products-and-services/ask-jamie/?utm_medium=recommender_0&utm_source=aHR0cHM6Ly93d3cudGVjaC5nb3Yuc2cvbWVkaWEvdGVjaG5ld3MvMzI292dGVjaC10ZWFtLWJlaGluZC1hc2stamFtaWUtZ292ZXJubWVudC1jaGF0Ym90Ym90Y29tZ90&utm_content=aHR0cHM6Ly93d3cudGVjaC5nb3Yuc2cvcHJvZHVjdHMtYW5kLXNlcnZpY2VzL2Fzay1qYW1pZS8=。
③ 新加坡共和国政府《国家人工智能战略2.0》，https://file.go.gov.sg/nais2023.pdf。
④ 张娅婷《新加坡：支持并管理ChatGPT在学校的使用》，《人民教育》2023年第6期。

中小学英语作业自动评分系统是针对语言学习开发的人工智能工具。该系统可以自动标注语法、句法和拼写错误。①此外，教育部也积极为人工智能辅助语言教学和学习提供资金支持。据悉，新加坡国立研究基金会将通过新加坡全国人工智能核心计划拨款 800 万—1000 万元来开发人工智能口语练习器，研发能讲新加坡三种官方语言的机器人，预计需要三到四年的时间完成。②

（三）社会生活领域的语言智能服务

新加坡致力于通过人工智能为居民生活带来更大的便利、安全和保障。与语言服务相关的人工智能工具也得到了积极的研发和使用，特别是针对新加坡和周围地区独特语言所开发的产品。如新加坡语音服务公司 Wiz.ai 开发的生成式聊天机器人已在新加坡和全球多个地区投入使用。该聊天机器人能自动完成需要通过通话完成的任务，包括预约管理、智能提醒、电话营销等。该机器人还能很好地理解和识别具有本地特色的口音和词汇。③还有些人工智能语言产品正在积极研发之中。如新加坡国立大学正在研发一种利用人工智能识别手语的智能手套。该手套可以识别语言/听力障碍人士的手语，把手语翻译成音频或文本，并通过 VR 界面与非手语使用者展开沉浸式的双向交互。④2023 年 12 月，新加坡宣布将斥资 7000 万新元，联合推出国家多模态大语言模型。这是第一个东南亚大语言模型，能够更好地理解和表达东南亚的不同语言和文化。该大语言模型将对公众免费开放，且比当今市场上常用的大语言模型更小、更灵活、更快。⑤

四　思考与启示

新加坡的语言服务不仅平衡了不同民族群体的利益，同时满足了国家发展和国际交流的需求。其在政策制定、技术研发、多语教育等方面的经验值得我们借鉴。

（一）保持语言服务政策的适用性和灵活性

从新加坡语言服务政策的变迁可以看出，语言服务政策的制定、执行和调整

---

① 新加坡政府科技局官网，https://www.tech.gov.sg/media/technews/tech-and-education-how-automation-and-ai-is-powering-learning-in-singapore。
② 胡洁梅《与全国人工智能核心计划合作　教育部将为小学生开发人工智能口语练习器》，《联合早报》，2023-3-5，https://www.zaobao.com/news/singapore/story20230305-1369287。
③ https://www.wiz.ai/.
④ 新加坡人工智能官网，https://aisingapore.org/tech-offers/smart-glove-for-sign-language-recognition-using-ai/。
⑤ https://www.computerweekly.com/feature/Sea-Lion-explained-Southeast-Asias-first-large-language-model.

不仅需要立足本国语言国情，还需结合持续变化的语言环境和社会需求进行综合考量。在语言服务政策的制定阶段，需要开展全面而深入的实证调研，对不同区域和不同人群的语言服务需求进行系统性收集与分析，以确保所制定政策的全面性和包容性。在语言服务政策执行阶段，可采取分阶段、分群体实施策略，每一阶段都针对不同的群体设立相应的目标和评估指标，并通过多元化的媒介和渠道进行广泛宣传，提升公众对政策内容的认知度和理解度。在语言服务政策的调整阶段，需建立有效的反馈通道，通过设置咨询机构、开展民意调查等方式收集来自各方面的意见和建议，对政策进行及时调整和优化。

（二）加强人工智能在语言服务领域的应用

为有效推动人工智能在语言服务领域的广泛运用和高质量发展，国家需从顶层规划、资金投入、国际合作等多维度提供支持。首先，国家可以制定长期发展规划和战略，明确人工智能在语言服务领域的发展方向、重点领域，同时加强对人工智能的法规监管，建立相应的伦理规范和法规体系，推动人工智能健康、有序发展。其次，国家可以通过设立专项资金、提供税收减免等方式，为人工智能在语言服务领域的研究和应用提供财政支持，如支持建立联合实验室、创新中心等研发机构。最后，积极参与国际人工智能治理，推动形成公正合理的国际规则，并与其他国家在人工智能语言领域展开广泛的合作和知识交流，以提升本国在全球语言服务市场中的竞争力和影响力。

（三）构建多元和谐的语言教育环境

面对国内多元的语言环境以及国际交流的需求，需平衡普通话、少数民族语言和方言、外语教育之间的关系。普通话教育方面，继续大力推广和普及国家通用语言文字，强化普通话和汉字教学，特别是对于普通话普及率较低的地区，需提供更多的资源支持。少数民族语言、方言教育方面，需继续保护和支持少数民族语言和方言的使用。在少数民族地区学校推广双语教育，即在教授国家通用语言文字的同时，也教授当地的少数民族语言。在非少数民族地区学校可开展少数民族语言和方言选修课，培养学生对少数民族语言和方言的兴趣。外语教育方面，应加快培养双语、多语人才，除了鼓励学生学习常见的国际通用语，还可紧贴国家发展需求，支持学生学习其他非通用语种，如"一带一路"共建国家的语言。

（孔雅婷）

越南汉语学习产品状况及服务对策

越南是中国"一带一路"的重要合作国家。"一带一路"建设离不开语言的铺路,近年来,越南人民汉语学习的需求日益增强,因此,需要对越南汉语学习者的学习情况、学习方式等做一个全面的调查和了解,这也是国家语言服务战略中不可或缺的一部分。

一 越南汉语学习产品及服务现状

本次调查统计的越南汉语学习产品范围主要包括五大类:教材及工具书、音视频课程、电子字词典、网络学习资源与服务平台、学习软件。表1为125位调查者中接触使用过的汉语学习产品和服务的统计情况。

表1 样本人群汉语产品及服务的使用情况统计

类型	教材及工具书	音视频课程	电子字词典	网络学习资源与服务平台	学习软件
使用人数	73	19	30	12	38
占比/%	58.4	15.2	24	9.6	30.4

(一)教材及工具书

越南的汉语教材数量繁多、版本多样,主要以综合教材、口语教材和语法教材三大类为主,可分为四种来源:一是引进中国出版的对外汉语教材,二是引进欧美出版的汉语教材,三是采用中国人编写的英语教材的汉语部分,四是由越南本土出版的汉语教材。通过对越南三大线上购书网站 shopee.vn、fahasa.com、Tiki.vn 的检索,共检索到越南目前在售的汉语教材187种。

表2 越南购书网站销量前十的汉语教材情况

序号	书名	作者/主编	出版社	类型
1	HSK标准教程	姜丽萍	胡志明综合出版社	综合
2	汉语教程	杨寄洲	宏德出版社	综合

（续表）

序号	书名	作者/主编	出版社	类型
3	博雅汉语	李晓琪	河内国立大学出版社	综合
4	发展汉语	王淑红	宏德出版社	综合
5	YCT标准教材	苏英霞	胡志明综合出版社	综合
6	汉语口语速成	马箭飞	胡志明综合出版社	口语
7	汉语会话301句	陈氏清廉	宏德出版社	口语
8	Keep It Up 系列教材	Jeong Myeong Suk	河内出版社	综合
9	商务汉语教材	关道雄	胡志明综合出版社	综合
10	预科汉语强化教程系列	王尧美、李安	越南国立大学胡志明市	综合

表2显示，越南购书网站销量前十的汉语教材主要以中国本土编写的和越南本土编写的为主。中国本土编写的汉语教材通过中越双语对照的方式而成为越南通行的汉语教材，但这样的编写方式缺乏针对性，即缺乏越南本土化元素。另外通过对三大购书网站汉语教材的购买情况以及出版情况的考察，发现尽管目前越南在售的汉语教材总量较多，但质量良莠不齐，不同教材之间的销量差距较大。

（二）音视频课程

调查结果显示，越南汉语学习者观看汉语音视频课程的渠道主要集中在TikTok、百度以及Youtube三大应用软件。TikTok以短视频为主，多为个人账号发布的汉语知识教学短视频，而没有系统完整的课程视频。在百度上通过关键词检索，能检索到较为丰富的汉语学习视频，包括汉字基础入门课程、汉语拼音基础学习课程、汉语国际教育教学视频、现代汉语教学视频、HSK教学视频等。

Youtube中检索出来的汉语教学视频，主要分为两大类。一类是个人博主分享的教学视频，另一类是汉语中心、汉语机构等分享的教学视频。从视频内容来看，机构账号分享的汉语学习内容范围更广、类型更多样，包括口语、拼音、汉字、HSK考试内容等系列课程；而个人账号更注重分享汉语文化知识、汉语发音方法以及日常口语对话的内容。表3为Youtube汉语学习订阅人数及相关度前十的越南账号情况（统计时间截至2024年1月16日）。

表3 Youtube汉语学习订阅人数及相关度前十的越南账号情况

序号	订阅人数及相关度前十账号名称	订阅人数/万	账号类型
1	Tiếng Trung Dương Châu	58.9	机构账号
2	Học Tiếng Trung - TTB Chinese	46.0	机构账号
3	Học Tiếng Trung Cầm Xu	29.7	个人账号

（续表）

序号	订阅人数及相关度前十账号名称	订阅人数/万	账号类型
4	Tiếng Trung Diệu Hồ	25.0	个人账号
5	Khoai Tây yêu tiếng Trung	22.4	个人账号
6	Sweden Chinese Center	18.1	机构账号
7	Yangdexin	11.9	个人账号
8	Tiếng Trung 5S	11.6	机构账号
9	NGOAI NGU HOA MY- 华美外语培训中心	11.3	机构账号
10	HỌC BỒI TIẾNG TRUNG QUỐC	8.9	机构账号

（三）电子字词典

通过"汉语字/词典""中越字/词典"两大关键词分别用汉语和越南语在 Microsoft Edge 搜索引擎以及 Apple Store 进行检索，得到相关网页版以及应用软件字词典结果共 140 个，其中中国研发的有 124 个，越南本土研发的有 10 个，其他国家研发的有 6 个。表 4 列出各自下载量及使用人数排名前十者。

在电子字词典这一块，中国推出了较为丰富的汉语字词典应用软件以及相对应的网页版在线字词典，越南本土研发的则相对较少。中国本土字词典应用软件的内容均以相关工具书的最新版为底本，但却未能提供多语种翻译服务，仅有"JUZI 汉语"提供多语种翻译服务，涵盖 13 种国家语言。而网页版的字词典则能借助翻译器进行语言转换，便于不同国家汉语学习者的使用。越南研发的汉语字词典的解释主要以现代汉语词义为主，较少涉及古汉语的词义，内容上主要包括拼音、释义、组词、造句四大方面。

表 4　汉语电子字词典统计情况

序号	中国研发	越南研发	其他国家研发
1	汉语大词典	Hanzzi dict	Gooogle translate
2	新华字典	Chinese Dict	Glosbe 字典
3	现代汉语词典	Từ điển Trung Việt	Chinese- 汉语语言词典
4	新华大字典	Từ Điển Trung Việt -VDICT	Chinese Pro
5	汉典	Lantern Dict - Từ điển chữ Hán	Pleco 汉语词典
6	JUZI 汉语	CVEDict - Từ Điển	维基词典阅读器
7	汉语字典	Trung Việt	—
8	中华字典	Hán Việt Tự Điển	—
9	汉辞网	CVTDict-Từ điển phồn thể	—
10	词典网	乐越词典：中文–越南	—

（四）汉语学习资源与服务平台

通过 Microsoft Edge、Google Chrome 两大搜索引擎的检索，共检索到 119 个汉语网络学习资源与服务平台。中国的门户网站有 47 个，越南的门户网站有 27 个，其他国家的门户网站有 45 个。表 5 列出各自排名前十者。网站内容主要分为提供中文资讯、对外汉语学习资源、课程资源、汉语水平考试资讯四大类型。

尽管目前可检索到的汉语学习网站数量相对丰富，类型相对多样，能为汉语学习者提供一定的学习资讯，但就网站内容来看，各个网站的功能内容大多是单一化、独立化的。此外，除了一些知名度较高的官方性质的网站，许多网站因推广力度不足而不为人知，使用率较低；部分网站资讯更新速度慢，学习资源以及课程内容大多年代久远，未得到及时的更新。而从网站提供的语言种类来看，绝大部分网站的语言均以各自国家的通用语言为主，只有少部分网站提供多语言阅读服务，这使得不少学习者需要借助翻译服务才能有效地利用各网站的资源内容。

表 5　知名度及影响度排名前十的汉语学习网站统计情况

序号	中国	越南	其他国家
1	孔子学院全球门户网站	Vietnamese-Chinese	ON-LINE CHINESE LANGUAGE PLACEMENT TEST
2	全球中文学习平台	越南 Confucius 学院	LTL Language School
3	国家语言资源服务平台	Trung tâm tiếng trung Chinese Master	Cyber Chinese Online
4	中外语言交流合作中心	TryHSK.com	Centre for Teaching Chinese as a Foreign Language
5	中国华文教育网	Trung tâm tieng Trung SOFL	Improve Mandarin
6	中国语言文字网	Hoa Ngữ Tâm Nhìn Việt	CRI Online
7	对外汉语教学网	Tôi học tiếng Trung	China Plus
8	外研社汉语教学资源网	Học tiếng Trung online	Chinesepod
9	汉语考试服务网	Học Tiếng Trung Từ Đầu	All Language Resources
10	网上北语	THANHMAIHSK	Livemocha

（五）汉语学习软件

通过 "（学）汉语""（学）中文""汉语教学""中文教学" 四大关键词在 Apple Store 上分别用汉语和越南语进行检索，共得到 52 个汉越双语互通的软件结果。其中中国开发的为15个,越南开发的为17个,其他国家开发的为20个。根据功能分类,可以分为语聊类、听读类、拼写类、阅读类、测试类以及多功能综合类六大类型。见表6。

52个汉语学习软件功能主要以听说读写练多功能综合为主,其次是听读类和语聊类,再次是拼写类和测试类,阅读类软件占比最少。其中,越南本土开发的软件暂时还没有针对中越两国人民进行语聊以及专门的中文阅读软件。

表6 越南汉语学习软件统计情况

序号	应用服务提供者国别			功能类别
	中国	越南	其他国家	
1	Yeetalk	—	MEEFF	语聊类
2	Hellotalk	—	Hinative	
3	WorldTalk	—	Weworld	
4	Hello Pal 全球社交平台	—	Leeve	
5	TaoLiChinese	Tiếng Trung Giao Tiếp Cho Người Việt	忆术家	听读类
6	—	Tiếng Trung Giao Tiếp Mỗi Ngày	Innovative Language Learning	
7	—	9MiN Language	—	
8	—	Học tiếng Trung -Minder	—	
9	—	Bucha học tiếng Trung	—	
10	—	Giao Tiếp Tiếng Trung Bỏ Túi	—	
11	—	CNedu	—	
12	—	K+ Xem TV và VOD	—	
13	汉字笔画	Chinese Writer Full	Chinese Mandarin Handwriting	拼写类
14	汉字查询与分享	—	Chinese strokes order lookup	
15	汉字字典	—	—	
16	NIU Chinese	—	Easy Chinese News	阅读类
17	汉语HSK阅读	—	MyChinesePro	
18	HSK考试软件	Học Tiếng Trung Giao Tiếp HSK	Migii HSK	测试类
19	SuperTest	HSK online	HSK Mock	
20	HelloChinese	Trung Việt Song Ngữ	Duolingo	综合类
21	SuperChinese	EzHanzi	Learn Chinese HSK Chinesimple	
22	学越南语中越双语版	Tiếng Trung cơ bản	Busuu	
23	—	Sổ tay Tiếng Trung	学外语	

(续表)

序号	应用服务提供者国别			功能类别
	中国	越南	其他国家	
24	—	Tiếng Trung Giao Tiếp Mỗi Ngày	Chinese Language with Laoshi	
25	—	Học Tiếng Trung Quốc PNE	Learn Chinese (Beginners)	
26	—	—	HeyChina	
27	—	—	学习中文 - 语言精灵	

二 汉语学习产品使用调查

调查小组采用问卷星系统和访谈相结合的方式，就越南汉语学习者对目前越南汉语学习产品及服务的态度开展调查，调查区域包括河内市、胡志明市、广宁市、海防市等地。共计发放问卷125份，有效回收率100%。

（一）受访者基本情况

125位调查者中，男性27人，占21.6%；女性98人，占78.4%。

18岁及以下的有20人，占16%；19—25岁的有48人，占38.4%；26—35岁的有52人，占41.6%；36—45岁的有5人，占4%。初中及以下学历的有11人，占8.8%；中专/高中学历的有44人，占35.2%；大专及以上学历的有70人，占56%。

汉语初级水平的有35人，占28.0%；中级水平的有41人，占32.8%；高级水平的有49人，占39.2%。

（二）汉语学习产品需求情况

1. 汉语学习渠道意愿

125位调查者中，偏向于线下授课的有48人，占38.4%；偏向于线上学习的有16人，占12.8%；偏向于混合式学习，即线下授课＋线上学习的有61人，占48.8%。

2. 汉语学习产品需求

40位受调查者表示了解越南汉语学习市场，占32.0%，但他们的了解主要集中于越南学习汉语的人数相对较多、学习汉语的需求相对较高、汉语中心较多、汉语在越南传播范围较广等方面。表示不了解的有85人，占68.0%。

认为专业的汉语培训机构中心最具吸引力的有88人，占70.4%；认为在线汉语学习平台最具吸引力的有49人，占39.2%；认为移动应用程序最具吸引力的有32人，占25.6%；选择其他项的有3人，占2.4%。

表7显示了越南汉语学习者对学习产品与服务的需求。需求最高的是口语练习机会，占65.6%；其次是基础汉语教学、听力训练材料以及文化背景和常用表达，分别占45.6%、42.4%和40.8%；阅读、写作以及考试的相关需求较低，分别占36.8%、27.2%和28.0%。可见，越南汉语学习者的主要需求在于日常的口语交际。

表7 越南汉语学习者的学习产品与服务需求

需求类型	提供基础汉语教学	提供口语练习机会	提供听力训练材料	提供阅读材料和练习	提供写作练习和指导	提供文化背景和常用表达	提供考试资料	其他
人数	57	82	53	46	34	51	35	8
占比/%	45.6	65.6	42.4	36.8	27.2	40.8	28.0	6.4

（三）汉语教学服务评价

1. 汉语学习产品及服务的影响因素

表8 越南汉语学习者选择学习产品及服务的影响因素

影响因素	价格	教学质量	师资力量	课程设置	其他
人数	46	90	52	28	1
占比/%	36.8	72.0	41.6	22.4	0.8

根据表8，影响学习者选择学习产品及服务最重要的因素是教学质量，占72.0%；其次是师资力量，占41.6%；价格和课程设置的影响力度较小，分别占36.8%和22.4%。也就是说，教学质量的高低最能影响学习者对学习产品及服务的选择。

2. 汉语学习形式选择的影响因素

表9 越南汉语学习者选择学习形式的影响因素

学习形式	影响因素	人数	占比/%
线下授课	教学质量	74	59.2
	师资力量	56	44.8
	学习环境	63	50.4

（续表）

学习形式	影响因素	人数	占比/%
	学习成本	20	16.0
	其他	1	0.8
线上学习	学习内容丰富度	68	54.4
	学习方式灵活性	84	67.2
	学习成本	33	26.4
	学习体验	25	20.0
	其他	1	0.8

表9中，影响学习者选择线下授课的最重要的两个因素是教学质量和学习环境，分别占59.2%和50.4%；学习成本的影响最小，仅占16.0%。可见，高质量的教学和舒适的环境是学习者选择线下授课最为优先考虑的因素。而影响学习者选择线上学习的因素也主要有两个。一是学习方式灵活性，占67.2%；二是学习内容丰富度，占54.4%。可知，灵活的学习方式和丰富多样的学习内容更能吸引学习者在线学习，而这也正符合了在线学习的优势特点。

3. 汉语学习产品及服务评价

表10 越南汉语学习产品及服务评价情况

评价内容	选项	人数	占比/%
教学内容	非常丰富多样	38	30.4
	丰富多样	40	32
	一般	44	35.2
	不丰富多样	3	2.4
教学效果	非常好	31	24.8
	好	51	40.8
	一般	43	34.4
整体满意度	非常满意	26	20.8
	满意	46	36.8
	一般	51	40.8
	不满意	2	1.6

表10中，在对汉语学习产品及服务的内容的评价中，认为丰富多样及以上的，占62.4%；认为一般及不丰富多样的，占37.6%。在对汉语学习产品及服务教学效果的评价中，认为好及以上的，占65.6%；认为一般的，占34.4%。在对目前越南汉语学习产品及服务的整体满意度中，认为满意及以上的，占57.6%；

认为一般及不满意的，占42.4%。由此可见，目前越南汉语学习产品及服务现状的满意程度还有待进一步提升，汉语学习产品及服务还可以进一步优化。

三　建议

结合调查者对越南汉语学习产品及服务的建议及期望，我们针对目前越南汉语学习产品与服务存在的问题，有如下几点建议。

第一，加强中越专家合作，共同研发合编教材。越南国别化汉语教材应确保教材编写语言的准确得体，加强中国与越南当地高校或汉语教育中心的合作，积极调动中越两国从事语言文化研究和汉语教学工作专家的积极性，提高教材编写质量。

第二，加强重大需求分析，开发专门用途的汉语学习产品。在研发汉语学习产品之前，可以进行深入考察和全面评估重大需求，优先研发和补充汉语学习者最需要的以及汉语学习市场上尚未涉及到的功能产品。开发专门用途的汉语学习产品，能够使语言知识体系更好地服务于人们的实际需求。

第三，开发多类型的汉语文化产品，丰富文化交流宣传活动的渠道。我国应增加以不同语言文字为元素或为载体的能够满足共建"一带一路"国家不同文化需求的各种文化娱乐产品，积极拓展中越文化交流宣传活动的渠道，增加两国人民之间的交流活动与留学机会，让越南汉语学习者更好地接触和感受中国文化。

第四，打造立体化的汉语学习资源网络，推动资源内容更新。我国应加强推出汉语学习的电子网络教材，把在线学习融入汉语国际教学与推广中，提高学习内容的丰富度及学习方式的灵活性。在统筹建设汉语学习资源平台的同时，确保内容及时更新与扩充。此外，还应积极宣传推广各大网站平台，提高其知名度和使用率，并为网站配备相应的多语言翻译服务，减轻学习者因语言水平不足而导致的阅读困难。

（黄李君、阮氏琼、黄晓雪）

附 录

中国数字语言资源服务名录

本部分调查了国内开设中国语言文学类或外国语言文学类专业的1010所本科高校，以及开展语言文字工作的相关政府部门、科研机构，共搜集了329个语言资源，剔除129个无法查看的资源，对剩下的200个资源进行分类整理。

依据语言资源的建设宗旨、目的和内容，将其分为中国特色话语资源服务、语言规范标准资源服务、语言教育资源服务、语言翻译资源服务、语言数据资源服务、语言技术资源服务、语言文化资源服务、语言知识资源服务、语言学术资源服务、语言资源集合平台等十大类型。详细如下：

一 中国特色话语资源服务

主要内容涵盖政治核心术语、多语种翻译词汇、党政讲话、中国文化思想等方面，具有多语种对外翻译、术语库和语料库查询、文化传播与交流、标准化与权威化建设等功能，是服务国家话语体系建设和中国文化国际交流的重要工程。见表1。

表1 中国特色话语资源服务

资源名称	建设单位	资源网址
当代中国特色话语外译传播平台	中国外文局、当代中国与世界研究院、中国翻译研究院	tppckte.org.cn
中国核心词汇	中国外文局、中国翻译研究院等	cnkeywords.net
中国重要政治词汇对外翻译标准化专题库	中国外文局、中国翻译研究院	http://210.72.20.108/special/class3/search.jsp
中国关键词	中国外文局、中国翻译研究院、中国翻译协会	China.org.cn
中国特色话语对外翻译标准化术语库	中国外文局、中国翻译研究院	catl.org.cn
重要概念范畴表述外译发布平台	当代中国与世界研究院等	pmtkcde.org.cn
多语种党政文献简写本及专家解读文库	当代中国与世界研究院等	tppckte.org.cn
《习近平谈治国理政》多语数据库综合平台	上海外国语大学	cascorpus.com
新时代中国特色话语大数据平台	山东建筑大学	http://49.232.145.25/data/

二　语言规范标准资源服务

涵盖语言文字规范标准化、外文译写规范、术语规范等方面，具有智能评测、语言规划文献检索、语言文字规范关键词检索、术语知识服务等功能，有利于促进语言文字标准化和规范化，提升国家语言文字工作的科学化管理水平，增强公民的语言文字规范意识。见表2。

表 2　语言规范标准资源服务

资源名称	建设单位	资源网址
中国规范术语	中国知网、全国科学技术名词审定委员会	https://shuyu.cnki.net/index.aspx
汉语应用规范化检测系统	首都师范大学	http://zwpg.languagetech.cn/zxx.aspx
百年语言文字规范标准文献数字化系统	北京语言大学等	yywzgf.blcu.edu.cn
语言规范服务平台	北京语言大学	gf.ywky.edu.cn
公共服务领域外文译写规范国家标准检索系统	上海市教育科学研究院、上海交通大学	hedu.net.cn

三　语言教育资源服务

主要包括国家通用语言文字教育、国际中文教育和外语教育，该类资源有利于个体提升语言文字素养、消除地域隔阂，促进国际交流。见表3。

表 3　语言教育资源服务

资源名称	建设单位	资源网址
中小学语文示范诵读库	教育部和国家语委、中央广播电视总台等	cnr.cn
中国语言文字网	教育部语言文字应用研究所	china-language.edu.cn
国家通用语言文字培训平台	教育部、国家教育行政学院等	enaea.edu.cn
汉语拼音知识点查询系统	北京语言大学等	http://47.94.155.105:9604/
中华语文知识库	两岸合作编纂中华语文工具书大陆编写委员会	zhonghuayuwen.org

（续表）

资源名称	建设单位	资源网址
中文搭配资源库①	北京师范大学	https://github.com/iris2hu/Chinese-collocation-complexity
文心·词典	北京语言大学	https://dict.blcuicall.org/
全球汉语传播动态数据库	北京语言大学	hanyudb.com
留学生全程性中介字字库及中介语文本语料库	中山大学	https://cilc.sysu.edu.cn/
南京大学汉语中介语口语语料库	南京大学、福建师范大学	hanyu123.cn
HSK 动态作文语料库 2.0	北京语言大学等	http://hsk.blcu.edu.cn/
DCC 2.0 动态流通语料库	北京语言大学	https://hunter.blcuicall.org/
全球汉语中介语文本语料库；汉语中介语语料库建设与应用综合平台	北京语言大学	http://qqk.blcu.edu.cn/#/login
全球中文学习平台	教育部和国家语委、全球中文联盟等	chinese-learning.cn
e 学中文②	教育部和国家语委、全球中文联盟等	—
中国华文教育网	国务院侨务办公室、中国新闻社	hwjyw.com
国际汉语教学案例库	中外语言交流合作中心	chinesecio.com
国际中文智慧教学系统	北京语言大学	class.blcu.edu.cn
国际中文教育大模型"桃李"（Taoli）1.0	北京语言大学、清华大学、东北大学、北京交通大学	https://github.com/blcuicall/taoli
汉语作文自动评分（L2C Rater）	北京师范大学	https://l2c.shenshen.wiki/
中国高校外语慕课平台	外语教学与研究出版社	moocs.unipus.cn
英文巴士	四川外国语大学	en84.com
英语核心技能自主训练系统	东南大学	istaret.cn
WE	上海外语教育出版社	we.sflep.com
智能化多语种教学与科研平台	上海外国语大学	instcorpus.com

① 中文搭配资源库包括中文搭配助手网站（http://cca.irishu.cn/）、中文搭配分析器和中文搭配知识库。

② e 学中文，即全球中文学习平台国际版 APP，可在应用市场中搜索"全球中文学习平台"下载。

附 录

四 语言翻译资源服务

涵盖翻译词典、机器翻译等方面，具有在线语言翻译、实现神经机器翻译等功能，面向社会大众，旨在打破语言交流障碍，提高跨文化交际和语言传播的效率。详见表4。

表4 语言翻译资源服务

资源名称	建设单位	资源网址
奥云词典	内蒙古大学、内蒙古奥云信息技术服务有限公司	dic.mglip.com
奥云翻译	内蒙古大学、内蒙古奥云信息技术服务有限公司	fy.mglip.com
小牛翻译	东北大学、沈阳雅译网络技术有限公司	niutrans.com
神经机器翻译系统	厦门大学	nmt.xmu.edu.cn
THUMT：神经机器翻译工具包	清华大学	https://nlp.csai.tsinghua.edu.cn/project/thumt/

五 语言数据资源服务

包括文本与语料库资源、对话与语篇标注资源、词向量与词汇资源、语法资源（语法结构资源、构式资源）和语音资源，主要关注语言的基本要素与内部结构，具有语料库查询与检索、自然语言处理、中文自动分词等功能，为语言知识应用、语言学研究、中文信息处理等方面提供系统化、专业化的资源基础。详见表5。

表5 语言数据资源服务

资源名称	建设单位	资源网址
综合型语言知识库（CLKB）[①]	北京大学	https://opendata.pku.edu.cn/dataverse/clkb
中文深层语义角色标注语料 PKU-SEMBANK	北京大学	https://klcl.pku.edu.cn/gxzy/231694.htm

---

① 语言知识库是CLKB的主体，包括现代汉语语法信息词典、汉语短语结构规则库、现代汉语多级加工语料库、多语言概念词典、平行语料库和多领域术语库。

（续表）

资源名称	建设单位	资源网址
北京大学中文树库在线查询系统	北京大学	http://ccl.pku.edu.cn:8080/WebTreebank/
CCL 语料库检索系统（网络版）	北京大学	ccl.pku.edu.cn:8080/ccl_corpus/index.jsp
NLPIR 短文本语料库 -40 万字	中国科学院	www.nlpir.org/wordpress/2017/08/12/
NLPIR 微博博主语料库 100 万条	中国科学院	www.nlpir.org/wordpress/2017/09/02/
500 万微博语料	中国科学院	www.nlpir.org/wordpress/2018/01/26/
NLPIR 微博内容语料库 -23 万条	中国科学院	www.nlpir.org/wordpress/2017/12/03/
NLPIR 微博关注关系语料库 100 万条	中国科学院	www.nlpir.org/wordpress/2017/12/02/
NLPIR 新闻语料库 -2400 万字	中国科学院	www.nlpir.org/wordpress/2017/07/13/
中文新闻分类语料库	中国科学院	www.nlpir.org/wordpress/2017/11/05/
汉语方言语法特征语料库	中国社会研究院	dialectgrammar.com
parallelcorpus.zh-vi.zip	上海交通大学	https://bcmi.sjtu.edu.cn/resource.cn.html
现代汉语句型语料库	北京语言大学	https://ric.blcu.edu.cn/info/1053/2238.htm
BCC 汉语语料库	北京语言大学	bcc.blcu.edu.cn
媒体语言语料库（MLC）	中国传媒大学	https://ling.cuc.edu.cn/RawPub/
文本分类语料库（复旦）测试语料	复旦大学	http://www.nlpir.org/wordpress/download/tc-corpus-answer.rar
中国外交部例行记者会语料库	北京理工大学	www.nlpir.org/wordpress/2021/10/11/
NLPIR_UGWS: 维吾尔语分词语料库	北京理工大学	www.nlpir.org/wordpress/2022/12/29/
汉语复句语料库	华中师范大学	http://linguist.ccnu.edu.cn/jiansuo/TestFuju.jsp
中文长下文词语预测（Chinese_WPLC）数据集	天津大学、鹏城实验室	https://openi.pcl.ac.cn/PCL-Platform.Intelligence/Chinese_WPLC
汉语学习者文本多维标注数据集 YACLC V1.0	北京语言大学、清华大学等	https://github.com/blcuicall/YACLC
哈工大信息检索研究中心（HIT CIR）语言技术平台共享资源和程序步骤	哈尔滨工业大学	http://ir.hit.edu.cn/demo/ltp/Sharing_Plan.htm
中古蒙古语文献语料库及检索软件	呼和浩特民族学院	http://mnuuts.com/static/mmc.rar
大规模中文对话数据集 LCCC	清华大学	https://coai.cs.tsinghua.edu.cn/tools/6
KdConv：多领域知识驱动的中文多轮对话数据集	清华大学	https://coai.cs.tsinghua.edu.cn/tools/5
CrossWOZ：一个大规模跨领域中文任务导向对话数据集	清华大学	https://coai.cs.tsinghua.edu.cn/tools/3
RiSAWOZ	天津大学	https://github.com/terryqj0107/RiSAWOZ

（续表）

资源名称	建设单位	资源网址
Datasets for "Shallow Discourse Annotation for Chinese TED Talks"	天津大学	https://github.com/tjunlp-lab/Shallow-Discourse-Annotation-for-Chinese-TED-Talks
TED-CDB	天津大学	https://github.com/wanqiulong0923/TED-CDB
BiPaR	天津大学	https://github.com/sharejing/BiPaR
OMGEval	北京语言大学、清华大学等	https://github.com/blcuicall/OMGEval
"情感词汇本体"词典	大连理工大学	https://ir.dlut.edu.cn/info/1013/1142.htm
THUOCL：清华大学开放中文词库	清华大学	thuocl.thunlp.org
sc2tc.dict.zip	上海交通大学	https://bcmi.sjtu.edu.cn/resource.cn.html
Chinese Word Vectors 中文词向量	北京师范大学、中国人民大学	https://github.com/Embedding/Chinese-Word-Vectors
现代汉语构式数据库	北京大学	http://162.105.209.123/ccgd/
汉语方言语音特征数据库	暨南大学	jnuphon.cn
SHALCAS22A	中国科学院等	https://www.openslr.org/138/
XBMU-AMDO31	西北民族大学	https://www.openslr.org/133/
THUYG-20	清华大学、新疆大学	https://www.openslr.org/22/
THCHS-30	清华大学	https://www.openslr.org/18
CN-Celeb	清华大学	https://www.openslr.org/82/
Tibetan Greetings	中央民族大学	https://www.openslr.org/149/
TIBMD@MUC speech data set	中央民族大学	https://www.openslr.org/124/

六　语言技术资源服务

包括语料库处理与对齐工具、语音工具、自然语言处理平台（工具包）等，具有中文分词、词性标注、语料检索、语音识别与合成、评测和训练模型等功能，提供多样化的语言工具和平台等语言技术成果，满足科研与教学需要，促进技术创新和提升产品质量。见表6。

表6　语言技术资源服务

资源名称	建设单位	资源网址
THUCTC：一个高效的中文文本分类工具包	清华大学	http://thuctc.thunlp.org/
THULAC：一个高效的中文词法分析工具包	清华大学	https://nlp.csai.tsinghua.edu.cn/project/thulac/
NLPIR-ICTCLAS 分词系统	中国科学院	www.nlpir.org/wordpress/2018/12/07/
NLPIR 大数据语义智能分析平台	中国科学院	www.nlpir.org/wordpress/2021/04/12/
九眼智能过滤系统	中国科学院	www.nlpir.org/wordpress/2018/12/07/
NLPIR SDK	中国科学院	http://www.nlpir.org/wordpress/2018/12/07/nlpir-sdk/
SISU Aligner 2.0.0	上海外国语大学	https://corpus.shisu.edu.cn/5a/f1/c9380a154353/page.htm
平行语料检索软件	中国传媒大学	https://ling.cuc.edu.cn/views/newsDetail1035.html
平行语料检索软件 V0.3	中国传媒大学	https://ling.cuc.edu.cn/views/newsDetail1033.html
多语种语料处理软件 V3.9.9	中国传媒大学	https://ling.cuc.edu.cn/views/newsDetail21.html
方言同音字汇自动生成软件 V0.3	中国传媒大学	https://ling.cuc.edu.cn/views/newsDetail1011.html
方言同音字汇自动生成软件 V0.4	中国传媒大学	https://ling.cuc.edu.cn/views/newsDetail1034.html
CCL 语言田野调查与分析系统	北京大学	ccl.pku.edu.cn
天聪智能语音演示中心	厦门大学等	https://tc.talentedsoft.com:58120/
闽南语语音识别	厦门大学等	https://speech.xmu.edu.cn/APP/list.htm
闽南语 AI 语音合成	厦门大学等	https://speech.xmu.edu.cn/APP/list.htm
九州音集[①]	中国社会科学院	—
奥云蒙古语语音识别系统	内蒙古大学、蒙古文智能信息处理技术国家地方联合工程研究中心	asr.mglip.com
奥云蒙古语语音合成	内蒙古大学、内蒙古奥云信息技术服务有限公司	mtts.mglip.com
藏语自然语言数据资源共享平台	青海师范大学	tnlp.info
藏语自然语言处理平台	中国社会科学院	http://106.13.43.240:8003/

[①] "九州音集"是微信小程序。

附　录

（续表）

资源名称	建设单位	资源网址
融媒体语言智能服务开放平台	中国传媒大学	https://ling.cuc.edu.cn/cucNLPTools/cucnlp/cuc_ui/index.html#/pc_index
语言技术平台 LTP	哈尔滨工业大学	https://www.ltp-cloud.com/document1
语言云（语言技术平台云 Ltp-Cloud）	哈尔滨工业大学	https://www.ltp-cloud.com/document2
云孚语义中台 YFNLP	哈尔滨工业大学	https://www.yunfutech.com/products/yfnlp
FudanNLP	复旦大学	https://github.com/FudanNLP/fnlp
BayLing（百聆）	中国科学院	http://mlops.ccloud.conestore.cn:30010/bayling/#/
OpenNRE	清华大学	https://github.com/thunlp/OpenNRE
中文对话预训练模型 CDial-GPT	清华大学	https://github.com/thu-coai/CDial-GPT
全栈式任务域对话系统平台 ConvLab/ConvLab-2	清华大学	https://coai.cs.tsinghua.edu.cn/tools/1
UltraChat	清华大学	https://github.com/thunlp/UltraChat
OpenKE：知识图谱表示学习工具包	清华大学	https://nlp.csai.tsinghua.edu.cn/project/openke/
OpenAttack：文本对抗攻击工具包	清华大学	https://nlp.csai.tsinghua.edu.cn/project/openattack/
SentiLARE：用于情感分析的语言表示模型	清华大学	https://coai.cs.tsinghua.edu.cn/tools/4
融合词义信息的词汇复杂度抽取工具	北京师范大学	https://github.com/iris2hu/sense-aware-lexical-sophistication
汉字简繁文本智能转换系统	厦门大学	xmu.edu.cn
西里尔蒙古文与传统蒙古文相互转换系统	内蒙古大学等	trans.mglip.com
传统蒙古文编码转换系统（蒙科立编码与国家标准编码相互转换）	内蒙古大学等	mtg.mglip.com
奥云蒙古文校正系统	内蒙古大学等	http://mc.mglip.com:8080
奥云 AI	内蒙古大学等	http://182.42.143.241:81/#/AI
古汉语自然语言处理能力评估基准	浙江大学	https://github.com/baudzhou/WYWEB
英文历时词义演变数据及可视化工具	北京师范大学	https://github.com/iris2hu/diachronic-sense-modeling
媒体语言词汇历时变化图表	中国传媒大学	https://ling.cuc.edu.cn/WordHistroy/
CCL 2022 汉语学习者文本纠错评测	北京语言大学等	https://github.com/blcuicall/CCL2022-CLTC

七 语言文化资源服务

包括中华思想文化资源、语言资源、古文字资源、古籍资源、诗词资源和文物资源，其中，语言资源涵盖方言、民族语言和语言保护等内容。语言文化资源服务具有词典查询与检索、汉字研究、文献查阅、古籍标注、AI诗歌写作、线上博物馆展览等功能，通过数字语言资源传播语言文化，有利于提升用户语言文化素养，并满足学术研究与学习需要。见表7。

表7 语言文化资源服务

资源名称	建设单位	资源网址
中华思想文化术语库	外语教学与研究出版社	chinesethought.cn
百年音视频样本数据库	中国传媒大学	ling.cuc.edu.cn
语言资源保护	北京语言大学	blcu.edu.cn
语宝	中国语言资源保护研究中心	chinalanguages.cn
中国语言资源工程采录展示平台	财政部、教育部和国家语委、北京语言大学	zhongguoyuyan.cn
汉语方言学大词典	暨南大学	fangyanxue.com
粤闽客诸方言地理信息系统	暨南大学	http://1.14.238.88:8099/dialect/main/index.html
复旦大学东亚语言数据中心	复旦大学	minoritylanguages.cn
全球语言文化资源采录展示系统	北京语言大学语言资源高精尖创新中心	http://47.94.155.105:9009/html/
异体字词典	厦门大学	jf.xmu.edu.cn
通假字在线资源库	北京师范大学	https://tjz.zhaoji.ac.cn/corpus
汉字全息资源应用系统	北京师范大学	qxk.bnu.edu.cn
数字化《说文解字》	北京师范大学	szsw.bnu.edu.cn
殷契文渊	安阳师范学院	jgw.aynu.edu.cn
东北亚语言资源数字化博物馆	故宫博物院	http://218.21.196.5:20080/
中国语言文字数字博物馆	教育部和国家语委、中央电化教育馆	szyb.smartedu.cn
韵典网	清华大学	ytenx.org
东巴文汉文合璧《创世纪》知识库	国家图书馆、字节跳动公益、丽江市东巴文化研究院等	shidianguji.com
《永乐大典》高清影像数据库系统	北京大学-字节跳动数字人文开放实验室	yongledadian.com.cn
汉籍数字图书馆	陕西师范大学出版总社	hanjilibrary.com

（续表）

资源名称	建设单位	资源网址
《国家珍贵古籍名录》系统	中国国家图书馆、北京大学	rarebib.pkudh.org
识典古籍阅读与整理平台	北京大学	shidianguji.com
元朝秘史全文检索系统	呼和浩特民族学院	mnuuts.com
知识图谱	四川大学等	cnkgraph.com
古诗文断句	北京师范大学	henshen.wiki
文献溯源分析平台	北京大学	ca.pkudh.net
北京大学「吾与点」智能标注平台	北京大学	app.wyd.pkudh.net
吾与点古籍自动整理系统1.2	北京大学	wyd.pkudh.xyz
九歌——人工智能诗歌写作系统	清华大学	jiuge.thunlp.org
chinese-poetry	复旦大学	https://github.com/FudanNLP/chinese-poetry
中华经典诵写讲大赛	教育部和国家语委	jingdiansxj.cn
中华经典资源库	教育部和国家语委、人民教育出版社	eduyun.cn

八 语言知识资源服务

提供与语言文字有关的知识服务，主要内容涵盖应急语言知识、冬奥知识、文学知识、语言知识等方面，用户可以浏览和下载知识普及微视频，查询和检索语料库或知识库，了解相关语言文字知识。见表8。

表8 语言知识资源服务

资源名称	建设单位	资源网址
疫情防控外语通[①]	教育部和国家语委、战疫语言服务团	https://yuyanziyuan.blcu.edu.cn/info/1162/2005.htm
冬奥术语平台	北京语言大学	owgt-dev.lingosail.com
中国汉英平行语料大世界	绍兴文理学院	corpus.usx.edu.cn
Yunshi search engine	厦门大学	cloudtranslation.xmu.edu.cn
句酷	北京邮电大学	jukuu.com
OpenHowNet	清华大学	openhownet.thunlp.org

① 《疫情防控外语通》遴选整理了日常注意事项、入境注意事项、就诊常用句、个人防护措施等四方面共75个句子，制作成阿尔巴尼亚语、阿拉伯语等多个语种的微视频和多媒体卡片，并开发了微信平台版和电脑网页版在线查询系统。

（续表）

资源名称	建设单位	资源网址
《大词林》	哈尔滨工业大学	http://101.200.120.155/
天文学名词	中国科学院等	nadc.china-vo.org
NUTerm 人文社科汉英动态术语库	南京大学	bdrc.nju.edu.cn
术语在线	全国科学技术名词审定委员会等	termonline.cn

九　语言学术资源服务

主要通过语言学报刊、科研机构和学术研究中心网站，呈现学术动态、发表通知公告，为用户提供期刊、文库的浏览和下载路径，分享资源和工具，并链接一定数量的语言服务平台及数据库，满足来访者的科研和学术研究需求。见表9。

表 9　语言学术资源服务

资源名称	建设单位	资源网址
北京大学中文系博雅读书会	北京大学	http://162.105.209.123/seminar/
《民族语文》	中国社会科学院	mzyw.net.cn
《语言科学》	江苏师范大学	magtechjournal.com
《外国语》	上海外国语大学	shisu.edu.cn
《语言文字报》	教育部、语文出版社	ywszbkw.cn
中国语情与社会发展研究中心	武汉大学	whu.edu.cn
国家语言资源监测与研究教育教材中心	厦门大学	ncl.xmu.edu.cn
媒体语言资源服务平台	中国传媒大学	cuc.edu.cn
中国外语战略研究中心	上海外国语大学	shisu.edu.cn
中国语言智能研究中心	首都师范大学	cnu.edu.cn
简帛网	武汉大学	bsm.org.cn
复旦大学出土文献与古文字研究中心	复旦大学	fdgwz.org.cn
清华大学出土文献研究与保护中心	清华大学	tsinghua.edu.cn
国家语委科研机构	教育部和国家语委、上海市教育科学院等	ywky.edu.cn
中国翻译研究院	中国翻译研究院	catl.org.cn
先秦史研究室	中国社会科学院	xianqin.org
北外语料库语言学	北京外国语大学	bfsu.edu.cn

（续表）

资源名称	建设单位	资源网址
iResearch 外语学术科研网	北京外国语大学、外语教学与研究出版社	iresearch.unipus.cn
蒙古文智能信息处理技术国家地方联合工程研究中心	内蒙古大学	mglip.com

十　语言资源集合平台

语言资源集合平台是一种汇聚、整合、维护和分享各类数字语言资源的综合性平台，集合大量语料库、工具软件、在线服务系统、字词典和期刊图书等资源，实现一站式服务，以满足不同用户的需求。见表10。

表10　语言资源集合平台

资源名称	建设单位	资源网址
国家语言资源服务平台	教育部语言文字信息管理司、国家语委研究型基地、高校科研院所和企业共建	ywky.edu.cn
中华古籍资源库	中国国家图书馆	http://read.nlc.cn/thematData-Search/toGujiIndex
中文语言资源联盟	中国中文信息学会	chineseldc.org
自然语言处理与信息检索共享平台	北京理工大学	nlpir.org
BFSU CQPweb	北京外国语大学	http://114.251.154.212/cqp/
奎章阁：古典文献导航	安徽大学、清华大学等	wenxianxue.cn

（卢曼玲、黄俊皓、涂雨歆、钟爱欣、王海兰）

后 记

《中国语言服务发展报告（2024）》（以下简称《报告》）即将付梓，以下就《报告》的研制情况和国家语言文字研究基地国家语言服务与粤港澳大湾区语言研究中心（以下简称"粤港澳语言中心"）的皮书研制历程做一简要回顾。

自2018年中心团队研制的首部皮书《广州语言生活状况报告（2018）》由教育部、国家语委发布，到本《报告》出版，中心团队每年一部，形成中国语言服务发展报告（2020、2024）、粤港澳大湾区语言生活状况报告（2021、2023）和粤港澳大湾区语言服务发展报告（2022）等三个系列，累计出版6部皮书。根据国家和区域发展需要，三个系列的皮书每年交替推出，成为国家"语言生活皮书"方阵的重要组成部分，是粤港澳语言中心打造的重要学术品牌。《粤港澳大湾区语言生活状况报告（2021）》荣获第十届广东省哲学社会科学优秀成果一等奖。

语言生活皮书研制工作是一个不断探索的过程，也是一个不断"磨"的过程，既"磨"文稿，也"磨"流程和机制。经过几年的"磨"，粤港澳语言中心已经初步形成了一套皮书研制机制。第一，以粤港澳语言中心团队教师为核心作者群体或者说基础作者群体，通过"干中学"锻炼作者队伍，保证了皮书文稿的"底盘"。第二，发挥粤港澳语言中心"四室两部"6位主任的带头作用。语言生活研究室主任张晓苏、语言服务研究室主任王海兰、粤港澳语言规划研究室主任张迎宝、语言文化传承研究室主任王毅力、粤港澳语言资源部主任王文豪和语言服务产学研促进部主任禤健聪，轮流担任皮书副主编或板块主持人。实行板块主持人负责制，板块主持人负责本板块的导语写作和各篇报告的质量把控。第三，选题的确定采用"自下而上"和"自上而下"相结合的方式。一方面鼓励作者根据皮书序列自主申报选题，另一方面主编和副主编根据本年度的重点和热点话题提出选题，邀请作者撰写。本《报告》特稿篇的三篇报告即为约稿。第四，将皮书研制与人才培养相结合，培养语言生活派后备队伍。中心高度重视人才培养，与皮书编写等科研实践活动紧密结合，将"立德树人"的人才培养目标与各类田野调查、社会实践紧密结合，为"德才兼备"语言学后备人才的培育提供条件。

后　记

本《报告》共有70余名在读和已毕业的本科生、研究生不同程度地参与了调研与撰写。广州大学有：汉语言文学专业2016级刘婧妤，2017级伍乐仪，2018级李停珍、曾丽芬、梁燕青、马佳丽，2019级林妍伶、杨贝玫、彭汛子，2021级黄嫣婷、闫靖童、陈佳蕾、李果、季婷、叶灵倩、薛灿莉、李洋、黄李君、田碧铃、林绮欣、曾韵芝、周子清、罗惠方、郑艺嘉、张焕欣、卢曼玲、黄俊皓、朱燕铃、李睿偲、曾雨鑫、胡梓欣、钟悦、江诺可、吴玉，2022级钱晓欣、刘美茵、谢珊瑜、崔婉茵、路梦、郭小倩、黄乐幸、陈梓茵、涂雨歆、钟爱欣、叶昱西、何昊阳、谭欣怡、潘志林、黎颖殷、张进玲；广播电视学专业2021级陈艺颖；英语语言文学专业2021级刘诗韵、季思捷，2022级李浩城；法语专业2021级赵芷萱；国际经济与贸易专业2021级彭程；社会学专业2022级胡淇萱；网络空间安全专业2021级陈宁宁；语言学硕士研究生2021级江静仪，2022级巫丽君、徐珍珍，2023级王聪、何钰鸿、徐红；汉语国际教育硕士研究生2023级王凤丽；汉语国际教育博士研究生郑秋晨、阮氏琼；英语语言文学硕士研究生2023级阮文圮、何玥莹；民商法学硕士研究生2023级何德儒。外校有：江西师范大学语言学硕士研究生2022级喻荣鑫；浙江师范大学汉语国际教育博士研究生2022级孔雅婷；喀什大学语言学硕士研究生2021级李小曼，中国少数民族语言文学硕士研究生2021级李梦婷、2022级韩云锴。

粤港澳语言中心团队坚持团队建设、人才培养、科研创新、平台建设、社会服务等一体推进，取得了良好的效果。团队先后获广东省普通高校创新研究团队、广州市宣传思想文化优秀创新团队、广东省本科高校课程教研室和广州大学黄大年式教师团队，以本团队为核心力量，广州大学人文学院2023年获教育部、国家语委颁授"国家通用语言文字推广普及先进集体"称号。

本《报告》是国家语委"十三五"科研规划2019年度委托（重大）项目"粤港澳大湾区语言状况及规划研究"（项目编号：WT135-58）的阶段性成果。研制同时得到广东省社科研究基地粤港澳大湾区语言服务与文化传承研究中心、广州大学语言服务研究中心、广州大学"数字经济与数字文化"学科与科研创新平台、广州市宣传思想文化优秀创新团队的支持。广东省教育厅和广州大学对皮书研制工作给予高度重视和充分肯定。在此对上述单位和平台表示感谢。

编者
2024年6月

图书在版编目（CIP）数据

中国语言服务发展报告.2024/屈哨兵主编.
北京：商务印书馆，2024.--（语言生活皮书）.
ISBN 978-7-100-24213-4

Ⅰ.H059

中国国家版本馆CIP数据核字第2024KY5219号

权利保留，侵权必究。

中国语言服务发展报告（2024）

ZHONGGUO YUYAN FUWU FAZHAN BAOGAO（2024）

屈哨兵　主编

商　务　印　书　馆　出　版
（北京王府井大街36号　邮政编码100710）
商　务　印　书　馆　发　行
北京新华印刷有限公司印刷
ISBN 978－7－100－24213－4

2024年10月第1版　　开本 787×1092　1/16
2024年10月北京第1次印刷　印张 25½
定价：98.00元